国家职业资格培训教材
技能型人才培训用书

汽车维修钣金工

国家职业资格培训教材编审委员会　组编
陆克勤　主编

机 械 工 业 出 版 社

本书是依据《国家职业标准》对汽车维修钣金工的知识要求和技能要求，按照岗位培训需要的原则编写的。本书的主要内容包括：金属材料、车身结构及拼装、汽车钣金基础技能、制图基础与车身制图、钢结构连接及强度计算、应力基础知识和汽车车身整体变形的修复。书末附有与之配套的试题库和答案，以便于企业培训、技能鉴定和读者自测检查。

本书主要用作企业培训部门、职业技能鉴定机构、再就业和农民工培训机构的培训教材，也可作为技校、中职、各种短训班的教学用书。

图书在版编目（CIP）数据

汽车维修钣金工/陆克勤主编；国家职业资格培训教材编审委员会组编．—北京：机械工业出版社，2016.11

国家职业资格培训教材　技能型人才培训用书

ISBN 978-7-111-55079-2

Ⅰ．①汽…　Ⅱ．①陆…②国…　Ⅲ．①汽车-车辆修理-钣金工-技术培训-教材　Ⅳ．①U472.4

中国版本图书馆 CIP 数据核字（2016）第 243172 号

机械工业出版社（北京市百万庄大街 22 号　邮政编码 100037）
策划编辑：王振国　责任编辑：王振国
责任印制：常天培　责任校对：李锦莉
北京京丰印刷厂印刷
2017 年 1 月第 1 版·第 1 次印刷
169mm×239mm·17.5 印张·331 千字
0 001—3 000 册
标准书号：ISBN 978-7-111-55079-2
定价：39.80 元

凡购本书，如有缺页、倒页、脱页，由本社发行部调换

电话服务	网络服务
服务咨询热线：010-88361066	机 工 官 网：www.cmpbook.com
读者购书热线：010-68326294	机 工 官 博：weibo.com/cmp1952
010-88379203	金 书 网：www.golden-book.com
封面无防伪标均为盗版	教育服务网：www.cmpedu.com

国家职业资格培训教材（第2版）

编 审 委 员 会

第2版 序

在“十五”末期，为贯彻落实“全国职业教育工作会议”和“全国再就业会议”精神，加快培养一大批高素质的技能型人才，机械工业出版社精心策划了与原劳动和社会保障部《国家职业标准》配套的《国家职业资格培训教材》。这套教材涵盖41个职业工种，共172种，有十几个省、自治区、直辖市相关行业200多名工程技术人员、教师、技师和高级技师等从事技能培训和鉴定的专家参加编写。教材出版后，以其兼顾岗位培训和鉴定培训需要，理论、技能、题库合一，便于自检自测，受到全国各级培训、鉴定部门和广大技术工人的欢迎，基本满足了培训、鉴定和读者自学的需要，在“十一五”期间为培养技能人才发挥了重要作用，本套教材也因此成为国家职业资格鉴定考证培训及企业员工培训的品牌教材。

2010年，《国家中长期人才发展规划纲要（2010—2020年）》《国家中长期教育改革和发展规划纲要（2010—2020年）》《关于加强职业培训促就业的意见》相继颁布和出台，2012年1月，国务院批转了“七部委”联合制定的《促进就业规划（2011—2015年）》，在这些规划和意见中，都重点阐述了加大职业技能培训力度、加快技能人才培养的重要意义，以及相应的配套政策和措施。为适应这一新形势，同时也鉴于第1版教材所涉及的许多知识、技术、工艺、标准等已发生了变化的实际情况，我们经过深入调研，并在充分听取了广大读者和业界专家意见的基础上，决定对已经出版的《国家职业资格培训教材》进行修订。本次修订，仍以原有的大部分作者为班底，并保持原有的“以技能为主线，理论、技能、题库合一”的编写模式，重点在以下几个方面进行了改进：

1. 新增紧缺职业工种——为满足社会需求，又开发了一批近几年比较紧缺的以及新增的职业工种教材，使本套教材覆盖的职业工种更加广泛。

2. 紧跟国家职业标准——按照最新颁布的《国家职业技能标准》（或《国家职业标准》）规定的工作内容和技能要求重新整合，调整、补充和完善内容，涵盖职业标准中所要求的知识点和技能点。

3. 提炼重点知识技能——在内容的选择上，以“够用”为原则，提炼出应重点掌握的必需的专业知识和技能，删减了不必要的理论知识，使内容更加精练。

4. 补充更新技术内容——紧密结合最新技术发展，删除了陈旧过时的内容，补充更新了新的技术内容。

5. 同步最新技术标准——对原教材中按旧的技术标准编写的内容进行更新，所有内容与最新的技术标准同步。

6. 精选技能鉴定题库——按鉴定要求精选了职业技能鉴定试题，试题贴近教材、贴近国家试题库的考点，更具典型性、代表性、通用性和实用性。

7. 配备免费电子教案——为方便培训教学，我们为本套教材开发配备了配套的电子教案，免费赠送给选用本套教材的机构和教师。

8. 配备操作实景光盘——根据读者需要，部分教材配备了操作实景光盘。

一言概之，经过精心修订，第2版教材在保留了第1版教材精华的同时，内容更加精练、可靠、实用，针对性更强，更能满足社会需求和读者需要。全套教材既可作为各级职业技能鉴定培训机构、企业培训部门的考前培训教材，又可作为读者考前复习和自测使用的复习用书，也可供职业技能鉴定部门在鉴定命题时参考，还可作为职业技术院校、技工院校、各种短训班的专业课教材。

在本套教材的调研、策划、编写过程中，曾经得到许多企业、鉴定培训机构有关领导、专家的大力支持和帮助，在此表示衷心的感谢！

虽然我们已经尽了最大努力，但教材中仍难免存在不足之处，恳请专家和广大读者批评指正。

国家职业资格培训教材第2版编审委员会

第1版 序一

当前和今后一个时期，是我国全面建设小康社会、开创中国特色社会主义事业新局面的重要战略机遇期。建设小康社会需要科技创新，离不开技能人才。“全国人才工作会议”、“全国职教工作会议”都强调要把“提高技术工人素质、培养高技能人才”作为重要任务来抓。当今世界，谁掌握了先进的科学技术并拥有大量技术娴熟、手艺高超的技能人才，谁就能生产出高质量的产品，创出自己的名牌；谁就能在激烈的市场竞争中立于不败之地。我国有近一亿技术工人，他们是社会物质财富的直接创造者。技术工人的劳动，是科技成果转化为生产力的关键环节，是经济发展的重要基础。

科学技术是财富，操作技能也是财富，而且是重要的财富。中华全国总工会始终把提高劳动者素质作为一项重要任务，在职工中开展的“当好主力军，建功‘十一五’，和谐奔小康”竞赛中，全国各级工会特别是各级工会职工技协组织注重加强职工技能开发，实施群众性经济技术创新工程，坚持从行业和企业实际出发，广泛开展岗位练兵、技术比赛、技术革新、技术协作等活动，不断提高职工的技术技能和操作水平，涌现出一大批掌握高超技能的能工巧匠。他们以自己的勤劳和智慧，在推动企业技术进步，促进产品更新换代和升级中发挥了积极的作用。

欣闻机械工业出版社配合新的《国家职业标准》为技术工人编写了这套涵盖41个职业的172种“国家职业资格培训教材”。这套教材由全国各地技能培训和考评专家编写，具有权威性和代表性；将理论与技能有机结合，并紧紧围绕《国家职业标准》的知识点和技能鉴定点编写，实用性、针对性强，既有必备的理论和技能知识，又有考核鉴定的理论和技能题库及答案，编排科学，便于培训和检测。

这套教材的出版非常及时，为培养技能型人才做了一件大好事，我相信这套教材一定会为我们培养更多更好的高技能人才做出贡献！

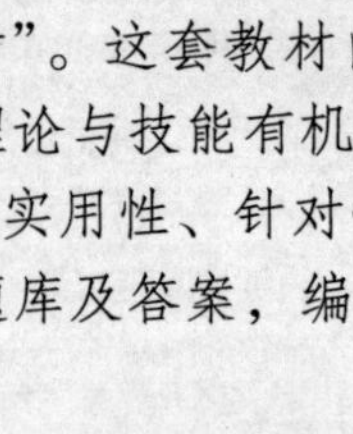

（李永安　中国职工技术协会常务副会长）

第1版　序二

为贯彻“全国职业教育工作会议”和“全国再就业会议”精神，全面推进技能振兴计划和高技能人才培养工程，加快培养一大批高素质的技能型人才，我们精心策划了这套与劳动和社会保障部最新颁布的《国家职业标准》配套的《国家职业资格培训教材》。

进入21世纪，我国制造业在世界上所占的比重越来越大，随着我国逐渐成为“世界制造业中心”进程的加快，制造业的主力军——技能人才，尤其是高级技能人才的严重缺乏已成为制约我国制造业快速发展的瓶颈，高级蓝领出现断层的消息屡屡见诸报端。据统计，我国技术工人中高级以上技工只占3.5%，与发达国家40%的比例相去甚远。为此，国务院先后召开了“全国职业教育工作会议”和“全国再就业会议”，提出了“三年50万新技师的培养计划”，强调各地、各行业、各企业、各职业院校等要大力开展职业技术培训，以培训促就业，全面提高技术工人的素质。

技术工人密集的机械行业历来高度重视技术工人的职业技能培训工作，尤其是技术工人培训教材的基础建设工作，并在几十年的实践中积累了丰富的教材建设经验。作为机械行业的专业出版社，机械工业出版社在“七五”“八五”“九五”期间，先后组织编写出版了“机械工人技术理论培训教材”149种，“机械工人操作技能培训教材”85种，“机械工人职业技能培训教材”66种，“机械工业技师考评培训教材”22种，以及配套的习题集、试题库和各种辅导性教材约800种，基本满足了机械行业技术工人培训的需要。这些教材以其针对性、实用性强，覆盖面广，层次齐备，成龙配套等特点，受到全国各级培训、鉴定和考工部门和技术工人的欢迎。

2000年以来，我国相继颁布了《中华人民共和国职业分类大典》和新的《国家职业标准》，其中对我国职业技术工人的工种、等级、职业的活动范围、工作内容、技能要求和知识水平等根据实际需要进行了重新界定，将国家职业资格分为5个等级：初级（5级）、中级（4级）、高级（3级）、技师（2级）、高级技师（1级）。为与新的《国家职业标准》配套，更好地满足当前各级职业培训和技术工人考工取证的需要，我们精心策划编写了这套“国家职业资格培训教材”。

这套教材是依据劳动和社会保障部最新颁布的《国家职业标准》编写的，

为满足各级培训考工部门和广大读者的需要，这次共编写了41个职业172种教材。在职业选择上，除机电行业通用职业外，还选择了建筑、汽车、家电等其他相近行业的热门职业。每个职业按《国家职业标准》规定的工作内容和技能要求编写初级、中级、高级、技师（含高级技师）四本教材，各等级合理衔接、步步提升，为高技能人才培养搭建了科学的阶梯型培训架构。为满足实际培训的需要，对多工种共同需求的基础知识我们还分别编写了《机械制图》《机械基础》《电工常识》《电工基础》《建筑装饰识图》等近20种公共基础教材。

在编写原则上，依据《国家职业标准》又不拘泥于《国家职业标准》是我们这套教材的创新。为满足沿海制造业发达地区对技能人才细分市场的需要，我们对模具、制冷、电梯等社会需求量大又已单独培训和考核的职业，从相应的职业标准中剥离出来单独编写了针对性较强的培训教材。

为满足培训、鉴定、考工和读者自学的需要，在编写时我们考虑了教材的配套性。教材的章首有培训要点、章末配复习思考题，书末有与之配套的试题库和答案，以及便于自检自测的理论和技能模拟试卷，同时还根据需求为20多种教材配制了VCD光盘。

为扩大教材的覆盖面和体现教材的权威性，我们组织了上海、江苏、广东、广西、北京、山东、吉林、河北、四川、内蒙古等地相关行业从事技能培训和考工的200多名专家、工程技术人员、教师、技师和高级技师参加编写。

这套教材在编写过程中力求突出“新”字，做到“知识新、工艺新、技术新、设备新、标准新”，增强实用性，重在教会读者掌握必需的专业知识和技能，是企业培训部门、各级职业技能鉴定培训机构、再就业和农民工培训机构的理想教材，也可作为技工学校、职业高中、各种短训班的专业课教材。

在这套教材的调研、策划、编写过程中，曾经得到广东省职业技能鉴定中心、上海市职业技能鉴定中心、江苏省机械工业联合会、中国第一汽车集团公司以及北京、上海、广东、广西、江苏、山东、河北、内蒙古等地许多企业和技工学校的有关领导、专家、工程技术人员、教师、技师和高级技师的大力支持和帮助，在此谨向为本套教材的策划、编写和出版付出艰辛劳动的全体人员表示衷心的感谢！

教材中难免存在不足之处，诚恳希望从事职业教育的专家和广大读者不吝赐教，提出批评指正。我们真诚希望与您携手，共同打造职业培训教材的精品。

国家职业资格培训教材编审委员会

前 言

近年来，我国的汽车工业得到了迅猛的发展，汽车的市场保有量与日俱增。这给汽车制造和修理行业的从业人员带来了极大的机遇和挑战。机遇是在我国经济发展大背景的前提下，市场对汽车的需求量不断增加；挑战是广大汽车用户对汽车的制造质量和售后服务质量的要求越来越高。为适应时代发展的步伐，抓住机遇和迎接挑战，使我国的汽车制造业能够尽快跻身世界强国的行列，是汽车制造和修理行业从业人员义不容辞的责任。

目前汽车制造和修理行业的一线操作人员，对行业理论知识的学习和掌握程度都偏低。特别是在用工环境和工作条件的制约下，大量的农民工和派遣工进入到企业中。这个群体中很大部分人员的文化水平都在初、高中的层面，对各工种的专业知识十分缺乏。汽车维修钣金工的情况也是如此。尽管各企业对这些职工下了很大的力气，不断地对他们进行岗位和职业培训，但是这种断续的、知识不全面、不系统的培训，很难达到理想的效果。

鉴于此种情况，编者集30多年的汽车维修钣金工理论知识学习和各种现场操作经验，从汽车维修钣金现场实际操作的实用技术出发，编写了本书，以便于各企业员工培训学习。

本书在南京东华职业培训中心（原南京汽车集团职业培训中心）牵头指引下，依据《国家职业标准》规定的知识范围，并结合汽车维修钣金工在实际操作中所需的基础知识进行编写。本书从强化培养操作技能，掌握一门实用技术的角度出发，较好地体现了本职业当前最普遍的实用知识与操作技术，对于提高从业人员基本技能素质，掌握汽车维修钣金工核心内容与技能有直接的帮助和指导作用。

本书由陆克勤任主编，殷齐松任副主编，参加编写的人员还有王海丽等。

由于教材知识覆盖面较广，涉及的标准、规范较多，加之时间仓促、编者水平有限，书中难免存在缺点和不足，敬请各位同行、专家和广大读者批评指正，以期再版时臻于完善。

编 者

目　录

第一章

金属材料

培训学习目标 了解金属材料的来源，金属材料微观组织，以及金属材料的类别；理解并掌握金属材料的各种特性；在进行金属构件制作及修理时，根据金属构件使用要求和金属材料的特性及规律能够恰当选材，合理制作。

第一节 钢 铁

一、炼铁

生铁是在高炉中由铁矿石熔炼得到的。所谓炼铁，就是将炼铁原料、燃料、熔剂，分批投入炼铁高炉中进行熔炼。炼铁过程就是从铁矿石（铁的氧化物）中还原铁的化学变化过程。

1. 炼铁原料

我国是世界钢铁产量最大的国家，炼铁的主要原料是铁矿石。铁矿石主要有4种：赤铁矿石、磁铁矿石、菱铁矿石和石墨铁矿石。铁矿石主要由铁的氧化物和脉石组成，还有大量的硫、磷、锰、硅等多种元素及杂质。铁矿石中脉石含量越少，含铁量就越高，炼铁时消耗的焦炭及熔剂就越少，高炉的产量也就越高，炼铁的经济效益也就越高。

2. 炼铁燃料

焦炭是高炉炼铁的主要燃料。将各种经过洗选的炼焦煤按一定比例配合后，在炼焦炉内进行高温干馏，可以得到焦炭和荒煤气。将荒煤气进行加工处理，可以得到多种化工产品和焦炉煤气。焦炭是炼铁的燃料和还原剂，它能将氧化铁（铁矿）还原为生铁。焦炉煤气发热值高，是钢铁厂及民用的优质燃料，又因其含氢量多，也是生产合成氨的原料。

焦炭在高炉冶炼过程中起着热源、还原剂、支承物三大作用。高炉炼铁过程发生了一系列的复杂的物理化学变化。最主要的变化是铁矿石（氧化铁）转化为金属铁。高炉状况、铁焦比、冶炼强度的高低，以及生铁中硫、磷、硅的含量等都对冶炼起着非常重要的作用。焦炭是高炉生产不可缺少的主要原料之一。要生产优质焦炭，必须合理地选择和准备炼焦用煤，以及正确地掌握炼焦操作。

3. 炼焦原理

炼焦生产的基本原料是炼焦煤。将炼焦煤在密闭的焦炉内隔绝空气并高温加热，在此过程中不断放出水分和吸附的气体，随后分解产生煤气和焦油等，剩下以碳元素为主体的焦炭。这种煤热解过程通常称为煤的干馏。煤的干馏分为低温干馏、中温干馏和高温干馏三种。它们之间的主要区别在于干馏的最终温度不同。低温干馏的温度在500～600℃，中温干馏在700～800℃，高温干馏在900～1000℃。

目前我国炼铁能耗中燃料焦炭能耗约占90%，其余10%的能耗主要是电力、鼓风、水及蒸汽等。从能源消耗的结构来看，降低炼铁燃料比的关键是降低焦炭的消耗。

4. 炼铁熔剂

高炉炼铁时，加入熔剂可与脉石和焦炭灰形成低熔点熔渣，熔渣的密度比铁液小，熔点较低，流动性也好，容易与铁液分离，并排出炉外。熔剂的主要成分呈碱性，常用的有石灰石、生石灰等。

5. 炼铁高炉

炼铁高炉是现代钢铁工业炼铁的主要设备。炼铁生产时，从高炉顶部装入铁矿石、焦炭、造渣用溶剂，从位于高炉下部沿炉一周的风口吹入经过预热的空气（也有加吹煤粉、重油、天然气等辅助燃料的），在高温下焦炭中的碳与空气中的氧燃烧生成一氧化碳，在高炉内上升，这个过程中除去了铁矿石中的氧，从而还原得到铁。高炉炉体的结构如图1-1所示。

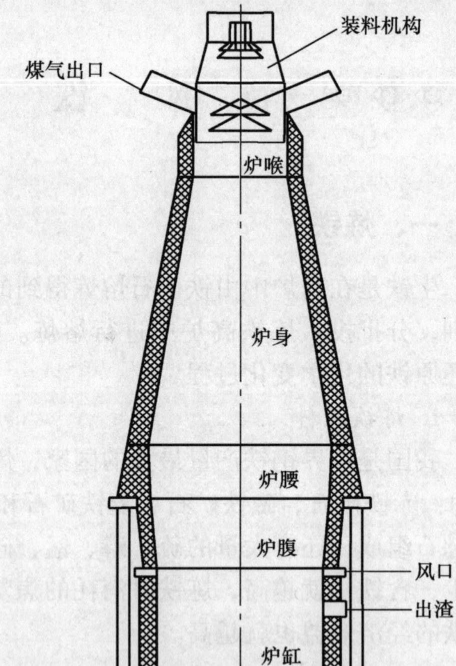

图1-1 高炉炉体的结构

6. 高炉产品

高炉产品主要有铸造生铁（灰口）、炼钢生铁（白口）和铁合金合金元素（炼钢原料之一），还有一些附属产品，如煤气、炉渣（制造水泥）等。目前二次能源的回收基本上仅限于回收高炉煤气、炉渣、热风炉废气等。现在已开始对余压进行回收。二次能源的回收利用尚处于初始阶段，有待逐步完善。

二、炼钢

1. 炼钢的实质

炼钢的实质是，减少生铁中碳、硅、锰、硫、磷等杂质元素的含量。而减少杂质元素含量的方法就是在熔化的生铁中利用氧气或氧化剂，使这些杂质氧化成气体或炉渣并加以去除。因此，钢比铁的杂质少，而且力学性能也较高。

注意，炼钢与炼铁不同，炼铁是还原过程，而炼钢则是氧化过程。

2. 炼钢的原理

炼钢的主要反应原理，也是利用氧化还原反应，高温下，用氧化剂把生铁中过多的碳和其他杂质氧化成为气体或炉渣除去。因此，炼钢和炼铁虽然都是利用氧化还原反应，但是炼铁主要是用还原剂把铁从铁矿石里还原出来，而炼钢主要是用氧化剂把生铁里过多的碳和其他杂质氧化而除去。炼钢时常用的氧化剂是空气、纯氧气或氧化铁。

目前，炼钢的方法主要有转炉、电炉和平炉三种。在这里，只简单介绍较广泛采用的氧气顶吹转炉炼钢法的工作原理。

氧气顶吹转炉炼钢时，应按照配料要求，先把废钢等装入转炉内，然后注入刚出高炉的高温铁液，并加入适量的造渣材料（如生石灰等）。加料后，把氧气喷枪从炉顶插入转炉内，吹入氧气（是指纯度大于99%的高压氧气流）。氧气直接跟高温的铁液发生氧化反应，使部分铁变成氧化亚铁，并放出大量的热。之后，生成的氧化亚铁再把铁液里的硅、锰、碳等依次氧化，如：生成的一氧化碳气体，能从铁液里直接排出；生成的二氧化硅和氧化锰以及生铁里的硫、磷与造渣材料（如生石灰）相互作用成为炉渣排出。用纯氧代替空气可以克服由于空气里氮气的影响而使钢质变脆以及氮气排出时带走热量的缺点。当钢液的成分和温度都达到要求时，即停止吹炼，提升喷枪，准备出钢。出钢时使炉倾斜，钢液从出钢口注入钢液包里，同时加入脱氧剂进行脱氧（除去过量的氧化亚铁）并调节成分。通常用硅铁、锰铁或金属铝等使钢脱氧，例如：生成的二氧化硅大部分形成炉渣而除去，部分硅、锰等留在钢里以调整钢的成分。钢液合格后，可以浇注成钢铸件或钢锭，钢锭可以再轧制成各种钢材。氧气顶吹转炉在炼钢过程中会产生大量棕色烟气，它的主要成分是氧化铁尘粒和高浓度的一氧化碳气体等。

因此，必须加以净化回收，综合利用，以防止污染环境。从回收设备得到的氧化铁尘粒可以用来炼钢；得到的一氧化碳可以用作化工原料或燃料；烟气带出的热量可以生产水蒸气。此外，炼钢时生成的炉渣也可以用作钢渣水泥，而含磷量较高的炉渣可以加工成磷肥。氧气顶吹转炉炼钢法具有冶炼速度快、炼出的钢种较多、质量较好，以及建厂速度快、投资少等许多优点。但是，在冶炼过程中都采用氧化性气体，去硫效率差，而且昂贵的合金元素也易被氧化，因而所炼钢种和质量就受到一定的限制。

三、轧钢

1. 轧钢的原理

炼钢厂生产出来的钢坯还仅仅是半成品，必须到轧钢厂去进行轧制，只有经过轧制才能成为合格的产品。从炼钢厂送过来的连铸坯，首先进入加热炉，然后经过初轧机反复轧制之后，进入精轧机。轧钢属于金属压力加工，说简单点，轧钢板就像擀面皮，经过擀面杖的多次挤压与推进，面皮就会越擀越薄。在热轧生产线上，轧坯加热变软，被辊道送入轧机，最后轧成用户要求的尺寸。在旋转的轧辊间改变钢锭、钢坯形状的压力加工过程称为轧钢。

2. 轧钢的目的

轧钢的目的是：一方面可以改善钢坯的内部质量，消除钢坯中成分不均匀、细化晶粒、密实组织结构；另一方面可以得到需要的形状，如钢板、带钢、线材和型材等。

轧钢是一场连续不间断的作业，钢带在辊道上运行速度快，设备自动化程度高，生产效率也高。从平炉出来的钢锭也可以成为钢板，但首先要经过加热和初轧开坯才能送到热轧线上进行轧制，工序改用连铸坯就简单多了，连铸坯的厚度一般为150~250mm，先除磷并初轧，然后再经辊道进入精轧机。精轧机由7架4辊式轧机组成，机前装有测速辊和飞剪，用于切除板面头部。精轧机的速度可以达到23m/s。热轧产品分为钢卷和钢板两种，经过热轧的钢板厚度一般为几毫米。如果用户要求钢板很薄，则还需要经过冷轧。

3. 热轧与冷轧

所谓热轧，就是把钢材加热后控制在再结晶温度以上进行的轧制加工。而在再结晶温度（包括常温）下进行的轧制加工称为冷轧。

与热轧厂相比，冷轧厂的加工生产线比较分散，冷轧产品主要有普通冷轧板、涂镀层板（也就是镀锡板）、镀锌板和彩涂板。热轧厂送来的钢卷，要连续经过多次技术处理，先要用盐酸除去氧化膜，然后才能送到冷轧机组。在冷轧机上，开卷机将钢卷打开，然后将钢带引入5机架连轧机轧成薄带卷。从5机架连轧机上出来的还是不同规格的普通钢卷，它是根据用户的要求来加工的。

镀锌板的生产工艺有两种，一种是热镀锌，另一种是电镀锌。硅钢片是一种比较特殊的产品，它们用在发电设备、机电设备、轻工、食品和家用电器上。用镀锌板作为基材，在背面涂上各种涂料就成为彩色涂层钢板，由于这种产品工艺先进，而且涂层十分牢固，可以直接用于家电产品和作为装饰材料。除了板材以外，轧钢厂也生产长材，如型钢、钢轨、棒材、圆钢和线材，这些产品的生产过程和轧钢与板材类似，但使用的轧辊的辊型有所不同。

钢材热轧后具有良好的塑性，容易加工成形，成形后钢材没有内应力，便于后面的工序进行加工。如建筑用的钢筋、冲压用的钢板以及要进行机械加工和热处理的钢材，都是热轧钢材。

钢材冷轧后具有冷加工硬化的特性。由于冷轧钢材具有较好的力学性能，很多直接使用的钢材都使用冷轧钢材，如冷轧扭钢筋、冷轧钢丝、冷轧钢板等。

第二节 金属的性能

一般情况下金属材料的性能分为两种，即工艺加工性能和应用过程性能。金属材料在工艺加工过程中，它的可塑性、焊接性、铸造性、可锻性、可加工性以及热处理条件下不同的特性等，决定着金属材料在结构件加工制造时的适应能力。应用过程性能主要包含两个方面：一个是力学性能，主要是指强度、刚度、硬度、韧性、抗疲劳能力等；另一个是化学性能，主要是指金属材料在各种介质中的耐蚀能力。如：12Cr18Ni9 钢用于制造耐硝酸、冷磷酸、有机酸及盐碱溶液腐蚀设备的特种合金不锈钢。金属材料应用过程性能的强弱，决定着它的适用范围和使用寿命。这里只介绍与钣金加工密切相关的金属的力学性能。

一、金属的力学性能

金属的力学性能是指金属材料受到各种不同性质载荷（外力）作用时，所表现出的抵抗变形或不破坏的能力。在机械制造业中，一般机械零件都是在常温、常压和非强烈腐蚀性介质中使用的，而且在使用过程中各种机械零件都将承受不同形式的载荷的作用。金属材料的力学性能是进行零件设计和选材时的主要依据。外加载荷性质不同（例如拉伸、压缩、扭转、冲击和循环载荷等），对金属材料要求的力学性能也将不同。常用的力学性能包括：强度、塑性、硬度、冲击韧性和疲劳极限等。

（1）强度　金属在载荷作用下，抵抗塑性变形和破坏的能力称为金属的强度。因为载荷有拉伸、压缩、扭转、弯曲和剪切等形式，因而，对应各种载荷的形式就有抗拉强度、抗压强度、抗扭强度、抗弯强度和抗剪强度等。一般在设计和检验金属材料的强度指标时，多以抗拉强度作为基准。

（2）塑性　金属材料在载荷作用下，产生永久变形（也就是塑性变形）而不发生破坏的能力称为塑性。

（3）硬度　硬度是指金属表面上局部体积内，抵抗塑性变形和破坏的能力。硬度是衡量金属材料软硬程度的指标。目前生产中测定硬度最常用的方法是压入硬度法，即将一定几何形状的压头在载荷作用下压入被测金属材料表面，根据压入程度来测定硬度值。根据测定方法有布氏硬度（HBW）、洛氏硬度（HRA、HRB、HRC）和维氏硬度（HV）等。

（4）冲击韧性　冲击韧性主要是指金属材料受到冲击载荷时抵抗冲击载荷作用而不被破坏的能力。

（5）疲劳强度　疲劳强度主要是指金属材料受到动载荷时在无数次重复交变载荷作用下而不被破坏的最大应力。

二、金属的结晶

1. 结晶的概念

液体金属冷却到凝固温度时，金属原子的活动受到某种限制，由无规则运动状态转变为按一定的几何形状做有序排列的状态，这种由液体金属转变为固态金属的过程称为金属的结晶。

2. 金属的结晶过程

金属结晶时，首先从液体金属中自发地形成一批结晶核心，简称晶核。这些晶核不断吸附周围液体中的原子而长大。同时，在液体中又不断产生出新的晶核并长大，这样继续下去直到全部液体金属凝固成固体为止，最后金属便由许多外形不规则的小晶体（晶粒）所组成。总之，液体金属的结晶过程是由晶核的产生和长大两个基本过程所组成的，并且两个过程是同时进行的。

理论上，纯金属的结晶是在相对固定的温度下进行的。其结晶过程是：金属由液态缓慢冷却，随着热量向外界散发，温度下降，当温度下降到结晶温度时便开始结晶。由于放出的结晶潜热恰好补偿了冷却向外发散的热量，故这时温度不再下降。这个不再下降的结晶温度称为纯金属的理论结晶温度。

在实际生产中，由于液态金属冷却速度较快，实际结晶温度要低于理论结晶温度，这种现象称为过冷现象。理论结晶温度与实际结晶温度的差值，称为过冷度。液态金属的冷却速度越快，实际结晶温度就越低，即过冷度越大。实践证明，金属都是在一定的过冷度下结晶的，所以过冷是金属结晶的必要条件。

金属结晶时，冷却速度越大，结晶过程中形核率和成核率也随之增加，因而结晶速度加快，结晶后得到的晶粒就细小。结晶后的晶粒越细小，金属的力学性能就越好。一般来说，晶粒越细小，金属材料的强度和硬度越高，同时，其塑性和韧性也越好。

三、铁碳合金及碳钢

1. 铁碳合金

铁碳合金是以铁和碳为组元的二元合金，是铁基材料中应用最多的一类。碳钢和铸铁就是工业铁碳合金材料。钢铁材料适用范围广阔的原因，首先在于其可用的成分跨度大，从近于无碳的工业纯铁到含碳4%左右的铸铁，在此范围内合金的相结构和微观组织都发生了很大的变化；另外，还在于对它可采用各种热加工操作，尤其可以进行热处理，能够大幅度地改善合金的组织和性能。目前应用的铁碳合金含碳量为0%～6.67%，更高含碳量的铁碳合金脆性很大且加工困难，工业上没有实用价值。

常用铁碳合金的含碳量介绍如下：

1）工业用纯铁：含碳量<0.02%。

2）钢：含碳量0.02%～2.06%。

3）白口铸铁：含碳量2.06%～6.67%（炼钢生铁）。

4）工业用生铁：含碳量2.5%～4.0%。

碳在铁碳合金中主要以渗碳体的形式存在，铁碳合金的力学性能与合金中渗碳体的数量、形状、大小及分布状况有很大关系。随着含碳量的增加，铁碳合金的强度和硬度逐渐升高，而塑性与韧性不断下降。铁碳合金的晶格结构如图1-2所示。

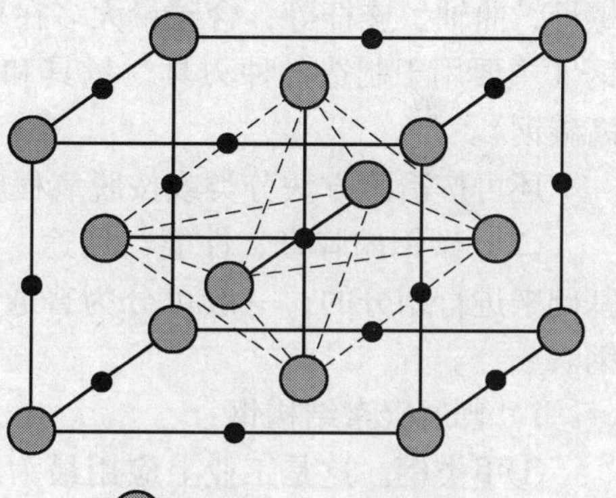

图1-2 铁碳合金的晶格结构

2. 碳钢

碳钢是指含碳量大于0.02%小于2.06%的铁碳合金。碳钢中除了含有铁和碳元素之外，还含有少量的硅、锰、硫、磷等元素。这些元素虽然含量不高，但是对碳钢的质量和性能起着重要的作用。

几种常用元素对碳钢的影响如下：

（1）锰的影响　锰具有一定的脱氧能力，能够改善钢的质量，降低钢的脆性，提高钢的热加工性能，提高钢的强度和硬度。因此，锰是钢中的有益元素。

（2）硅的影响　硅可以使铁素体强化，从而提高钢的强度和硬度，但会降低钢的塑性和韧性。

（3）硫的影响　硫在钢中是有害杂质，钢中含硫量多会导致钢的塑性变差，强度也大幅降低，热脆性也较高。硫虽然产生热脆性，但可改善钢材的切削加工性能。

(4) 磷的影响　磷在钢中也是有害杂质，使铁素体的强度和硬度有所提高，但却使室温下钢的塑性和韧性急剧降低。此现象低温时更严重，称为冷脆。磷还会降低钢的焊接性。

由以上分析可以看出，硫和磷对碳钢有着负面的影响，是有害杂质。在碳钢中硫和磷的含量越少，碳钢的质量就越好。因此，硫和磷的含量在高质量碳钢中是受到严格控制的。

3. 碳钢的分类、牌号、性能和用途

(1) 碳钢的分类　碳钢常用的分类方法如下：

1) 按含碳量分类：低碳钢（含碳量<0.25%）、中碳钢（含碳量0.25%～0.60%）和高碳钢（含碳量0.60%～2.06%）。

2) 按钢的质量分类（主要是按钢中含有害杂质硫、磷的多少）：普通碳素钢（钢中硫、磷含量较高，硫≤0.055%，磷≤0.45%）、优质碳素钢（钢中硫、磷含量较低，硫≤0.040%，磷≤0.040%）和高级优质碳素钢（钢中硫、磷含量很低，硫≤0.030%，磷≤0.035%）。

3) 按钢的用途分类：碳素结构钢（主要用于制造各种机器零件，如齿轮、螺母、曲轴、连杆等；含碳量大多在0.70%以下，属于低、中碳钢）、碳素工具钢（主要用于制造各种刃具、量具和模具等，含碳量通常在0.70%以上，属于高碳钢）。

还可按冶炼方法分类或按脱氧程度分类等。

(2) 碳钢的牌号、性能与用途　我国现行的钢牌号是以钢的质量和用途为基础来进行划分的，一般可分为普通碳素结构钢、优质碳素结构钢和碳素工具钢。

1) 普通碳素结构钢：

①甲类钢。这是工业上应用最为广泛的一种普通碳素结构钢，用字母“A”表示，分为7个基本钢号，即A1、A2～A7。钢号中号码越大，其强度就越高，塑性就越低。这类钢一般都在热轧状态下直接使用，大量用于制造钢筋，以及建筑和桥梁金属结构上用的各种型钢或异型钢。在机械工业上也多用于制造某些力学性能要求不高，不需要进行热处理的机械零件。

甲类钢的应用范围是：

a. A1和A2有比较高的延伸性，用于制造炉撑、地脚螺钉、铆钉、犁板等。

b. A3～A5有相当高的强度，延伸性也相当大，是一般机械制造上的主要材料，用来制造各种机件，如拉杆、螺纹件、钩子、套环、轴和连杆等，还可以用作建筑材料的螺纹钢、工字钢、槽钢等，以及用作铁道上的钢轨，船上鱼尾板等。

c. A6 ~ A7 延伸性低、抗拉强度高、耐磨性好，常用于汽车设备上的各种机件，如机轴等。

②乙类钢。乙类钢是按化学成分划分的，用字母“B”表示，也分为 B1、B2 ~ B7 七个基本钢号。钢的牌号越大，含碳量越多，这类钢可轧制成槽钢、角钢、扁钢、带钢、棒料和钢丝等。

乙类钢的应用范围是：

a. B1 ~ B3 属于极软钢，用于制造铁丝、铁钉、铆钉、钢板、薄铁皮和铁管等。

b. B4 ~ B5 属于软钢范围，用于制造铸钢件、建筑材料和普通机件。

c. B6 ~ B7 属于半硬钢，用于制造车轮、钢轨、工具和弹簧等。

③特类钢。特类钢既要保证力学性能，又得保证化学成分，用字母“C”表示，有 C2、C3、C4、C5 四种牌号。钢号越大，含碳量越高，强度也越高，这种钢与优质碳素结构钢的区别是钢中硫、磷的含量较大，因而性能质量稍差于优质碳素结构钢，用量相对较少。

2）优质碳素结构钢：这类钢既要保证化学成分，又要保证力学性能，钢中有害杂质硫、磷及非金属夹杂物的含量较少，钢材的纯洁度和均匀性都比较好，含碳量波动范围小，经热处理工艺后，性能稳定，在机械制造中常用来制作各种重要的机械零件。

根据化学成分不同，优质碳素结构钢又分为普通含锰量优质碳素结构钢和较高含锰量优质碳素结构钢两种。

①普通含锰量优质碳素结构钢：含锰量为 0.25% ~0.80%。

这类钢的牌号用两位数字表示，这两位数字表示钢中平均含碳量，如：45 钢，表示钢中平均含碳量为 0.45%，实际范围是 0.42% ~0.50%。这类钢的牌号包括：08F、08、10F、10、15F、15、20、25、30、35、40、45、50、55、60 和 65 等。

②较高含锰量优质碳素结构钢：含锰量为 0.9% ~1.2%。

这类钢的牌号表示方法是在普通含锰量优质碳素结构钢牌号的两位数字后面加注化学元素符号“Mn”，表示钢中平均含碳量 0.65%，含锰量 0.9% ~1.2%，这类钢的牌号有：15Mn、20Mn、25Mn、30Mn、35Mn、40Mn、45Mn、50Mn、60Mn 和 65Mn 等。

优质碳素结构钢根据含碳量的不同，可用来制造各种不同性能的零件。其应用范围是：

a. 08、08F 钢含碳量低，塑性好，强度低，一般由轧钢厂轧成薄板或钢带，主要用于制造冷冲压成形的外壳、容器、罩子等。

b. 10、15、20、25 钢具有良好的冷冲压性能与焊接性能，用于制造受力不大而韧性要求高的构件，经过渗碳和热处理，可得到表面硬且耐磨而心部具有一定强度和韧性的性能，用于制作受冲击载荷的零件，如凸轮、齿轮和摩擦片等。

c. 30、35、40、45、50、55 钢经调质处理后，可获得良好的综合力学性能，其中 40、45 钢应用最为广泛。

d. 60、65、70、75、80、85 钢，具有较高的强度和良好的弹性，经热处理后主要用于制造弹簧等弹性零件和易磨损的零件。

e. 65Mn 钢经热处理后强度、硬度高，弹性好，广泛用于制作截面积较小的弹簧，但焊接性差。

3）碳素工具钢：这类钢含碳量较高，一般在 0.65% ~1.35%，钢中的硫、磷含量控制得更严格。按钢的质量划分，可分为优质碳素工具钢和高级优质碳素工具钢两种。

①优质碳素工具钢。钢中硫、磷含量分别限制在 0.30% 和 0.35% 以下，牌号以字母“T”开头，后面标以数字，表示钢中平均含碳量的千分之几。例如：T8 表示平均含碳量为 0.8% 的优质碳素工具钢。

②高级优质碳素工具钢。钢中硫、磷含量分别限制在 0.02% 和 0.03% 以下，钢材性能较好，牌号在优质碳素工具钢的牌号后面加“A”，如：T8A 表示高级优质碳素工具钢。

碳素工具钢的牌号及应用范围如下：

T7、T7A：常用于制造承受振动、冲击，并且在硬度适合情况下有较大韧性的工具，如：錾子、冲头、锻模和钻头等。

T8、T8A、T8Mn：常用于制造具有较高硬度和耐磨性的工具，如：冲头、冲模、斧子、錾子、弹簧片和弹簧垫圈等。

T9、T9A：常用于制造硬度较高，且有一定韧性和不受剧烈振动冲击的工具，如：冲模、冲头、采石用的錾子等。

T10、T10A：适用于制造切削条件差，耐磨性要求高，具有一定韧性和锋利刃口的工具，如：车刀、刨刀、钻头、铣刀、小尺寸的冷冲切边模和冲孔模等。

T11、T11A：与 T10 大体相同，只是在性能上优于 T10。

T12、T12A：适用于不受冲击载荷作用且切削速度不高但需要很高硬度的工具，如：车刀、铣刀、钻头、铰刀、扩孔钻、丝锥、板牙、刮刀、量规和锉刀等。

T13、T13A：适用于制造不受振动而需要极高硬度的工具，如：剃刀、刮刀、拉钻工具、锉刀、刻字工具、钻头及硬岩石加工工具等。

4）碳素铸钢：将钢液直接铸成零件毛坯，以后不再进行锻压加工的钢件称为铸钢件。在实际生产中，许多形状复杂的零件，很难用锻压等方法成形，用铸铁又难以满足性能要求，此时通常采用铸钢件。

碳素铸钢的含碳量一般控制在0.15%～0.60%。若含碳量过高，则铸钢的塑性变差，易于产生冷脆开裂。另外，碳素铸钢中硫、磷含量一般控制在0.05%以下。

铸钢牌号用字母ZG打头，后续用数字表示，共有五个牌号。即ZG200—410、ZG230—450、ZG270—520、ZG310—570、ZG340—640。

（3）钢的热处理　金属热处理是机械制造中的重要工艺方法之一，与其他加工工艺方法相比，热处理一般不改变工件的形状和整体的化学成分，而是通过改变工件内部的显微组织，或改变工件表面的化学成分，赋予或改善工件的使用性能。

所谓钢的热处理，就是将钢在固态范围内加热到一定温度，并在此温度保持一定时间，然后以一定的冷却速度冷却下来，以改变钢的内部组织，从而获得所需性能的一种工艺方法。

钣金工学习和掌握钢材热处理的目的主要是：一方面在对钢材进行工艺加工时能够理解和明白钢材在使用场合所必须具备的热处理工艺性能，并在操作过程中保持这些性能不被破坏；另一方面在加工钢材的过程中，学会运用钢材热处理方法，针对薄弱环节进行必要的热处理强化。

各种热处理方法及其应用：

1）钢的退火。退火是将金属缓慢加热到一定温度，保持足够时间，然后缓慢冷却，以获得接近平衡组织的一种热处理方法。

退火用于使退火后钢的组织接近于平衡状态，降低硬度，以利于切削加工；消除铸件或锻件中的残留应力，以防变形开裂；消除铸件、锻件中的组织缺陷，如粗大晶粒、成分不均匀等，为后道工序做好组织上的准备。

退火可以分为：

①完全退火：加热温度在Ac_3以上30～50℃，保温一定时间，随炉缓慢冷却。

②球化退火：加热温度在Ac_1以上20～30℃，然后在Ac_1以下20℃左右保温一定时间再随炉冷却或空冷。

③去应力退火：去应力退火又称为低温退火，它是将钢件加热到Ac_1以下（500～650℃），经一定时间保温后缓慢冷却。去应力退火主要用于消除铸件、锻件、焊件的内应力，稳定尺寸，减少使用过程中的变形。

2）钢的正火：正火是将钢件加热到Ac_3以上30～50℃或更高温度，保温一定时间，然后在自然流通的空气中冷却。

正火的目的是：调整钢件硬度，细化晶粒及消除网状碳化物，为淬火做好组织准备。

正火与退火的区别在于正火的冷却速度比退火稍快，因此正火后得到的组织比退火后的力学性能有所提高。

3）钢的淬火。钢的淬火是将钢加热到 Ac_3 或 Ac_1 以上 30～50℃并保温一定时间，然后急速冷却，以获得较高的硬度和强度的一种热处理方法。

淬火用于改变钢的内部组织，获得较高的硬度和强度，更好地发挥钢材的性能与潜力。

常用的淬火冷却介质有水、盐水、碱水和油等。

①水：水淬火的优点在于当工件在温度 550～650℃范围内时冷却速度很大。

②盐水：在水中加入食盐，一般 10% 的食盐水溶液在温度 550～650℃范围内，冷却能力比清水提高近一倍。所以用盐水淬火可使工件获得均匀的高硬度和更深的淬硬层。

③碱水：在水中加入碱，常用 10% 的碱水溶液，冷却时，冷却能力在高温时比盐水还要大，但低温时稍比盐水小，适宜对易产生淬火裂纹的零件进行淬火处理。

④油：采用 10 号、20 号、30 号机油或变压器油等，在高温时油比水的冷却能力小得多，在 200～300℃时，冷却速度很慢，造成的组织应力小，引起的变形和开裂的倾向小，一般用于合金和小尺寸的碳钢工件。

4）钢的回火：将淬火后的钢件重新加热到 Ac_1（750℃左右）以下某一温度，保温一定时间，然后以一定的方式进行冷却的热处理方法。

回火的主要目的是：降低淬火钢件的脆性，消除和减少内应力；获得工件所需的力学性能；稳定工件的尺寸；对于难以用退火进行软化的某些合金钢，在淬火后采用高温回火，可降低硬度，以利于切削加工。

回火可以分为：

①低温回火（150～250℃）：主要目的是降低钢中淬火应力和脆性，保持钢淬火后的高硬度和耐磨性。

②中温回火（350～500℃）：可使钢具有高的弹性极限、屈服强度和较高的韧性，主要用于承受冲击振动和交变载荷的各类弹簧。

③高温回火（500～650℃）：生产上把淬火后的钢进行高温回火称为调质处理，这种回火主要目的是为了获得强度、塑性和韧性都较好的综合力学性能。

用正火工艺也可以得到近似于调质处理的效果，但重要零件不能采用正火，要进行调质处理，因为经调质处理的钢的塑性和韧性显著超过了正火。

5）钢的时效处理。淬火钢经较短时间的低温回火，虽然消除了部分淬火内应力，但仍然有很大一部分淬火应力保留下来，在随后的较长时间内，这些内应力会自行降低。这些应力降低后会引起工件尺寸的微小改变。

因此，淬火钢在工件尺寸及性能要求都比较高的情况下，采用时效处理是比较有效的工艺方法。淬火钢的时效处理是，将淬火后的零件加热到 100～180℃经数小时至数十小时停留后缓慢冷却的热处理方法。

6）钢的表面热处理。在动载荷及摩擦条件下工作的机械零件，如齿轮、凸轮轴、曲轴和主轴等，它们的表面层承受着比内部更高的应力，并不断地被磨损。因此，对这些零件的表面层提出了需要强化的要求，使其表面具有高的强度、硬度、耐磨性和疲劳强度，而内部仍保持足够的塑性和韧性。

因此，生产上广泛采用表面热处理方法，即通过钢的表面淬火和化学热处理，就可以在很大程度上满足上述零件的性能要求。

钢的表面淬火是一种不改变钢件表面层化学成分，只改变表面层组织的局部热处理方法，它用快速加热的方法使钢件表面层迅速达到淬火温度，使表面层被淬硬，而内部仍是未淬火组织。这样就保持了原有的塑性和韧性较好的退火、正火或调质状态的组织。

①感应淬火：采用感应电流迅速加热工件表面进行淬火，这种方法适用于大批量生产。

②火焰淬火：利用氧乙炔焰，对工件进行快捷表面加热，进行淬火（只适用于中碳钢和中碳合金钢，低碳钢淬不硬，高碳钢易开裂）。

7）钢的表面化学热处理。是将钢置于某种化学介质中进行加热、保温和冷却，使介质的某些元素渗入到钢件的表面从而达到所需要的工艺要求的热处理方法。钢的表面化学热处理方法很多，如渗碳、渗氮、碳氮共渗、渗金属、渗硼和渗硫等。

四、合金钢

含有合金元素的钢称为合金钢。

合金钢常用的合金元素有：铬、锰、镍、硅、硼、钨、钼、钒、铌、锆和稀土元素等。钢中加入不同种类和不同含量的合金元素后，就能按照工件的使用要求，调整及提高钢的性能，满足现代工业和科学技术不断发展的需求。

合金钢按照用途可分为合金结构钢、合金工具钢和特殊性能钢三大类。按照钢中合金元素含量的多少，合金钢又分为低合金钢（合金元素总含量小于5%）、中合金钢（合金元素总含量为5%～10%）和高合金钢（合金元素总含量大于10%）。

1. 合金结构钢

合金结构钢是在碳素结构钢的基础上加入适量的合金元素而形成的。

合金结构钢包括普通低合金钢、合金渗碳钢、合金调质钢、合金弹簧钢和滚动轴承钢。

合金钢的牌号：前两位数字表示平均含碳量的万分之几，其后的字母表示所含的合金元素。合金元素的含量小于1.5%时，其含量省略不表示。合金元素的含量大于或等于1.5%时，在合金元素的后面用数字表示其百分含量，如：12CrNi3表示含碳量为0.12%，Cr含量小于1.5%，Ni含量为3%。

当合金钢中硫和磷的含量比较少时，成为高级优质合金结构钢，必须在牌号最后标以“A”，如50CrVA，不标A的属于优质合金结构钢。

2. 合金工具钢

合金工具钢分为合金刃具钢、合金模具钢和合金量具钢。

合金工具钢的牌号：当含碳量大于或等于1.0%时不标出，含碳量小于1.0%时，以千分之几的数字（通常是一位数，用以与合金结构钢的钢号相区别）标在前面，合金元素的表示方法与合金结构钢相同，如：9Mn2V表示含碳量0.9%，含锰量2%，含钒量小于1.5%的合金钢。又如：CrWMn表示含碳量大于或等于1.0%，铬、锰、钨的含量均小于1.5%的合金钢。

3. 特殊性能钢

（1）不锈钢　当钢中含铬量大于或等于11.7%时，可显著提高基体组织的电极电位，再加上高铬钢在氧化性介质（如大气）中，能形成一层具有保护性作用的Cr_2O_3薄膜，所以高铬钢具有一定的耐蚀能力。钢中加入强碳化物形成元素，可以形成TiC（碳化钛），它弥散分布在晶界上，可以进一步提高耐蚀能力。

不锈钢按其组织状态分为三大类：铁素体不锈钢、奥氏体不锈钢和马氏体不锈钢。常用的不锈钢如下：

1）铁素体不锈钢：

10Cr17：比较普遍，用于食品厂设备。

2）奥氏体不锈钢：

12Cr18Ni9：比较普遍，用于耐硝酸、冷磷酸、有机酸及盐碱溶液腐蚀的设备。

20Cr13Mn9Ni4：用于代替铬镍钢。

3）马氏体不锈钢：

12Cr13：比较普遍，用于汽轮机叶片、水压机阀、内燃机水泵轴。

30Cr13：用于热油泵轴、阀门部件、弹簧。

40Cr13：比较普遍，用于量具、刃具、弹簧。

95Cr18：比较普遍，用于滚动轴承、刃具、量具。

（2）耐热钢　高温下具有较强的抗氧化性和强度。

（3）耐磨钢　采用高锰钢，用于铁道的道岔、坦克的履带板及破碎机的颚板等。

五、铸铁

铸铁是指含碳量大于 2.06%，并含有比普通碳素钢多的硅、锰、硫、磷等杂质元素的铁碳合金。

铸铁具有良好的铸造性、耐磨性、吸振性、切削加工性能以及较低的缺口敏感性。其生产工艺简单，成本低廉，经合金化后还具有良好的耐热性和耐蚀性等。因此，铸铁广泛地应用在机械制造、冶金矿山、石油化工、交通运输、基础建设和国防工业等部门。在一般机械中铸铁件占机器重量的 40% ~70%，在机床和重型机械中高达 80% ~90%。

虽然铸铁具有很多优点，但是铸铁的强度、塑性和韧性比钢差，而且也不能通过锻造、轧制等方法加工成形。

铸铁的种类很多，根据碳在铸铁中存在形式的不同，铸铁可分为以下几种：

（1）白口铸铁　对于白口铸铁，绝大部分碳以渗碳体的形式存在于铸铁中。其性能坚脆，切削加工困难，因此很少直接用来制造零件，主要用作炼钢原料。

（2）灰铸铁　这种铸铁的断口呈暗灰色，绝大部分碳以片状石墨的形式存在。灰铸铁是应用最广泛的一种铸铁。在各类铸铁件的总产量中，灰铸铁要占 80% 以上。这是由于灰铸铁的铸造性能、切削加工性能、耐磨性能和吸振性能等都优于其他铸铁，并且生产方便，成品率高，成本较低。

（3）可锻铸铁　可锻铸铁由白口铸铁经石墨化退火制成，其中碳以团絮状石墨的形式存在。由于较其他铸铁具有较高的塑性和韧性，故称为可锻铸铁。其实可锻铸铁并不能进行锻压加工。

（4）球墨铸铁　这种铸铁在浇注前经球化处理，碳以球状或团状石墨存在。这种铸铁应力均匀，比灰铸铁的力学性能高得多，接近于钢，而成本接近于灰铸铁。

复习思考题

1. 钢与铁区分的主要依据是什么？
2. 低碳钢、中碳钢、高碳钢的碳含量界限是多少？
3. 钢中含碳量的多少与钢的性能有怎样的关系？
4. 合金钢中的合金元素在钢中起什么作用？
5. 钢的热处理性能利用的是钢的什么特性？

第二章

车身结构及拼装

培训学习目标 学习车身结构以及拼装工艺基础知识；掌握车身结构拼装连接方式；掌握汽车产品制造的基本规律和要求；掌握产品拼装连接工装的使用。

结构，从力学角度来说，是指可以承受一定范围内的力的物体形态。它可以抵抗能引起物体本身形状和大小改变的一定范围内的力。

我们说某种结构的强度好，就是说在结构材料应力允许的范围内，其受到各种外力（如拉力、压力、弯矩力、扭力和交变力等）时，结构的材料不发生破坏，结构件间的连接节点也不发生破坏。在受到外力作用时（不论是哪种力），结构材料如果发生塑性变形，我们就认为这种结构材料的刚度差；如果发生破坏，我们就认为结构材料的强度差；如果既无塑性变形，也没有发生破坏，仅在某两个或几个构件相互联接的节点处（如焊接、铆接、螺栓联接等）发生变形和破坏，我们就认为这时结构受力（或应力）体系连接能力差。

汽车的主要尺寸参数有：汽车的轴距、轮距、总长、总宽和总高等。

其中，轴距的长短直接影响汽车的长度、重量和使用性能。轴距短，汽车长度短，自重轻，最小转弯半径和纵向通过半径小。但若轴距过短，则会带来一系列缺点，如车厢长度不足或者后悬架过长，汽车行驶时的纵摆和横摆均较大，汽车制动或上坡时，重量转移也大，使操纵性和稳定性变差，此外，还会导致万向节传动的夹角过大等问题。

汽车的轮距对汽车的总宽度、总重量、横向稳定性和机动性影响都比较大。轮距越大，则横向稳定性越好，悬架的角刚度也越大，对增大轿车的车厢内部宽度也有利。但是，轮距宽了，汽车的总宽度和总重量也相应增大，容易产生向车身侧面甩泥的缺点。

前悬架和后悬架的长度应在总布置过程中加以确定，前悬架的长度应足以固定和安装驾驶室前支点、发动机、水箱、转向机、弹簧前托架和保险杠等零部件。汽车的前悬架不宜过长，否则汽车的接近角过小。

后悬架的长度主要决定于货箱的长度，以及轴距和轴荷分配情况，同时还要保证车身具有适当的离地角。一般来说，后悬架不宜过长，否则汽车在上下坡时容易刮地，而且转弯也很不方便。

各种汽车车身的结构都是在综合考量以上各种因素后，进行精心设计的。目前，汽车车身绝大部分都采用钢材焊接与拼装结构。车身的主要功能是车辆在运行过程中，承载人员或货物并保证安全。车身承载能力的大小，是由车身的设计结构所决定。能否达到设计的承载能力和质保期内使用年限，就要靠制造工艺水平和制造能力以及维护修理能力来实现。钣金工要了解并解决的是贯彻和改善制造工艺，提高制造水平和维护修理能力，从而保证车身使用的可靠性，尽可能延长车身的质保年限。

第一节 车 身 结 构

一、车身结构分类

1. 按汽车车身的拼装结构划分

按汽车车身的拼装结构不同，汽车车身可分为有骨架车身结构和无骨架车身结构。

（1）有骨架车身结构　对于有骨架车身结构，其骨架是由抗扭且刚性很强的异型钢管组焊而成的，其外蒙皮装配（铆接、焊接）在车身骨架上，不参与受力。这种结构的车身侧窗开口大，视野开阔，透视感强，广泛用于中大型客车车身，如图 2-1、图 2-2 所示。

图 2-1　有骨架车身结构（1）

图 2-2　有骨架车身结构（2）

（2）无骨架车身结构　无骨架薄壳结构的车身，在内外覆盖件之间，除衬有少量的支承件和在门框及车身受力区采用加强件外，其余部分均为空壳结构。为保证车身具有足够的强度，在内外覆盖件上多采用起筋、台阶、拉伸、拱曲、冲孔和翻边等工艺方法，来增加薄壳结构的强度，以适应车身在运动中三维方向的受力，内外覆盖件周围相互交接处采用焊接、铆接、粘接密封，形成一个具有一定强度的薄壳整体结构。这类结构的优点是强度较好，重量轻，适用于机械化自动生产线大批量生产，广泛用于中小型客车及微型客车。在车身设计制造中，为了减轻车身自重及使车身结构更加合理，无骨架车身结构被广泛采用。

图 2-3　中型客车无骨架车身结构

由图 2-3 所示的中型客车无骨架车身结构可以看出，整个车身结构框架都是由薄板冲压起筋、台阶、拉伸、拱曲、冲孔和翻边等工艺方法增加薄板异型骨架结构强度的。除车身底板外，其余的框架结构均不参与车辆使用过程中的主承载。

无骨架车身结构的作用主要有：

1）体现车辆空间位置的实体形状。

2）作为支承车身内外覆盖件的载体。

3）参与承受由于车架弯曲和扭转所引起的部分载荷。

2. 按汽车车身承载受力形式划分

按汽车车身承载受力形式不同，汽车车身可分为承载式车身和非承载式车身。

（1）承载式车身　根据车身上下部分受力程度不同，可将承载式车身分为基础承载式和整体承载式两种。

1）基础承载式车身。将车身腰梁以下部分设计成车身主要承载件，车顶为非承载件，所以立柱可以适当变细，车身底部用型钢及其他薄板异型构件组焊成桁架格栅结构，高度可超过 0.5m。格栅空间设置为行李舱，因此地板离地较高，这类车身适于长途客车和旅游客车，如图 2-4 所示。

2）整体承载式车身。车身的上下部位结构设计成统一的整体，从理论上使其形成一个应力闭合环，车身各杆件相互自动调节，使整个车身、壳体达到稳定的平衡状态，这种结构又称应力壳体式结构，如图 2-5 所示。

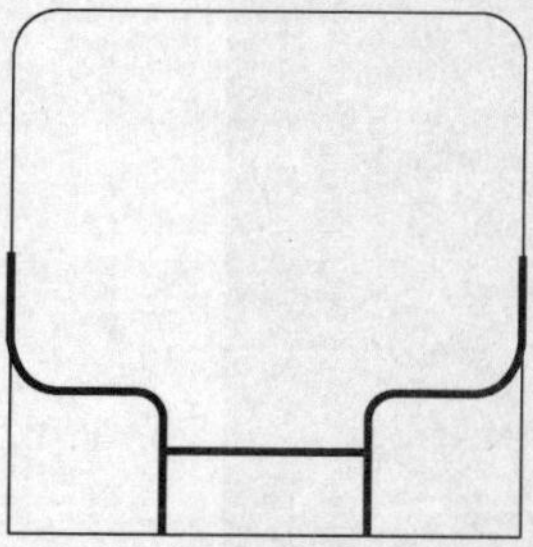

图 2-4　基础承载式车身

图 2-5　整体承载式车身

对于小型车，如小型面包车、轿车常采用这种结构。这种车身设计与布置比较合理时，可以达到质量最轻，而强度、刚度最大的效果。这种车身承受外力时，壳体的整体应力抵抗外力并进行传递，就如鸡蛋的外壳在不超出蛋壳刚度承受能力的外力作用下很难被捏碎的道理一样。

但是，进行应力壳体式车身设计时，由于车身结构和使用状况的需要，并非是使用外蒙皮作为传力构件的，在承受一定重力和交变力的构件上就采用了加强筋，以及高强度板材等措施，来进行力的传递。因此，从严格意义上来说，应力壳体式车身的传力结构，仍可以认同为框架式车身受力结构。

（2）非承载式车身　非承载式车身是在车架上组装而成的车身，客车车身通过许多个橡胶衬垫，沿车身长度方向，通过底横梁及支架安装在车架上，考虑到载荷主要由车架承担，但车身仍承受由于车架弯曲，扭转所引起的部分载荷，所以严格地说，车身并非完全不承载，只是为了区别有车架车身结构和无车架车身结构。非承载式车身具有很多优点，因而至今仍被广泛采用，经久不衰。

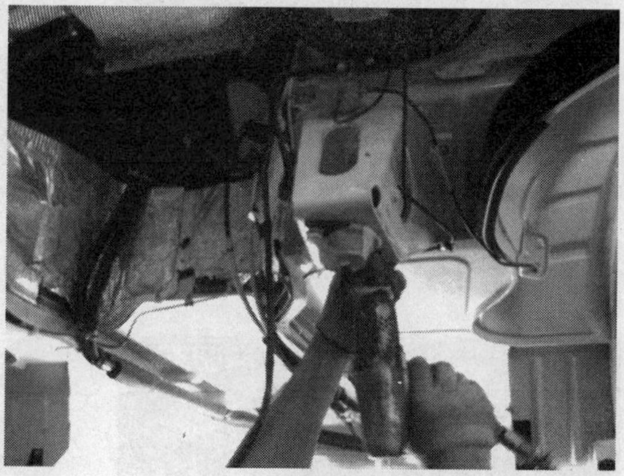

图 2-6　挠性橡胶垫装配

1）作为车身悬置点的挠性橡胶垫可以适当起到缓冲、隔振和降噪的作用。这样既提高了车身的使用寿命，又提高了乘坐的舒适性。图 2-6 所示为将挠性橡胶垫装配在车身与车架贴合部位的车身底部。

2）车架与车身可分开装配，再进行总装。这样既简化了装配工艺，又便于组织专业化生产。图 2-7 所示为车架分总成进行专业化拼装生产。

图 2-7　车架分总成专业化拼装生产

3）车架作为整车基础件，便于各总成和部件的安装。图 2-8 所示为车架总成。图 2-9 为在车架上装配弹簧钢板，图 2-10 为在车架上装配后桥和传动轴，图 2-11 为在车架上装配前桥，图 2-12 为在车架上装配发动机及变速箱和传动轴。

图 2-8　车架总成

图 2-9　弹簧钢板的装配

图 2-10　后桥和传动轴的装配

图 2-11　前桥的装配

4）一旦遇到撞车事故，车架的刚性和强度将吸收大部分冲击能量，对装配在车架上的发动机、变速箱、传动轴、前后桥和车身都可以起到相当大的保护作用。

图 2-12　发动机及变速箱和传动轴的装配

但非承载式车身也有明显的缺点，主要表现为：

①车架强度要求较高，加工制造较困难。

②车架的存在会导致整车自重增加且整车高度降低困难。

二、汽车车架

汽车车架俗称大梁，是跨接在前后桥上的桥梁式结构，也是整个汽车的基础，是装配发动机、变速箱、传动轴、前后桥、车身等总成和部件，并使它们保持正确的相对位置的可靠载体。图 2-13 所示为发动机、变速箱、传动轴、前后桥在车架上装配成汽车底盘总成。

图 2-13　汽车底盘总成

1. 对汽车车架的基本要求

1）车架要有足够的强度，必须保证在各种复杂受力的情况下，不致破坏。

2）车架要有适合的刚度，车架变形将改变各种总成和部件之间的相对位置，破坏它们的正常工作。但是，为了保证汽车对不平路面具有良好的适应性，又要求车架的扭转刚度不宜过高。

3）车架要结构简单，自身重量小，且便于对安装在车架上的各总成和部件进行维修和保养。

4）车架要尽可能地降低汽车的重心并获得较大的前轮转向角，从而保证汽车行驶时具有良好的稳定性和机动性。

2. 汽车车架承受载荷分析

汽车静止时，车架只承受弹簧以上部分的载荷，它包括车架和车身的自重，安装在车架上的各总成与附属件的重量，以及有效载荷（乘员及货物的重量），其总和称之为静载荷。

汽车在行驶过程中，随着汽车行驶条件（如车速、路况）的变化，车架主要承受以下两种不同性质的动载荷。

（1）对称的垂直动载荷　这种载荷是指汽车在平坦道路上，以较高车速行驶时产生的，其大小取决于作用在车架上的静载荷及其在车架上的分布，还取决于静载荷作用处的垂直加速度，这种动载荷会使车架产生弯曲变形。

（2）斜对称的动载荷　当汽车在崎岖不平的道路上行驶时，汽车的前后轮没有处于同一平面上，从而使车架连同车身一起做无规律的交变扭曲运动，其值取决于道路不平坦的程度，以及车身、车架和悬架的刚度，这种动载荷会使车架产生扭转变形。

除了上述两种动载荷作用外，汽车车架还会受到其他载荷，例如：汽车加速和制动时，会导致汽车车架前后部分静载荷重新分配；汽车转弯时，惯性力将使车架受到侧向力作用；当某一前轮在路面上突然撞上凸包时，惯性力将使车架产生水平方向的剪切变形；安装在车架纵梁上的各总成（如发动机转向摇臂及减振器等）工作时，其载荷作用力不通过纵梁截面形心（如悬架、油箱和备胎等的支架），而使纵梁产生附加的局部扭曲等。

3. 汽车车架生产工艺特点

车架是整个汽车的基础，是装配发动机、变速箱、传动轴、前后桥和车身等总成和部件，并使它们保持正确的相对位置的可靠载体。因此，车架的拼装结构对尺寸的要求就特别严格。任何一个分总成（发动机、变速箱、传动轴、前后桥和车身等）与车架合成装配时，在三维方向上的尺寸超出工艺规定范围的偏差，都将给整车装配时各分总成之间的配合和使用带来较大的负面影响。

车架工艺拼装的首要任务就是控制工艺拼装过程中各种应力产生的变形。焊接拼装时产生的焊接应力和焊后残余应力是工艺拼装过程中比较难以控制的。因此，车架的拼装结构大都采用铆接和螺栓联接工艺。图 2-14 和图 2-15 均为车架铆接操作，图 2-16 为车架铆接状态，图 2-17 为车架螺栓联接状态。

图 2-14　车架铆接（1）

图 2-15　车架铆接（2）

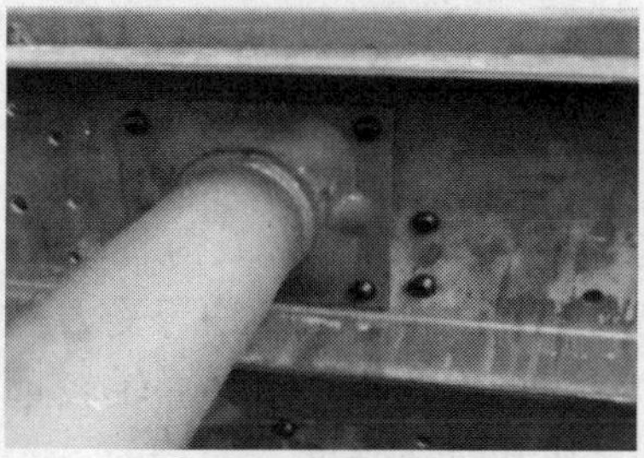

图 2-16　车架铆接状态

图 2-17　车架螺栓联接状态

4. 铆接与焊接的特点比较

铆接与焊接相比，铆接有很多焊接所不能替代的特点。

1）虽然铆接接头比焊接接头刚度小，但是铆接接头有较大的退让性（柔性），在承受冲击力时能吸收一定的能量，具有较强的缓冲作用。在载荷作用下发生变形时，可以减少因接头刚度大而引起的局部应力和变形。

2）铆接接头的应力集中系数比焊接接头的应力集中系数低，对提高金属的疲劳强度有利。

3）铆接接头在结构中形成的内应力比焊接结构的内应力低。焊接接头的应力往往大部分都会达到钢材的屈服极限，引起焊缝周围金属的局部变形，从而导致整个结构形状位置的变形和尺寸大幅度产生偏差。而铆接连接对整个结构的影响极小。

图 2-18　车架总成的校正检验装置

由于车架是整个汽车的基础，所以车架拼装的最后一道工序必须对车架总成的关键部位尺寸进行检验和校正，以确保各个工艺尺寸的准确无误。图 2-18 为车架总成的校正检验装置。

三、车身拼装结构

在进行汽车框架设计时，载荷、结构强度（抵抗力）和安全是结构设计的三个基本要素，如果某种结构能够满足所要求的安全度及其性能，则称这种结构在技术上是可行的。对于一个钢结构设计，不但要求其在造型和技术上是可行的，而且要在诸多设计中是最为经济的，这种设计才可以称为最优设计。

1. 汽车车身结构设计的一般原则

(1) 尽量采用轧制钢材　由于轧制的板、管和型材质量可靠，尺寸精确，表面平整光滑，可以直接下料成形，比用铸件、锻件生产效率高，成本低，因此在结构件设计中，尽量优先或多用轧制钢材。

(2) 选择合理的截面形状　焊接和铆接结构大都采用轧材或薄板冲压成形的各种形状组合而成。为了使组合截面具有较高的强度，对梁、柱等受力构件在满足稳定性的前提下，应增大截面的外形尺寸，使材料配置在离中心轴较远的地方，以增加截面的惯性矩，提高构件的抗弯、抗扭和抗压强度。

例如：采用方（长方）箱形、圆筒形截面对双向受力，受扭的构件是非常有利的。

(3) 便于制造　为便于焊接、螺栓联接、铆接的拼装连接操作，设计时要考虑足够的拼装操作空间，特别是焊接，应尽量避免仰焊，减少立焊，尽可能采用自动化焊接形式，或采用压力点焊，减少手工焊接的工作量。

(4) 减少焊缝　采用冲压件、铸件、锻件，用以减少加强筋、加强板的焊接，这样也可以减少焊接工作量，以及因焊接而产生的各种变形和缺陷。

(5) 合理布置焊缝　焊缝应对称布置，并尽量使其接近中心轴，这样有利于减少焊接变形。另外，还要避免焊缝相交，主要焊缝要连续，焊缝要避开最高应力处和应力集中部位等。为防止大面宽板中部扭曲，应开孔塞焊。

对汽车车身进行制造和修理时，应掌握以下车身制造基本原则：

1）保证设计承载受力强度的可靠性。

2）保证设计的安全性和稳定性。

3）保证整车设计外形的美观度。

汽车钣金工制造和修理车身的各项工艺措施、操作手段都是围绕这些基本原则而展开的。汽车企业开展的产品工程“零缺陷”的活动，正是为圆满地制造或维修汽车产品，满足设计时所设定的这些基本要求，就要求在进行车身制造和修理时，严格遵守各项工艺措施，遵循车身制造和修理的规律，自觉按照各种控制手段精心操作。

2. 汽车车身薄板拼装结构的特点

对于某种结构而言，拼装零件越少，拼装工艺越简单，拼装尺寸也越容易控制。反之，拼装零件越多，工件零散，拼装工艺就越复杂，拼装尺寸也越难控制。

从目前汽车车身的生产工艺来看，中型客车系列产品的车身大概由 600 多种薄板成形零件拼装连接组成。与轿车的各类车型车身（轿车车身大概由 200 多种薄板成形零件组成）相比较，客车拼装工艺复杂，拼装尺寸难控制。

就外蒙皮覆盖件来看：中型客车车身的外蒙皮覆盖件主要由左右侧壁外板、

左右侧壁上外板、左右后包角、左右后包角上外板、后门框上外板、顶盖外板、左右前门框上外板、左右前门后柱连接外板、四门一盖等 30 多件薄板零件拼装而成。车身长达 6m 左右，高 2m 以上，因此整个车身的外表面覆盖面积大，特别是车身两侧大面积薄板覆盖件的拱曲率又低。在拼装焊接时，特别容易形成薄板失稳。因此，中型客车车身的生产制造与拼装连接工艺复杂程度非常高。如图 2-19 所示为中型客车车身覆盖件，其具有面积大、拼装零件多、拱曲率低等特点。

图 2-19　中型客车车身覆盖件

图 2-20　轿车车身覆盖件

轿车车身的外蒙皮覆盖件就只有左右侧壁外板和顶盖外板，再加上四门两盖的外蒙皮，总共不超出十件薄板零件。由于车身短，高度低，整个车身的外表面覆盖面积相对也较小，并且整个车身外表面覆盖薄板件的拱曲率较高，拼装焊接时，薄板失稳容易控制。如图 2-20 所示为轿车车身覆盖件，其具有面积小、拼装零件少、拱曲率高等特点。

对于中型客车表面覆盖件的拼装连接，由于外表面积大，拼装时薄板工件多，拼装时接缝也很多。因此，外表面工件拼缝质量的好坏最能直接反映车身制造水平的高低。

3. *车身薄板工件拼装要素分析*

在车身拼装连接的工艺实施过程中，针对一些比较重要部位的尺寸和形状面，在工艺技术指导方面，应给出尺寸要求和检验方法及检测手段。而控制这些比较重要部位尺寸和形状的方法和手段，主要依靠工装夹具和操作人员的技能水平和责任心。比如：在进行中型客车车身总成拼装连接的过程中，前风窗框和各个门框的尺寸控制是比较重要的控制尺寸。例如：如图 2-21 所示，该车身左右前门框为冲压成形整体框架形式。这种门框在进行车身拼装连接时，主要考虑配置连接位置的定位装置。

中型客车的后门框由左右后门柱、后门框下横梁、后围上固定框四条边拼接成形，如图 2-22 所示。

对于后门框的定位拼装连接，相对于前门框来说，其工艺难度比较大，四条边需要各自的定位机构，并且不在同一套组合定位组工装上，而是由各自的组合定位组进行定位后，再进行移动配合定位拼装。因此，其中任何一个定位点的磨损、松动以及整体定位的移动配合装置稍有缺陷，都将给整体拼装尺寸带来负面影响。

图 2-21　整体框架形式

对于前风窗的定位拼装连接，其工艺难度就更复杂了，不但四条边定位机构不在同一套组合定位组工装上，并且各自的组合定位组进行定位的工件要先进行弧面定位控制，再进行移动配合定位拼装。这样不但使其中任何一个定位点的磨损、松动以及整体定位的移动配合装置稍有缺陷会给整体拼装尺寸带来负面影响，而且弧面的定位控制还要与前道工序的风窗框内骨架件的弧度相吻合。相对于平面和直线工件来说，弧面的定位控制的难度要大得多。图 2-23 所示为中型客车前风窗框拼装连接。

图 2-22　后门框由四条边拼接成形的状态

风窗框内骨架件的弧度是在前道工序定位拼装组合成分总成后形成的。其弧度的准确率以及前道工序对各个零件定位拼装的准确率，将直接影响整体车身配合拼装的尺寸精确度和风窗框的形状以及尺寸精度。图 2-24 所示为风窗框内骨架。

图 2-23 前风窗框拼装连接

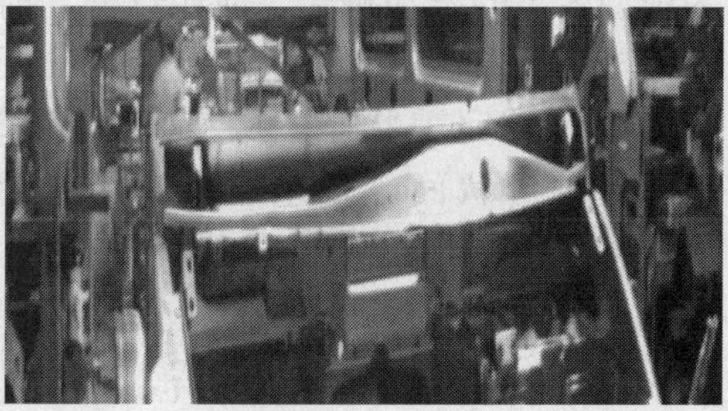

图 2-24 风窗框内骨架

风窗框的下外板是薄板件，薄板件拼装的特点是要紧贴着刚度较强的骨架成形。因此，风窗框的定位尺寸和形状正确与否，主要取决于前道工序的骨架件拼装过程中尺寸和形状的准确性，如图 2-25 所示。

图 2-25 风窗框下外板薄板件拼装

从以上分析可以看出，对各重要部位形状和尺寸的控制，需要对每一道工序中形状和尺寸控制进行严格把关。由于每一道工序的拼装连接尺寸与形状的精确度，对后道工序的总成拼装定位都会有一定的影响，特别是对薄板拼装工件，在进行总成拼装时，前道工序的拼装质量往往起到决定性的作用。

就某一款车型来看，造型美观与否反映的是设计水平和制造能力。汽车专业人士怎样看一款车的车型呢？一看车身整体外观覆盖件的平顺光滑度，薄板拱曲的圆顺度，以及薄板外观件的绷紧程度。二看各条缝隙的均匀度，包括各个门的门缝，各装配件之间的配合间隙。三看整个车身的各道筋线的对齐度与整体车身的对称度等。

任何一款车型的车身在前端的发动机盖、大灯框、前保险杠以及左右前侧外板进行装配后，最能反映车身的工艺水平和制造能力。从车身前面来看，既有各个工件之间的配合间隙，又有左右间隙配合，还有上中下工件的间隙配合，最后还要考虑上中下以及左右各个工件的外观型面配合。这一区域中的任何一点工艺缺陷和制造误差都会影响该区域内各工件装配尺寸链配合而形成瑕疵。图 2-26 为中型客车的发动机盖、前照灯框、前保险杠以及左右前侧外板进行装配的配合缝隙比较完美状态。从汽车整体来看，各种形状面越复杂、跨缝筋线越多，尺寸控制的工艺复杂程度就越高。在前端的发动机盖、大灯框、前保险杠以及左右前侧外板进行装配后，能够保证缝隙均匀，型面平滑圆顺饱满，上下左右间隙对称，各条筋线对得整齐（特别是跨缝筋线），就可以反映出企业车身的工艺水平和制造能力。

图 2-26　车身在前端尺寸链配合

第二节　车身框架结构及薄板工件拼装连接装配

一、汽车车身框架结构装配的基本条件

对于汽车车身框架结构件的装配，无论采用什么方法，都应具有三个方面的要素，即支承、定位和夹紧。

（1）支承　支承是指在装配工作中要对工作物进行支承，用以确定结构件在空间的位置，通常以平台、平整的水泥基础，以及专门制造的装配用工装来实现对结构件或零部件的支承。

（2）定位　定位是指在装配工件时约束零件的自由度，把零件确定在某个定点的位置上。通常以挡块、定位销等定位元件，或采用专用工装来实现对零件的定位。图 2-27 为对中型客车侧壁骨架零部件进行支承的装配用工装夹具。图 2-28 为中型客车侧壁骨架零部件在工装（夹具）上进行合成装配。

图 2-27　侧壁骨架零件装配用工装夹具

图 2-28 骨架零部件在工装上的合成装配

（3）夹紧 夹紧是指零件定位后其位置还不能固定，为此必须进行夹紧。也就是通过外力促使定位零件获得正确固定位置，并在一定范围内的外力作用下不产生位移的一种方式。图 2-29 为中型客车后包角内板在工装夹具中进行定位拼装夹紧。

图 2-29 后包角内板在工装夹具中的定位拼装夹紧

二、汽车车身框架结构的装配方法

在汽车车身框架结构的拼装制造过程中，应根据生产图样、工艺文件和技术要求，将车身各种零件，采用不同定位方式进行相互组装进而连接在一起的过程。这一过程称为汽车车身框架结构的装配。

1. 车身拼装焊接制造的基准选择

从整车装配的角度来审视车身制造的基准时，我们应该怎样确定车身制造的基准呢？

前面已经讲过车架是装配发动机、变速箱、传动轴、前后桥、车身等总成和部件，并使它们保持正确的相对位置的可靠载体。整车装配的过程是，将发动机、变速箱、传动轴、前后桥等先行与车架装配成汽车底盘总成，然后将车身吊装在底盘总成上进行整车装配。车身与底盘总成进行装配时，最重要的是驾驶室部分的位置。因为汽车使用过程的所有操作系统都集中在驾驶室内，所以驾驶室与底盘总成上各操作系统的装配连接就显得特别重要。

在车身驾驶室与底盘总成上各操作系统的连接部分，有一组尺寸链的配合，比如：方向机与加速踏板的装配孔位的配合，制动踏板孔位与手制动装配孔位的配合等。车身驾驶室上的这个尺寸链在与汽车底盘总成进行配合装配时，是依靠车身与车架装配固定点进行定位装配的，而车身与车架进行装配的固定点又是以车身最前端的前支承为首选固定定位点的。

由此可见，在车身制造过程中，前支承的位置就显得特别重要。前支承的位置确定后，所有车身制造的各零件进行拼装位置的确定，以及各零件之间配合位置的确定，都应以前支承的位置为基准点进行测量定位。图 2-30 所示为以车身最前端的前支承为首选固定定位点。前支承的位置确定后，所有车身制造的各零件进行拼装位置的确定，以及各零件之间尺寸链配合的位置确定，都应该以前支承的位置为基准点进行测量定位。

图 2-30　首选固定定位点的确定

2. 划分分总成部件

对于简单的钢结构，可以一次装配完成；然而，对于复杂的钢结构，采用一次装配法往往存在许多困难，而且难以保证装配质量。因此，通常都将较大的钢结构按照一定的方法划分成若干个部分，先将若干个部分分别装配完成后，再进行总装配，如图 2-31 所示。任何一个复杂的大型钢结构产品，都是由一系列零件所组成的。

零件是组成钢结构的基本元件，部件是由若干个零件组合起来的能够独立存在的构件，部件按照结构内在规律进行划分，它在总成里一般应具有一定的完整性和独立性。

部件划分的原则如下：

1）要尽量使划分成的部件具有比较规则、比较完整的轮廓形状。

2）部件与部件相连接处不宜太复杂，以便于总装配时进行操作和尺寸校验。

3）部件装配后能有效保证总装配的质量，使制成的总体结构合乎设计要求。

例如：图 2-31 中汽车车身就划分成左、右侧壁分总成和底板分总成等。它们在车身整体结构中具有一定的完整性和独立性。

图 2-31　若干个部分的分别装配与总装配

3. 部件装配法的优点

1）把集中作业改为分散作业，使总装配的工序和时间减少，缩短了生产周期，提高了装配效率。

2）由于部件体积小，便于翻转，所以焊接时可将立焊、仰焊变成平焊，这样就扩大了自动焊、机械化焊接的应用范围，减少了高空作业的工作量，提高了焊接效率和质量。

3）部件的体积小且重量轻，焊接变形量易于矫正。

4）进行部件装配时既便于对零件准确定位，又便于采用反变形等减少焊接变形的措施，还能使一些焊缝能够在自然收缩的状态下进行焊接，这样就减少了钢结构内部的焊接残余应力，有利于提高钢结构的质量。

5）采用部件装配法，可以将复杂的工作分散进行，这样有利于实现机械化、流水线装配。

三、薄板工件拼装连接装配

1. 薄板工件拼装夹具

（1）薄板工件拼装夹具的设计要求

1）这种夹具主要用于对零件施加夹紧力，因此其强度要有所保证。在坚固耐用的前提下，这种夹具可分开档次，以便满足不同的使用要求。

2）通用夹具的通用性要好。通用夹具大多为手工操作，因此要力争轻便灵活和适用。

3）设计专用夹具时，要明确其主要用途，如：装配用的模架是以定位为主还是以夹紧防止位移为主，设计时应有所侧重。

4）夹具结构要简单合理，操作要方便可靠，并便于维修。

（2）薄板工件拼装夹具的定位点和夹紧点　在汽车车身制造的过程中，装配夹具显得非常重要。特别是对由数个或数十个工件拼装连接的大型工件夹具，夹具结构的复杂程度非常大。如图 2-32 所示夹具的定位点和夹紧点比较多，布置得紧凑密集。那么，怎样来分清夹具中定位点和夹紧点的作用呢？这里首先从工件拼装连接定位的最基本原理进行分析。

1）自由度的概念。任何空间的刚体对于三个互相垂直的坐标来说，都有 6 个自由度，即沿三个互相垂直的 X、Y、Z 坐标的轴线移动的自由度和绕这三个轴的转动的自由度，如图 2-33 所示。

图 2-32　夹具定位点和夹紧点的特点——紧凑且密集

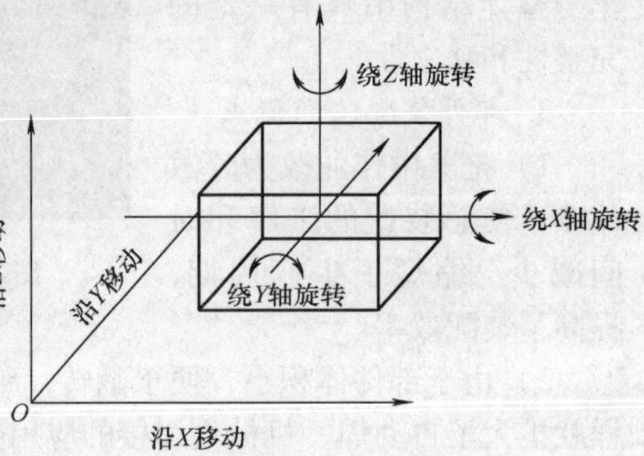

图 2-33　X、Y、Z 坐标的轴移动自由度和转动自由度

2）六点定位规则。要使工件在装配时保持固定不变的位置，即实现准确定位，就应当限制工件的 6 个自由度。六点定位就是采用了六点定位元件限制工件的 6 个自由度，一般称为六点定位规则。

图 2-34 所示矩形物体位于三维坐标系中，矩形物体上的六个圆表示六个定位元件的定位点。我们来分析一下这六个定位点是怎样限制六个自由度的？

①矩形物体底平面的三个点，限制了 Z 向移动自由度、X 向和 Y 向旋转自由度。

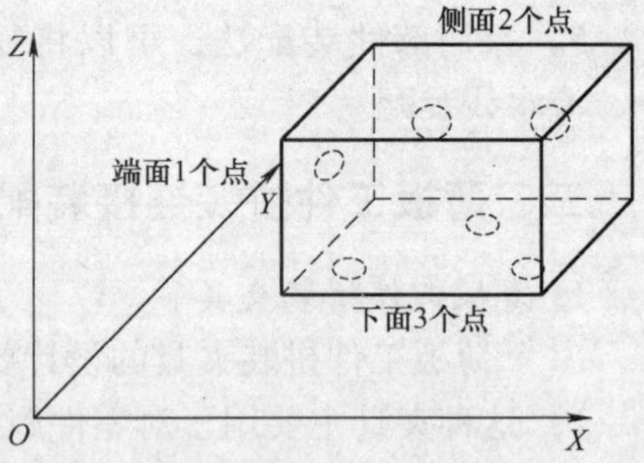

图 2-34　六个定位元件进行定位的点

②矩形物体侧面 2 个点，限制了 Y 向移动自由度和 Z 向旋转自由度。

③矩形物体端面的 1 个点，限制了 X 向的移动。

这样用六个点刚好可以将六个自由度加以限制。同时在夹紧力作用下，工件就被固定在所需要的位置上，便于进行拼装连接操作。

必须说明的是，六点定位规则是针对单个零件来讲的，当若干个零件组合在一起时，零件甲的某一个面可以作为零件乙的定位基准面，零件乙的某一个面又可以作为零件丙的定位基准面，这是装配钢结构产品的必然规律。六点定位规则在装配钢结构产品时，要根据实际情况灵活掌握。

2. 汽车车身拼装连接装配夹具

在钢结构装配过程中，要保证结构件的定位夹紧，装配夹具的应用是非常重要的，夹具结构的可靠性和合理性直接影响到结构件的装配质量和工作效率。

（1）夹具的分类　凡属于用于对零件施加外力，使其获得正确定位后夹紧不产生位移的工艺装备，统称为夹具。夹具可按用途、紧固方式和施加外力的形式进行分类。

1）按用途划分，夹具可分为通用夹具和专用夹具。

①通用夹具：是指各工序中常用的一些定位和夹紧夹具。如：杠杆夹具（利用杠杆原理将工件夹紧）、螺旋式夹紧夹具（利用正反螺旋的开合对工件进行夹、压、拉、顶和撑等）和弓形螺旋夹。

图 2-35 所示大力钳就是一种标准的利用杠杆原理进行工作的通用夹具。它利用杠杆自锁的原理进行夹紧。

图 2-36 所示弓形螺旋夹是利用丝杆起夹紧作用，俗称哈夫。

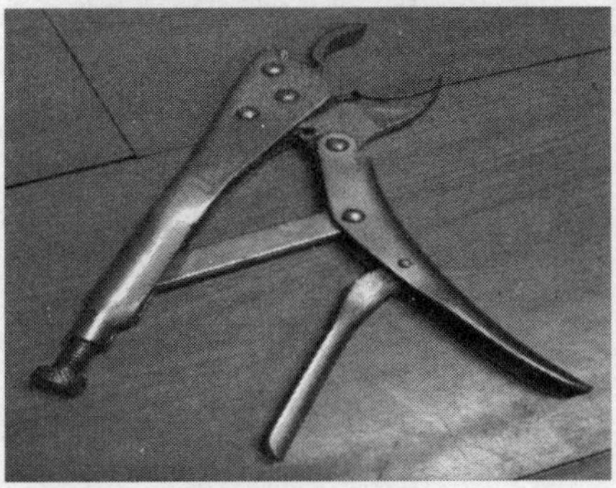

图 2-35　大力钳

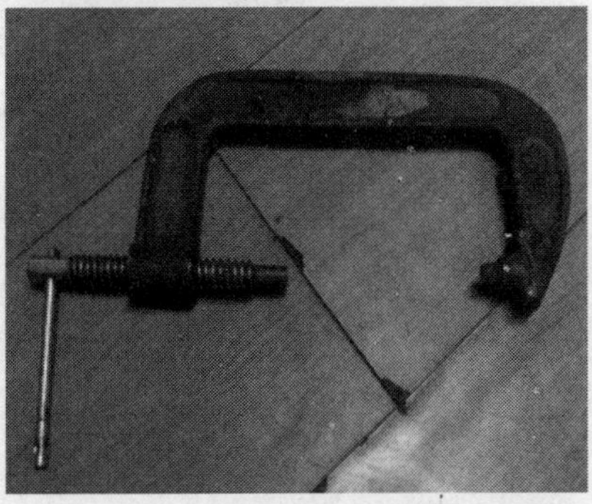

图 2-36　弓形螺旋夹

②专用夹具：是指批量生产零件时，利用某一组工具或一个工具组合对产品零件进行定位、夹紧的专用工装。一般在汽车车身制造企业，这种专用工装夹具是非常普遍，且应用非常广泛的。如图 2-37 所示，技术人员在专用工装夹具上进行工件拼装焊接操作。

2）按紧固方式划分，夹具可分为夹紧夹具，压紧夹具，拉紧夹具和顶紧夹具等。

采用哪种紧固形式，应根据实际操作情况，以方便操作、形式简单、工作有

图 2-37　在专用工装夹具与进行工件的拼装焊接

效和成本低为设计原则，灵活进行选用。

3）按施加外力的形式划分，夹具可分为手动夹具，气动夹具，液压夹具和磁力夹具等。

①手动夹具。手动夹具的特点是：制造简单，通用性强。最常见的手动夹具是肘节式夹紧器，它特别适用于薄板的拼装。其特点是夹紧速度快，夹紧厚度调节范围大。图 2-38 和图 2-39 所示为手动肘节式夹紧器。

图 2-38　手动肘节式夹紧器（1）

图 2-39　手动肘节式夹紧器（2）

②气动夹具。气动夹具主要由气缸、活塞和活塞杆等组成。气缸内的压缩空气推动活塞，带动活塞杆作用在工件上，达到夹紧的目的。气动夹具又分为直接作用式和非直接作用式两种。所谓直接作用式，就是将活塞杆的力直接作用在工件上的夹紧方式。而非直接作用式（见图 2-40）是

图 2-40　非直接作用肘节式气动夹具

将活塞杆的力传递给杠杆或肘节式夹紧器等夹紧机构，通过夹紧机构将工件夹紧的方式。气动夹具也非常适用于薄板构件的装配。

图 2-41 所示为双气缸气动肘节式气压双动夹紧机构。气压的前一个动作将夹具的定位支撑部分推进到位，气压的第二个动作将夹具的夹紧部分推进到位，从而实现对工件定位和夹紧。

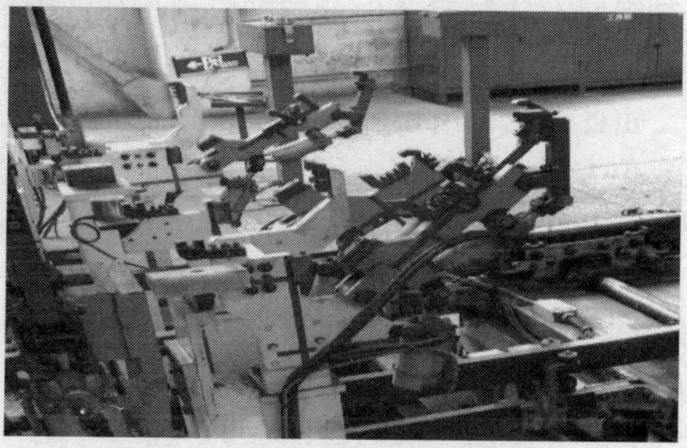

图 2-41　双气缸气动肘节式夹具

③液压夹具。液压夹具的结构与气动夹具十分类似，只是工作时采用的工作介质不同，液压夹具多采用矿物油或乳化液等介质。液压夹具的优点是：它比气动夹具有更大的压紧力，夹紧可靠，工作平稳。其缺点是液体易泄漏，而且辅助装置较多，维修不方便。

在薄板结构的组装与焊接过程中，广泛采用气动液压联合装置，这种装置的特征是，把气压的灵敏性高、反应速度快等特点用于控制部分，把液压的工作平稳、能产生较大动力等特点用于驱动部分。

图 2-42 所示为用于汽车车架总成的校正夹具，由于汽车车架的刚度大，材料的强度也高，所以校正夹具采用液压动力。

图 2-42　车架总成的校正夹具

④磁力夹具。磁力夹具分为永磁式和电磁式两种类型。磁力夹具根据使用要求，可以制做成各种形式。其优点是无噪声，无污染，工作比较可靠。其缺点是对被夹工件表面质量要求较高，且会使工件被夹后产生一定的磁化。

3. 定位与装配

（1）销孔定位　在实际生产进行工件定位时，往往采用销孔定位方式。采用销孔定位时，工件的六个自由度将受到怎样的限制呢？

如图 2-43 所示，工件上的孔被圆柱销定位后，X 向和 Y 向的移动自由度（正负方向）都受到限制，一般圆柱销为确定工件在 Z 向的高低，都会将圆柱销做成阶梯式，这样 Z 向的移动自由度也受到限制。如果圆柱销的阶梯面较大，X 向和 Y 向的旋转自由度（正负方向）也受到限制。只剩下 Z 向的旋转自由度需要增加另一定位方式加以限制。

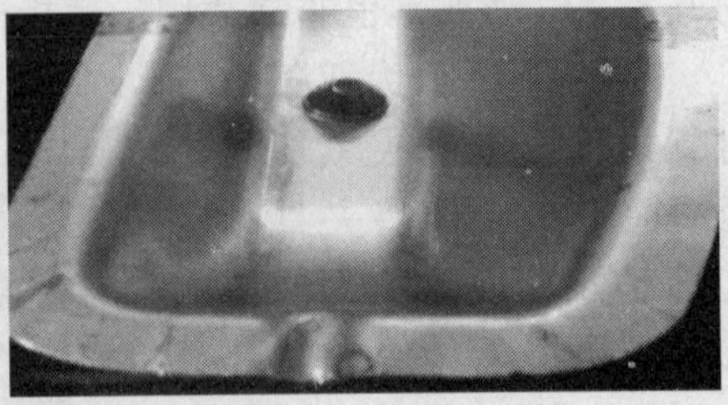

图 2-43　销孔定位

由此可见，采用较大台阶平面的销孔定位方式，比采用点定位方式要简单得多，并且准确率好，可靠性强。

（2）不完全定位和欠定位　不完全定位和欠定位都是因为工件在焊接拼装的工艺过程中，六个方向的自由度有一个或一个以上的自由度没有受到限制。图 2-44、图 2-45 所示的螺栓和螺母凸焊在工件上的例子就属于不完全定位。

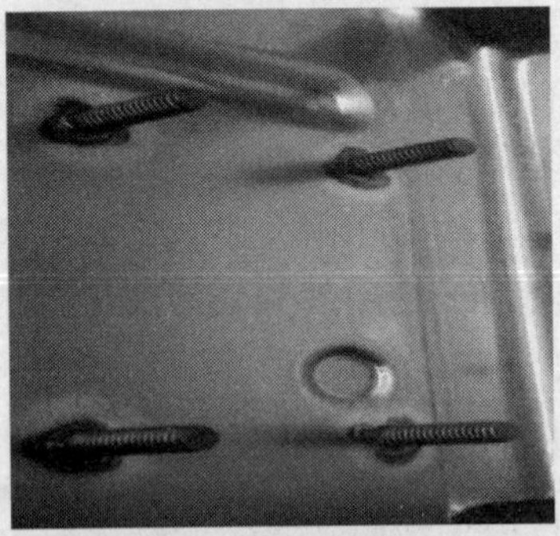

图 2-44　螺栓凸焊

图 2-45　螺母凸焊

螺栓和螺母在工件上进行凸焊前就有一个定位的要求，凸焊螺栓在工件上的定位是将螺栓插入工件上预先开出的定位孔内，螺栓相当于台阶定位销，螺母在贴合于工件进行凸焊的平面上有一螺纹的轴向定位环，只是轴向长度比较小，刚好与插入孔的料厚保持在同一平面上，如图 2-46 所示。

图 2-46　螺母上定位环

因此，凸焊螺栓在工件上的定位相当于销孔配合定位。前面已经讲过，有台阶面的销与孔配合定位时可限制五个自由度，只有一个 Z 向（围绕定位销轴线旋转）的旋转自由度控制不了。然而，凸焊在工件上的螺栓和螺母围绕定位销轴线 360°旋转在任意一个角度，都不会对装配功能和使用功能产生任何影响。所以这个 Z 向（围绕定位销轴线旋转）的旋转自由度在生产工艺中没有必要进行定位控制。

由此可以看出，螺栓和螺母在工件上进行凸焊定位时，有一个自由度没有受到限制，这种情况就属于不完全定位。

不完全定位的确定标准是，工件在进行拼装定位时，有一个或一个以上的自由度没有受到限制，但是不受限制的自由度对产品的使用功能不产生任何影响。这种情况下，不完全定位是可行的。

欠定位的确定标准是，工件在进行拼装定位时，有一个或一个以上的自由度没有受到限制，这些不受限制的自由度不能满足产品的使用功能，必须将不受限制的自由度限制住才能达到工艺和使用要求的情况下，这就是欠定位。

注意：不完全定位在特定的情况下是可行的，而欠定位是决不允许产生的。

（3）过定位　当工件在连接拼装定位时，工件定位一般都是按照限制工件六个方向的自由度进行布点控制的。对于尺寸较小，刚度较大的工件，按照六点定位规则即可对工件实现定位的要求。但是，当工件尺寸比较大，刚度较小，工件进入定位拼装的工装时，工件的自重使工件产生变形（中型客车车型的车身薄板工件，有很大部分都是属于这类工件）。只是按照限制工件六个方向的自由度进行布点控制，就不可能满足工件连接拼装的尺寸和形状控制要求。因此，需要增加一定的辅助支撑定位，以确保工件连接拼装尺寸的正确性和形状的稳定性。这种辅助支撑定位会在某个自由度方向出现重复定位，因此称其为过定位。

图 2-47 所示为前门框与门后柱衬板点焊连接部位，因门框在此部位刚性不足，易变形。故增加了四点过定位夹紧工装，确保点焊后尺寸和形状的正确性和稳定性。

图 2-47　前门框与门后柱衬板上的过定位

有时可以在工件较长大的部位增加辅助过定位，如图 2-48 所示。

图 2-48 辅助过定位

再有，为了确保后包角弧面部位拼装连接点焊后尺寸和形状的正确性和稳定性，也采用了辅助过定位夹紧工装，如图 2-49 所示。

图 2-49 过定位夹紧工装

如图 2-50 所示，为保持薄板部分在拼装焊接过程中的稳定性，同样增加了辅助过定位夹紧工装。

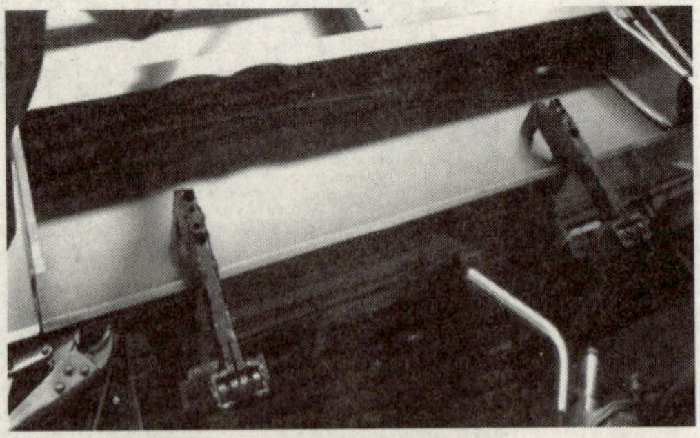

图 2-50 稳定性过定位

工件在拼装连接过程中发生过定位时，过定位会在某个自由度方向与主定位出现重复定位。从严格意义上讲，在某个自由度方向出现的两个定位要想保持绝对一致是非常困难的，特别是在车身拼装焊接环境比较差，条件比较恶劣的情况下，要想通过两个定位保持绝对一致是不可能实现的。如果两个定位不能保持一致而且偏差比较大，那么，这种情况对工件定位准确性影响就很大，也必然会给车身的整体拼装焊接尺寸带来负面影响。那么，在这种情况下怎样确定过定位（点、线、面）在工件拼装焊接过程中的正确位置呢？这一标准是：过定位的点、线、面不得与主定位对工件进行定位尺寸有干涉。由于过定位是辅助定位，所以其功能和作用不能超越和替代主定位。

在每一道工序进行工件定位时，我们都要清楚地知道工件在工装夹具中的定位状态，分清主次关系，特别要关注易松动、会磨损的定位装置。

（4）定位组　一个工件在夹具中进行定位时，如果采用点定位的方式，根据六点定位规则，至少要有六个点才能将工件的六个自由度限制住。此时，工件在夹具中的状态只是各个方向的自由度受到限制，并没有得到控制，只有通过夹紧机构才能将工件控制在确定的定位状态中。

将工件的六个自由度采用一定的定位方式进行定位并夹紧控制的一整套机构称为一个定位组。

（5）组合定位组　在汽车车身框架结构的拼装制造过程中，一般在工装中进行定位的工件至少要有两个或两个以上，因此，在一副工装上既有工件甲的定位组，又要有工件乙的定位组，甚至还有丙、丁等多个工件的定位组。这种由若干个工件拼装组合的工装夹具，必然要有若干个定位组来确定和控制各个工件之间的相对位置。这种有若干个定位组共存于一副工装上的现象，称为组合定位组工装。图 2-51 ~ 图 2-54 均为工件在组合定位组工装上定位装配。

图 2-51　工件在组合定位组工装上定位装配（1）

图 2-52　工件在组合定位组工装上定位装配（2）

图 2-53　工件在组合定位组工装上定位装配（3）

图 2-54　工件在组合定位组工装上定位装配（4）

如图 2-55 所示，各工件在组合定位组工装上进行定位点焊，固定各工件的相对位置后，由机器人将相对位置固定的工件从夹具中整体取出进行加补点焊连接。

图 2-55　将工件从夹具中整体取出

图 2-56 所示为拼装点焊连接完成的工序分总成工件。

图 2-56　拼装点焊连接完成的工序分总成工件

（6）组合定位组配合工装　由于某些大型的薄板分总成工序件刚度不足，其自重引起的变形及分总成工件在前一道工装夹具中进行拼装焊接产生的焊接应力变形，在若干个组合定位组合成的工序分总成工件进行总装配时，必须对有变形的分总成工件在进行总装配时的关键尺寸和形状再次进行定位夹紧，用以控制总装配的尺寸和形状的稳定性和可靠性。

图 2-57　刚度不足的分总成工件

如图 2-57 所示，该大型薄板分总成工序件刚度不足，其自重会引起变形，分总成工件在前一道工装夹具中进行拼装焊接会产生焊接应力变形，进而造成尺寸和形状不稳定。

对于那些大型的刚性不足，自重都会产生变形的分总成工件，在进行总装配时必须对关键尺寸和形状进行再次定位夹紧，用以控制总装配的尺寸和形状的稳定性和可靠性，如图2-58所示。

图2-58　关键尺寸和形状的再次定位与夹紧

车身总成装配时，为控制后门洞与前风窗的关键尺寸部位形状、尺寸，必须进行再次定位夹紧。再定位夹紧的各个定位组共同形成一套新的组合定位组工装，如图2-59所示。

图2-59　新的组合定位组工装

如图2-60所示，左、右侧壁分总成在各自的组合定位组工装夹紧的状态下，由滑动机构向定位在确定位置上的底板总成靠拢，进行各组合定位组工件之间的配合定位拼装。实际上就是各组合定位组工装之间的相对位置进行配合的工装。

图 2-60　各组合定位组的配合定位拼装

从以上分析可以看出，各组合定位组工装之间由滑动机构进行相对位置配合定位进行拼装连接的大型工装，其复杂程度更高。我们把这种工装称为组合定位组配合工装。

复习思考题

1. 汽车车身的结构怎样分类？
2. 有车架的汽车结构，车架在整体结构中起什么作用？
3. 汽车车身拼装连接制造的基准选择应该遵循怎样的规律？
4. 车身部件拼装连接时，应该遵循怎样的规则？
5. 什么样的情况下可以使用过定位？使用过定位的原则是什么？
6. 怎样区分不完全定位和欠定位？

第三章

汽车钣金基础技能

培训学习目标 学习金属材料在变形过程中的基本特点；掌握薄板手工成型的一些方法和要领；掌握钣金常用工具正确使用的要领和方法；掌握薄板凹瘪缺陷的修理和检验；掌握薄板手工胎膜成形以及公差与配合的基本概念。

钣金在一定的意义上与冷作是分不开的。在工作实践中，钣金工在对薄板作业时，多数情况下是不借助机械外力而直接用手工对薄板工件进行各种成形、矫正、整修等操作。由于板料的厚度越大，手工操作就越困难。板料厚度大到手工操作无法进行时，就必须借助机械外力进行操作了，借助机械外力的操作就是冷作。行业中一般认为以手工操作为主的操作称为钣金，以机械外力为主的操作称为冷作。

汽车钣金工在实际工作中，主要是与薄板钢材打交道。汽车车身90%以上都是由薄板钢材成形后进行覆盖。整个车身制造工艺过程就是围绕着薄板钢材的成形和保持成形工件的内应力平衡，稳定成型工件的成形面和尺寸进行拼装连接的。钣金工在修理车身损伤时，就是依靠自身技术水平将损坏的部分恢复到原成形的状态，这种情况也是对板料进行成形操作。

金属薄板具有良好的机械性能，特别是低碳钢薄板，其塑性和韧性都比较好。这对钣金工进行薄板成形操作是非常有利的。但是，金属薄板的塑性成形是有一定的特性和规律的。并非任意操作都可满足操作成形的需要。因此，要对薄板钢材在变形过程中的特性和规律进行了解和分析，掌握其特性，顺乎其规律操作才能达到操作的目的。

第一节 金属材料的变形

金属板材在弯曲成型过程中，要经历弹性变形和塑性变形两个阶段。在金属材料成型操作中，要想稳定地得到成型产品的尺寸要求，就必须克服弹性变形应力，稳定塑性变形的尺寸。因此，我们必须首先了解和掌握金属材料的弹性及弹性变形，金属材料的塑性和塑性变形。

一、金属材料的弹性变形

1. 金属材料的弹性及弹性变形定义

当金属材料受外力作用时，产生变形，外力取消后变形消失金属材料能够恢复原状的性能称为弹性。随外力去除而消失的变形称为弹性变形。这种变形量越大，材料的弹性越好。

在弹性变形范围内，外力和变形成正比，即外力越大弹性变形量也越大。钢材的弹性大小用能够保持弹性变形的最大应力 σ_e 来表示，σ_e 称为弹性极限。就是在弹性变形范围内，金属材料在单位面积上所能承受的最大应力，即

$$\sigma_e = \frac{F_0}{S_0} \tag{3-1}$$

式中 F_0——弹性极限载荷；

S_0——材料横断面积（用于计算制造弹性材料的弹性力）。

2. 金属材料弹性变形的实质

金属在不受外力作用时，金属晶格原子处于平衡状态，在受到外力作用后引起原子间距离的改变，形成晶格的畸变，使晶格中的原子处于不稳定状态，造成整个晶格的变形。晶格的变形受到晶格与晶格间机械嵌合牵制而产生抗力（即应力），与外力形成新一轮应力平衡状态。当外力去除后，晶格中的原子因内力作用和晶间机械嵌合力的作用，材料立即恢复到原来的平衡位置，晶格畸变和整个晶体的变形也立即消失。这就是金属弹性变形的实质。这种变形是比较微小的。

二、金属材料的塑性变形

1. 金属材料的塑性及塑性变形定义

金属材料在外力的作用下产生变形而不被破坏，当外力去除后仍能使其变形保留下来的性能，叫作塑性。外力去除后，能够保留下来的永久变形叫作塑性变形。

塑性变形有两个指标：长度延伸率和断面收缩率。

当一定横截面积的试验样件受拉伸直至断裂，试验样件的横截面积缩小，长度增加，如图 3-1 所示。

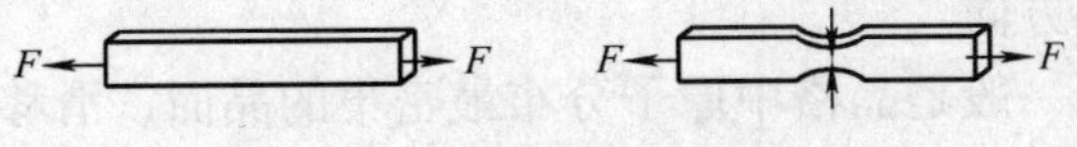

图 3-1　试验样件拉伸试验

断面收缩率公式为

$$Z=\frac{S_0-S_1}{S_1}\times 100\% \tag{3-2}$$

式中　S_0——原断面积；

S_1——拉断后断口处面积。

延伸率公式为

$$A=\frac{L_1-L_o}{L_o}\times 100\% \tag{3-3}$$

式中　L_1——拉伸前的长度；

L_o——拉伸后的长度。

2. 金属材料塑性变形的实质

金属材料受外力产生塑性变形时，金属晶格发生较大畸变。当畸变达到一定程度（一定程度是指外力使金属晶格的弹性变形能力达到极限并超出极限值时），晶格中原子的一部分相对于另一部分产生较大错动，错动的原子在新的位置与相邻的原子组成新的晶格平衡，当外力去除后，原子间的距离可以恢复原状（即弹性变形量可以恢复），但错动的原子晶格却不能恢复到原来位置。这就产生了一种不可恢复的永久变形，既塑性变形。这种变形比弹性变形量大得多，如图 3-2 所示。

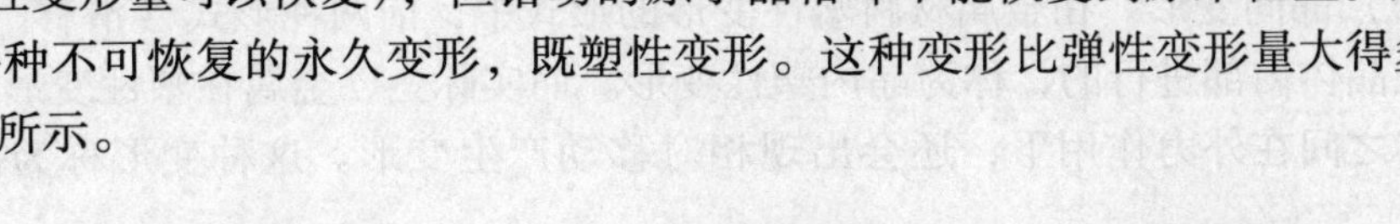

图 3-2　弹性变形和塑性变形示意图

3. 金属材料塑性变形的三种形式

（1）滑移　金属在外力作用下，晶体的某一部分沿着一定的晶面和一定的方向与另一部分相对移动，这种现象称为滑移，错动的界面称为滑移面，这个一定的方向称为滑移方向。

金属的滑移面一般是晶格中原子分布最密集的晶面，滑移方向也是原子分布最密集的结晶方向。金属中，晶格原子分布最密的晶面和结晶方向越多，产生滑移的可能性也越大，金属的塑性也就越好。

实际上金属的滑移是比较复杂的，不只是在一个晶面上，而是在若干个平行的晶面上进行，在滑移层之间形成一个阶梯。当塑性变形程度较大时，在金属表面上肉眼可以看到滑移的痕迹，既无数的相互平行的线条，通常称为滑移线，如图3-3所示。

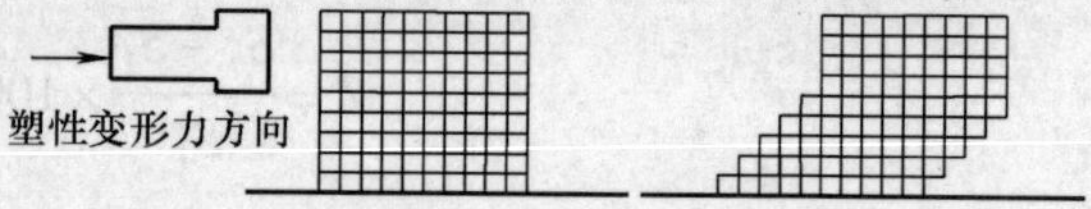

图3-3　滑移示意图

（2）孪动　孪动是晶体中原子的一部分相对另一部分沿着一定的晶面方向发生蠕动，如图3-4所示。

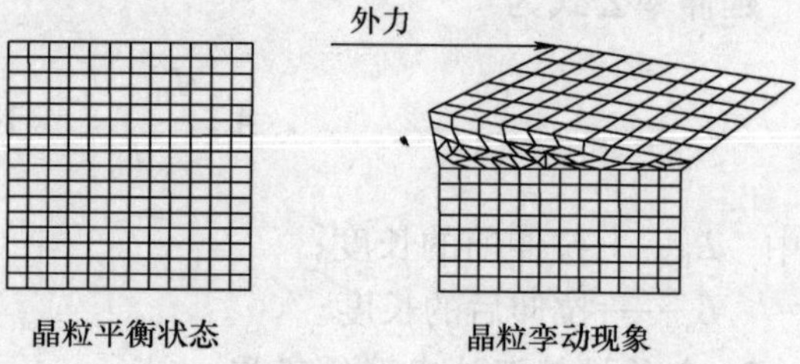

图3-4　孪动示意图

金属孪动现象是突然发生的。主要是由于塑性变形的外力过大过猛，以及滑移面空间不够时，滑移能力尚未形成时，原子位置不能产生较大的错动，只产生原子被挤碎扭曲产生变形。孪动后晶体内部出现空隙，易导致金属的破裂。因此，晶体取得较大的永久变形的形式，主要是由滑移作用来承担。

（3）晶间变形　在金属材料塑性变形的形式中，前两种形式（滑移、孪动）都是在晶体内部进行的，称为晶内塑性变形。而实际上，金属在塑性变形中晶体与晶体之间在外力作用下，还会出现相对移动产生变形。这种变形称为晶间变形。

晶间变形主要是由于变形的外力过大过猛，当原子间的滑移尚未能形成能力的一瞬间，在晶体与晶体相嵌合的薄弱部位形成缺口并迅速扩展。晶体与晶体之间的相对移动，破坏了晶粒界面，降低了晶粒之间的机械嵌合强度，易导致金属的破坏。脆性材料晶间结合力差，容易产生晶间破坏，所以塑性差。韧性材料晶间结合力好，不易产生晶面破坏，所以塑性好。

从以上分析我们可以比较清楚地了解到：金属在塑变成形的过程中，主要是以滑移的形式存在。孪动变形和晶间变形是塑性变形形成过程中不可取的形式。

三、金属材料的屈服强度和屈服极限

金属材料在外力作用下，当开始发生明显的塑性变形，或达到规定塑性变形值时的应力，称为屈服强度，一般情况下，在拉伸试件标距长的 0.2% 规定值时，金属材料开始屈服（常用$\sigma_{0.2}$来表示）。

塑性较高的材料在拉伸的过程中当加载到 F_s 时，力不再增加，而材料变形仍继续伸长，这种现象称为屈服极限 σ_s，即

$$\sigma_s = \frac{F_s}{S_o} \tag{3-4}$$

式中　F_s——点外力；

　　S_o——试件截面积。

屈服极限是金属材料将要发生显著变形的标志，因此在钣金成形过程中，要使板料改变成一定形状，所加外力必须能使板料产生的应力大于$\sigma_{0.2}$或σ_s。

四、金属材料的抗拉强度

金属材料在拉力的作用下抵抗破坏的最大能力称为抗拉强度。试件拉断的最大负荷 F_m 与原截面积 S_o 之比称为抗拉强度或称强度极限，常用 R_m 表示为

$$R_m = \frac{F_m}{S_o} \tag{3-5}$$

当金属材料所受外力是压力或弯曲力时，抵抗破坏的最大能力分别称为抗压强度或抗弯强度。

五、冷作硬化的实质

金属塑性变形后，在滑移面和滑移面附近会出现许多被挤乱的晶体碎块，同时晶格被挤歪扭。这就增加了再次塑性变形滑移的阻力。变形越严重，滑移面上的晶格紊乱碎块也越多，继续滑移的阻力也越大。这种现象称为冷作硬化现象。在钣金成形操作过程中往往感到材料越敲越硬，就是这个道理。

板材在冷作过程中，发生塑性变形引起晶格扭曲、碎晶及残余应力，如不采取措施，继续加工操作，随着塑性变形程度的增加，变形阻力增大，材料塑性急剧下降，甚至产生裂纹。冷作硬化可用热处理方法加以消除，冷作硬化的金属在温度升高时，金属原子获得热能，于是分子热运动加剧，扭曲的晶格及挤乱的晶体碎块可以进行新的排列组合，重新获得金属原有的塑性和韧性。这种过程称为金属的性能恢复。

第二节　薄板手工成形基础

在了解了金属材料在变形过程中的一些基础知识后，在进行薄板成型的操作过程中，就应该按照金属材料变形的特点，遵循其规律进行操作。比如：要克服金属材料在塑性变形后的弹性影响，就要在塑性变形的基础上，加上弹性变形的余量，用于抵消弹性变形力对塑性变形尺寸的影响。在金属材料塑性变形成型的过程中，要克服金属原子的孪生现象和晶间变形现象，尽量让塑性变形的金属以滑移的状态出现，也就是要求我们在金属塑性变形操作过程中，采用分步骤、分层次、轻敲击、缓施力，留足充分的塑性变形滑移空间。同时，还要防止过分冷作硬化现象的产生。

一、薄板手工直角弯曲

薄板手工直角弯曲俗称扳边。

薄板手工平面直线直角弯曲是通过锤子或方尺（硬方木棍）在角铁、方钢、光滑的钢板直角边上将薄板材料通过敲打折成90°，如图3-5所示。对于板厚在1.2mm以上的板料，较为重要的小型工件直角折边可在台虎钳上定位夹紧后进行敲打成形，如图3-6所示。

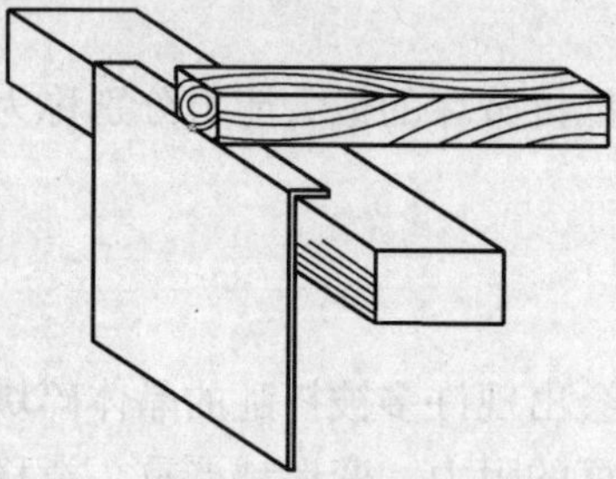

图3-5　扳边示意图

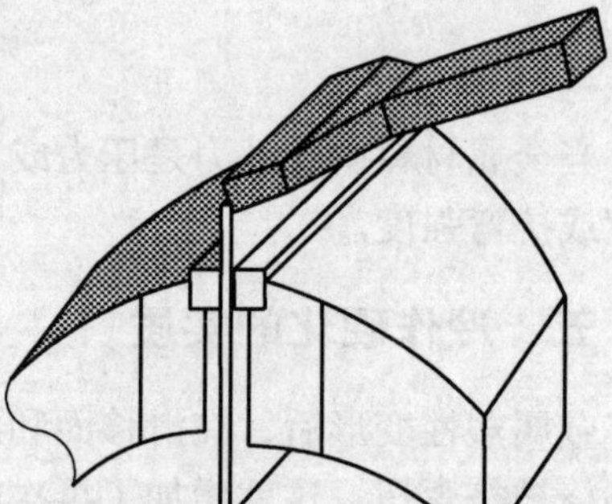

图3-6　台虎钳定位夹紧与敲打成形示意图

手工直角弯曲是通过锤子或方尺进行敲打，使薄板产生塑性变形，从而达到成形的目的。在敲打薄板产生塑性变形的过程中，由于锤子或方尺敲打在薄板上的接触面积较小，薄板的塑性变形是一段段逐渐产生的，加上敲打时施力不均匀，使工件在成形过程中出现段与段先后产生的塑性变形之间，应力不均匀和应力相抵触的现象，从而使成形后的工件中残留大量的内应力，甚至导致工件出现弯曲和扭曲变形。

如图3-7所示，当锤子或方尺敲打在薄板A段产生塑性变形时，受到B段抗变形应力的牵拉限制，产生内应力，由于这种牵拉，A段和B段之间还会产生延展塑性变形，导致翻边出现胀料。当锤子或方尺敲打在薄板B段产生塑性变形时，又受到A段已变形应力和两段之间变长材料应力的抵触限制。这样一段段逐渐产生的薄板塑性变形，加上敲打施力不均匀的弊端，使工件在成形过程中出现段与段先后产生的塑性变形之间，应力不均匀和应力相抵触的现象。

图3-7　两段出现的应力不均匀和应力相抵触现象

要想尽量克服和减小工件在成形过程中出现段与段先后产生的塑性变形之间的应力不均匀和应力相抵触现象，就要使薄板塑性变形的过程分步骤，分层次地逐渐塑变。其目的是消除或减小段与段先后产生的塑性变形之间的牵拉、抵触内应力和段与段之间的延展塑性变形。

图3-8所示为平面弧线直角弯曲的状态。这种状态弯曲与直线弯曲有所不同。这种状态的扳边，首先是考虑将大于扳边线直径以外的薄板进行收料操作。这种收料操作的扳边更不能急，需要一步一步逐渐将料收缩到位。平面弧线直角弯曲收料操作的难易程度，与工件的扳边宽度、弧线直径大小有关。扳边宽度越小，弧线直径越大收料操作就容易。反之，难度就越大。但无论难度大小，都是收料操作，都应该遵循分步骤、分层次地逐渐塑变的原则。否则，更容易出现相互抵触的料胀现象，无法保证工件制作的质量。

图3-8　平面弧线直角弯曲

二、金属板材的伸展

金属材料的伸展是利用金属材料的塑性和延伸率的特性进行操作的。金属板料通过锤击，使板料的宽度、长度、圆形胚料外径、筒形胚料深度增加，或由直板料在单侧伸展成弧形板料。举例说明如下：

1. 弧形锤放

角钢任意弧形锤放又称为展弯。它是将 90°角钢或长条板料折成 90°，在材料一侧进行锤击，使其伸展弯成弧形。其操作方法是：把要伸展的一面放到铁砧上用锤子锤击展弯，锤子落下时要平稳、均匀，锤击点越靠近板料外沿就越多而且锤击力也越重，如图 3-9 所示。这样使边沿材料厚度逐渐变薄，面积增大成放射状，锤击时要注意锤击点不要集中在某一处，否则会使板料破裂。要经常检查展弯的弧度是否标准，当板料因锤击过重或次数过多时，金属材料会产生冷作硬化变得硬脆。应用氧乙炔火焰进行退火后再继续敲打，直到板料被展弯成需要的形状。

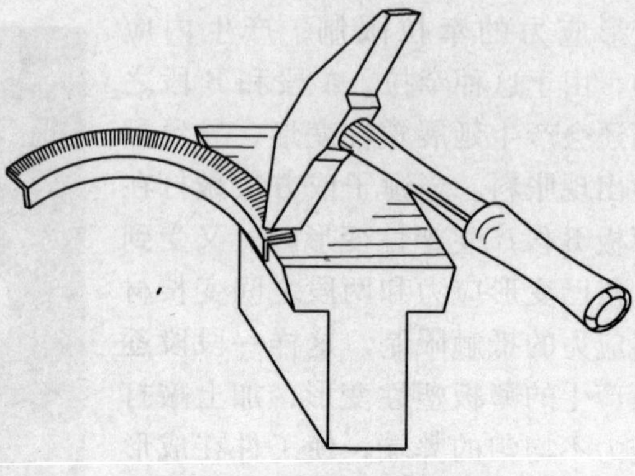

图 3-9　角钢任意弧形锤放

2. 扩边

扩边是钣金工常用的锤击方法。它可以使板料边缘不断伸展，进而达到所需要形状的一种操作方法。如图 3-10 所示，把桶型底边扩成喇叭口形就采用了打边操作。它是沿桶形边缘在一定的尺寸范围内进行锤击，依靠板料的伸展塑性变形形成的。常用于圆形桶的底部咬扣。例如：汽车上的排气管接头扩边就是这种形状，一般伸展成 45°圆弧边。

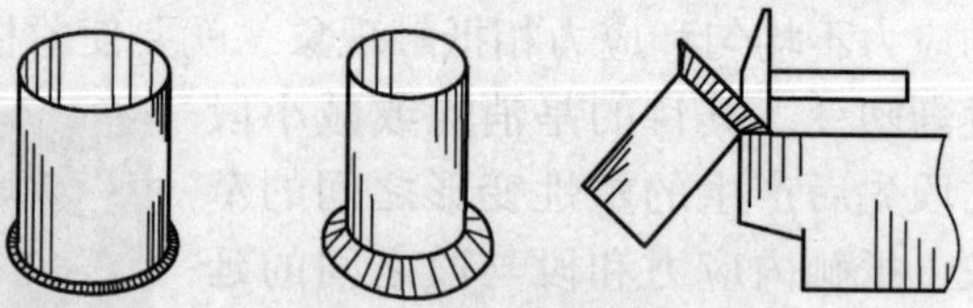

图 3-10　圆形桶件扩边

三、金属板材的拱曲

金属板材的拱曲也称为锤拱，是钣金工将平板料通过锤击使板材的中间部分产生延展塑性变形，从而达到拱曲成所需形状的一种操作方法。锤拱在汽车修理时被广泛应用，例如汽车上的车身外蒙皮、翼子板、发动机罩等，都可以用锤拱的方法成型。

1. 锤拱件下料尺寸的确定

锤拱件下料尺寸没有严格的计算标准，常采用实际比例法和近似计算法两种方法来确定。

（1）实际比例法　用纸按照实物或模胎的形状压成皱褶包裹在实物或模胎的表面，然后沿实物或模胎的边缘把纸剪下来，再按照纸的展开尺寸加上适当的余量便可得到拱曲零件的展开料尺寸。如果产品数量较多，必须对所得的尺寸经试做修改后取得毛料样板，才能进行大批下料。

（2）近似计算法　这种方法是按照零件展开形状进行计算的，如半圆形拱曲，它的展开形状是圆形，只要求出毛料的直径便可下料。其近似计算公式为

$$D=\sqrt{2}d=1.414d \tag{3-6}$$

式中　D——待下料的毛料直径；

d——实物半球形零件的直径。

这种方法是取近似值，未考虑锤拱时材料的伸展，成形后会比原型略大，可进行边缘修整。

2. 锤拱操作方法

锤拱时可使用铁锤、木槌，凹陷的模块及顶杆、平台和铁砧等工具。

锤拱时要选用顶部为弧形且装柄处至锤顶较长的拱锤，还要选择废旧的中间带圆孔的零件作为垫铁，如汽车上齿轮套、盆齿轮，较大轴承外圈等。操作时把板料放到垫铁孔上，一手扶件，一手持锤，对于锤拱深度比较大，拱口直径有严格要求的零件，应该从着板料的中心开始，一锤挨着一锤，对着板料中心绕圈敲打。例如：制作直径为200mm的近似球形的半圆薄板工件，料厚为1.2mm。首先按公式$D=\sqrt{2}d=1.414d$，则$1.414\times200\text{mm}=282.8\text{mm}$；然后按直径282.8mm放样下料。料径可放大为300mm，如图3-11所示。

在空心圆座上，一手扶件，一手持锤，从着板料的中心开始，一锤挨着一锤，对着板料中心绕圈敲打，如图3-12所示。锤击一圈后，锤击点向板料中心外围移动一个锤痕位置，依此方法，直到锤击遍及板料后再从已经成拱形板料的边缘重新开始，如果此时垫铁的内孔显得过大，应该移到内孔小的垫铁上继续锤击。锤击时要锤点间距要均匀，尽量使锤顶圆弧处落在板料上，以免板料出现裂痕。反复依次绕圈敲打（见图3-13），使工件弧形逐渐加深成形（见图3-14）。

图3-11　按要求下料

图3-12　对着板料中心绕圈敲打

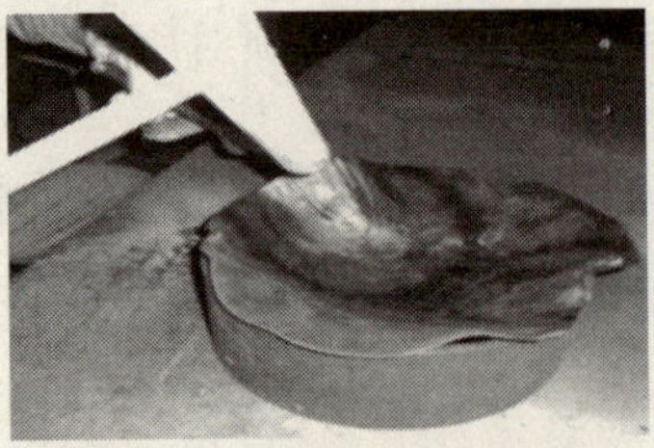

图 3-13　反复依次绕圈敲打

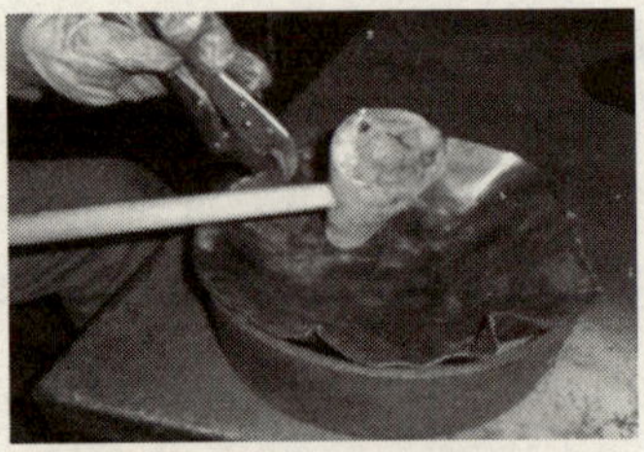

图 3-14　弧形逐渐加深成形

有时，需要对翘曲部分进行加热收料操作，如图 3-15 所示；还可以对初步成形工件加以形面粗整，如图 3-16 所示。

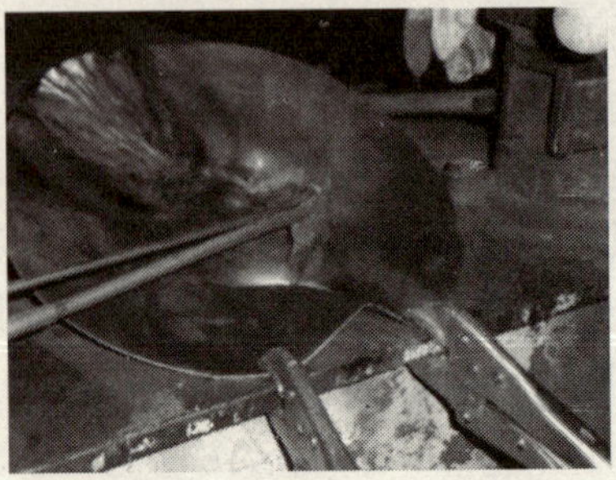

图 3-15　翘曲部分的加热收料

图 3-16　初步成形工件的形面粗整

当锤拱件已经到了大致合格的程度时，应在平台上进行修整，锤头与锤击部位和平台面放实后再锤击，不可使锤头与平台面敲空而增大拱件凹凸程度（见图 3-17）。修整及消除拱件表面不平后（见图 3-18）。再用锉刀挫光边缘毛刺和不整齐的地方。拱深较大的拱件不能在平台上修整，可在顶杆上进行修整。

图 3-17　放实后再锤击

图 3-18　修整及消除拱件表面不平

进一步对拱曲件的内外表面进行精细平整加工，如图 3-19、图 3-20 所示。

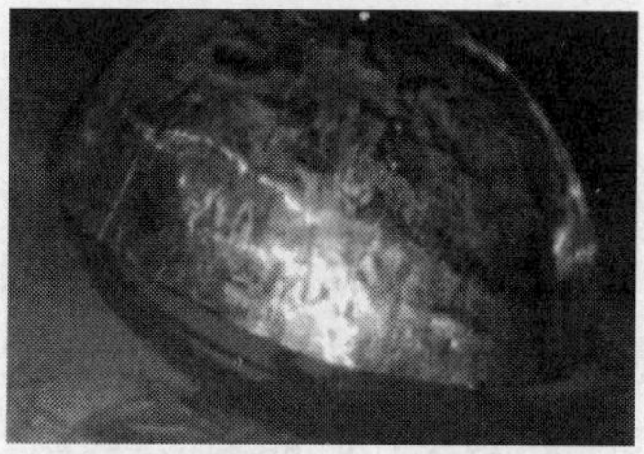

图 3-19 外表面的精细平整加工

图 3-20 内表面的精细平整加工

最后对内外表面进行打磨抛光，如图 3-21、图 3-22 所示。

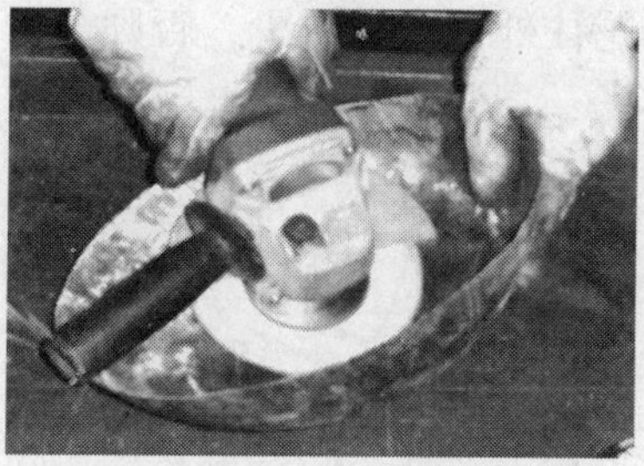

图 3-21 内面打磨抛光

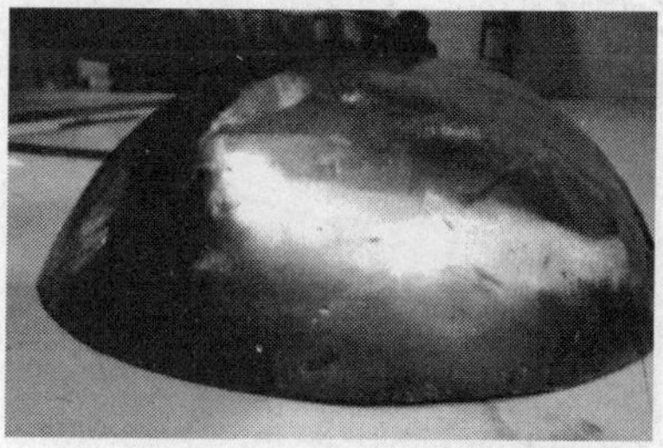

图 3-22 外面打磨抛光

像这种锤拱深度较大的或接近球形的零件，在锤拱过程中，如发现有冷作硬化现象，也应立即进行退火消除冷作硬化后，再进行操作，以免产生裂纹；对于不慎锤击时产生的裂纹，必须进行补焊，可用低碳钢焊丝作焊条，焊后修磨焊道增高处，使其只略高于其他部位且圆滑过渡，然后可继续锤拱。

对于拱形要求比较严格的零件，可以先在金属板上制作型胎，然后在型胎上锤拱。操作时将板料边沿放在型胎上，用圆弧锤顶进行锤击，首先从板料边缘开始，逐渐向中心锤击，锤拱作业不能急，一次不能锤得太深，而且用力要均匀。对于拱形要求比较复杂的零件，可以分成几部分来完成，然后焊接成整体，焊后再进行修整。

对于锤拱深度不大，拱口直径要求不高，类似于盘形的零件，应该采用从板料的外围开始，一锤挨着一锤，对着板料中心绕圈敲打。操作步骤和方法，除了中心与外围起锤不同外，其余基本相同。

四、金属板材的收缩

所谓金属板材的收缩，一般是指金属板材收边或缩边。对拱曲胀料的冷收料和热处理收料来说，也是金属板材的收缩。这里所讲的是将板料边缘向内锤击，使其折起需要的角度，一般以 45° 和 90° 应用最多。例如：消声器闷盖、隔板、油箱盖及各种咬口连接的咬口边等。

收缩的操作方法是：在毛坯板料上画出出零件的缩边线，把板料放在衬钢上，扣住板料，将衬钢刃对准缩边线，持钣金锤或木槌、方尺沿缩边线向内进行边锤击边转动，每转动一周之后，板料向内折弯变形15°左右。在循环敲制过程中，板料应该有规律的转动，转动时要尽量保持移动距离均匀，不得忽快忽慢，同时敲击力量不可过重。每周向内收缩角度最大不超过30°，如图3-23所示。另外，若锤击力量太大或角度扳得过大都会使板料变形、起皱，进而增加锤击次数。因此，必须耐心地一次一次地进行敲制。需要注意的是，锤痕点尽量不要落在板料的外沿上，也不要落在缩边线以里。因为缩边操作主要是依靠金属的塑性变形来完成的，越靠近缩边线的锤击点越多，越往外锤击点越少，否则会增加敲制难度。

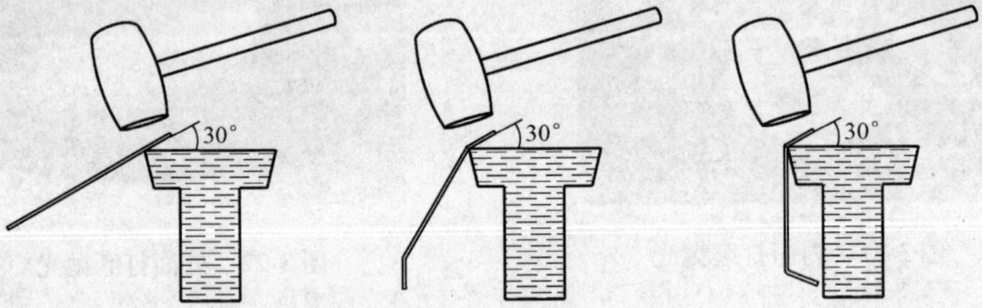

图3-23　每周向内的收缩角度

每敲击一周之后，都要对发生翘曲和扭转变形的板料进行整理。具体操作方法是：把缩边一面朝上，平放在平台上，用钣金锤敲击已经立起来的边，锤击角度和立起来的边的角度尽量保持一致，然后再轻轻地对缩边线以里且靠近缩边线的部位锤击一周，直到板料没有变形后再进行下一次缩边。

五、金属板材的卷边与咬接

1. 卷边

为了增加钣金薄板制件边缘部分的刚性和强度，使其不易发生变形，常将钣金件的边缘卷过来，这种方法称为卷边。需要卷边的薄板制件如机罩、桶、盆、壶等。卷边分为空心卷边、实心卷边和平行卷边。

（1）卷边的种类与用途

1）空心卷边：主要用于刚度、强度不大的薄板零件的边缘。

2）实心卷边（夹丝卷边）：在空心卷边里夹入一根铁丝，使薄板件边缘刚性和强度更好。所夹铁丝的直径，应根据板料厚度和零件尺寸的大小以及受力情况来确定。一般钣金件的夹丝直径为板厚的3～5倍为宜。夹丝卷边主要用于较大容量的桶、盆。

3）平行卷边：主要用于不重要的桶口及防止人员划伤的板料的边缘，又分为单层卷边和双层卷边两种。

（2）卷边尺寸的确定　需要卷边的钣金件在下料时，必须加上卷边的展开尺寸，卷边的展开尺寸应根据卷边的形状和夹丝直径的大小来确定，以夹丝卷边为例计算卷边尺寸。

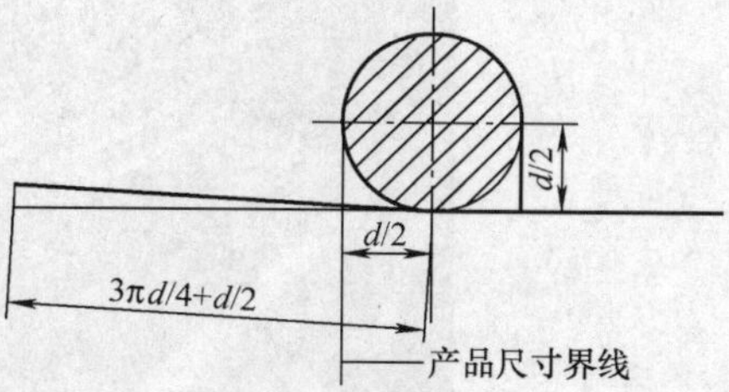

图 3-24　卷边展开尺寸

卷边展开尺寸如图 3-24 所示。它由直段 L_1（$d/2$）和卷曲部分 L_2（圆周的 3/4）组成，当夹丝直径 d 及板料厚度 δ 确定后，可通过下式求得卷边展开尺寸的宽度 L，即

$$L=\frac{d}{2}+\frac{3}{4}\pi(\delta+d)\approx\frac{d}{2}+2.35(\delta+d) \tag{3-7}$$

如果板料厚度为 1mm，夹丝直径为 4mm，其卷边展开尺寸的宽度为

$$L\approx\frac{4}{2}\text{mm}+2.35\times(1+4)\text{mm}=13.75\text{mm}$$

2. 咬接

咬接也称为咬扣，应用厚度在 1.0mm 以下的薄板，即将两块板料的边缘（或一块板料的两边）折转扣合成一体，并彼此压紧。薄板咬接处承受应力变形的能力不是很强，一般用在受力不大的静载荷以及动载荷较小的场合。

（1）咬接的形式和用途　常见的咬接形式，根据板料咬接时所咬合的层数分为三折、四折和五折咬接三种。

1）三折咬接。三折咬接是最简单的一种咬接方法，也是一种较为常用的咬接方法，主要用于弯管接头等。汽车车门内外板包边连接就是三折咬接形式，如图 3-25、图 3-26 所示。

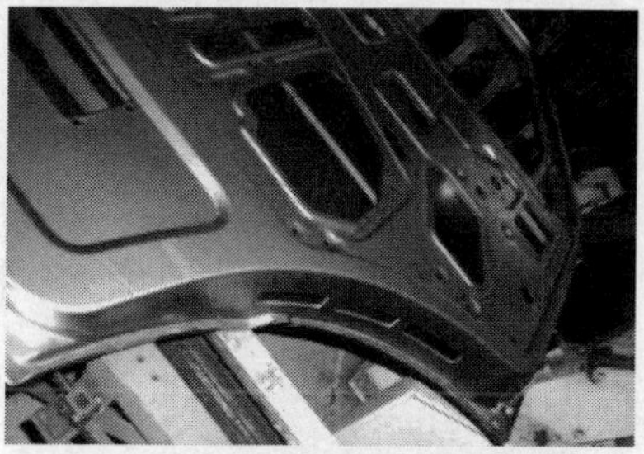

图 3-25　车门内外板的三折咬接（1）

图 3-26　车门内外板的三折咬接（2）

另外，汽车发动机盖包边状态也属于三边咬接，如图3-27所示。

图3-27 发动机盖包边状态

三折咬扣一般应用在基本不受工作应力的场合。

2）四折咬接。四折咬接也是较为常用的咬接方法之一，它主要用于拼料，制作薄板管子、桶、盆及类似桶形制品的底部连接等。

3）五折咬接。五折咬接是较难操作的一种咬接方法，常用于较大的又要求较为坚固的桶底及盖，此种咬接手工操作难度较大，多用于机械作业，常见的有液体及原料容器桶，以及食品、饮料包装桶等。

（2）咬接件尺寸的确定　薄板咬接件在下料时，必须加上咬接尺寸，否则制出的零件尺寸会变小，咬接宽度是根据板料的厚度而决定的，一般来说厚板料的咬接宽度比薄板料咬接宽度要宽一些，一般0.5mm厚以下的薄板料咬接宽度为3～4mm；0.5mm以上的板料咬接宽度为4～6mm；超过1.2mm厚的板料就不能进行咬接了，而是采用焊接方法。咬接下料的尺寸是根据咬接的层数而定的。其计算方法是：咬接宽度×（咬接折叠层数－1）＝咬接下料尺寸。

四折咬扣的折叠层数是四层，但其中一层是属于工件本身的宽度尺寸，所以在计算下料时必须减去一层。

例如，制作一根直径100mm的管子，采用四折咬接，咬接宽度为4mm，试求管子下料的总宽度是多少？

根据上述方法，只要算出咬接下料尺寸，再加上管子的周长就是管子下料的总宽度。即

$$咬扣下料尺寸 = 4 \times (4-1)\,\mathrm{m} = 12\mathrm{mm}$$

$$管子周长尺寸 = 100 \times 3.14\mathrm{mm} = 314\mathrm{mm}$$

$$管子下料总宽度 = 12\mathrm{mm} + 314\mathrm{mm} = 326\mathrm{mm}$$

六、金属板材的制筋

在薄板钢材上制成各种不同形状的棱线，可以大幅度提高薄板件的刚性和抵抗变形的能力。这种经过制筋的板料，不仅其刚性有了大幅度的提高，而且其还具有美化构件的作用。这也是车身薄板构件特别是车身外蒙皮所采用的主要原因。

当车身覆盖件受外力作用发生损伤后，会引起加固和装饰作用的外表线型受到破坏。对车身覆盖件进行平整、焊接、挖补等作业后，原有的棱线也可能发生弯曲、扭曲或变得不够清晰。这些都需要借助手工工具及手工操作加以修整与恢复。因此，手工制筋也是钣金工必备的基础操作。

用扁冲手工制筋是最简单的一种方法，适于制作棱线细而浅的筋。具体操作方法：先画出制筋的标记线；在工作台上铺一块橡胶板并将板料放好，一手持扁冲对准标记线，另一只手持锤敲击扁冲，沿标记线冲出符合要求的棱线。

在敲击扁冲制筋的过程中，应注意不要用力过猛并保持深浅一致，移动距离不要超过扁冲宽度的3/4，并确保良好的线型衔接。沿标记全部敲冲一遍后，再由一端开始敲冲第二遍，直至达到符合要求的深度为止。最后，在平台上（不垫橡胶垫）再轻轻敲冲一遍，使所制筋形成清晰、整齐的线条。

如果要求两面成形多条棱线，可在板料的两面同时画出标记线，并按照上述方法于两面交替操作，最后统一进行细致的修整。

第三节　车身钣金常用工具及使用

汽车制造及修理钣金工所使用的工具，大致分为手工工具、动力工具两大类。只有了解和掌握了车身钣金常用工具的性能、用途和操作技巧，才能顺利完成相应制造及修理工作。

一、手工工具

1. 钣金锤

钣金锤有方头、圆头、尖头等不同形状的铁锤，分别用于各种不同工作场合。另外，还有木槌和橡胶锤，它们应用在为减少薄板敲击的锤痕，以及弹性消除各种内应力的场合。

钣金用锤的使用要点可以概括为“稳、准、平、拖、活、弹”。

（1）稳　轻松握住钣金锤手柄的端部，握锤时锤柄下面的食指和中指应适当放松，小指和无名指则应相对紧一些，拇指或虎口用于控制锤柄向下运动的力度。

（2）准　锤击作业质量的关键在于落点的选择，一般应遵循“先小后大、先弱后强”的原则，像矫正成形件，从变形的边缘处为起点顺序敲打，并有序排列钣金锤的正确落点。

（3）平　每一次敲击都要保证锤头以平面落在金属表面上。

（4）拖　采用摇动手腕的方法，轻轻敲击构件表面，顺着薄板变形的方向，利用钣金锤敲击零件时产生的回弹力绕圈运动。这就是钣金工常说的走游锤。

（5）活　握锤时要具有一定滑落性，不要将锤柄死死地抓住，要注意放松手腕和肘关节。

（6）弹　落锤时锤头不要像砸钉子那样直上直下用猛力。而是要使握锤的手腕形成一个比较灵活的转轴，让锤能够自由反弹。重锤敲击金属表面时容易使之产生局部延展变形，而连续弹敲锤击操作，不但可达到修平变形的目的，同时也可有效地抑制金属的延展变形。钣金工采用弹敲手法还大量应用在消除构件内应力方面。在消除构件各种内应力时，钣金工最直接、最简便易行、最有效的方法就是弹敲振动内应力部位，使内应力在振动中得以消散。

采用钣金锤修复构件变形这种方法，由于其整形手段主要以锤击为主，具有方便、实用、快捷等许多优点，是行之有效的矫正方法之一。锤击法的缺点是，被锤击的金属表面易发生局部损伤；需要操作者具有丰富的经验。

此外，用钣金锤修复构件变形时，常常还要借助一些辅助工具，比如：撬板、撬棍、搭铁、钣金托模等，这样才能更加得心应手。这是因为有些变形离开了辅助工具的辅助作用就很难加以矫正。例如，对较为薄弱的蒙皮板类构件，有时要使用木垫块或选用木槌、橡胶锤等，这样可以避免车身构件发生二次损伤（即敲击过程造成的损伤）。

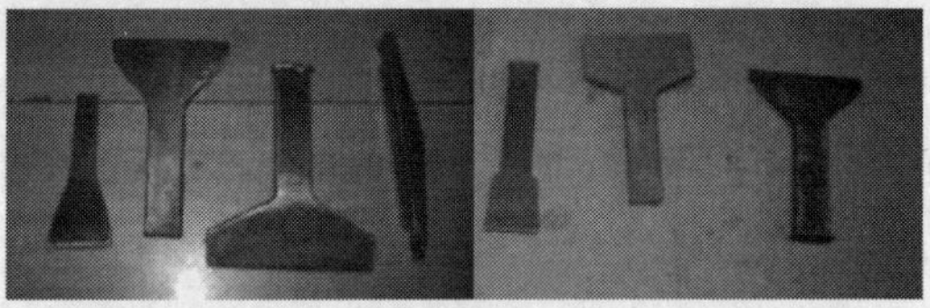

图 3-28　钣金操作自制的搭铁

2. 搭铁

搭铁一般都是钣金操作工根据现场操作需要自制的，如图 3-28 所示。

3. 撬板

撬板是钣金操作专用工具，如图 3-29 所示。

4. 撬棍

撬棍也是钣金操作工根据各种场合操作需要自制的工具，如图 3-30 所示。

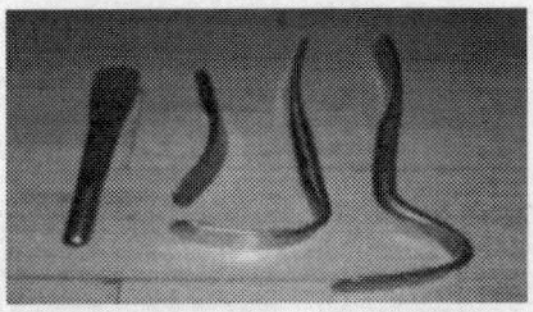

图 3-29　专用工具

图 3-30　钣金操作自制的撬棍

5. 铁皮剪刀

钣金操作使用的铁皮剪刀可分为直剪刀和弯剪刀两种，如图 3-31 所示。铁皮剪刀操作方法如图 3-32 所示。

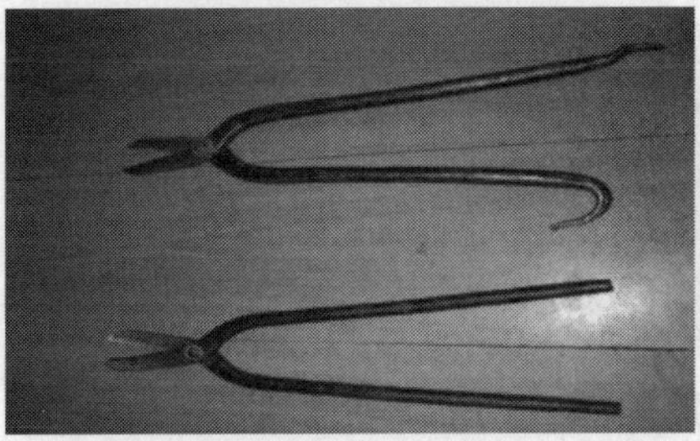

图 3-31　直剪刀和弯剪刀

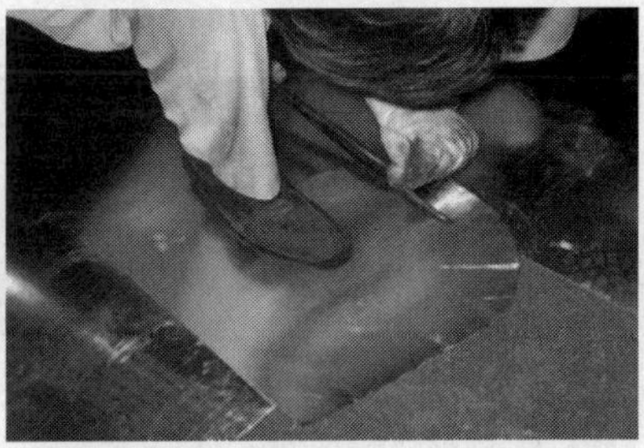

图 3-32　铁皮剪刀操作方法

6. 钣金托模

钣金托模是一种手持的衬垫铁砧，与钣金锤配合进行钣金操作作业。用钣金托模修整薄板件凹凸不平缺陷，是钣金作业中最为简便的一种修平方法。

钣金托模在钣金修平作业中起很大的作用。在粗加工过程中，钣金托模相当于一个敲击工具或垫铁，用于敲击或压迫损伤的车身覆盖件的内面，顶起金属板内面并展平弯曲变形的部分。金属在精加工过程中，钣金托模可以用来平滑较小或较浅的不平。此外，钣金托模还可以视需要延展金属和消除内应力。

7. 车身锉

车身锉用于钣金工在汽车制造及修理过程中经过粗整修薄板表面凹凸不平后，进一步进行平整光滑程度修理的钣金专用工具，如图 3-33 所示。使用车身锉对薄板缺陷进行平整光滑的整修后，薄板表面将不会留下任何缺陷和修理的痕迹。特别是在经过涂装面漆的工艺，几乎达到完美无缺的境界。

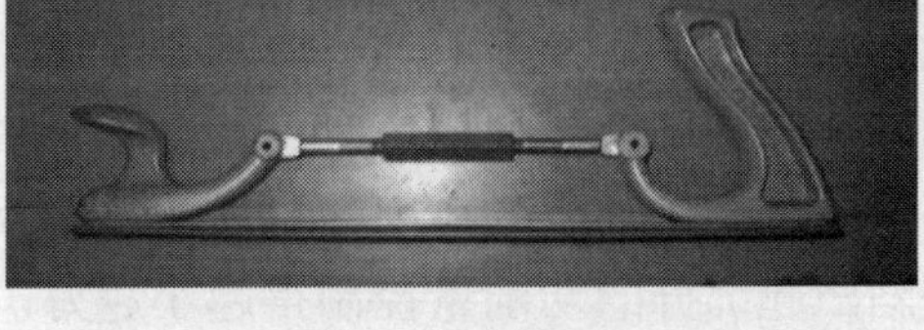

图 3-33　车身锉

车身锉的使用熟练程度，是反映钣金操作工技术水平高低的一个重要方面。

（1）车身锉的组成　车身锉由锉刀架和锉刀片组成，锉刀片用平头螺栓固定在锉刀架上。锉刀架上有前后手持的把柄，很方便操作工持锉和施力。车身锉刀架上有一组正反螺纹的调节装置，可将锉刀片调节成凸曲状态（见图3-34）和凹曲状态（见图3-35），以便于在各种不同场合和要求的情况下使用。

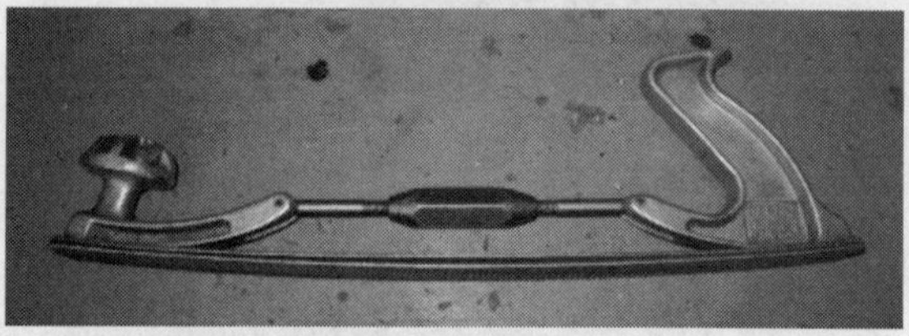

图3-34 凸曲状态的锉刀片

锉刀片上用于切削的锋利刀刃呈弧形排列（见图3-36），这样非常方便钣金工修整薄板表面的凸凹缺陷。

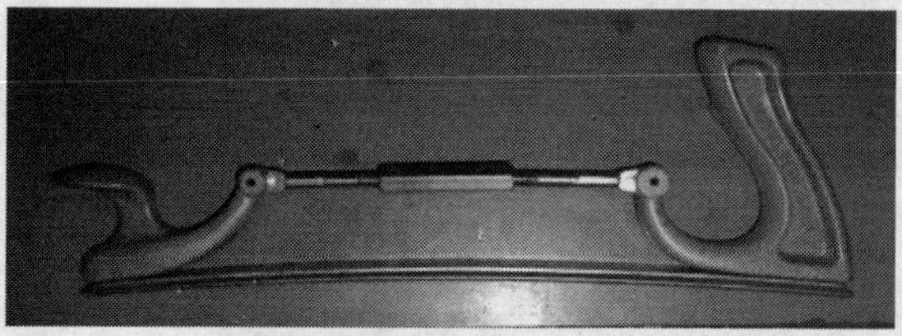

图3-35 凹曲状态的锉刀片

（2）车身锉的使用 在使用车身锉进行薄板整修的过程中，应在以下几个主要方面认真掌握和不断体会，以便有效提高操作技能。

图3-36 呈弧形排列的切削刀刃

1）切削量的控制。从锉刀片切削的规律来看，它的主要功能是刮削大面积表面的微凸部分。这时就需要考虑切削量问题。比如用料厚为1mm的薄板制成的工件有凸起的缺陷，在修整的过程中应该将凸起部位切削掉。由于这一部位的料厚及强度与其他部位相比显得比较薄弱，如果薄弱到超出薄板自身应力承受的能力范围，工件的平整度修整就会失败，甚至导致工件被修废。由此可见，掌握车身锉进行薄板整修的切削量，是钣金工在实际操作过程中的一项重要内在技能。

一般情况下，车身锉切削凸起部分的切削量最大不能超过料厚的30%。在实际操作过程中，应根据薄板的实际情况来判断整修切削量的大小。凸起部位面积越大，修整切削后越容易引起修复部位出现应力失稳现象，故此时切削量越小越好。凸起部位面积较小时，切削量可稍大些。若薄板拱曲程度高，应力稳定性好，缺陷凸起部分的切削量可稍大些。反之，薄板拱曲程度低，应力稳定性差，缺陷凸起部分的切削量控制得越小越好。

2）切削施力控制。车身锉切削的过程是，呈弧形排列的锋利刀刃刮削大面积表面的微凸部分。由此可见，操作工使用车身锉时，向前施力是做功，回收时不做功。因此，操作车身锉时，向前推要用力，向回收时放松收回。车身锉在工件上锉削几个来回后，工件表面上会残留一定量的金属切屑，操作工如果将车身锉死死地抓住，并且压得紧，用蛮力在薄板表面来回拖动，压在锉刀下的切屑在锉削做功回收时，很容易在薄板表面留下一道道划痕。划痕如果较深，会给后道抛光打磨工序带来较大的困难和增加工作量。如果薄板表面的划痕没有消除，进入涂装工艺后也会带来较大麻烦。因此，使用车身锉时，要始终注意不能在薄板修整的外表面上留下很重的无法消除干净的划痕。用车身锉在工件表面上锉削缺陷部位时，要保持锉刀面与薄板表面贴合进行锉削运动。另外，锉刀不能歪扭，发生歪扭后锉刀刃口的边角会带出很重的划痕，而且难以消除。

3）运锉方向控制。如图 3-37 所示，从控制薄板修复表面的划痕考虑，车身锉只能始终保持在锉刀片刃口向前运动。锉刀片不但不能斜向运动，而且还要禁止锉刀横向、斜向或纵向交替变化，这样的操作会在修复工件的表面留下非常凌乱的锉痕，给打磨抛光带来很大的工作量和麻烦，甚至锉痕难以消除干净。

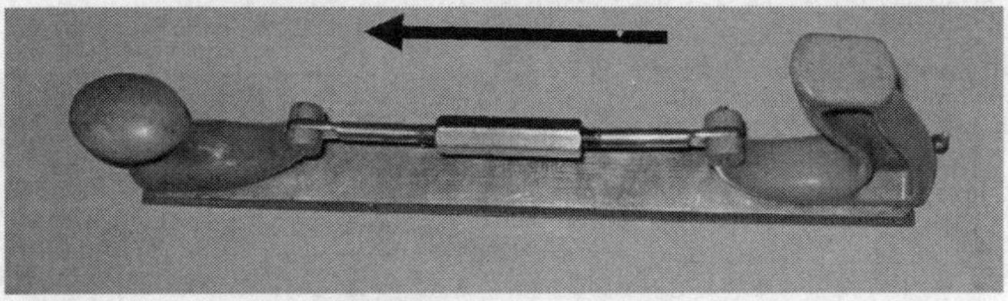

图 3-37　运锉方向

（3）车身锉的调节　一般在使用车身锉时，应先把车身锉调节成凸曲状后再进行操作，如图 3-38 所示。调节成凸曲状的目的，主要是防止在运锉操作的过程中锉刀片前后端的锐角在修复表面留下划痕，其次是对修复面积较大的部位缩小刀片刃口的接触面，加大切削量并加快修复进度。

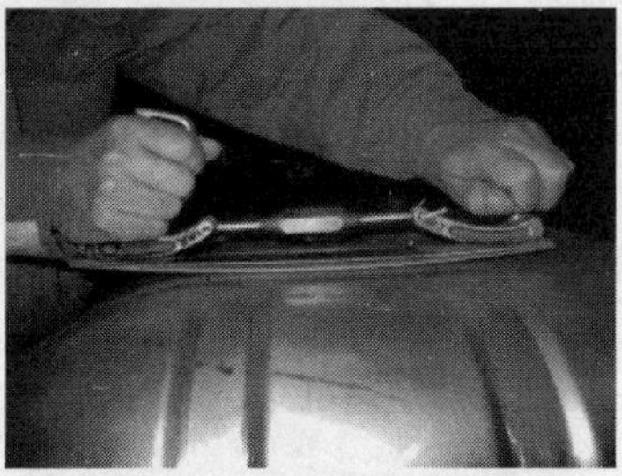

图 3-38　凸曲状操作

车身锉在使用过程中曲度的调节，与工件表面的拱曲状态和修复缺陷面积的大小有关。一个面积较大的待平整表面如果出现蚕豆瓣大小的缺陷，在修复的过程中就应该将车身锉调节成凸拱曲度较大的状态，用以减小修复薄板缺陷的锉削面积。如果缺陷面积犹如手掌大小，车身锉的凸拱曲度就应该调整得较低，用以掌握和控制缺陷部位的修复平整程度。

薄板工件的表面拱曲程度一般分为以下几种情况：

1）凹面和平面：这两种状态在车身外表面较少出现。

2）低拱曲表面：维持拱曲状态的平衡应力比较弱，容易产生应力失稳，形成较大面积软软的凹陷。中型以上的客车侧壁外表面多为这种低拱曲状态。

3）中拱曲表面：这种状态明显比低拱曲表面的拱曲程度高，抵抗拱曲表面应力的能力相应也比较强。但是这种表面不及高拱曲部位的强度好。

4）高拱曲表面：这种拱曲状态抵抗应力的能力非常好，一般情况下不会产生应力失稳的情况。在现实中一般多存在于薄板框架的90°转弯和三面夹角部位。

针对这些拱曲状态不同的表面出现的缺陷，在应用车身锉进行缺陷修复的过程中，车身锉的调节状态也就不同。

1）凹面和平面：从避免出现划痕的角度考虑，要将刀片凸曲状态调整到运锉时前后的锐角不会在薄板修复表面带出划痕的凸曲状态，然后再进行操作。

2）低拱曲表面：一般都应该调整在凸曲状态进行修复作业。

3）中拱曲表面：因为拱曲度较大，运锉时前后端的锐角有较大空间，一般将车身锉的刀片调整成不凸不凹的平面状态进行修复作业。

4）高拱曲表面：将车身锉调节成凹曲状态使用，如图3-39所示。其目的主要是加大锉刀片与工件表面的接触面积。当锉刀片与薄板高拱曲表面的接触面积过小时，运锉的切削量很大，操作时稍不注意就会将缺陷及周围的弧面形状破坏。将车身锉调整成凹曲状态后，可加大锉刀片与薄板高拱曲部位的贴合面积，减小切削量，可以有效地控制弧面形状。

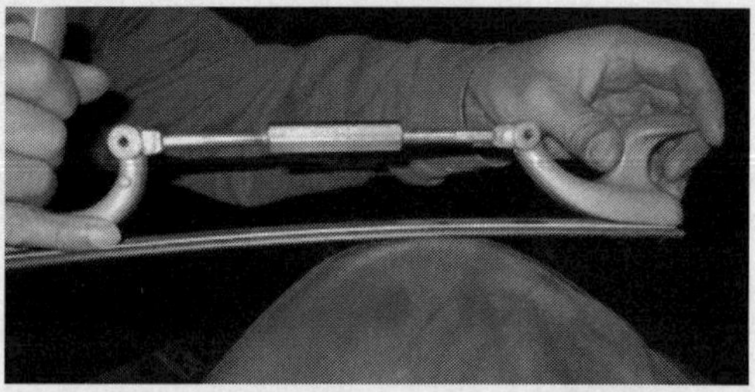

图3-39 锉刀片凹曲状态的使用

因此，车身锉在使用过程中，切削量、切削施力和运锉方向的控制非常重要，要根据各种工件形状调节车身锉刀片的型面，从而控制在薄板修复过程不产生划痕和应力失稳。

二、动力工具

钣金操作中最常见的动力工具分为电动和气动两种。

电动工具动力强劲且稳定，但用电安全性要求较高。特别是在工厂在进行大批量、多批次、流水线生产的情况下，各种电动工具的动力电源线不断地来回拖拽，将给用电安全带来不可预知的隐患。因此，在工厂进行大批量、多批次、流水线生产的情况下，电动工具一般都禁止使用，而是采用气动工具。

钣金操作常用的动力工具主要有：手持钻孔用钻枪（分为电钻和气钻）、磨扩孔用S40型气钻（可装配小型铣刀进行扩孔铣削）、角向砂轮机（有电动和气动)、抛光打磨机（有电动和气动)、定扭矩风扳机（进行螺栓连接的专用工具）等。

钣金工在制造或修理车身的过程中，使用砂轮机打磨的主要目的是：磨平焊疤、焊瘤和毛刺，以及多余的飞边部分等。使用抛光机抛光的目的是：消除外观及可见表面的毛糙和各种划痕。为涂装工艺提供良好的基础条件。一般在汽车制造厂制订的生产工艺中，将车身制造过程中打磨、抛光的标准按区域分为 A、B、C 三个等级。

A 类表面：车身外观表面平整，光滑程度较高；对修复后的表面，各种原因余留下来的划痕，包括冲压工艺残留在外表面的各种痕迹，都要用抛光工艺进行消除。

B 类表面：一般指非外表面的暴露面，如门框、车门内板的暴露面，以及车身内部通过内装饰遮盖不了的可视内表面，这一区域的要求没有 A 类表面要求那样严格，但也是可见外观面，因此要求平整，无凸凹缺陷，光滑圆顺，对各种原因余留下来的划痕也要进行抛光处理。

C 类表面：这类表面是由内装饰进行遮盖的，因此对这一区域的要求是，打磨焊接缺陷和去毛刺。

钣金抛光打磨操作的应用：

1）抛光砂纸的应用：用于消除毛糙细化薄板表面痕迹，如图 3-40 所示。

2）百叶轮片的应用：用于消除各种划痕缺陷，如图 3-41 所示。

图 3-40　抛光砂纸

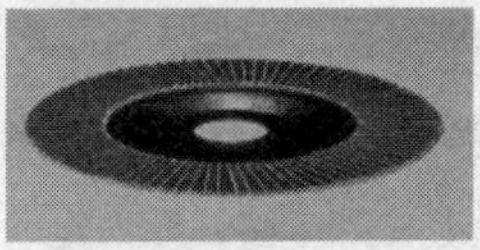

图 3-41　百叶轮片

图 3-42 和图 3-43 分别为用百叶轮片消除各种划痕及划痕消除后薄板的表面状态。

图 3-42　消除各种划痕缺陷

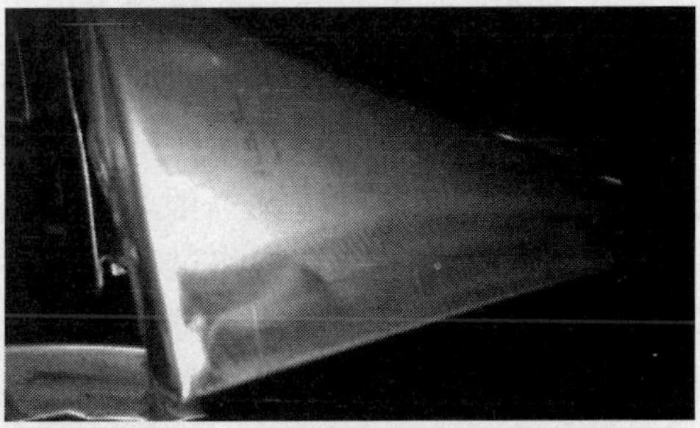

图 3-43　百叶轮消除划痕后状态

3）砂轮片的应用：用于打磨焊接缺陷和去毛刺的砂轮片，如图 3-44 所示。

4）抛光机的应用：图 3-45 为用抛光机对薄板表面进行抛光细化。

图 3-44　砂轮片

图 3-45　抛光机抛光细化薄板表面

第四节　车身薄板凹瘪缺陷的矫正

汽车钣金工在对整体车身进行薄板凹凸缺陷进行整修的过程中，薄板在车身外观表面形成凸包的情况比较少，大部分情况都是凹瘪缺陷。因此，钣金工首先需要对凹瘪先行整修后，再进行精平整修或进行其他整修处理。

汽车车身的绝大部分是用薄钢板包容起来的，车身壳体和各个车门的外蒙皮以及相当部分的内部覆盖等，都是由薄板类零件拼装连接而成的。大面积的薄板工件自身的刚性比较差，特别是那些拱曲度不是很高的部位，极易发生应力失稳，产生较大面积的软凹瘪。薄板成形的工件表面强度也不是很高，一般的碰撞或挤擦都会造成薄板工件表面的局部凹瘪。因此，矫正车身钣金件的凹瘪缺陷，也是汽车钣金工制造和修理车身时必须掌握的一项基本技能。

一、局部碰撞凹瘪缺陷的整修

从车身外观薄板局部凹瘪现象发生的情况来看，一般都是车辆受到碰撞或挤擦产生的。由于碰撞或挤擦力的大小不同，薄板局部凹瘪的缺陷大致可分为两种情况：一种情况是整体薄板应力没有受到破坏，只是局部凹瘪部位受碰撞或挤擦产生塑性变形；这种情况一般是在薄板拱曲率比较高的部位或碰撞挤擦力比较小，整修时只要考虑在操作过程不破坏整体薄板应力的状态下将凹瘪缺陷修复即可。另一种情况是碰撞或挤擦力比较大，发生凹瘪缺陷的部位又在薄板拱曲率低的部位，并导致整体薄板工件应力失稳；这种情况整修的困难比较大。整修时既要修复由碰撞或挤擦力带来的凹瘪塑性变形，又要控制和整修碰撞力带来的应力失稳。

在修理凹瘪缺陷时，从缺陷内面将凹瘪部位顶出是钣金操作最基本的手段。凡是非夹层的敞开内面，都可以采用这种最基本的操作手段进行缺陷整修。整修过程中应根据受损部位凹瘪的深浅程度和面积大小确定整修方案和整修顺序。

1. 凹瘪缺陷修复顶敲力大小的确定

（1）控制力度大小，调控整体应力平稳　当凹瘪缺陷比较深时，内面顶敲的力量就要比较大，在大面积的薄板上用很大的修复凹瘪顶敲力，力度控制不好就会将大面积的薄板上原有的平衡应力破坏掉，进行形成修复过程中的二次损伤。因此，对凹瘪比较深的缺陷，修复时内面顶敲的力度应该有所控制，一般控制力度的范围掌控在大面积的薄板上原有平衡应力的弹性范围内。

（2）控制力度大小，把握缺陷修复质量　在操作金属材料塑性变形成形的过程中，要克服金属原子的孪生现象和晶间变形现象，尽量让塑性变形的金属以滑移的状态出现，也就是要求我们在金属塑性变形操作过程中，采用分步骤、分层次、轻敲击、缓施力，留足充分的塑性变形滑移空间。同时，还要防止过分冷作硬化现象的产生。车身外表面受到碰撞挤擦出现的局部凹瘪缺陷，其实就是一种薄板塑性变形的结果，钣金工对受到碰撞挤擦出现的局部凹瘪缺陷进行修理的过程，就是在薄板一次塑性变形的基础上进行二次塑性变形的操作。操作过程中力度掌握得不好，若力度过大，还要往回敲击，这就变成三次塑性变形了。薄板钢材塑性变形的次数越多，晶粒在滑移过程中产生的碎晶就越多，滑移变形的阻力也就越大，孪动变形和晶间变形的概率变得越来越高。冷作硬化现象也越来越严重。此外，孪动变形和晶间变形的产生会对金属材料产生破坏作用，进而降低金属的优良性能。因此，在进行薄板凹瘪缺陷整修时，就要使薄板一次塑性变形基础上的二次塑性变形操作即可将缺陷问题解决掉，绝不能出现反复敲击的现象。

（3）控制力度大小，掌握缺陷修复时薄板材料的收和放　顶敲力度控制得好坏，还关系到修复缺陷部位钢板材料的收料与胀料。钣金工在进行薄板钢材塑性变形操作的过程中，应该明确地知道，放料的操作比较容易形成，而收料的操作就显得比较困难。一般情况下，薄板钢材由碰撞挤擦力带来的凹瘪塑性变形缺陷，都处于胀料的状态。钣金工在进行缺陷修复时，应该特别注意，整个修复过程都要控制在收料操作的范围内。这就要求钣金操作工运用弹消应力、弹收胀料的运锤手法，严格控制住整个修复过程中材料的放与胀。绝对不能在凹瘪缺陷的内面用衬铁顶紧，再在缺陷的外表面用钣金锤对凹凸不平部位进行敲打，看似经过敲打后薄板表面的凹凸缺陷被展平了，其实薄板钢材的内在结构已经受到延展塑性变形，发生了胀料现象。钢板材料胀出后，再想收回去就很困难了。因此，钣金工在进行凹瘪缺陷修复时，要控制顶敲力度，掌握弹消应力、弹收胀料的运锤手法，也是钣金工必须掌握的内在技能。

总之，针对各种各样的薄板凹瘪缺陷，施以不同的顶敲力度进行修复，这是需要钣金操作工在不断的实践过程中，针对各种不同的缺陷状态，认真摸索，逐渐体会才能掌握的。

2. 凹瘪缺陷整修顺序的确定

在凹瘪缺陷整修的实际操作过程中，若凹瘪缺陷范围很小，钣金工在进行操作修复时只需考虑顺手修复的问题即可。但是，如果凹瘪缺陷范围较大（比如有手掌大小），这时就要考虑修理顺序问题了。一般情况下，修复的顺序应该从凹瘪缺陷的周边开始修复，使凹瘪缺陷的范围逐渐缩小，直至最终完全修平。

当凹瘪缺陷的范围比较大时，如果从凹瘪缺陷范围的中心开始修复，顶敲力度的大小不容易掌握，即使中心修复的力度掌握得比较好，修复到标准面平顺后，随着凹瘪缺陷周边部位的顶敲修理，修复到标准面的中心部位必然会产生凸起的波动。在钣金工采用车身锉对薄板表面进行精平修复过程中，就会出现修复中心部位时，车身锉刮去一层切削量后，再修复凹瘪左侧缺陷时，顺带中心部位又刮去一层切削量；而修复凹瘪右侧缺陷时，顺带中心部位还要刮去一层切削量。还有凹瘪缺陷的上部、下部，最后还要用车身锉对缺陷的整个部分进行整体的精平锉削整理。这样反复地对凹瘪缺陷中心部位的锉削，薄板修复的切削量过大，有可能被锉通，导致工件修复失败，甚至会导致工件报废。

钣金工用车身锉对凹瘪缺陷进行整修时，从施力顺手的角度考虑，一般情况下，工件处于平面状态时，都是从右向左的方向排列顺序；工件处于立面状态时，应该根据操作工自身的身高来确定顺序的方向。一般情况是，处于身高胸部范围的凹瘪缺陷，应该按照自右向左的顺序进行修理；处于身高腹部以下范围的凹瘪缺陷，应该按照自上而下的顺序进行修理；处于身高头颈部以上范围的凹瘪缺陷，应该按照自下而上的顺序进行修理。修理顺序排列的恰当与否，对操作过程中车身锉锉削量的掌握控制，操作工施力的方便顺手程度，对控制整体工件的应力稳定性等方面，都将起到较大的影响。

3. 薄板外表面的检测基准和检测方法

（1）薄板外表面的检测基准　钣金工在进行薄板表面的凹瘪修整时，是顺着薄板工件整体应力绷紧的大面作为凹瘪修理基准的。当凹瘪缺陷面积很小时，自右向左，从上往下跨过凹瘪部位的非标准间隔也小，修理基准就比较容易掌握。当凹瘪缺陷面积较大时，自右向左，从上往下跨过凹瘪部位的非标准间隔也比较大，修复缺陷时就必须按照修复顺序，从一个有检测基准的标准面向凹瘪部位逐步推进修理，这样就是有检测依据的有的放矢的操作。如果不是这样，就会使凹瘪缺陷不断增加，接下来再用车身锉进行锉削，就会出现这一点高、那一点低、麻麻点点的现象，进而导致修复标准无法掌握，切削量也不好控制，这就是无的放矢，非但工件修复不好，弄不好还会将工件修通甚至修废。

（2）薄板外表面的检测方法　车身外表面绝大部分都是由薄钢板覆盖连接构成的。一款汽车造型的美观与否是由设计决定的。而车身外表面是否光滑圆顺、柔和饱满、筋线整齐、凹凸有致、清晰分明等视觉要素，是由工艺制造水平来决定的。在车身制造的过程中，车身外表面能否做好并达到上述要求，与钣金操作工的操作水平高低有着直接的关系，与外观检测水平也有着直接的关系。

对于薄板外表面的检测，目前还没有既经济，又方便使用的通用检测器量。现场操作时一般都采用光线折射目视检测和手掌抚摸感觉检测等方法。钣金工在对薄板凹凸修整的过程中主要就是采用手掌抚摸感觉检测方法进行操作。

采用手掌抚摸感觉检测方法进行操作时，应该明了这种检测方法是利用人的触觉来感知缺陷部位的凹凸缺陷，并非随意用手掌抚摸都能达到检测的目的。从人手掌触觉的灵敏度来看，一般都是掌心比掌背灵敏度好，手指的指肚比掌心灵敏度好。因此，用手掌抚摸的检测方法进行操作时，应该有意识地让手指的指肚在薄板表面滑动，并集中注意力感知指肚在薄板表面滑动中的凹凸触觉。

用手掌抚摸的感觉进行检测时，人们往往会感觉到，一些细微的薄板缺陷，只用手掌抚摸时感觉不到缺陷的存在，然而戴上手套后进行抚摸就能明显地感觉到缺陷的存在。这是因为人在感知触觉的过程中，第一触觉感知比较灵敏，而在第一触觉掩盖下的第二和第三触觉较难感知到。只用手掌抚摸时，指肚的第一触觉是指肚与薄板表面的摩擦感觉，缺陷大时能够感觉到，细微的薄板缺陷掩盖在指肚与薄板表面摩擦的第一触觉下，就很难感觉到。戴上手套后进行抚摸时，指肚与薄板表面的摩擦被手套替代，细微的薄板缺陷就会被第一触觉感知。

根据以上解释，手掌抚摸的感觉检测是利用人的触觉来感知缺陷部位的凹凸。夹在指肚与薄板表面的手套就应该是软布层为好。布层软感知触觉的灵敏程度高，布层硬感知触觉的灵敏程度就低。就手套来说，带纱手套进行手掌抚摸感觉检测的灵敏度比带帆布手套好。

4. 用撬凹整修法矫正薄板凹瘪变形

钣金工在进行车身修理时，薄板表面的凹凸变形很大部分处于内板和外板的夹层部位，直接从缺陷的内面将凹瘪部位顶出是无法操作的。一般在这种情况下，操作工就会采用从内板开口开孔的部位伸入一块撬板或一根撬棍进行撬凹修理，采用这种撬凹整修的方法，对钣金工来说，由于缺陷部位的状况各不相同，对撬板和撬棍的形状、弯曲程度等要求也就不尽相同，需要针对各种缺陷部位的状况进行撬板和撬棍的形状、弯曲程度的自制。撬板和撬棍自制的能力，以及自制后使用的是否顺手和省力等，都需要钣金操作工具有丰富的实践经验。

用撬板和撬棍修复凹瘪缺陷时，应该掌握两点：一是撬顶点要准，二是能够较好地控制撬顶的施力。另外，在制作撬板和撬棍时应该考虑到，要使制作好的撬板或撬棍能够从内板开口开孔的部位伸入到缺陷范围的每一个部位，特别是当缺陷面积范围较大时，要能够保证撬顶点按顺序逐步推进。在撬顶施力方面，首先要使制作的撬板和撬棍具备相当的强度和刚性，用太软的材料制作的撬板撬棍使不上力，很难将缺陷修复到位的；而用过硬的材料制作合适形状的难度比较大。其次是要选择合适的支点。在应用撬板和撬棍进行薄板凹瘪缺陷整修时，利用的是杠杆原理，杠杆的支点越靠近顶点就越省力；同支点离顶点越近，自制的撬板和撬棍的强度、刚性也能得到充分发挥。

5. 用惯性锤法矫正薄板凹瘪变形

近些年来，惯性锤开始在车身维修行业得到推广与使用。同时，可以配合成套的装卡定位装置共同使用，如图3-46所示。车身构件上各种部位薄板外蒙皮的变形和损伤，都可以利用惯性锤的冲击惯性予以矫正。

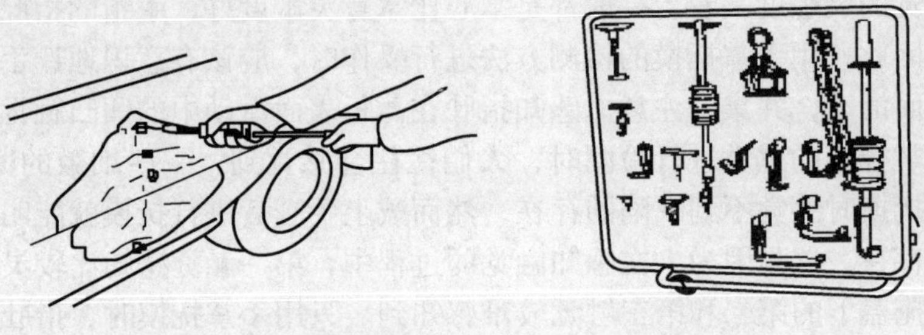

图3-46　惯性锤和配套装卡定位装置的使用

用惯性锤组件矫正变形时，先将拉杆的一端用定位装置与变形部位固定，用手抓住拉杆上的滑块迅速向与变形相反的方向滑动，冲击杆端止点，利用滑块沿杆身滑动冲击杆端止点时的惯性力，带动定位装置使变形得到矫正。矫正力的大小，主要取决于拨动滑块滑动距离的大小和速度的快慢，这两个因素决定着滑块对杆端止点作用力的大小，即对变形矫正力的大小。这一操作需要钣金工在不断的工作实践中，摸索感觉才能合适地把握力度大小，操作起来才会得心应手。

惯性锤法是通过定位装置将惯性锤的冲击力作用在变形部位的外表面，使变形和损伤得到修复。显然，对薄壳类车身构件而言，惯性锤法对矫正变形更有利于选择恰当的矫正点，并且很少形成金属表面的延展。运用惯性锤法，可由操作者直接控制惯性锤冲击力的大小和方向，对变形的矫正过程也比较直观。

采用惯性锤法对薄板的外表面进行缺陷修整时，拉动缺陷部位的固定点连接是钣金操作时必须要考虑的，其中连接方式及连接点的选择直接关系到缺陷修复的质量好坏。

惯性锤法常用的几种连接方式：

（1）旋入方式　该方式利用“T”形的尖锐螺旋锥钻入薄板类车身构件的缺陷部位，与惯性锤滑杆实现可靠的连接，再进行惯性锤的缺陷修复。由于这种旋入操作方式必然会在被修复的构件上留下螺旋锥孔，因此矫正完变形以后还应逐一将孔补焊并用砂轮、车身锉等工具其打磨平整。这种连接方式的特点是所能承受矫正力比较小。

（2）拉环方式　该方式是在构件的变形部位用多功能焊机（见图3-47）焊上用于连接滑杆的拉环，凹瘪缺陷面积较大时，可以并列焊多个拉环并穿上拉轴，以使矫正力能均匀地作用于变形表面，拉环可用装配垫圈来代替（见图3-48）。这种连接方式也适应于薄板类异型构件的变形，特别是对那些不便进行从缺陷的内面将凹瘪部位顶出和内面夹层封闭，无法伸入撬板和撬棍进行缺陷矫正操作的部位，如门槛板、加强筋、车身型线等的矫正十分方便。

图3-47　多功能焊机

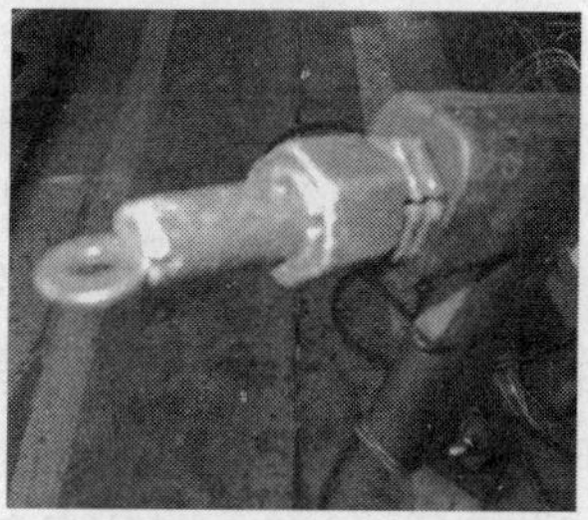

图3-48　垫圈代替拉环

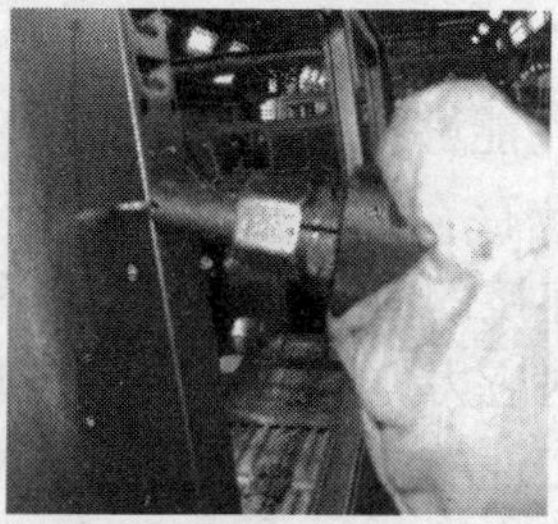

图3-49　缺陷部位焊接拉环

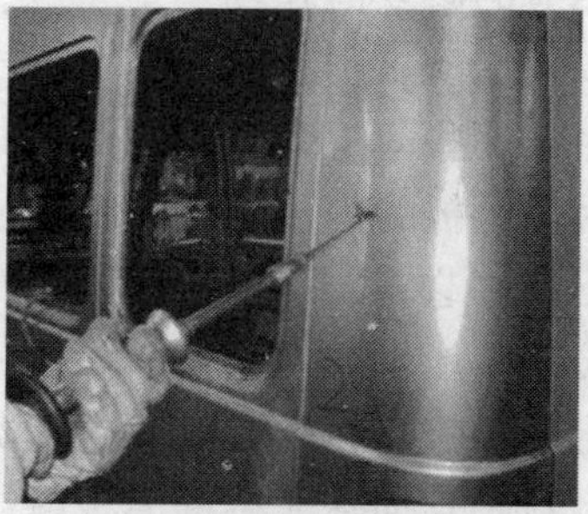

图3-50　惯性锤拉杆勾住拉环修复缺陷

用多功能焊机焊接拉环修复凹瘪缺陷的过程是：首先在缺陷部位焊接拉环（见图3-49），然后惯性锤拉杆勾住拉环修复缺陷（见图3-50），最后再用车身锉进行精修（见图3-51）。

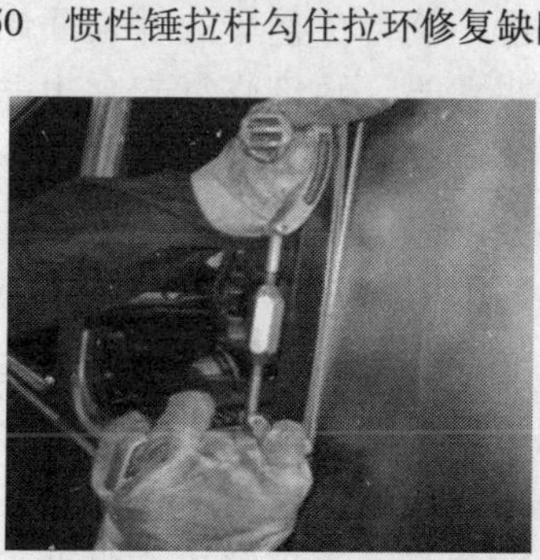

图3-51　车身锉精修

采用拉环方式虽然能够承受稍大一点的矫正力，但是焊接拉环会使修复后的表面留下焊接疤痕，而且整形后要去掉拉环并对焊接点进行修磨。特别是对于经过涂装防腐处理后的车身，会破坏钢板正面和背面的防腐层。因此，钣金工在修复薄板局部凹瘪缺陷时，首选方法是直接从凹瘪缺陷的内面进行顶敲操作。其次，当无法直接从凹瘪缺陷的内面进行顶敲作业时，应设法采用撬板和撬棍进行撬凹修理。最后，当采用上述两种方法操作都有困难或无法进行时，可选用惯性锤法进行操作。

二、较大面积软凹瘪缺陷的整修

对于较大面积的薄板工件，其自身的刚性比较差，特别是那些拱曲度不是很高的部位，极易发生应力失稳而产生大面积的软凹瘪缺陷。我们可以将这种情况分为两种状态：第一种状态是，低拱曲表面在车身制造的工艺过程中，由于受到焊接应力、衬顶间隙应力、工件之间拼装连接的支撑应力等因素的影响产生应力失稳，形成低拱曲外表面的软凹陷。第二种状态是，在拼装连接过程中以及在薄板缺陷整修过程中大面积薄板的某一部分产生钢板材料的延展塑性变形，这一部分周围的未延展钢板应力抵抗延展塑性变形材料的扩展而产生凹瘪或凸起。严重时会出现在凹瘪背面轻轻一顶，凹瘪就变成凸起，再在凸起的正面轻轻一顶，凸起又变成凹瘪。对于这两种现象，解决起来比较复杂，需要钣金工具备较高的操作技能，一是要能够准确判断缺陷属于前者还是后者，二是要分别针对两种现象采取相应的修复措施。

1. 应力失稳产生软凹瘪缺陷的修复理念

对于那些薄板大面积的低拱曲成形面，之所以能够抵抗薄板拱曲的成形面，正是因为薄板的内部结构组织在成形后，拱曲部位存在拱曲形状的均衡内应力。我们习惯称这样的工件为应力平衡工件。在拼装连接的工艺过程中，各种工装夹具定位拼装产生的内应力和焊接、铆接后产生的内应力，都会对应力平衡工件产生一定的影响。在影响较大的情况下，就会打破工件的应力平衡，出现应力失稳现象。特别是那些大型的薄板冲压拉伸成形的低拱曲外表面覆盖件，一旦出现应力失稳，就会在整车的外表面出现较大面积的软凹缺陷。这种现象给整车的外观感觉非常差，并且修复起来也非常困难。

针对这种均衡应力失稳产生的薄板外表面凹瘪，钣金工在修复解决这样的问题时，就应该从应力原理入手。我们知道，当构件受到外力作用时，外力不超出构件的内力（即应力）承受能力范围是不会出现构件变形的。构件在某一区域产生变形的原因，正是由于各种外力大于在这一区域构件内力（即应力）的承受能力，也就是破坏了构件整体应力能力的平衡。从这一观点出发，修复构件变形缺陷就应该从恢复构件原有的应力平衡体系功能和重新建立构件应力平衡体系能力这两点入手来解决构件变形缺陷。

（1）恢复薄板构件原有的应力平衡体系　对于薄板大面积的低拱曲成形面，

在拼装连接工艺过程中，各种工装夹具在定位拼装时的衬顶间隙应力、工件之间拼装连接时的支撑应力和焊接、铆接等产生的内应力等诸多因素，都会引起薄板构件的应力失稳，进而形成薄板外表面的软凹瘪。

如图 3-52 所示为大型薄板大面积低拱曲成形面的表面覆盖件。

图 3-52　大型薄板大面积低拱曲成形面

如图 3-53 所示，我们把大型表面覆盖件内面放平，再将各种内部骨架一件一件地顺序进行拼装，所有连接部分的连接形式都不对覆盖件产生工艺过程力的影响。那么，应力平衡工件原有的应力平衡状态就能够得到稳定的保持。如果在拼装连接内骨架的过程中，出现薄板应力失稳，那么在拼装连接内骨架时就破坏薄板应力平衡。这时，我们就要分析和判断是什么导致了薄板应力的失稳。由于产生薄板应力失稳的因素较多，主要有：产品结构难以克服的缺陷产生的影响、连接方式产生的影响、工艺操作缺陷产生的影响、工艺接续过程产生的影响、工件与工件连接支撑应力的影响，还有工装的不稳定因素、工艺操作的失误等。从大量的现场实际情况来看，薄板应力失稳发生软凹瘪缺陷现象时，绝大部分的软凹瘪变形都是处在薄板弹性变形的范围内，只是受到各种无法消除的工艺过程影响因素的牵制，薄板弹性变形范围内的软凹瘪就以一种固态的形式表现出来了。从这一理念出发，钣金工操作工在对大面积软凹瘪缺陷进行修复时就是要找准导致薄板应力失稳的影响因素，采用有效手段和方法消除这些影响因素，从而还原薄板应力平衡的原有状态，达到修复薄板较大面积软凹瘪的目的。

图 3-53　内部的骨架件顺序拼装

（2）重新建立薄板构件的应力平衡体系　薄板应力失稳产生的软凹瘪，在实际修复过程中，排查并消除导致薄板应力失稳的影响因素，还原薄板应力平衡的原有状态。这种操作对钣金工来说，除了必须具有丰富的实践经验外，还要具备对各种拼装结构连接体系进行受力分析的能力，以及应力基本知识理解和应用能力等诸多方面的综合能力。即使是一位经验丰富的钣金工，在解决薄板应力失稳产生的软凹瘪缺陷时，都不可能做到尽如人意，十全十美。这是因为，在工艺过程产生的影响因素，特别是焊接连接产生的内应力、工件与工件连接产生的支撑内应力等，都是很难判断准确与消除干净的。只是采用消除失稳因素的影响，还原薄板应力平衡的原有状态的方法，在有很多场合下都得不到立竿见影的效果。特别是当钣金工在实际操作过程中，做出了各种失稳因素的影响判断，又采取了相应的措施后，却没有达到预期的效果时，就会使人感到茫然，觉得修复缺陷变得无从下手。

在这种情况下，我们可以采用重新建立薄板构件应力平衡体系的方式进行较大面积薄板软凹瘪缺陷的修复。此时不需要考虑软凹瘪缺陷的形成原因，只需考虑采用什么方法能将软凹瘪缺陷加以消除，从而达到缺陷修复的目的。

（3）重新建立应力平衡体系的几种常用方法

1）衬垫法：所谓衬垫法就是在薄板较大面积软凹瘪缺陷的内面，用具有一定强度的杆件或板件，正对并紧贴软凹瘪缺陷部位的内面，把杆件或板件的两端与内骨架进行可靠的固定连接；再从板件正对并紧贴软凹瘪缺陷部位内面的杆件与薄板内面的夹缝部位用橡胶或塑料板等软材料进行衬垫过渡。衬垫法操作的要点是，既要能够将大面积软凹瘪凹陷充垫饱满，又不能出现局部的凸鼓缺陷，还要防止杆件或板件的边缘锐角顶出凸筋和凸点。

衬垫法的工作原理是：薄板较大面积软凹瘪现象是由于具有平衡应力能力的薄板工件，在拼装连接过程中受到各种工艺过程力，具有平衡能力薄板工件的应力能力抵抗不住这个工艺过程力，于是便在应力能力最薄弱的部位出现疲软现象，从而发生位移和出现变形。采用衬垫法就是控制和消除这个应力能力最薄弱部位的位移和变形，增强整体薄板工件抵抗应力的能力。

大型薄板低拱曲成形面的工件，在进行整体拼装连接的过程中，会受到各种各样的工艺过程力，薄板低拱曲成形面要保持形状不被破坏，就要从整个工件的范围内产生抵抗工艺过程力的应力与之相抗衡。如果此时工件的原有形状没有破坏，也就是说，工艺过程力和薄板工件的抗衡应力在拼装结构的内部形成了内应力很强的平衡状态。一旦内应力得到释放，平衡状态被打破，薄板应力能力最薄弱的部位也就会出现失稳变形现象。从生产汽车车身的现场实际情况来看，大型薄板表面较大面积的凹瘪现象绝大部分都是在这种状态下出现的。而很强的工艺过程力和其他因素立即导致薄板应力失稳的较大面积的软凹瘪缺陷的情况并不太多见。

采用衬垫法就是给应力能力最薄弱的凹瘪部位增加一个坚实可靠的基础。将各种工艺过程力通过薄板自身强度这个媒介传递给坚实可靠的基础来承担，从而解放整个工件范围内的抵抗工艺过程力的应力，使其应力能力处于正常平衡的松弛状态，用以提高车身在其他场合受力时应变的能力。

2）整合应力平衡，重塑凹瘪部位坚挺程度。采用这种方法对较大面积软凹瘪缺陷进行整修，实质就是采用内顶或外拔措施将凹瘪部位挺起，然后根据凹瘪缺陷应力失稳的正负应力规律，在凹瘪最大圈径的内外部位，进行弹敲应力整合，以达到重塑应力来挺住凹瘪的目的。

从薄板构件产生的变形来分析，任何变形都是受到力的影响产生的，作力大产生塑性变形，作用力小产生弹性变形。绝大部分的软凹瘪变形都是处在薄板弹性变形的范围内，只是受到各种无法消除的工艺过程影响力的牵制，薄板弹性变形范围内的软凹瘪就以一种固态的形式表现出来了。由此可知，通过弹敲应力整合以达到重塑应力来挺住凹瘪时施加的力不能大，其作用只是消除弹性变形范围的应力影响。

如图 3-54 所示，用外力挺紧凹瘪部位后，再通过木槌或橡胶锤采用弹敲手法消除固定变形部位的内应力。

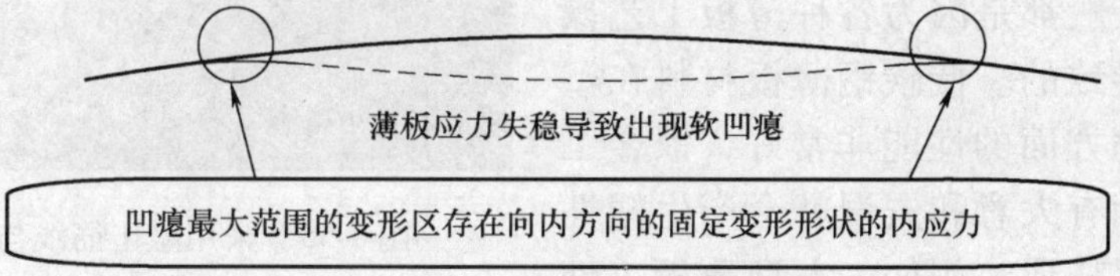

图 3-54　整合施力示意图

要消除变形恢复原有状态，就是要用反变形方向的力来消除固定变形形状的内应力，使拱曲工件的应力能力处于平衡松弛的状态。这种薄板软凹瘪修复的操作需要钣金工具有一定的应力基础知识和较好的技能手法。其操作要点是，首先认真分析变形状态，找准弹敲消除内应力的部位，用油性或水性记号笔加以标明。其次，采用内挺或外拔的方法施以适当的外力，将凹瘪缺陷挺到正确位置并绷紧。第三，用木槌或橡胶锤沿着标记部位弹敲消除内应力。掌握弹敲施力大小的关键是，既要使绷紧部位的薄板内应力有细微的弹抖得到消散，又不能在敲击的薄板表面留有明显的锤痕，产生不必要的塑性变形损伤。

3）利用薄板工件的线筋或边框强度调整薄板应力趋于平衡。薄板构件在设计过程中出于强度和挺度方面的考虑，都会在较大面积的中间部位设计有筋线，在工件的四周设计有翻边或增加有筋的边框。这种筋线与翻边边框的强度和应力能力，要比薄板平面和微拱曲大面的强度和应力能力大得多。当微小拱曲的较大面积上出现由工艺过程力引起的较大面积的软凹瘪缺陷时，我们可以从改变薄板工件的筋线与翻边边框的应力走向，以及在不影响整体车身外观的前提下，微量塑性变形改变筋线与翻边边框的相对位置，用以改变应力走向，从而达到薄板工件挺住凹瘪缺陷的目的。

如图 3-55 所示，车身薄板外表面出现软凹瘪，可采用手握式真空吸盘先将凹瘪缺陷拔出并绷紧，然后采用敲击筋线与翻边边框的方法，改变应力走向，从而达到绷紧修复凹瘪的目的。

2. 对延展塑性变形产生的凹瘪或凸起缺陷的修复

大面积薄板的某一部分产生钢板材料的延展塑性变形，这一部分周围的未延展钢板应力将挺住延展塑性变形材料的扩展而产生凹瘪或凸起缺陷。严重时出现在凹瘪背面轻轻一顶，凹瘪处就变成凸起，再在凸起的正面轻轻一顶，凸起又变成凹瘪。

图 3-55　采用敲击筋线与翻边边框法改变应力走向

这种由延展塑性变形带来的薄板凸凹缺陷，一般都是因为各种薄板工艺操作的失误导致的。低碳钢薄板材料在塑性和延伸率方面的性能非常好，钣金工在操作时稍有大意和失误就会产生塑性变形和延展变形。例如：大型薄板工件进行改制时、薄板局部凹瘪整修时、应力失稳引起的较大面积软凹瘪整修时，都特别容易引起这种由延展塑性变形带来的薄板凸凹缺陷。钣金工在修复这种由延展塑性变形带来的薄板凸凹缺陷时，与前面的应力失稳产生较大面积软凹瘪的修复在修复原理上有所不同。应力失稳产生较大面积软凹瘪的修复原理是恢复构件原有的应力平衡体系或重新建立构件应力平衡体系；而延展塑性变形带来的薄板凸凹缺陷的修复原理是利用薄板材料的冷收料和热胀冷缩的收料原理来进行修复操作的。

(1) 冷收料的操作原理和方法　冷收料是利用低碳钢薄板材料的塑性变形进行工作的。钣金工在进行延展塑性变形冷收料修复时，采用收料锤对胀料部位进行敲打。

收料锤是用于薄板延展塑性变形进行收料的一种专用工具。在收料锤的锤头端面排列着非常尖锐的凸齿。收料时，使薄板延展塑性变形正对敲击部位的内面，衬以木质或橡胶材质的柔性衬垫，利用低碳钢薄板塑性好的性能，使收料锤在敲打时薄板延展塑性变形的表面受到锤端面凸齿的冲击，形成密布的微小皱褶，从而达到收缩胀料的目的。

具体操作要点如下：

1) 认真分析变形状态，找准锤击收料部位，用油性或水性记号笔标明锤击部位。一般情况下，薄板延展塑性变形的凸凹缺陷是无规则的，需要钣金工认真检查、判断并确定收料时的锤击部位。

2）正确把握锤击缺陷部位的次序，应从缺陷部位外围向中心绕圈敲打，且锤点间距尽量均匀。

3）合理控制锤击力度。钣金工要根据缺陷的具体状态对锤击力度进行控制。其基本原则是，试轻就重，控制施力。解决这种缺陷不能急，需要静下心来，一圈一圈渐进敲打，逐渐将胀料收下去。不能施以重锤和乱锤，不可急功近利，否则会越敲越乱。

（2）热胀冷缩原理的收料原理及操作方法　金属材料遇热膨胀、遇冷收缩是金属的一种基本特性。应用金属这一特性进行钢板材料的延展塑性变形的收料操作，其原理解释与焊接收缩内应力的解释基本相似。

图 3-56　电感应棒加热

钣金工应用热胀冷缩的原理对薄板材料的延展塑性变形进行收料操作，就是在延展胀料的部位施加热源，受热的金属材料膨胀时受到周围未受热金属材料的阻碍和抑制，产生了压缩塑性变形。与焊接过程不同的是，焊后受热金属是在正常室温下自然冷却，而延展塑性变形的收料是在受热金属温度还很高时，用凉水进行激冷，使受热金属得到比正常室温下自然冷却更大的收缩，从而达到收复胀料的目的。

具体操作要点是，收料时也要认真分析变形状态，找准收料部位，做记号标明收料点。对于收料次序，仍然应该从缺陷部位外围向缺陷中心绕圈收料，加热点的间距也要尽量均匀。收料时采用的热源一般都是氧乙炔焊枪火焰或电感应棒（见图 3-56）加热热源，也可采用其他电感应加热设备（见图 3-57）。采用氧乙炔焊枪火焰加热的热范围比采用电感应棒加热的范围大，加热温度为 500～650℃。对薄板加热时，应在薄板未变色与变色的瞬间迅速移开热源，立即用浸透凉水的湿布对薄板受热部位进行激冷收料（见图 3-58）。收料结束后还要通过弹敲方法释放内应力及对表面平整程度进行整理。

图 3-57　电感应加热设备

图 3-58　湿布迅速激冷

◈◈◈ 第五节　薄板手工成形

一、钣金构件的结构工艺性

薄板成形是钣金工必须掌握的一项最基本的技能，这里主要介绍的是手工薄板成形的一些基本知识。

在设计和制造钣金工件时，应注意到钣金工件的结构工艺性。所谓钣金构件的结构工艺性，就是钣金构件在满足使用要求的前提下其制造的可行性和经济性。在设计钣金构件时，既要保证能采用最简便的方法制造出符合要求的产品，又要考虑其制造成本的经济性。

钣金构件的结构工艺性设计，应根据生产批量、技术水平、设备情况等条件加以确定。如为单件或小批量生产，应多考虑用手工方法和简易胎模具加工方法。而进行大批量生产时，多采用冲压方法成形。对于大型的钣金构件，当设备加工能力不足时，应合理分块设计；另外，对于冲压成形构件，在设计时应考虑最小孔径、圆角半径、弯曲半径、弯边宽度、搭边宽度及外形等。

在制作钣金工件时，应事先考虑好工艺流程，工艺流程又称为工艺过程，即改变生产对象的形状尺寸、相对位置和性质等，使其成为成品或半成品的过程。

工艺流程由工序、工位、工步等组成，由于钣金零件的产品性质，生产类型和批量不同，零件的形状大小不一样，故其加工工序也不相同。一般来说，工序的主要内容大致可分为：下料（包括画线）、成形、校形、修边、装夹、焊接、修磨、防腐和检验等。

薄板成形技术在机械制造，特别是汽车制造行业中，应用极为广泛。在那些大批量、频繁进行薄板成形的场合，大都采用冲压模具技术进行薄板成形。但在试制产品、小批量生产和单批次生产等场合，从经济角度考虑，采用冲压模具技术进行薄板成形就显得不合适了。而在汽车制造行业，试制产品、小批量、单批次的产品生产场合是不可缺少和无法避免的，这就要求钣金工掌握手工薄板成形技能。

二、手工胎模成形

任何开口的薄板复杂零件，都可以采用胎具手工成形法进行薄板成形。

我们知道，薄板零件的成形要求，主要涉及弯曲的角度、尺寸轮廓、角度和折边等方面，要将复杂零件进行满足这些成形要求的成形，就要依据钢材薄板的塑性特点，进行手工敲打，施以产生塑性变形的外力。但是无论钣金操作工的水平有多高，都无法在敲打过程中，对薄板零件施以恰到好处的用以产生塑性变形的外力。而采用胎具衬垫成形，就是要克服这种敲打过程中无法恰到好处地施力弊端，使薄板变形在所需要尺寸、角度、轮廓等的正确位置在胎模上固定下来，从而达到零件制作的目的。

要将薄板零件制作的符合图样尺寸和使用要求，而且表面又要光滑平整，就需要将胎模制作的符合标准。胎模一般都是由钣金工自己设计并制造的。胎模设计的好坏，关系到胎模制造的经济和薄板件成形时操作的难易程度。胎模制造的好坏，关系到薄板成形后的技术要求和外观质量，以及能否满足使用要求。

1. 胎模制造的基本要求

1）胎模成形面的形状要准确，表面应光滑圆顺。

2）胎模要便于操作，工件成形好且符合图样要求。

3）胎模要便于制造和维修，形状尽可能简单。

4）胎模应有足够的刚度和表面硬度，以保证在外力和自重作用下，不发生弯曲和扭曲，具有较长的使用寿命。

2. 胎模的设计方法和制造工序

（1）胎模的设计方法

1）认真分析和研究零件图，了解生产所需零件的结构和使用要求，以及零件的生产批量。

2）构思胎模的结构，确定零件的成形工艺，保证胎模刚度和强度要求，以及制造和维修的便利性，在此基础上绘出胎模草图。

3）绘制正式图样，确定胎模各部件尺寸的精度以及连接关系。

注意：简单的胎模也可不绘图样，用计算或放样的方法代替绘图。

（2）胎模的制造工序

1）根据胎模装配图，准备好制造胎模各零件所需用的材料。

2）根据图纸规定尺寸下料，并按要求进行加工。胎模成形面一般要求较高，应按照产品设计图样，事先做好样板、卡板检具等工具，以便在加工制造、拼装连接过程中加以检验。

3）各零部件加工完毕，按胎模图样装配要求进行组装。装配时，特别要注意对焊接变形的控制，并随时用样板检查成形面，以保证符合要求。

4）装配完毕后进行全面的检查，确保刚度、硬度以及各连接部位牢固可靠，成形面形状准确，不符合要求的要进行调整和校正。

5）胎模制造完毕，应进行样件试制，观察样件外形是否平整光滑，然后用样板和量具检测各处尺寸和外形，对存在的缺陷，对胎模再次进行修整，直至完全合格，方可交付使用。

注意：胎模成形的薄板工件，特别是进行批量生产的胎模成形薄板工件，在装配时要具有互换性。另外，胎模成形的工件在成形过程中，特别是工件较大时，手工成形是逐步使板料塑性变形的过程，先成形的面线在后成形的面线塑性变形的影响下，会与胎模实体产生位置移动，这就要求考虑胎模成形时的定位和夹紧问题。定位和夹紧就是保证薄板成形件在胎模成形过程中不至于与胎模实体发生脱离和偏移，进而保证成形件的尺寸、形状符合图样及使用要求。

三、钣金胎模制作实例

钣金零件的制作，首先需要从零件图读出零件的外框、形状、曲面、弧形、圆角、*R* 的中心、翻边的角度等各种尺寸和形状位置要求，现在可以从零件数模图中比较方便地获取这些信息。例如，图 3-59 所示为某薄板零件的数模图。

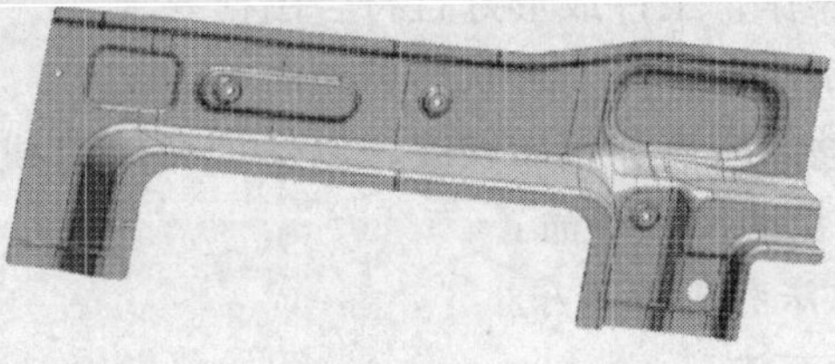

图 3-59　薄板零件的数模图

在制作该薄板零件的试制工件时，需要进行手工成形制作。由图可知，该薄板零件的形面复杂，薄板成形时材料的塑性变形较大，特别是深度翻边的圆弧部分。

为满足零件制作的各方面要求，需要制作成形胎模来稳定零件成形时的应力均衡和形状准确，并达到各项尺寸要求。

1. 胎模的设计

针对该薄板零件进行胎模的设计，具体设计步骤如下：

1）从数模图中直接获取各种尺寸数据和形状位置要求，如图 3-60 所示。

2）认真分析和研究零件图，了解其结构和使用要求，以及该零件的生产批量。

3）构思胎模的结构，确定零件的成形工艺，保证胎模刚度和强度要求，以及制造和维修的便利性。

2. 胎模的制作

由于该零件的生产批量不大，所以胎模的制造过程越简单，成本越低越好。从零件的造型来看，其形面复杂、凸凹层面多，翻边的 *R* 角深度大。也就是说，胎模制造整体成形比较困难，因此需要采用分块拼装连接的方法进行制作。

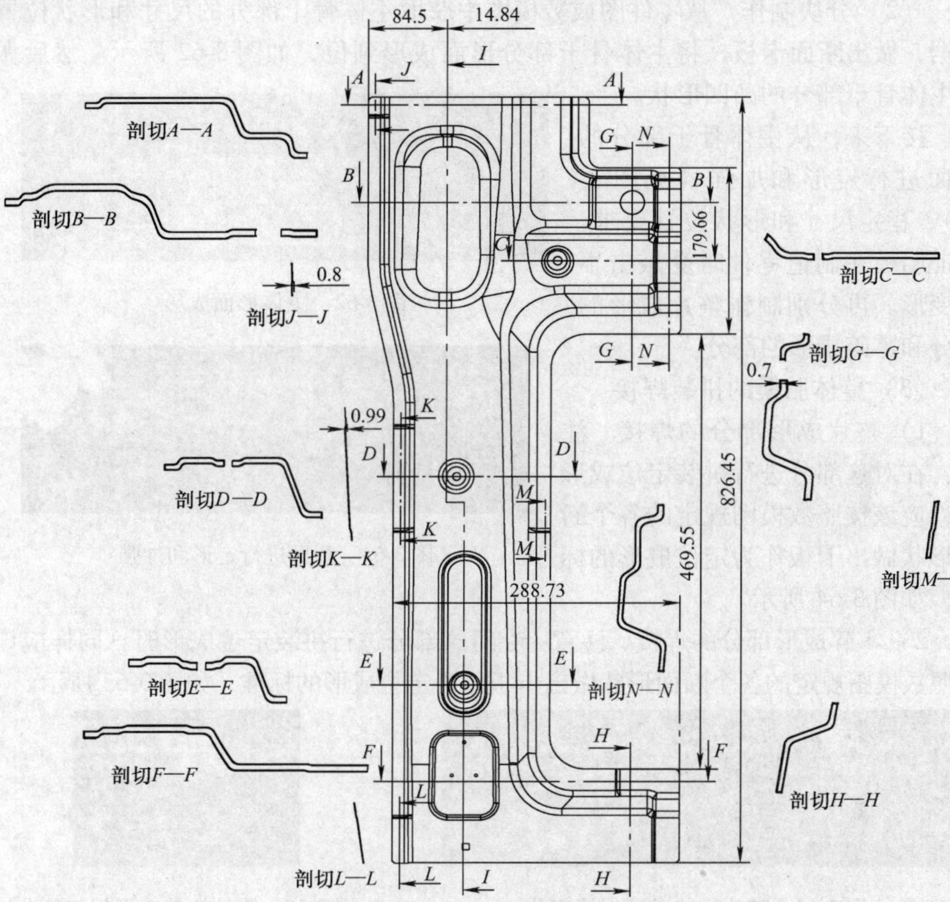

图 3-60　数模图

（1）确定胎模制作过程的分区　如图 3-61 所示，1 为胎模制造时可以整体成形的主体骨干部分；2 为整片成形拼装部分；3 为零碎拼装成形部分。

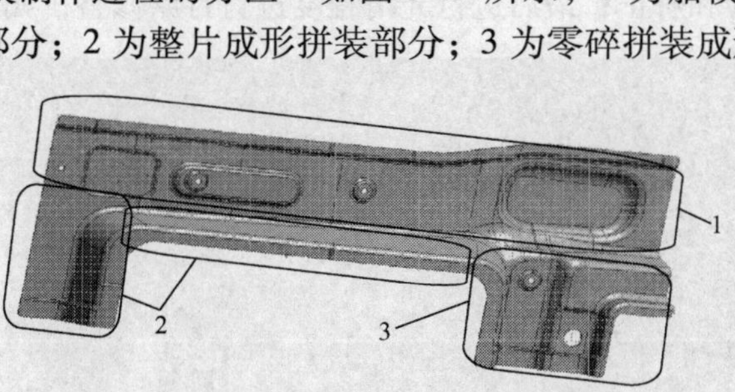

图 3-61　确定胎模制作过程的区分部位

（2）分块制作　从零件图或数模图中获取主体骨干部分的尺寸和形状位置数据，做出断面卡板，将主体骨干部分形面成形到位，如图 3-62 所示。然后做出主体骨干部分的凸凹形状。

图 3-62　主体形面成形

接下来，从主体骨干部分的背面进行定形和加强（见图 3-63），稳定尺寸和形状位置要求，保证胎模在制造零件时受敲击不会变形。再分别制作整片成形的部分和零碎成形的部分。

图 3-63　背面进行定形和加强

（3）整体胎模的拼装焊接

1）整片成形部分的焊接。注意：在对这部分进行拼装定位成形时，应该按照数模图规定的各个断面形状做出卡板作为定位成形的标准，如图 3-64 所示。

2）零碎成形部分的焊接。注意：在对这部分进行拼装定位成形时，同样应该按照数模图规定的各个断面形状做出卡板作为定位成形的标准，如图 3-65 所示。

图 3-64　整片拼装成形焊接部分

图 3-65　零碎拼装成形焊接部分

（4）胎模的检验矫正　胎模拼装焊接成形后，应该按照数模图规定的各个断面形状做出卡板进行成形形状、形面的全面检验和矫正，并按照图样或数模图中的尺寸进行测量检验和矫正；最后进行光滑程度进行打磨修整，如图 3-66 所示。

图 3-66　胎模的全面检验和矫正

图 3-67 所示为一个从以上胎模上成形的薄板零件毛坯，对其进行焊补缺口，光滑平整修理，以及打磨、抛光即可使用。

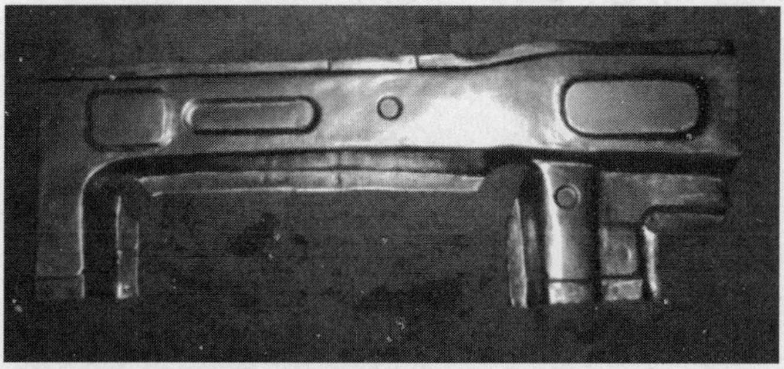

图 3-67 胎模上成形的薄板零件毛坯

复习思考题

1. 金属的塑性变形特性应该遵循怎样的操作规律？
2. 金属塑性变形的实质是怎样的？
3. 设计金属结构应力能力的重要参数有哪些？
4. 冷作硬化是怎样形成的？
5. 怎样消除金属材料的冷作硬化？

第四章

制图基础与车身制图

培训学习目标 学习国家标准《机械制图》的基本规定；掌握投影的基本概念；学会表面展开和放样的基础方法；掌握汽车车身制图的行业规定。

一、机械制图基本规定

1. 图纸幅面

为了便于图样的绘制、使用和保管，机件的图样均应绘制在具有一定格式和幅面的图纸上。国家标准规定绘制图样时，应采用表4-1表格中规定的图纸幅面尺寸。

表4-1 图纸幅面尺寸 （单位：mm）

幅面代号	A0	A1	A2	A3	A4
宽(B)×长(L)	841×1189	594×841	420×594	297×420	210×297
边框 c	10	10	10	5	5
边框 a	25	25	25	25	25

从图4-1可以看出，图纸的边框和标题栏都有明确的固定位置规定。

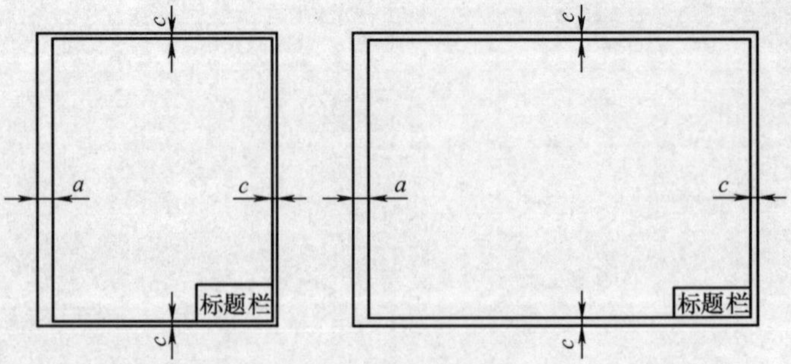

图4-1 图框格式

绘制正式图样时，应该选用国标规定的图纸幅面尺寸进行绘制。当所选用的某一号图纸幅面太大，可采用下一号图纸又较小而画不下时，允许加长图纸幅面的长边。A0 号 A1 幅面的图纸还允许加长两边。

2. 标题栏

各号幅面的图纸，不论横置或竖置，均应在右下角水平布置画出标题栏。标题栏的右边和底边应与图纸的边框重合，其余两边用粗实线画出。标题栏中填写绘制机件的名称、材料、比例、图号，以及责任者签名等有关生产组织、管理及各种事项的内容，以便了解图样，组织生产和图样保管。

标题栏的格式，机械制图国家标准（GB/T 10609. 1—2008）中已作了统一规定。

3. 比例

图样上所画图形与实物相应要素的线性尺寸之比称为比例。

为了读图时能够从图样上得到机件的大小，绘图时应尽可能采用 1∶1 的比例。由于各种机件大小悬殊、繁简不一，当需要把机件放大或缩小绘图时，应采用国家标准规定的比例进行绘图见表 4-2。

表 4-2　绘制图样的比例

种类	比　　例					
原值比例	1∶1					
缩小比例	1∶2	1∶5	1∶10	$1:2\times10^n$	$1:5\times10^n$	$1:1\times10^n$
放大比例	2∶1	5∶1	10∶1	$2\times10^5:1$	$5\times10^n:1$	$1\times10^n:1$

每一张图样上都要明确标出所画图形采用的比例。

同一张图样上，若各图形采用的比例相同时，在标题栏的比例一栏内注明所用比例即可。同一张图样上，若个别图形（如：局部放大）选用的比例与标题栏中所标注比例不相同时，对这个图形必须另行标注所用比例。

图形不论放大或缩小，在标注尺寸时，应按机件的实际尺寸标注。还要注意，带有角度的图形不论放大或缩小，仍按照原角度作图。因为角度的比例关系是不随所用比例变化的。

在绘制图形的直径、厚度尺寸比较小时，小于 2mm 的孔以及较小的斜度或锥度时，可以将该部位不按比例夸大画出。

4. 字体

国家标准规定了图样和技术文件中所用汉字、数字、字母的字体和规格。其基本要求是：字体工整，笔画清楚，排列整齐，间隔均匀。汉字推荐用仿宋体书写，常用字号有：20、14、10、7、5、4 等几种。字体的号数即为字体的高度（单位：mm）。字体的宽度为字体高度的 2/3 左右。

5. 图线

机件的图线是用各种不同粗细和形式的图线画成的。为使图样统一、清晰及阅读方便，绘图时应采用国家标准规定的6种线型作图，见表4-3。

表4-3　图线形式及主要用途

序号	图线名称	图线形式	主要用途
1	粗实线		可见轮廓线
2	虚线		不可见轮廓线
3	细实线		尺寸线、尺寸界线、剖面线及重合剖面轮廓线
4	点画线		轴线、对称中性线
5	双点画线		被剖切部分假象轮廓线，辅助用相邻部分轮廓线，运动部件运动位置假想线
6	波浪线		机件断裂处的分界线

绘图时应根据图形的大小和复杂程度，以及图样的复制等情况，在0.5～2mm的范围内选用粗实线的线宽，其他图线的粗细应根据所用粗实线的标准来确定。点画线、双点画线线段的长短和间距的大小也应各自大致相等。

绘图时在线与线相交、相接、相切等处应该注意一些习惯画法。

1）实线或虚线与虚线相交，应以线段相交，不得留有空隙，如图4-2所示。

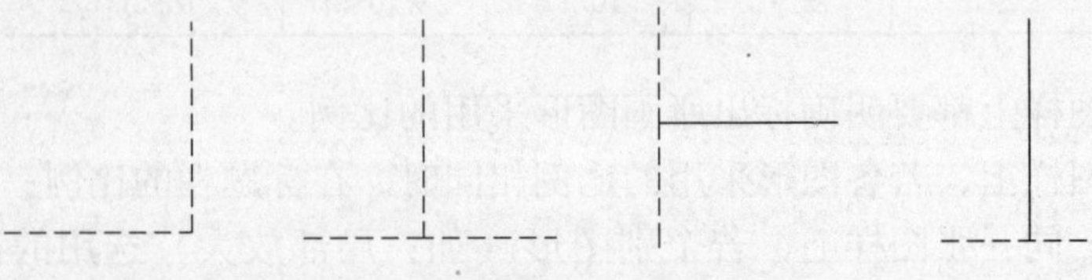

图4-2　实线或虚线与虚线相交的画法

2）图线与图线相切，应以切点相切。相切处应保持相切两线中较长图线的宽度。不得相割或相离，如图4-3所示。

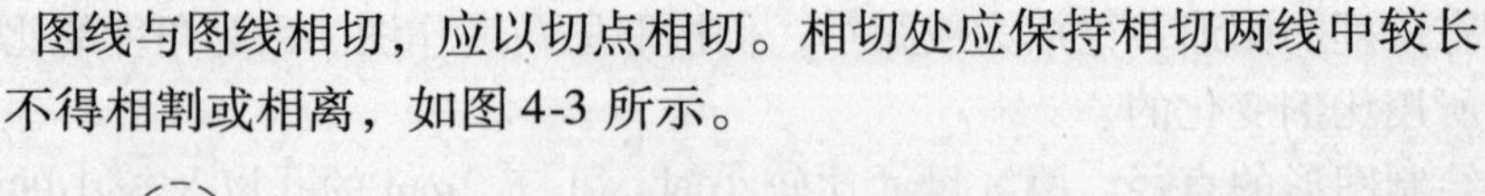

图4-3　图线相切的画法

3）虚线与实线相连接时，虚线接头（即实线延长改变为虚线时），应留出空隙，如图4-4所示。

6. 尺寸标注

(1) 基本规则

1) 机件的真实大小应以图样上所标注尺寸数值为依据。与图形的大小及绘图的准确程度无关。

2) 机械图样中的直线尺寸以毫米 (mm) 为单位时不需要在尺寸数字后面标注其计量单位的代码或名称。如果是其他单位 (如: 英寸、角度、弧长等) 则必须标注明确。

3) 机件的每一尺寸在图样上一般只标注一次。

(2) 尺寸界线、尺寸线、箭头和尺寸数字的用途　尺寸界线用来表示尺寸的范围。尺寸线用来表示尺寸度量的方向。箭头用来表示尺寸的起止。尺寸数字用以表示所标注尺寸的实际大小。示例如图 4-5 所示。

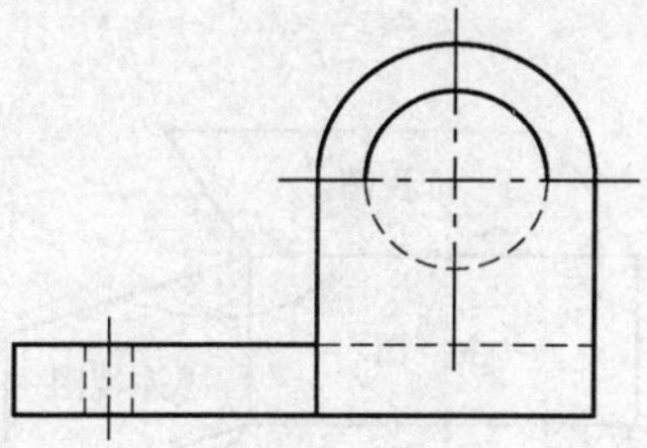

图 4-4　虚线与实线连接的画法

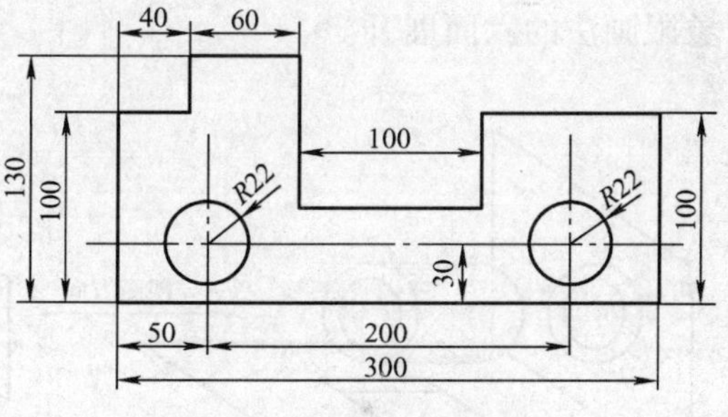

图 4-5　尺寸标注示例

二、投影的基本概念

用光照射的物体会在地面或墙面上产生影子，我们把这种现象称为投影。人们经过科学总结，找出了影子和物体之间的关系，从而形成了投影法。如图 4-6 所示，该光源为投影中心，光线为投影线，平面为投影面。

1. 投影法的分类

投影法可分为中心投影法和平行投影法两类。

(1) 中心投影法　投影线都从光源中心一点发出，在投影面上做出物体投影的方法称为中心投影法。中心投影法所得投影 (物体在投影面的影像) 的大小，会随着投影中心距离物体的远近而变化，还会随着物体离开投影面的远近而变化。因此，中心投影法不反映物体形状的真实大小。

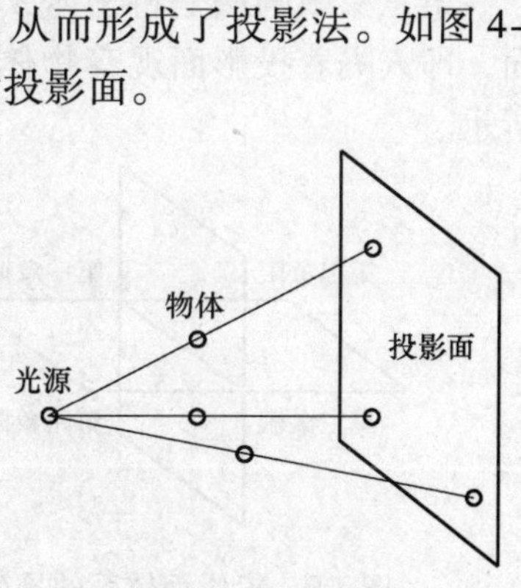

图 4-6　投影法

(2) 平行投影法　用互相平行的投影线在投影面上做出形体的投影，这种方法称为平行投影法。在平行投影法中，投影得到物体形状的大小，不会随着光源与物体的远近和物体离投影面距离的远近而有所改变。

平行投影法中，由于投影方向的不同，可分为两种：斜投影（投影线倾斜于投影面）和正投影（投影线垂直于投影面，又叫作直角投影）。

由于正投影图样能够完整、真实地表现物体的形状和大小，不仅度量性好，而且作图简便。因此，正投影图是机械工程中应用最广泛的一种图示方法。

2. 投影的画法

机械制图国家标准规定：我国采用第一象限画法。但在国际间的技术交流中，常常会遇到第三象限画法的图样。第三象限画法与第一象限画法有所不同。

第一象限画法是将物体放在投影面体系的第一象限内，将物体放在人与投影面之间，保持着人、物、图的位置进行作图，如图 4-7 所示。图 4-8 所示为第一象限画法的六面展开。

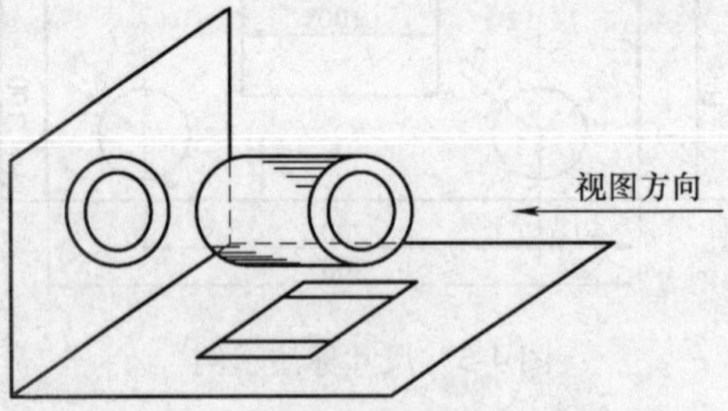

图 4-7　第一象限正投影画法

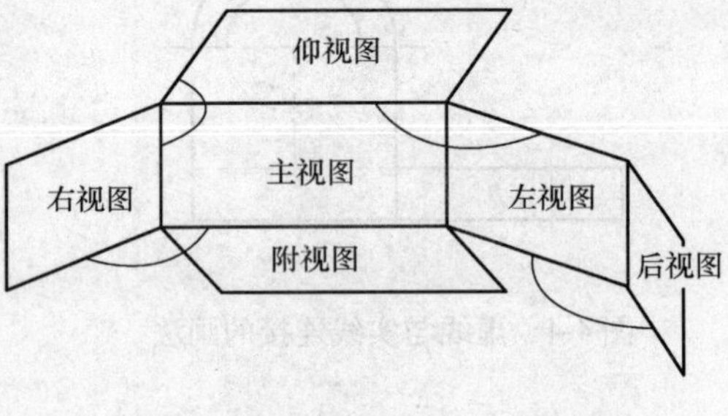

图 4-8　第一象限画法的六面展开

投影面体系的第一、二、三、四象限排列方法如图 4-9 所示 。

第三象限画法是将物体放在投影面体系的第三象限内，将物体放在投影面后面，即人隔着投影面观察物体，保持着人、图、物的投影关系作图，如图 4-10 所示。

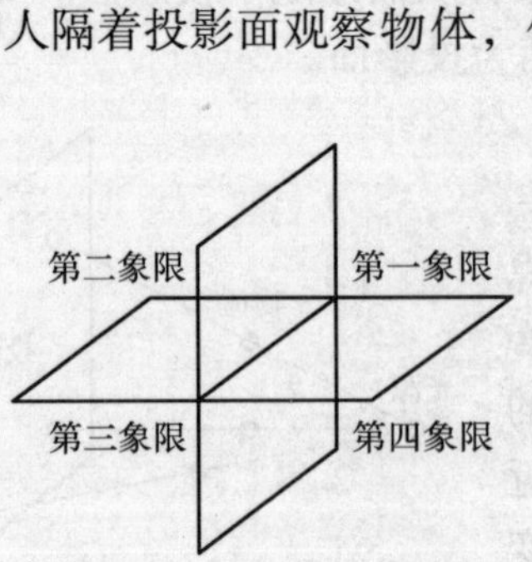

图 4-9　投影面体系的排列

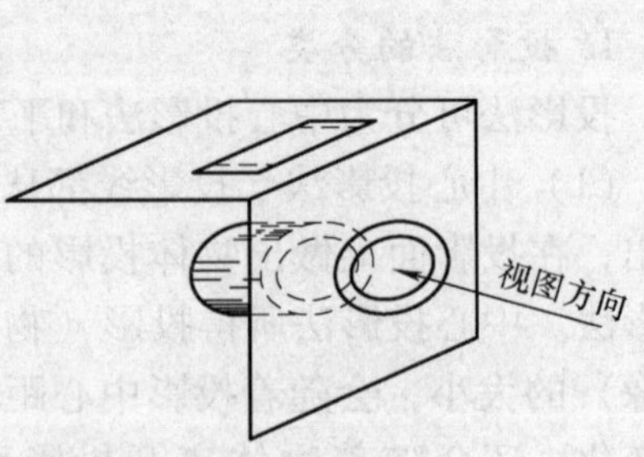

图 4-10　第三象限正投影画法

图 4-11 所示为第三象限画法的六面展开。

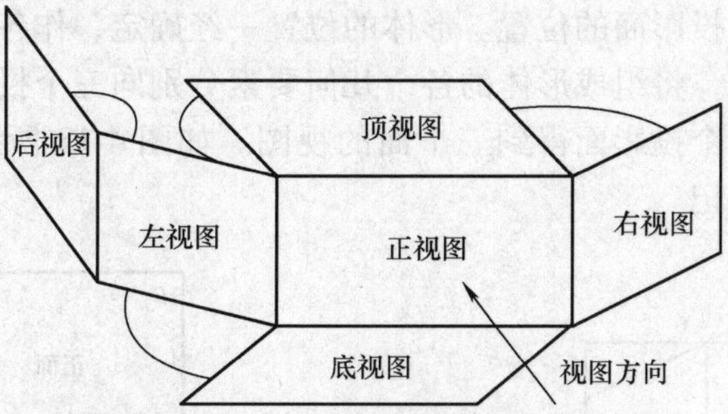

图 4-11　第三象限画法的六面展开

3. 直线段和平面的投影及投影特性

（1）直线段和平面的投影

1）直线段的投影

①直线段平行于投影面，投影反映真实长度，简称实长。

②直线段倾斜于投影面，投影变短，即具有缩短性。

③直线段垂直于投影面，投影聚焦为一点，即具有集聚性。

2）平面的投影

①平面平行于投影面，投影成为真实形，即具有真实性。

②平面倾斜于投影面，投影成为类似形，即具有类似性。

③平面垂直于投影面，投影积聚为线段，即具有积聚性。

（2）直线段和平面的投影特性

1）真实性。当平面（或线段）平行于投影面时，其投影反映实形（或实长），而且几何关系（平行、垂直、角度、圆弧等）也保持不变。这种投影性质称为真实性或全等性。它体现了平行投影具有度量性好，便于绘图、读图、标注尺寸以及用图解法求实形、实长的特点。

2）积聚性。当平面形（或线段）垂直于投影面时，在该投影面上的投影就积聚为一段直线（或一个点）。这种投影性质称为积聚性。积聚性虽然不显示线段和平面的实长或实形，但可以表示位置关系，还可以利用它使图示和图解简化。

3）类似性。当平面倾斜于投影面时，这个平面的投影成为一个既不全等，也不相似的类似平面。这种投影特性称为类似性。在正投影制图中，类似性反映平面斜置时与其投影之间的关系。绘图和读图时都要应用到这个性质。

4. 形体的三面视图

在三投影面体系中有八个象限，排列次序如图 4-12 所示。

我们把形体端正地放在第一象限中，所谓端正就是把形体上的主要表面或对称平面，置于平行投影面的位置。形体的位置一经确定，作各个视图时就不允许有丝毫变动。然后，将组成形体的各个几何要素分别向三个投影面进行正投影法的投影，可以在三个投影面得到三个面的视图。如图 4-13 所示为第一象限三个投影面的名称和标记。

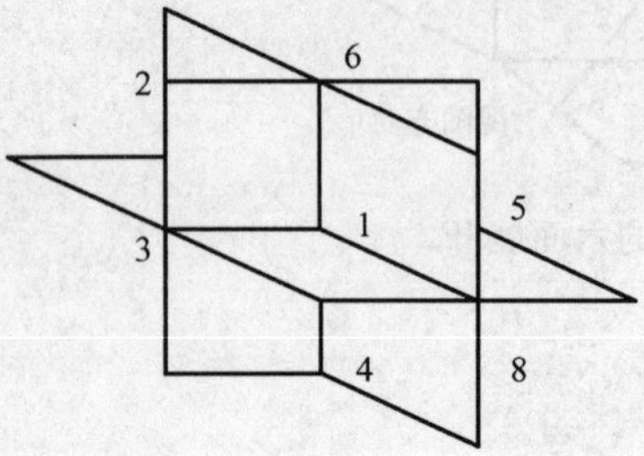

图 4-12　八个象限次序

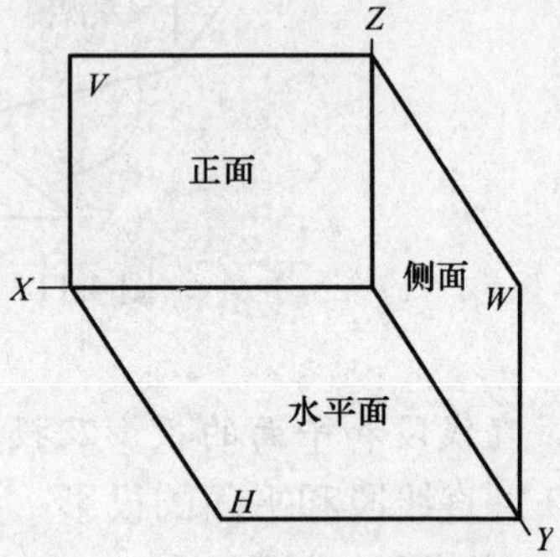

图 4-13　第一象限三个投影面

在三视图中，每个视图表示形体一个方向的形状，两个方向的尺寸。

（1）主视图　从物体的前面向后面投射，在 V 面上得到的视图为主视图。它表示从形体前面向后面看的形状和长度、高度方向的尺寸，以及上下左右方向的位置。

（2）俯视图　从物体的上面向下面投射，在 H 面上得到的视图为俯视图。它表示从形体上面向下看的形状和长度、宽度方向的尺寸，以及左右、前后方向的位置。

（3）左视图　从物体的左面向右面投射，在 W 面上得到的视图为左视图。它表示从形体左面向右看的形状和宽度、高度方向的尺寸，以及前后、上下方向的位置。

由于三视图在制图时形体的位置、尺寸、方位存在着一定的对应关系，因此，作图时我们就应该根据这种对应关系，确定绘图时应遵循的基本原则。这些基本原则总结如下：

主俯视图都反映物体的长度——长对正。

主侧视图都反映物体的高度——高平齐。

俯左视图都反映物体的宽度——宽相等。

三、基本体与组合体

1. 基本体

一般机件的形体都可以看成是由柱、锥、台、球、环等基本几何体（简称基本体）按照一定方式组合而成的。

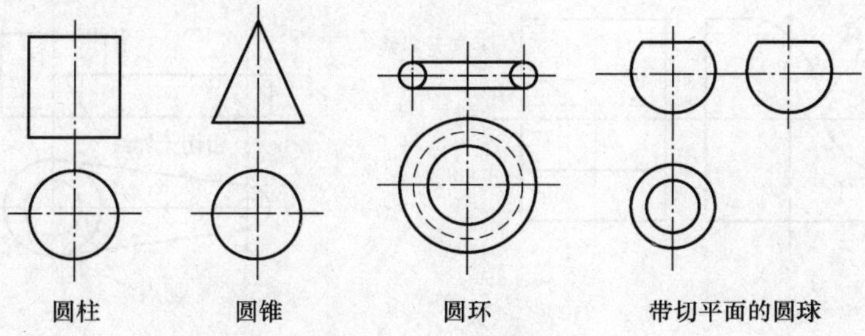

图 4-14 常见的曲面体

（1）表面都是由平面所构成的形体，称为平面体。平面体上相邻表面之间的交线称为棱线。平面体主要分为棱柱、棱锥两种。

（2）由曲面与曲面或曲面与平面围成的形体称为曲面体。在机件中常见的曲面体是回转体，如：圆柱、圆锥、圆球和圆环等。如图 4-14 所示。

2. 组合体

由两个或两个以上基本体所组成的机件形体称为组合体。

对组合体进行绘图、读图和标注尺寸的过程中，通常假想把组合体分解成由若干个基本体所组成。这样做可以比较容易弄清楚各部分的形状、相对位置、组合形式以及表面连接关系。这种分析方法称为形体分析法。

绘制组合体视图时，必须注意其组合形式和各个组成部分表面的连接关系。需要特别注意的是，不能多画线或漏画线。

绘制组合体时几种线型的画法如下：

1）组合体上两个基本体表面不平齐时应该画出隔离线，如图 4-15 所示。

2）当组合体上两个基本表面平齐时，中间无隔离线，如图 4-16 所示。

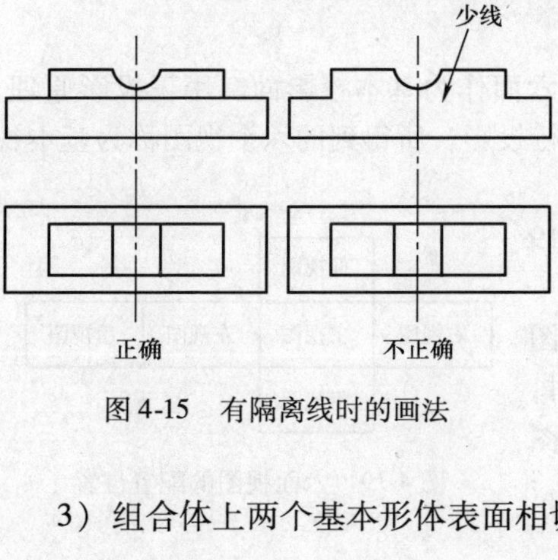

图 4-15 有隔离线时的画法

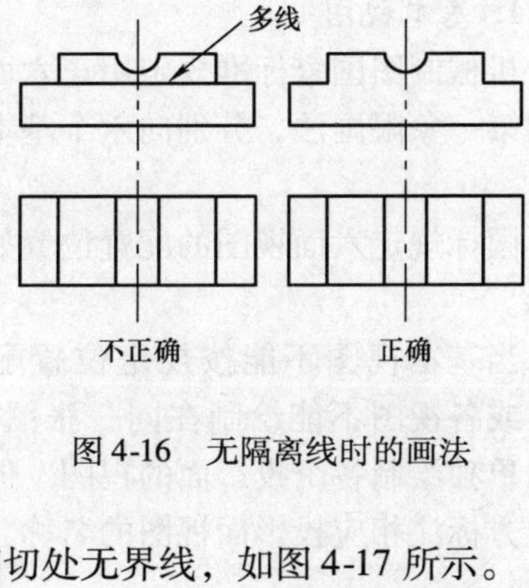

图 4-16 无隔离线时的画法

3）组合体上两个基本形体表面相切，相切处无界线，如图 4-17 所示。

4）组合体上两个表面相交，应画出相交线，如图 4-18 所示。

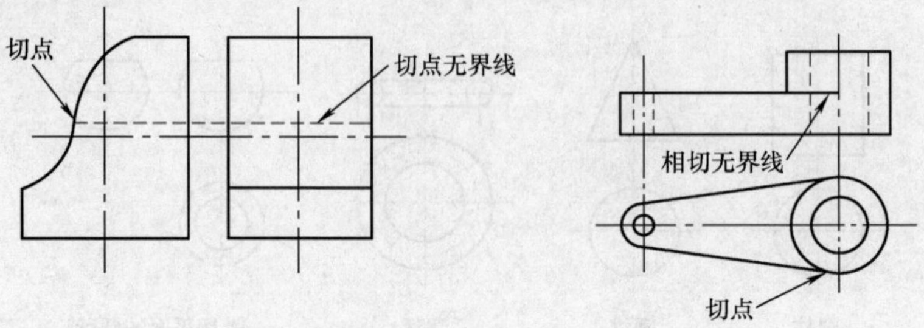

图 4-17　相切处画法

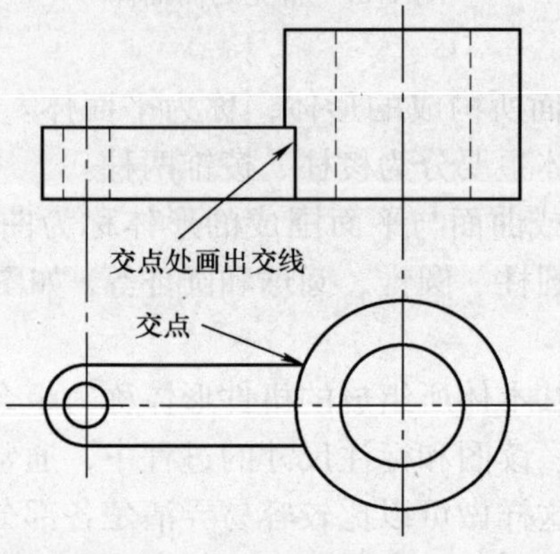

图 4-18　相交线画法

四、视图的常用表达方式

前面介绍了三视图表达形体的方法。但是，在实际生产图样中，仅用三视图常常难以把形体比较复杂的内外结构形状表达清楚，还需要应用国标规定机械制图的各种表达方式。现分别介绍如下：

1. 基本视图

机械制图国家标准规定用正六面体的六面作为基本投影面。用正投影原理，采用第一象限画法，分别向六个基本面进行投影。所得到的六个视图称为基本视图。

国标规定六面视图的配置位置如图 4-19 所示。

当基本视图不能按规定位置配置视图时，或各视图不能绘制在同一张图样上时，可以单独绘制各个投影面的视图。但应在图纸上方标注相应投影面视图的名称。

图 4-19　六面视图的配置位置

机械制图国家标准规定了六个基本视图后，给表达机件形体带来了方便，增加了灵活性。但不等于任何机件形体都要用六个基本视图来表达。将机件形体结构、形状表达清楚，并考虑读图方便的前提下，视图的数量应尽可能少，以方便绘图。

除了六个基本视图外，机械制图国家标准还规定了斜视图、局部视图、旋转视图等辅助视图的画法。它们用来表达机件上某些在基本视图上表示不清楚结构形状的部分。

2. *局部视图*

将机件的某一部分向基本投影面投影所得的视图，叫作局部视图。

当机件上某些局部形状在已画的基本视图上，未能反映清楚，但又没有必要另画一张基本视图，这种情况下，就适宜于用局部视图来表达。画局部视图时，应在视图投影部位附近用箭头指明投影方向，并在箭头旁边水平位置标注字母，在局部视图的上方用相同字母进行标注，用以表示视图与局部视图的相应关系，如图 4-20 所示。

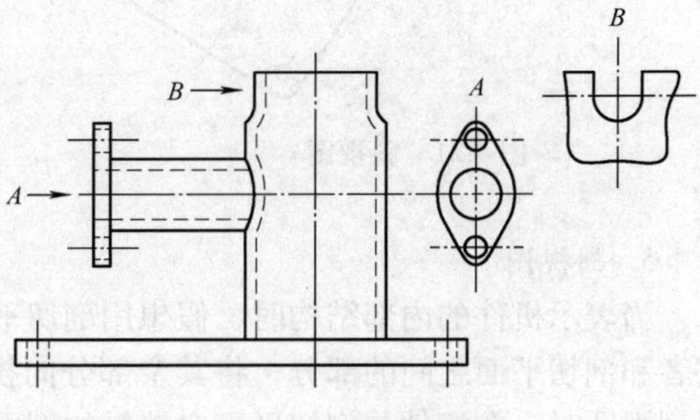

图 4-20　局部视图

3. *斜视图*

机件向不平行于任何基本投影面的平面投影所得的视图叫作斜视图。常常用于表达机件的倾斜结构表面或剖面的实形。

斜视图只需要表达倾斜表面的局部实形，其边缘的断开处用波浪线表示。采用斜视图以后，在基本视图上不反映倾斜部分实形的图形部分就可以省略不画，如图 4-21 所示。

画斜视图时，在基本视图相应部位附近用箭头注明投影方向，并标注字母。在斜视图上方用相同字母进行标注，用以表示视图与斜视图的关系。

4. *旋转视图*

当机件具有某一段的倾斜结构时，假想将机件的倾斜部分旋转到某一选定的基本投影面平行后，再向该投影面投影所得的旋转部分结构表面或剖面视图称为旋转视图。

画旋转视图时，机件的倾斜部分相对于其他部分，应具有较独立的形体，并有明显的旋转轴。

采用旋转视图时，机件倾斜部分在选定投影面上的投影，应反映出实长和实形，这样有利于读图及绘图。旋转视图一般按基本视图位置配置，可以不必加标注，如图 4-22 所示。

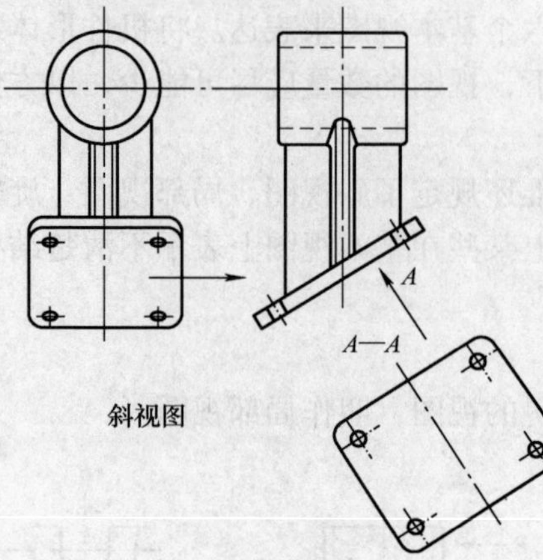

图 4-21　斜视图

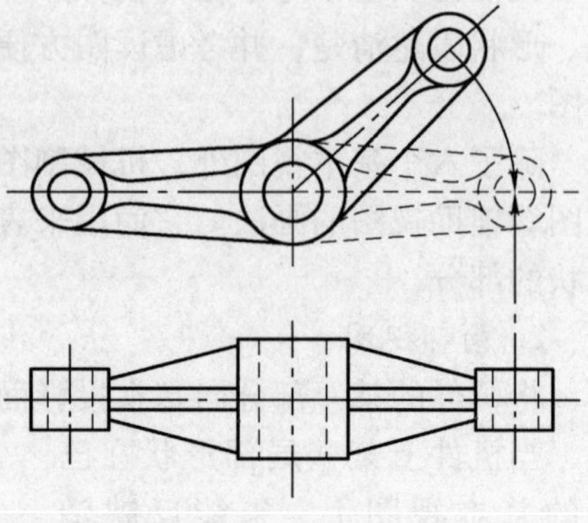

图 4-22　旋转视图

5. 剖视图

当表示机件的内部结构时，假想用剖切平面在适当的位置剖开机件，移去观察者和剖切平面之间的部分，将其余部分向投影面投影所得的图形称为剖视图。画剖视图时，在机件与剖切平面向接触的剖面图形上，必须画出剖面符号。材料不同，剖面符号也不同。机件最常用的金属材料，其剖面符号为一组间隔相等、方向一致，且与水平成45°的平行细线，称为剖面线。

（1）全剖视图　用一个剖切平面完全地剖开机件后所得的剖视图称为全剖视图，如图 4-23 所示。

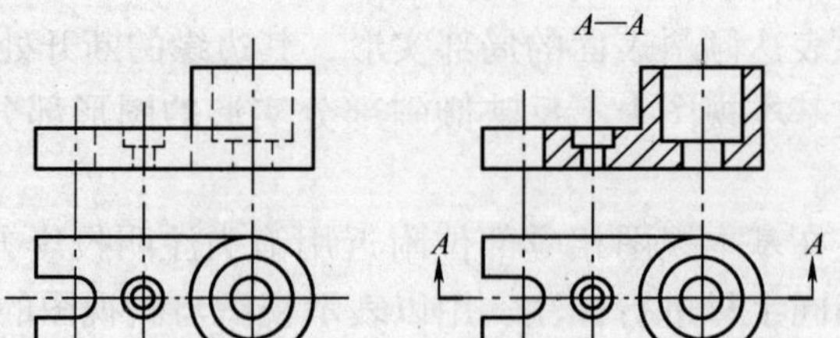

图 4-23　全剖视图

（2）半剖视图　当机件具有对称平面时，在垂直于对称平面的投影面上投影时，可以以中心线为界，一半画成剖视图，一半画成视图，如图 4-24 所示。

（3）斜剖视图　用不平行于任何基本投影面的剖切平面剖开机件所得的剖视图称为斜剖视图，如图 4-25 所示。

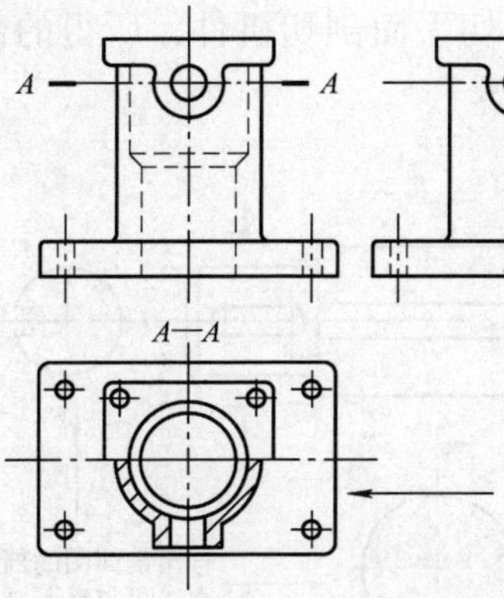

图 4-24 半剖视图

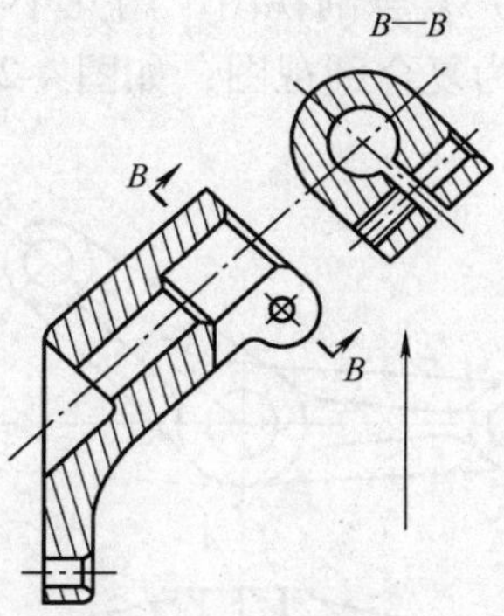

图 4-25 斜剖视图

（4）局部剖视图 用于在机件的局部平面割开机件，所得的剖视图，如图 4-26 所示。

（5）阶梯剖视图 当机件上具有不在同一剖切平面上，而又需要进行做出剖切的结构要素时，可以用若干个相互平行的剖切平面（平行于基本投影面）剖切机件，如图 4-27 所示。

（6）旋转剖视图 用两个相交的剖切平面（交线垂直于基本投影面）剖开机件，然后将被剖开的倾斜部分的结构及有关要素，绕两剖切平面的交线（旋转轴）旋转到与选定的投影面平行后进行投影，所得视图称为旋转剖视图，如图 4-28 所示。

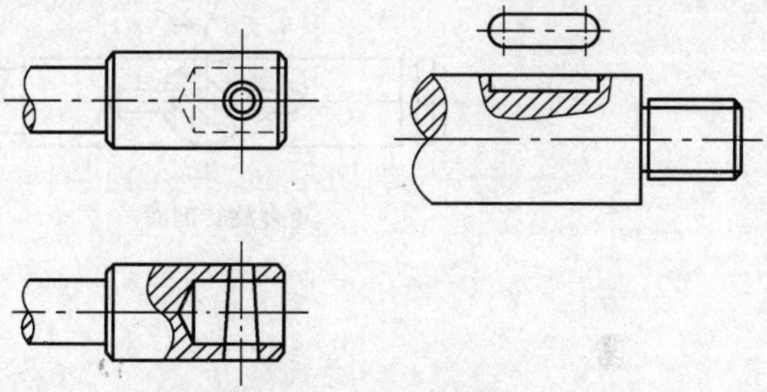

图 4-26 局部剖视图

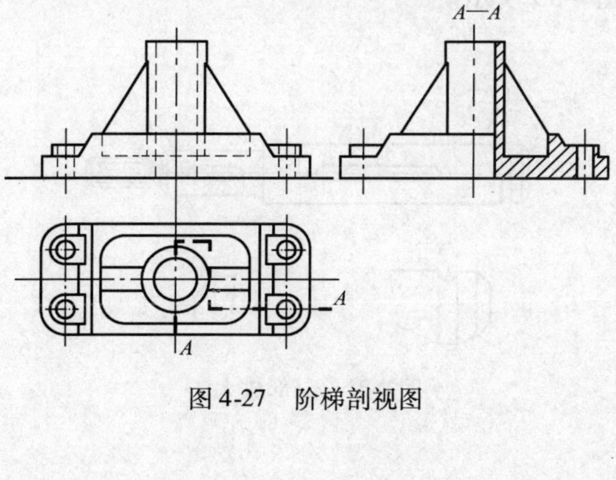

图 4-27 阶梯剖视图

（7）复合剖视图　用几个平行或相交的组合剖切平面剖切机件，所得的剖视图称为复合剖视图，如图 4-29、图 4-30 所示。

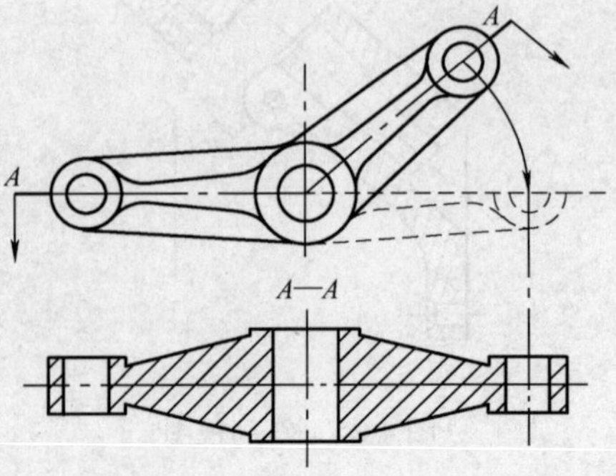

图 4-28　旋转剖视图

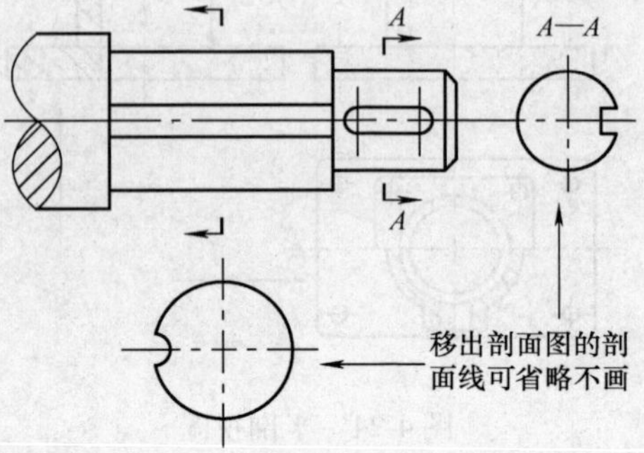

图 4-29　复合剖视图（1）

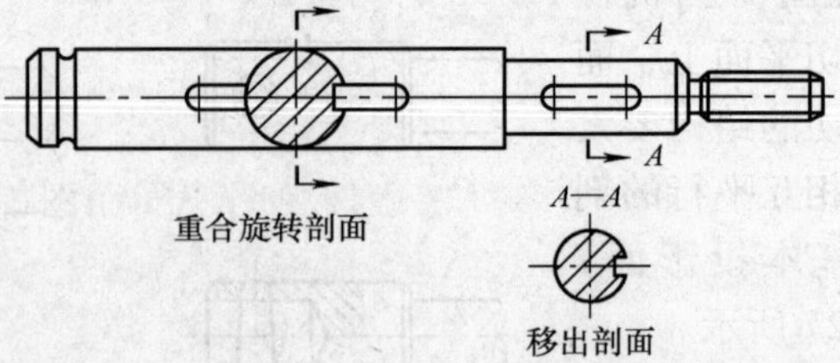

图 4-30　复合剖视图（2）

6. 其他表达方式

机械制图还规定了其他几种表达方式，如局部放大法、简化画法、折断画法等，如图 4-31 ~ 图 4-33 所示。

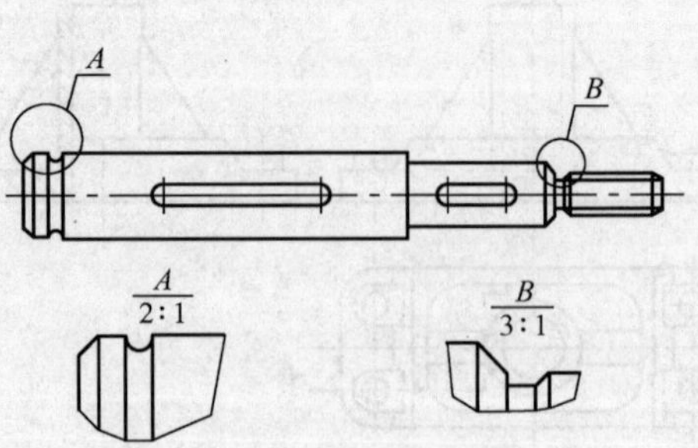

图 4-31　局部放大法

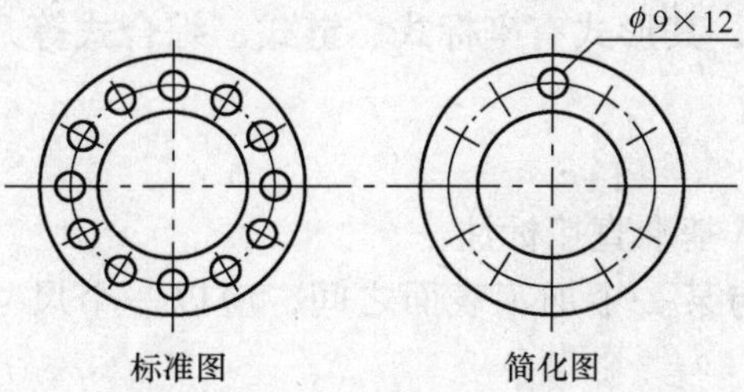

图 4-32　简化画法

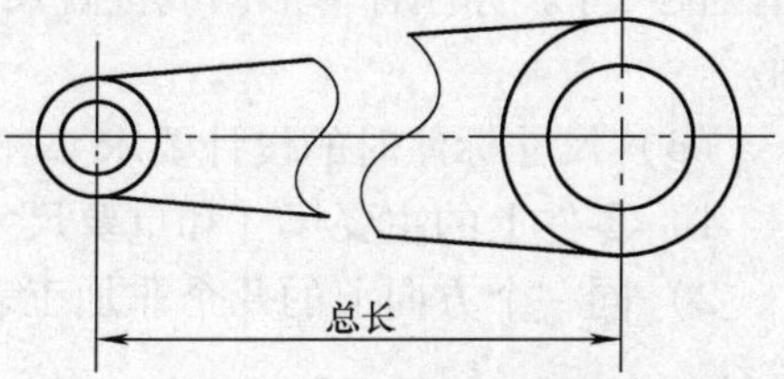

图 4-33　折断画法

五、零件图

生产机械一般都是由若干个零件连接组合而成的。零件与零件之间的装配关系和技术要求是非常规范和严谨的。零件的质量决定了生产机械的性能和使用寿命。零件质量的好坏与加工质量的高低，都是由零件图上的各种规定和检测方法来限定的。

1. 零件图的主要内容

（1）一组视图　用一定数量的视图、剖视图、剖面图等，正确、清晰、完整地表达出零件的内外结构和形状。

（2）完整的尺寸　正确、清晰、完整地标注出尺寸，满足制造和检验的需求。

（3）技术要求　标注和说明零件在加工、检验、装配、调试过程中所需的要求。如：表面粗糙度、尺寸公差、形状和位置公差、热处理工艺要求等。

（4）标题栏　填写零件的名称、材料、数量、图号、比例及制图和校核人员的签名、日期等。

2. 零件图的尺寸标注

（1）选择及确定尺寸基准　在标注尺寸时，应先确定尺寸标注的起始点，这就是为零件尺寸确定测量基准。尺寸基准一般主要有设计基准、工艺基准两大类。

1）设计基准：是根据零件的结构和设计需求而选定的尺寸标注起始点。

2）工艺基准：是根据零件在加工、测量、安装时的要求而选定的尺寸起始点。

任何一个零件都有长、宽、高三个方向的尺寸，因此零件一般至少有三个测量基准，必要时还可以增加一些基准。决定零件主要尺寸的基准是主要基准。增加的基准称为辅助基准。基准与基准之间一定要有尺寸联系。

（2）尺寸标注的形式　由基准出发，找出零件上各个部分形体的大小尺寸和位置尺寸。标注各个形体或位置尺寸时，其形式有坐标式、链式、综合式等几种。

（3）尺寸标注时的设计要求

1）零件上的主要尺寸和重要尺寸应从基准直接标注。

2）同一个方向上的几个非加工表面与某一个加工表面之间，应以一个尺寸联系。

3）不允许标注成封闭尺寸链。

（4）零件图上的技术要求　零件图上标注的技术要求主要有：

1）表面粗糙度：它是评价零件表面质量的一项重要指标，它对零件的耐磨性、耐腐蚀和抗疲劳等能力及配合性质、外观表面都有影响。

2）零件的形状位置公差。

3）零件的表面处理及热处理。

4）零件的材料规格和特殊要求说明。

六、表面展开和放样

1. 展开与放样的基本概念

（1）展开　将零件的各个表面依次展开并平铺在一个平面上，这个过程叫作表面的展开。一般作展开图的零件多为板料成形的零件，这里因为相当部分板料成形零件的各个形面，可以由一块整板将各个形面的材料整体裁剪下来，进行机械或手工成形操作，从而减少拼装连接工艺的难度，增加工件整体应力的稳定性和外观一致性以及表面光洁的美观性。

（2）放样　放样是指在制造工件的过程中将图样上的零件尺寸用1∶1的比例在材料上画出零件形体要求的实际形状的操作。放样的概念比展开广，展开的操作局限在板料类工件的范围。而放样是各种零件都可以在合适的材料上进行操作。

（3）展开放样　展开放样是将板形零件的各个表面在板材上按零件的实际尺寸，用1∶1的比例依次放开，画出零件所需板材的实际大小和形状，并按实际大小和形状的图形进行剪裁下料的操作过程。

（4）可展表面和不可展表面

1）可展表面：立体形状的零件，其表面能全部平整地展开在一个平面上，而不发生破裂或折叠，这样的形体表面称为可展表面。

2）不可展表面：立体形状的零件，其表面无法平整地展开在一个平面上，展开时会发生破裂或折叠，这样的形体表面称为不可展表面。

一般地，形体表面若是由平面或单曲面形成的，则为可展表面。形体表面若是由双曲面形成的，则为不可展表面，如图 4-34 所示。

2. *板料展开放样常用方法*

形体表面放样展开的方法较多，主要方法有两种，即计算展开法和几何作图展开法。其中，计算展开法多数需要应用高等数学中相关公式进行计算图样上各条一般位置线段的实长后，再按线段实长展开。由于高等数学公式应用难以掌握，所以这种展开法实际应用并不广泛。

几何作图展开法是运用几何原理对图样上各条一般位置线段进行 1∶1 比例的实长求解后，直接进行展开的方法。目前普遍应用的就是这种几何作图展开法。

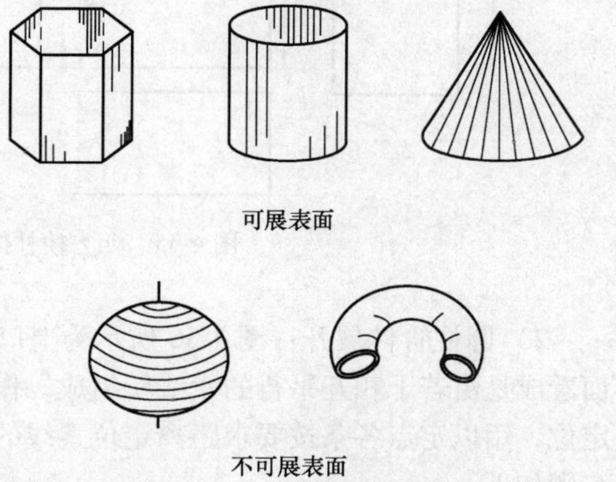

图 4-34　可展表面和不可展表面

采用几何作图展开法对零件表面形体进行展开放样时，应根据零件表面形体形状和复杂程度采用各种展开画线的方法，如：平行线画法、放射线画法、三角形画法。

（1）平行线画法　这种画法的基本原理是，将零件的形体表面看成是由无数条相互平行的素线组成，作展开图时找出各特殊部位的平行线条或等距离选定形体的平行线条；再将各相邻线条及两端部位的线条所围成的表面作为平面，将各平面的面积依次顺序地绘制在图样上，即可得到零件表面的展开图。

放样时将各平面的面积按 1∶1 比例面积依次顺序地绘制在样板的材料上，得到样板图形。

平行线画法适用于各种棱柱体、圆柱体、单曲面体等形体。

1）棱柱管件展开：如图 4-35 所示，将四方棱柱体形面、上口斜截的方管展开。由于各条棱线相互平行，作展开图时，只需按顺序和一致比例画出四个面，即得到展开图。作图步骤如下：

①作形体主视图、俯视图，得到形体各方位实形尺寸。

②作主视图底边的延长线为展开图高度方向基准线，分别截取长 L、宽 d 的尺寸按顺序排列，并做出棱线。

③在主视图上截取各特殊部位的高度，作各特殊部位高度的平行线，得到各棱线高度位置点。

④用直线连接各棱线高度位置点，得到四方棱柱体形面展开图，如图 4-35 所示。

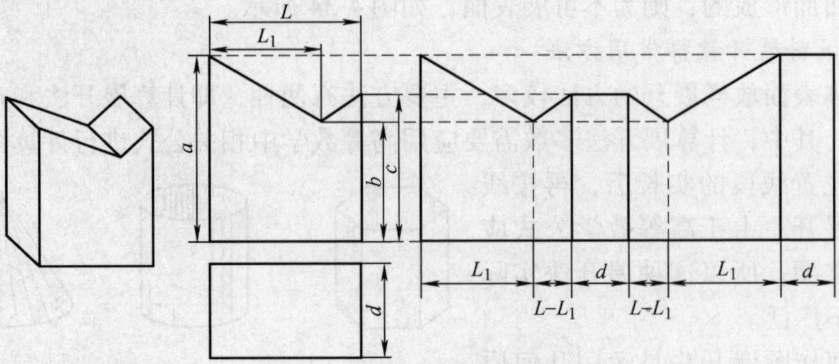

图 4-35　四方棱柱体形面展开图

2）圆柱管件展开：图 4-36 所示为上口斜截的圆管。我们可以把圆管的外表面看成是由若干相互平行的素线所组成。作展开图时，可以将素线按要求的距离定位，用以定点各条按要求距离定位素线的高度，从而方便地得到展开图。作图步骤如下：

①作形体主视图、俯视图，得到形体各方位实形尺寸，并等分俯视图。

②作主视图底边的延长线为展开图高度方向基准线，并在延长线上按顺序排列截取相应份额的等分圆尺寸，做出素线。

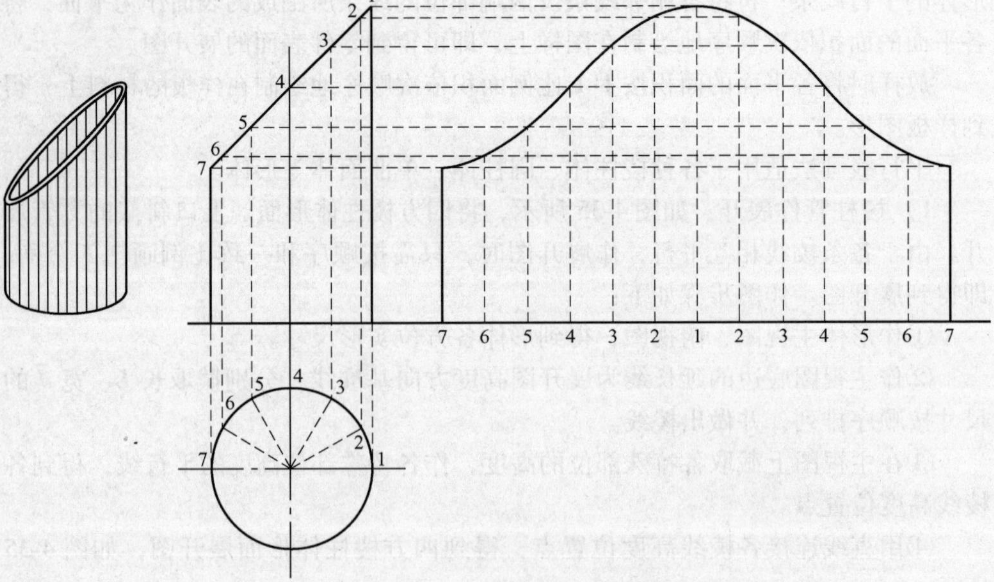

图 4-36　圆柱柱体形面展开图

③从等分俯视图的各个外圆端点向主视图作平行于中心线的素线，得到主视图上斜截部位各素线高度点。向展开图作各素线高度点的平行线，得到各按顺序排列截取相应份额的等分圆素线高度位置点。

④用光滑曲线连接各高度位置点，得到圆柱体形面展开图，如图 4-36 所示。

3）三节等径圆管 90°弯头的展开：制作三节等径圆管 90°弯头时，为了使各节的断面形状和直径相同，在分节时，必须使两端两节的中心角为中间一节的 1/2，即中间一节相当于两端两节。作投影图时，首先根据弯头的角度做出各节的分角线。三节弯头相当于四个端节，端节的中心角 $\alpha = 90°/4 = 22.5°$。中间一节的中心角为 45°，如图 4-37 所示。然后根据弯头直径 ϕ 或半径 R 做出各节的轮廓线，投影图作好后，再采用平行线画法作展开图形。作展开图的步骤与圆柱管件展开相同。

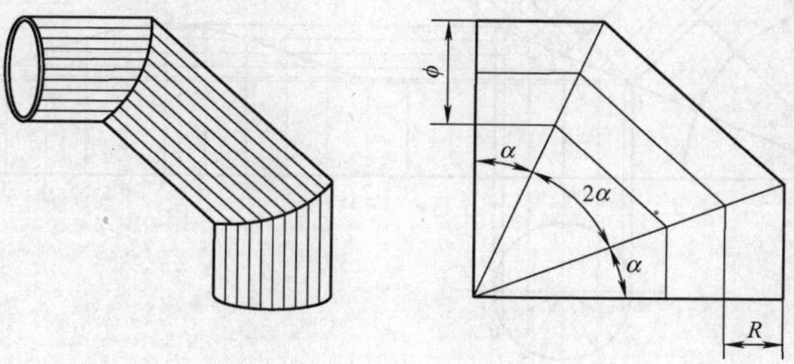

图 4-37　作三节的分角线

注意：由于端头一节是中间节的 1/2，所以展开图的大小也为中间节展开图的 1/2。把端节的展开图按实际形体 1∶1 做出样板，其他各节均可按样板画出，如图 4-38 所示。

4）圆柱管件上开孔的展开：若圆柱管件上开有一定形状的孔，在作展开图时，必须将孔的位置在展开图中画出。图 4-39 所示为 $R25$ 的圆管上开有 $\phi35$ 的圆孔展开图。

作图步骤：

①作形体主视图、俯视图，得到形体各方位实形尺寸。由俯视图 $\phi35$ 圆弧部位进行素线等分，得到展开图素线宽度 a，应考虑圆弧段不可过长。

②作主视图底边的延长线为展开图高度方向基准线，并在延长线上按顺序排列截取相应份额 a 段尺寸，做出高度方向素线。

③从分段俯视图的各个端点向主视图作平行于中心线的素线，得到主视图上 $\phi35$ 的圆孔形体部位各素线高度点。向展开图作各素线高度点的平行线，得到按顺序排列截取相应份额的各分段素线高度位置点。

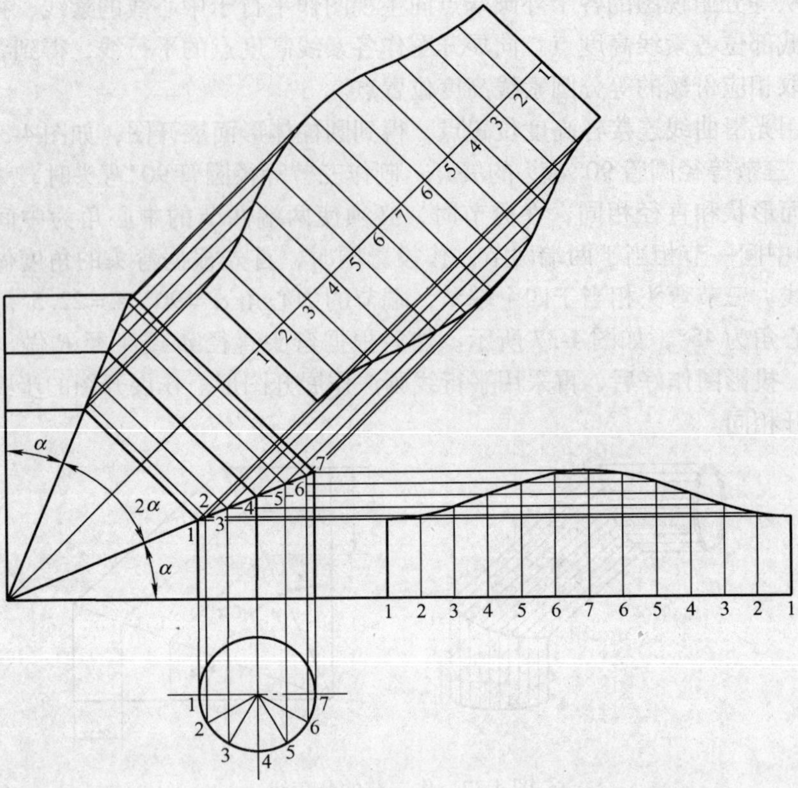

图 4-38　三节等径圆管 90°弯头的展开图

图 4-39　圆柱管上开有圆孔的展开图

④用光滑曲线连接各高度位置点，得到 $R25$ 的圆管上开有 $\phi35$ 的圆孔本体形面展开图。

（2）放射线画法　这种画法适用于零件表面的各条素线能够相交于一点的形体，如：圆锥体、椭圆锥体、棱锥体等。它的基本原理是，将零件的表面看成是由锥顶做出一系列放射线（素线）形成的形体。作图时对这些放射线（素线）进行有选择地等分展开，利用同心圆原理画弧确定素线上各高度点的位置并展开。

1）正圆锥台管展开：

①按形体尺寸作投影视图，向上延长两侧边线至中心线连接处得到交点。

②在投影视图中间任意选取尺寸分段合适部位，作中心线垂直交线，以该交线为直径作半圆，等分半圆弧，得到圆弧等分段 a。

③以交点为圆心，至中心线垂直交线端点为半径，向展开图作圆弧，在该弧线上等分相应的分段数量。由圆心向各分段点作素线。

④以交点为圆心，侧边实长线上下端点为半径，向展开图画弧。连接各分段素线得到展开图，如图 4-40 所示。

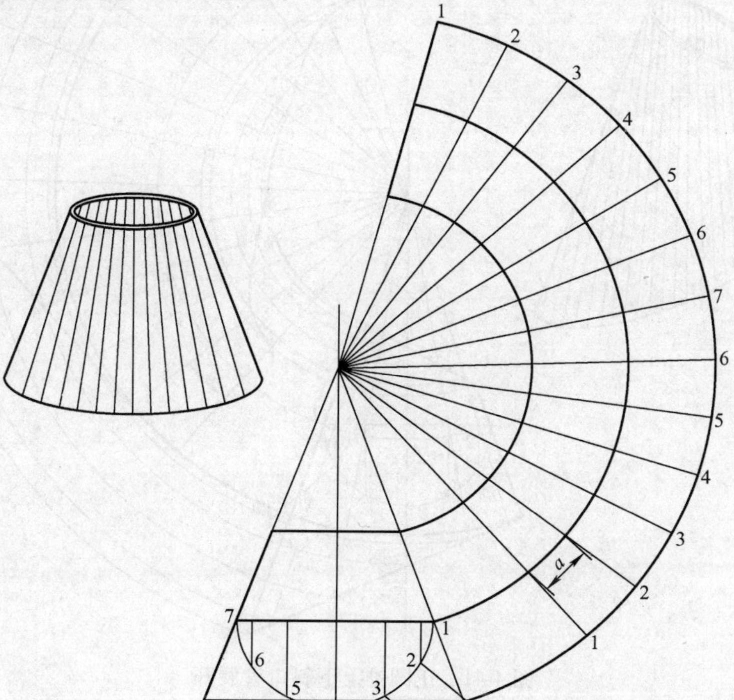

图 4-40　正圆锥台管展开

2）正圆锥上下斜口管展开：

①按形体尺寸作投影视图，向上延长两侧边线至中心线连接处得到交点。

②在投影视图中间任意选取尺寸分段合适部位，作中心线垂直交线，以该交线为直径作半圆，等分半圆弧，得到圆弧等分段 a。并从弧线等分段各点向中心线垂直交线作中心线平行线得到 1 ~7 各分段点。以交点为圆心，过 1 ~7 各分段点作素线，找出上下斜口在分段点的部位。

③以交点为圆心，至中心线垂直交线上的 1 ~7 各分段点为半径，向展开图作圆弧，在该弧线上等分相应的分段数量。由圆心向各分段点作素线。

④以交点为圆心，上下斜口在分段点的部位各点为半径，向展开图画弧。使投影视图上分段点号码与展开图分段素线号码相对应得到展开图各交点。用光滑曲线连接各分段素线的交点得到展开图，如图 4-41 所示。

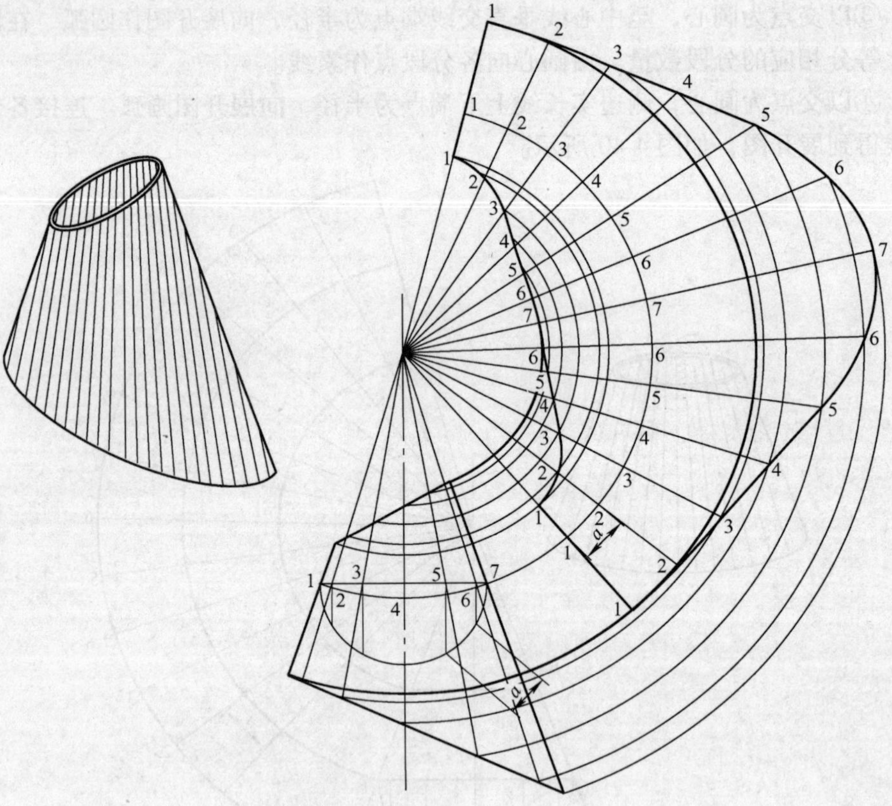

图 4-41　正圆锥上下斜口管展开

3）斜圆锥管的展开：当圆锥的中心线与圆锥管外圆各素线的顶点不同心时，该圆锥管就称为斜圆锥管，如图 4-42 所示。斜圆锥的展开图与正圆锥的展开图略有不同，主要是各素线的实长线的求法。具体展开步骤如下：

图 4-42　圆锥的中心线与圆锥管外圆各素线的顶点不同心

①按形体尺寸作投影视图，向上延长两侧边线得到交点 O_1，再从 O_1 点放垂线垂直相交于形体投影图底边延长线得到 O_2 点。

②以底边线为直径作半圆并等分半圆弧得到 1 ~ 7 各分段点。以 O_2 点为圆心，跨半圆弧 1 ~ 7 各分段点作半径向投影图底边线画弧，找出投影图底边分段点的部位。

③从交点 O_1 过底边线上的 1 ~ 7 各分段点做出素线，同时得到投影图上边线上的 1 ~ 7 各分段点。

④以交点 O_1 为圆心，上下边线在分段点各点的部位为半径，向展开图画弧。并在弧线上分出素线段，使投影视图上分段点号码与展开图分段素线号码相对应得到展开图各交点。用光滑曲线连接各分段素线的交点得到展开图，如图 4-43 所示。

（3）三角形画法　零件形体表面的展开放样，其实就是把形体表面将选定的实长素线段，按次序排列逐一在平面上进行连接展画的过程。视图中的线段投影相当部分是不反映实长的。三角形展开画法主要就是解决在视图中具有缩短性、集聚性线段的实长线求解。

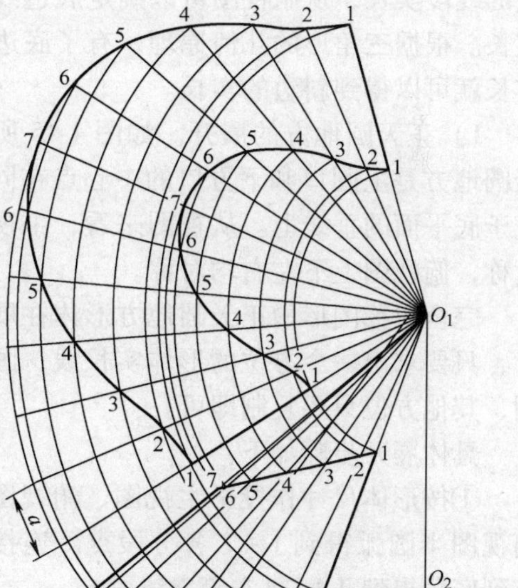

图 4-43　斜圆锥管展开

三角形画法的工作原理如图 4-44 所示。

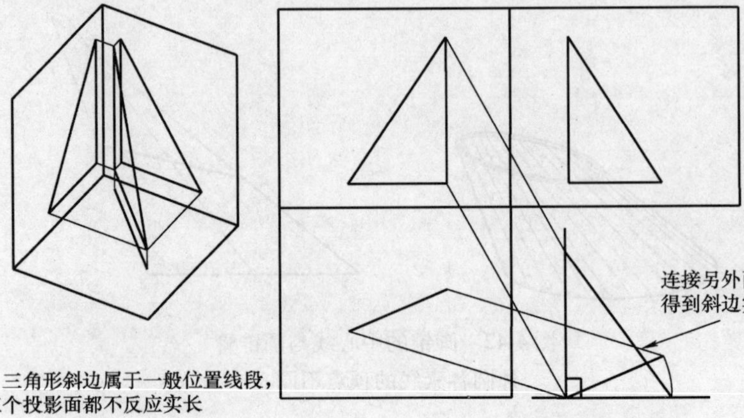

图 4-44　三角形画法的工作原理

由图可知，三角形斜边线在三视图中属于一般位置线段，三个投影面均不反应实长。但是，通过主视图可以确定该三角形高度的线段实长，从俯视图可以确定底边线的线段实长。根据三角形的几何原理，有了底边和高的实长就可以得到斜边的实长。

1）正天圆地方的展开。如图 4-45 所示，正天圆地方是上圆口和下方口的中心点在同一条垂直于底平面的垂线上。从视图来看，主视图左右对称，俯视图上下左右均对称。

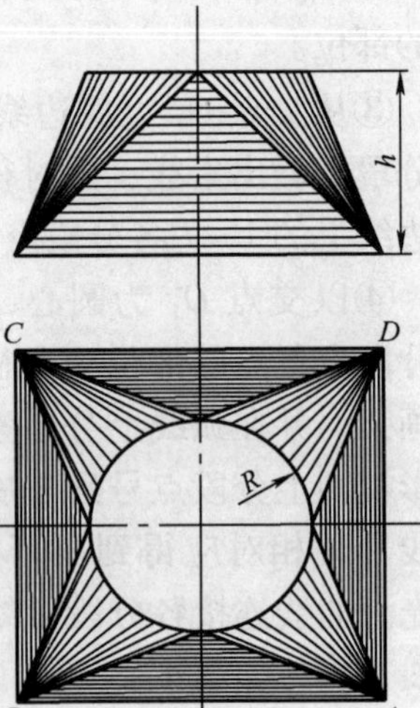

图 4-45　正天圆地方

完全对称图形的正天圆地方形体在展开放样时，只要求出一个方位的形体实长线，画出展开图，其他方位只要复制即可。

具体展开步骤如下：

①按形体尺寸作投影主视图、俯视图。等分俯视图半圆弧得到 1 ~ 7 各分段点。连接各分段点到底角得到 *A*-1、*A*-2 等素线段。

②根据三角形画法原理，在辅助直角图中底边线截取底长 *A*-1、*A*-2，在垂线上截取高度 *h*，并连接得到斜边线（实长线 1 和实长线 2）。

③从展开图样（展开料）中间下部画出 *B*-*C* 段直线，并取 *B*-*C* 段中点作长度为主视图侧边线 *O*-7（实长线）的 90°垂线，连接两侧边得到 *C*-7-*B*-*O*-*C* 实形展开。

④以 C 点为圆心，实长线 2 为半径画弧，再以 7 点为圆心，俯视图上圆弧等分的一段为半径画弧，使两弧线相交，得到 6 点。

以 C 点为圆心，实长线 2 为半径画弧，再以 6 点为圆心，俯视图上圆弧等分的一段为半径画弧，使两弧线相交，得到 5 点。

以 C 点为圆心，实长线 1 为半径画弧，再以 5 点为圆心，俯视图上圆弧等分的一段为半径画弧，使两弧线相交，得到 4 点。

从 C 点向 6、5、4 各点作连线，用光滑曲线连接 7、6、5、4 点，得到 C、7、4、C 曲面实形的展开图形。

⑤以 4-C 线为基准，复制 C、7、4、C 曲面实形图形到 7-B 线右侧，得到 B、4、7、B 实形图形。

以 7-B 线为基准，复制 7、B、C、4、7 实形图形到 4-C 左侧，得到 C、4、1、D、C 实形图形。

以 7-B 线为基准，复制 7、B、O、7 实形图形到 1-D 线左侧。得到 D、1、O1、D 实形图形。

以 7-C 线为基准，复制 7、4、C、B、7 实形图形到 4-B 线右侧，得到 A、1、4、B、A 实形图形。

以 7-C 线为基准，复制 7、C、O、7 实形图形到 1-A 线右侧。得到 A、1、O1、A 实形图形。至此，得到整个正天圆地方形体的展开图，如图 4-46 所示。

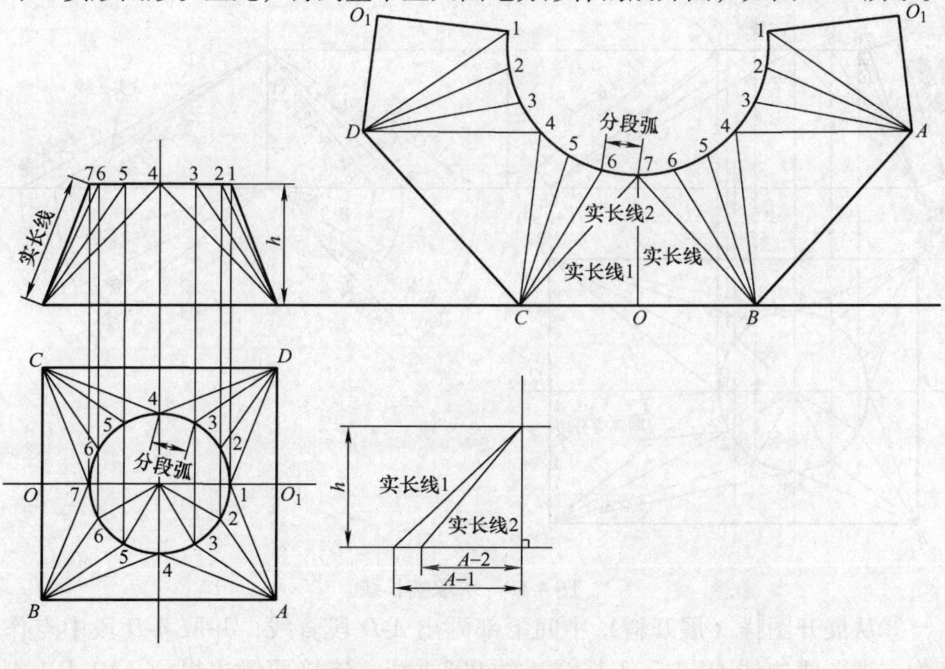

图 4-46　正天圆地方的展开

2）单偏心天圆地方。单偏心天圆地方，是指天圆地方上圆口和下方口的中心点不在同一条垂直于底平面的垂线上。从视图来看，主视图左右不对称，俯视图上下对称，如图 4-47 所示。

单偏心天圆地方形体在展开放样时，只要求出半边的形体实长线，画出展开图，另外半边只要复制即可。

具体展开步骤如下：

①按形体尺寸作投影主视图和俯视图。等分俯视图半圆弧得到 1 ~ 7 各分段点。连接各分段点到底角得到 *A*-1、*A*-2、*A*-3、*A*-4、*B*-4、*B*-5、*B*-6、*B*-7 等素线线段。

②根据三角形画法原理，在辅助直角图中底边线截取底长 *A*-1、*A*-2…*B*-7 线段，在垂线上截取高度 *H*，并连接各分段线段的端点得到斜边线（实长线 *A*-1、实长线 *A*-2…实长线 *B*-7），如图 4-48 所示。

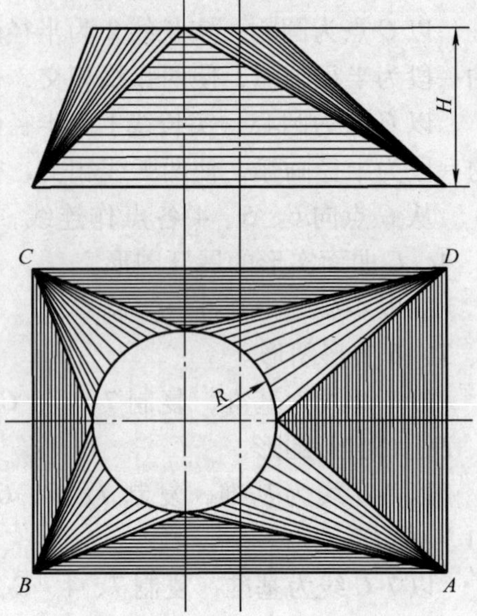

图 4-47　单偏心天圆地方

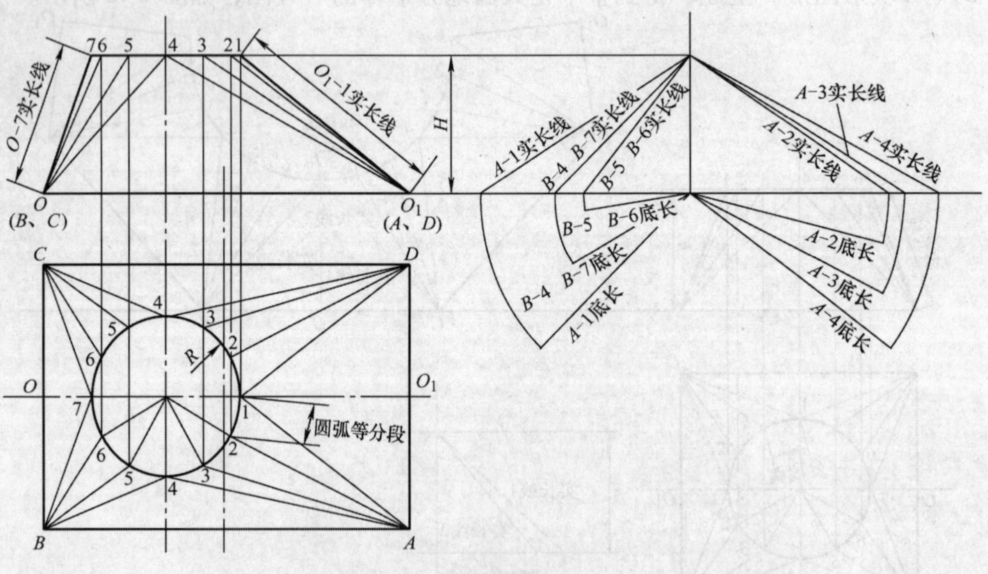

图 4-48　求取实长线

③从展开图样（展开料）中间下部画出 *A*-*D* 段直线，并取 *A*-*D* 段中点作长度为主视图侧边线 *O*1-1（实长线）的 90°垂线，连接两侧边得到 *A*-01-*D*-1-*A* 实

形展开。

④以 A 点为圆心，实长线 A-2 为半径画弧，再以 1 点为圆心，俯视图上圆弧等分段为半径画弧，使两弧线相交，得到 2 点。

以 A 点为圆心，实长线 A-3 为半径画弧，再以 2 点为圆心，俯视图上圆弧等分段为半径画弧，使两弧线相交，得到 3 点。

以 A 点为圆心，实长线 A-4 为半径画弧，再以 3 点为圆心，俯视图上圆弧等分段为半径画弧，使两弧线相交，得到 4 点。

从 A 点向 2、3、4 各点作连线，用光滑曲线连接 1、2、3、4 点，得到 A、1、4、A 曲面实形的展开图形。

⑤以 A 点为圆心，俯视图 A-B 线为半径画弧，再以 4 点为圆心，实长线 B-4 为半径画弧，两弧线相交，得到 B 点。连线画出 A、4、B、A 实形展开图形。

以 B 点为圆心，B-5 实长线为半径画弧，再以 4 点为圆心，圆弧等分段为半径画弧，两弧线相交，得到 5 点。

以 B 点为圆心，B-6 实长线为半径画弧，再以 5 点为圆心，圆弧等分段为半径画弧，两弧线相交，得到 6 点。

以 B 点为圆心，B-7 实长线为半径画弧，再以 6 点为圆心，圆弧等分段为半径画弧，两弧线相交，得到 7 点。

以 B 点为圆心，俯视图 B-O 实长线为半径画弧，再以 7 点为圆心，主视图 7-O 实长线为半径画弧，两弧线相交得到 O 点。

至此：在展开图样（或展开料）上得到 O1-1 线左半边实形展开图，在 O1-1 线的右边对称复制左半边实形展开图，得到整个单偏心天圆地方形体的展开图形，如图 4-49 所示。

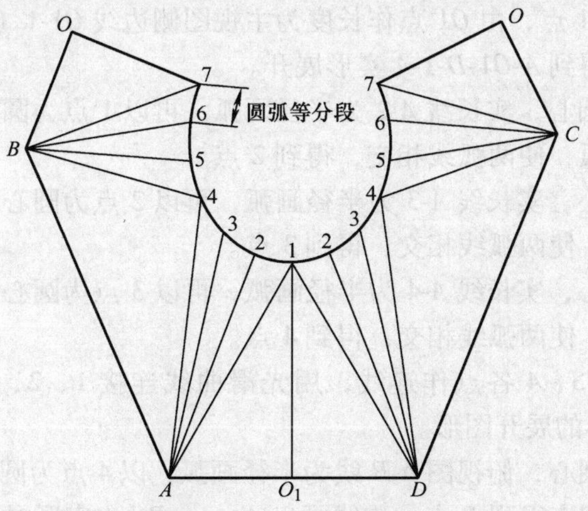

图 4-49 单偏心天圆地方的展开

3）双偏心天圆地方。双偏心天圆地方，是指天圆地方上圆口和下方口的中心点不在同一条垂直于底平面的垂线上。从视图来看，主视图左右不对称，俯视图上下左右均不对称，如图 4-50 所示。

双偏心图形的天圆地方形体在展开放样时，因为各个方向的形体都不对称，需要求出每一条形体实长线，画出展开图。

具体展开步骤如下：

①按形体尺寸作投影主视图和俯视图。等分俯视图整个圆弧得到 1、2、3、4、5、6、7、6、5、4、3、2 各分段点。连接各分段点到底角得到：*A*-1、*A*-2、*A*-3、*A*-4；*B*-4、*B*-5、*B*-6、*B*-7；*C*-7、*C*-6、*C*-5、*C*-4；*D*-4、*D*-3、*D*-2、*D*-1 素线线段。

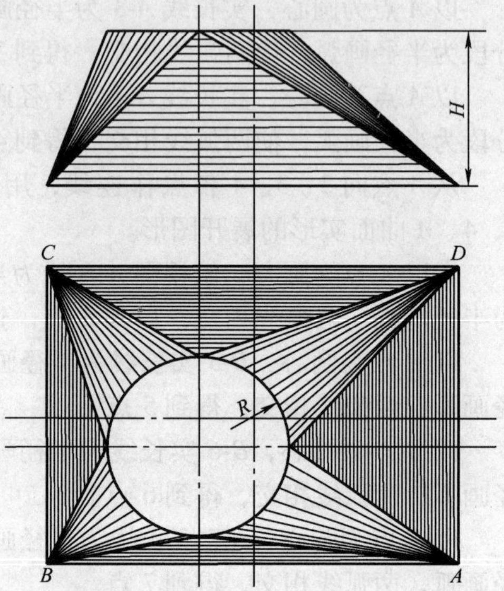

图 4-50　双偏心天圆地方

②根据三角形画法原理，在辅助直角图中底边线按 *A*、*B*、*C*、*D* 分区域截取底长 *A*-1、*A*-2、*A*-3、*A*-4；*B*-4、*B*-5、*B*-6、*B*-7；*C*-7、*C*-6、*C*-5、*C*-4；*D*-4、*D*-3、*D*-2、*D*-1；在垂线上截取高度 *H*，并连接各分段线段的端点得到各条素线斜边实长线，如图 4-51 所示。

③从展开图样（展开料）中间下部画出 *A*-*D* 段直线，并截取俯视图中 *A*-*O*1 段或 *D*-*O*1 确定 *O*1 点，由 *O*1 点作长度为主视图侧边线 *O*1-1（实长线）的 90°垂线，连接两侧边得到 *A*-*O*1-*D*-1-*A* 实形展开。

④以 *A* 点为圆心，实长线 *A*-2 为半径画弧，再以 1 点为圆心，俯视图上圆弧等分段为半径画弧，使两弧线相交，得到 2 点。

以 *A* 点为圆心，实长线 *A*-3 为半径画弧，再以 2 点为圆心，俯视图上圆弧等分段为半径画弧，使两弧线相交，得到 3 点。

以 *A* 点为圆心，实长线 *A*-4 为半径画弧，再以 3 点为圆心，俯视图上圆弧等分段为半径画弧，使两弧线相交，得到 4 点。

从 *A* 点向 2、3、4 各点作连线，用光滑曲线连接 1、2、3、4 点，得到 *A*、1、4、*A* 曲面实形的展开图形。

⑤以 *A* 点为圆心，俯视图 *A*-*B* 线为半径画弧，以 4 点为圆心 *B*-4 实长线为半径画弧，两弧线相交得到 *B* 点。连线画出 *A*、4、*B*、*A* 实形展开图形。

以 *B* 点为圆心，*B*-5 实长线为半径画弧，以 4 点为圆心，圆弧等分段为半径

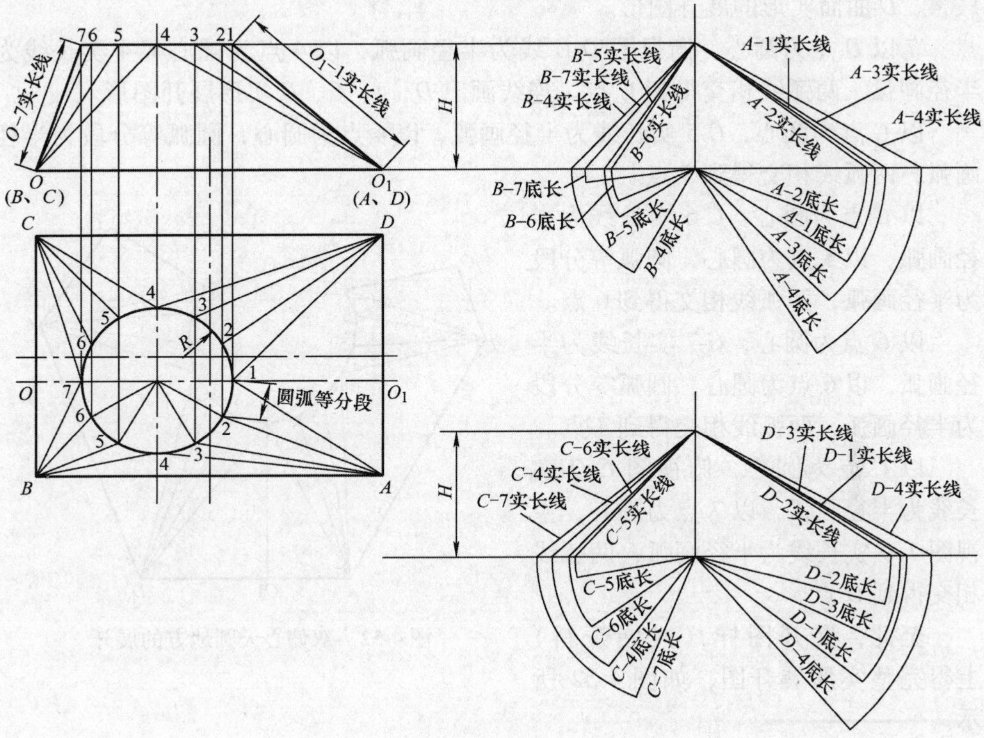

图 4-51　求取实长线

画弧，两弧线相交，得到 5 点。

以 B 点为圆心，B-6 实长线为半径画弧，以 5 点为圆心，圆弧等分段为半径画弧，两弧线相交，得到 6 点。

以 B 点为圆心，B-7 实长线为半径画弧，以 6 点为圆心，圆弧等分段为半径画弧，两弧线相交，得到 7 点。

以 B 点为圆心，俯视图 B-O 实长线为半径画弧，以 7 点为圆心，主视图 7-O 实长线为半径画弧，两弧线相交得到 O 点。

至此，在展开图样（或展开料）上得 O1-1 线左半边实形展开图。

⑥以 D 点为圆心，实长线 D-2 为半径画弧，再以 1 点为圆心，俯视图上圆弧等分段为半径画弧，使两弧线相交，得到 2 点。

以 D 点为圆心，实长线 D-3 为半径画弧，再以 2 点为圆心，俯视图上圆弧等分段为半径画弧，使两弧线相交，得到 3 点。

以 D 点为圆心，实长线 D-4 为半径画弧，再以 3 点为圆心，俯视图上圆弧等分段为半径画弧，使两弧线相交，得到 4 点。

从 D 点向 2、3、4 各点作连线，用光滑曲线连接 1、2、3、4 点，得到 D、

1、4、*D* 曲面实形的展开图形。

⑦以 *D* 点为圆心，俯视图 *D*-*C* 线为半径画弧，以 4 点为圆心 *C*-4 实长线为半径画弧，两弧线相交得到 *C* 点。连线画出 *D*、4、*C*、*D* 实形展开图形。

以 *C* 点为圆心，*C*-5 实长线为半径画弧，以 4 点为圆心，圆弧等分段为半径画弧，两弧线相交得到 5 点。

以 *C* 点为圆心，*C*-6 实长线为半径画弧，以 5 点为圆心，圆弧等分段为半径画弧，两弧线相交得到 6 点。

以 *C* 点为圆心，*C*-7 实长线为半径画弧，以 6 点为圆心，圆弧等分段为半径画弧，两弧线相交得到 7 点。

以 *C* 点为圆心，俯视图 *C*-*O* 实长线为半径画弧，以 7 点为圆心，主视图 7-*O* 实长线为半径画弧，两弧线相交得到 *O* 点。

至此，展开图样（或展开料）上得完整实形展开图，如图 4-52 所示。

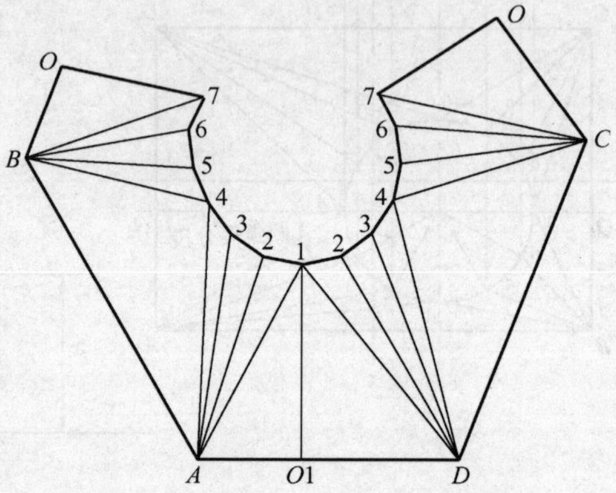

图 4-52　双偏心天圆地方的展开

3. 组合体表面的展开

构件的形成往往不是一个基本体，而是由多个基本体组合而成。对这种由多个基本体组合而成的形体表面展开放样，就比较复杂。但是，再复杂的形体表面，进行展开放样时，只要读懂图样，想象出形体的实际形状，灵活采用各种展开放样画法，求出展开放样实形图形就不是难事。关键是发挥空间想象力，判别各种空间实形的形体形状和角度。

图 4-53 中是由 4 个基本体组合而成的薄板件形体。制作该形体工件时，必须先对形体的各个基本体进行展开放样，然后进行制作和连接。

从形体中各基本体的分割线可以看出，基本体 1 是一个上圆口倾斜的天圆地方工件，用三角形画法即可展开。基本体 2、4 是带有斜口的圆柱管状工件，用平行线画法即可展开。基本体 3 是两端口倾斜的正圆锥管工件，用放射线画法即可展开。

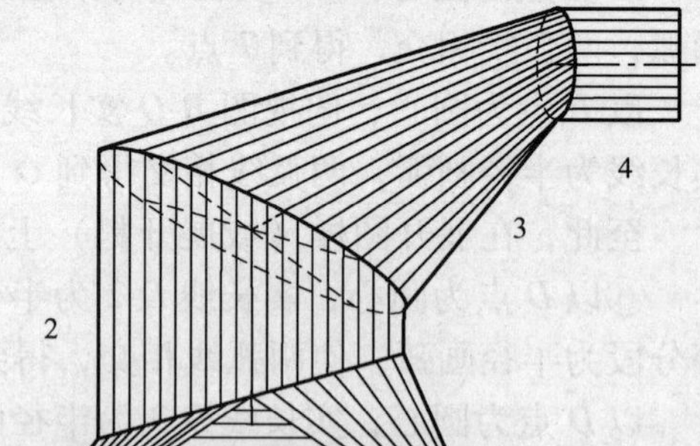

图 4-53　薄板件组合体

然而，仅仅掌握能够将各个基本体进行放样展开的各种画法，就来解决该题的问题显然是不够的。在该题中，首先要解决的是各个基本体相互连接的角度关系；其次还要解决根据工件尺寸的要求，存在于各个基本体之间的连接偏转角度关系问题。图 4-54 所示为组合体工件的三视图。

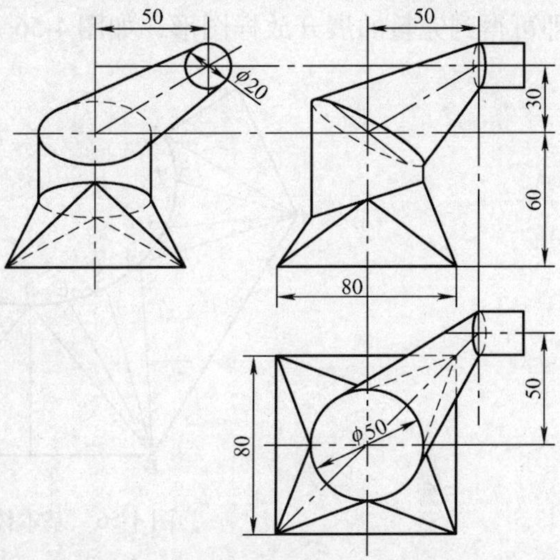

图 4-54　组合体工件的三视图

（1）基本体 1 的展开　将基本体逐一进行分析和展开放样。首先从基本体 1 开始，从视图中可以看出基本体 1 是一个上圆口倾斜的正天圆地方工件，上圆口的倾斜角度（基本体 1 和基本体 2 的连接部位，见图 4-54）从主视图中可直接测量或复制得到。还应看出，上圆口倾斜的正天圆地方在主视图中是前后对称、在俯视图中是上下对称、在右视图中是左右对称。先求出实长线，如图 4-55 所示。

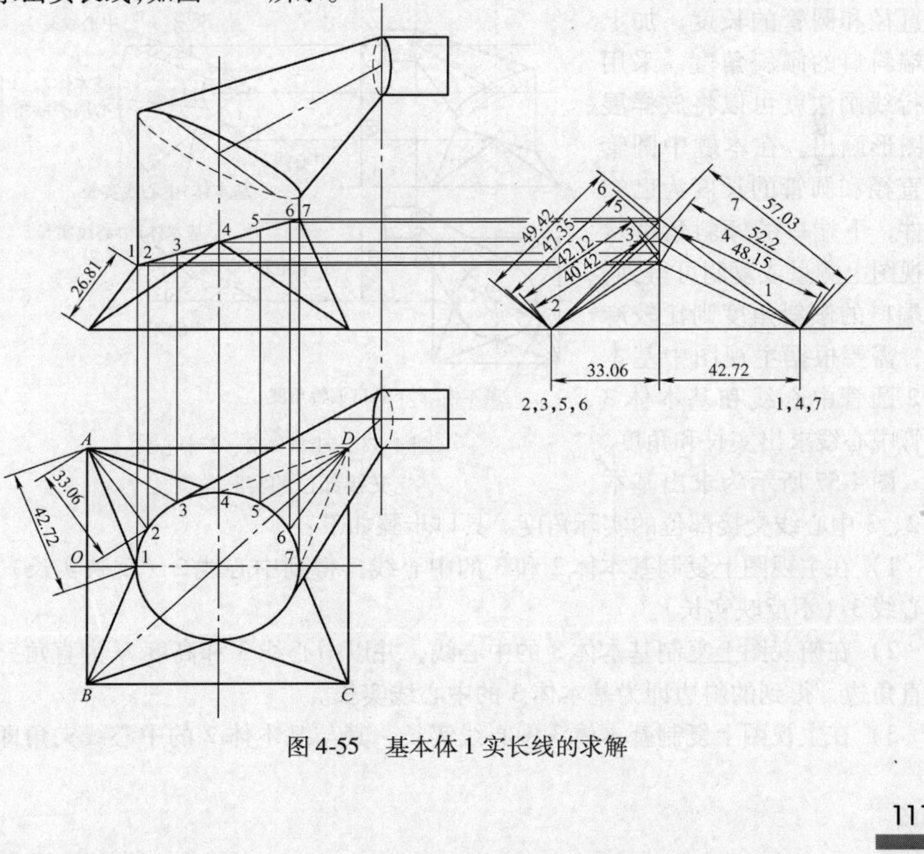

图 4-55　基本体 1 实长线的求解

对称的部位在作展开放样图形时只要求出一半的实形图形，另一半对称复制即可得到完整的展开放样图形，如图 4-56 所示。

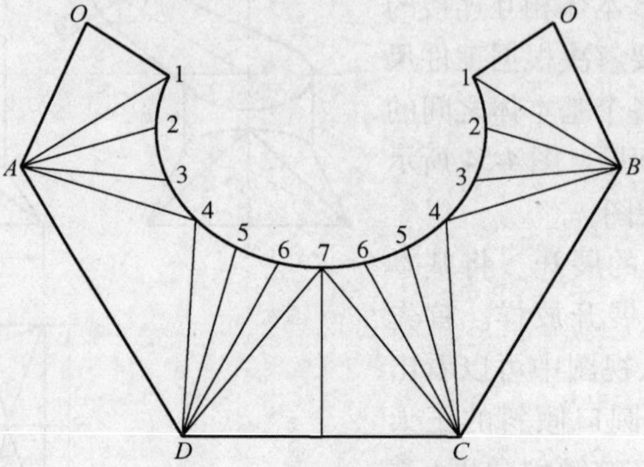

图 4-56　基本体 1 的展开

具体作图步骤前面已作描述，在此不多赘述。

（2）基本体 2 的展开　基本体 2 是一节两端斜口的等径圆管。

圆管展开放样时只要知道直径和圆管的长度，加上两端斜口的倾斜角度，采用平行线画法就可以将放样展开图形画出。在本题中圆管的直径和圆管的长度为已知条件，下端口的倾斜角度从主视图上测量或复制可得到，上端口的倾斜角度则比较麻烦，需要根据主视图中基本体 2 圆管中心线和基本体 3 锥管中心线求出实长和角度。

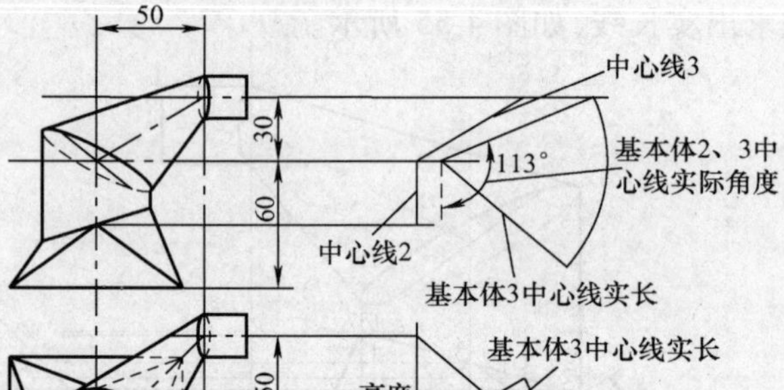

图 4-57　基本体 2、3 中心线交接部位的实际角度

图 4-57 所示为求出基本体 2、3 中心线交接部位的实际角度。具体步骤如下：

1）在主视图上复制基本体 2 和 3 的中心线，得到中心线 2（反映实长）和中心线 3（不反映实长）。

2）在俯视图上复制基本体 3 的中心线，并以中心线 3 和高度 H 为直角三角形直角边，得到的斜边即为基本体 3 的中心线实长。

3）在主视图上复制基本体 3 中心线实长，其与基本体 2 的中心线夹角即为实际角度。

得到基本体2、3中心线的实长和实际角度后，将实际角度进行等分，得到基本体2和基本体3在连接部位的斜口倾斜角度。

作基本体2的展开放样求出角度还不行，基本体2上斜口和下斜口的倾斜角度还有偏转角的关系。我们从主视图看两端斜口的高端部位均在左边，上下斜口的偏转角度从俯视图看就是斜管中心线偏移的角度。复制基本体2、3实际角度并等分角度，在基本体得到上端倾斜实际角度，用平行线画法进行展开放样。

基本体2的展开如图4-58所示。

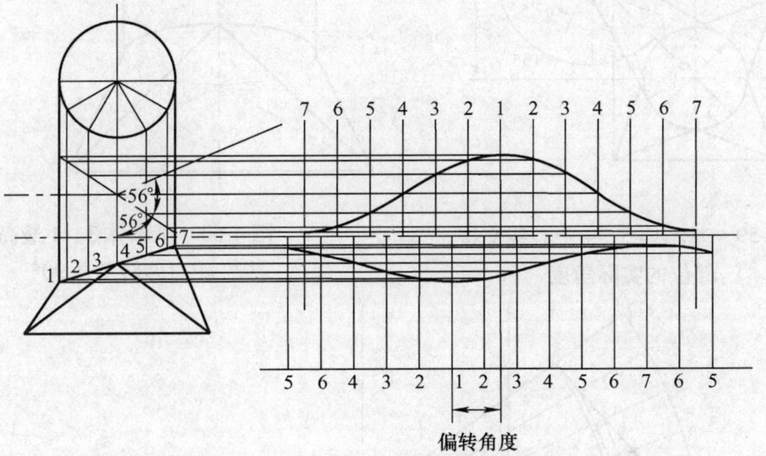

图4-58　基本体2的展开

（3）基本体3和4的展开　基本体3是一节两端斜口的正圆锥管。圆锥管展开放样时采用放射线画法。先要求出两端斜口的倾斜角度，以及两端斜口的倾斜角度的偏转角就可以将放样展开图形画出。已知圆锥管的直径和圆锥管的长度，而下端口倾斜角度在展开基本体2时已经得到。

从图4-59中理解基本体3锥管中心线和基本体4圆管中心线进行求角度的原理及方法。图中基本体3和基本体4中心线夹角为135°，它们的平分角是77.5°。因此基本体3上端口的倾斜角度和基本体4与基本体3相连接部位的倾斜角度均为77.5°。

上端口的倾斜角度是从俯视图中基本体3锥管中心线和基本体4圆管中心线求出夹角后，再平分夹角得到实际的角度。

从图4-60中可以看出，圆锥管两端的倾斜角的最高点相对偏转角是90°。

正圆锥管的放射线画法展开前面已有讲解，不再赘述。需要注意的是，圆锥管两端的倾斜角的最高点相对偏转90°。

图4-61是基本体3和基本体4的展开。

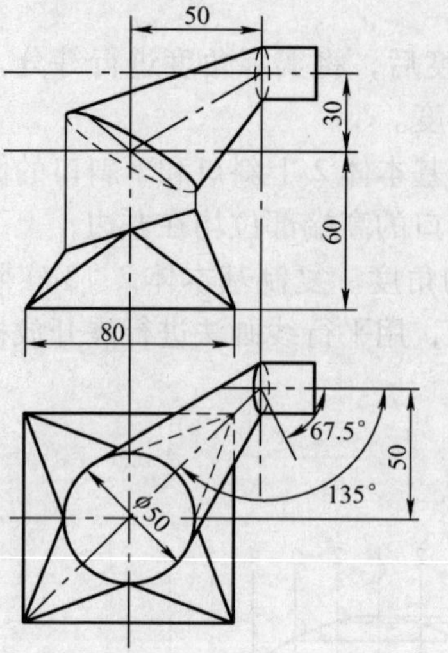

图 4-59　基本体 3、4 中心线交接部位的实际角度

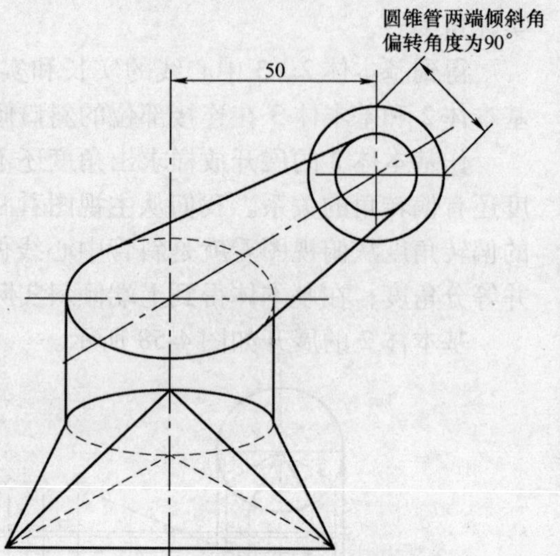

图 4-60　基本体 3、4 最高点相对偏转角是 90°

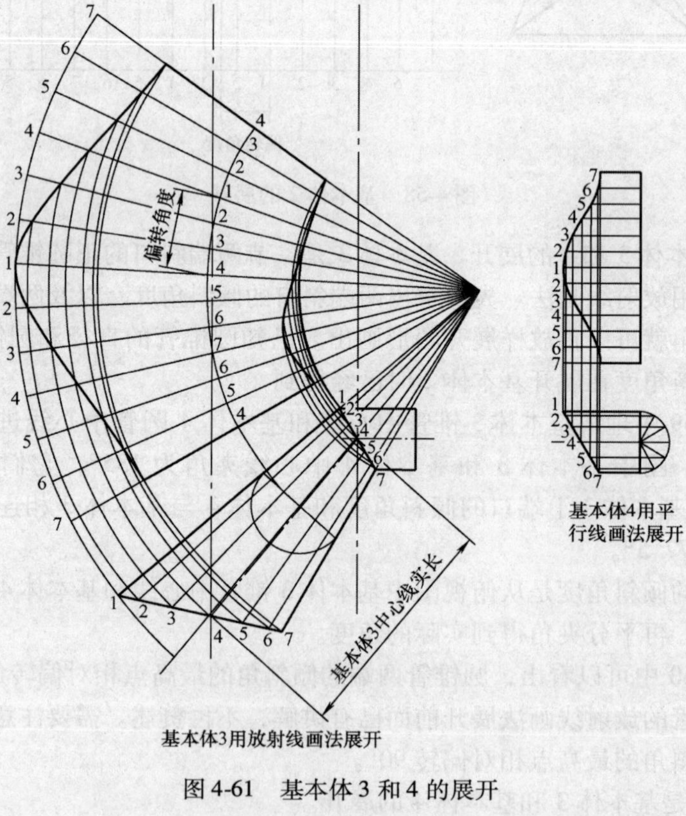

基本体3用放射线画法展开

图 4-61　基本体 3 和 4 的展开

七、车身制图

1. 车身制图术语

在国家标准《汽车车身术语》（GB/T 4780—2000）中，规范了各种汽车车身的定义，以及车身各个部位、零部件名称及定义。

（1）车身　供驾驶人操作，以及容纳乘员和货物的场所。它的主要作用是为乘员提供安全、舒适的乘坐环境，隔绝振动和噪声，不受恶劣气候的影响。其包括：车身本体、装饰件、开启件、机构件、附件及其他各拆卸的结构件等。

（2）承载式车身　无独立车架的整体式车身结构形式。

（3）半承载式车身　车身与车架刚性连接，车身部分承载的结构形式。

（4）非承载式车身　悬置于车架之上的车身结构形式。

（5）白车身　由车身本体、开启件及其他可拆卸结构件组成的总成。

（6）车身本体　结构件与覆盖件焊接或铆接后，不可拆卸的总成。

（7）前围系统　位于客舱的前部，由骨架件、板件、风窗玻璃及有关车身附件等组成的零部件总成。

（8）车身覆盖件　覆盖在车身骨架表面的板制件。

（9）车身结构件　组成车身本体，支撑覆盖件，并保证车身强度和刚性的零部件。

（10）机构件　具有操纵运动连接功能的部件。

（11）调整机构　由于使用功能的需要，车身上可调部分的总称。

（12）筋　增强零件刚性的凸凹形状。

（13）翻边　零件边缘翻起的部分。

2. 车身制图标准

汽车车身设计制图时就必须按照规范性的名称来定义图样的设计范围和要求。另外，对于汽车图样，目前我国相关的行业标准有：《汽车产品图样的基本要求》（QC/T1—1992）、《汽车产品图样格式》（QC/T2—1992）、《汽车产品图样及设计文件完整性》（QC/T3—1992）、《汽车产品图样及设计文件采用与更改办法》（QC/T4—1992）、《汽车产品图样及设计文件标准化审查》（QC/T5—1992）、《汽车产品设计文件编号规则》（QC/T7—1992）。

目前《汽车车身制图》（QC/T 490—2013）是我国的行业标准。该标准规定了汽车车身制图的基本要求，引用标准有：《技术制图　图纸幅面和格式》（GB/T 14689—2008）、《技术制图　字体》（GB/T 14691—1993）、《机械制图　图样画法　视图》（GB/T 4458. 1—2002）。

3. 车身制图方法

车身制图是在国家标准机械制图的基础上，规定了图面布置、坐标线的应用、坐标线的基准位置确定、坐标线的标记和图样画法及尺寸注法等内容。

（1）坐标线的应用　QC/T 490—2000 规定，坐标系的确定在汽车车身设计中采用右手定则确定坐标系，在坐标系中，X 为汽车的长度方向，Y 为宽度方向，Z 为高度方向。

在车身制图中，不同方向的坐标线分别注明方向标记，如：长度方向坐标线加注英文字母 X 字样，高度方向加注英文字母 Z 字样，宽度方向加注英文字母 Y 字样。

坐标零位线按国际惯例规定，即车辆满载，自右向左的行驶方向，如图 4-62 所示。

1）X：汽车长度方向，零位线在前轮中心。右为正，左为负。

2）Z：汽车高度方向，零位线在车身与大梁结合的平面。如大梁有阶梯状时，取最长的一段车身与大梁结合的平面。向上为正，向下为负。

3）Y：汽车宽度方向，零位线在车身总宽度的对称中心，从后座向前看，右为正，左为负。

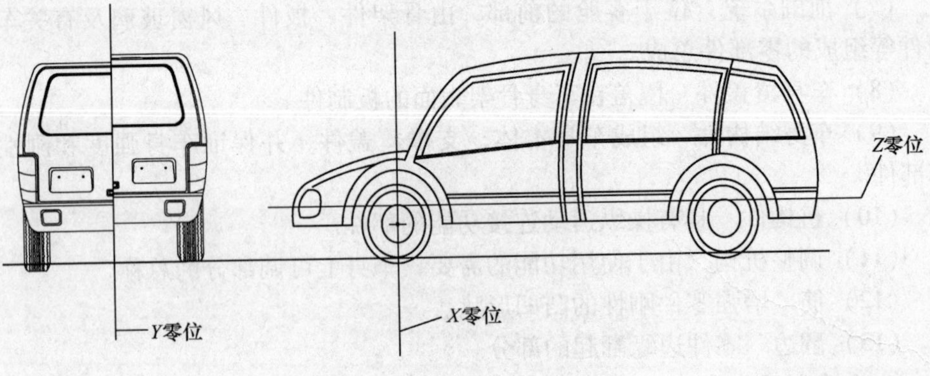

图 4-62　汽车行业标准坐标系

（2）坐标零平面的确定　按汽车满载时确定零平面，一般取沿车架纵梁上缘上表面平直且较长一段所在平面作为高度方向坐标的零平面，无车架的车辆可沿车身地板下表面平直且较长一段所在平面作为高度方向坐标的零平面。零平面上方为正，零平面下方为负。

将通过汽车前轮理论中心线并垂直于高度方向零平面的平面作为长度方向坐标的零平面。零平面前方为负，零平面后方为正。

把汽车的纵向对称中心平面作为宽度方向坐标的零平面，零平面左侧为负，零平面右侧为正。

变型车零平面采用基本车型零平面。

（3）图面布置　绘制车身图样及编制技术文件时，一般按汽车自右向左行驶方向布置图面。

（4）坐标线的标记　坐标线的标记应包括坐标线距零平面距离的百分之一数值（坐标线距零平面的距离原则上为100的整数倍，负方向数值加“-”号）及坐标线方向，数值及字母的字号为7号。坐标线间隔原则为100mm或100mm的整数倍，也可根据需要在坐标线间隔中插入任意数值的坐标线。

不同方向的坐标应分别注明下列标记：

1）长度方向坐标采用阿拉伯数字及英文字母“X”，如：距OX平面400mm的坐标线应标记为$4X$或$-4X$（实际中可以标注为$X400$或$X-400$）。

2）宽度方向坐标采用阿拉伯数字及英文字母“Y”，如：距OY平面300mm的坐标线应标记为$3Y$或$-3Y$（实际中可以标注为$Y300$或$Y-300$）。

3）高度方向坐标采用阿拉伯数字及英文字母“Z”，如：距OZ平面100mm的坐标线应标记为$1Z$或$-1Z$（实际中可以标注为$Z100$或$Z-100$）。

坐标线距零平面的距离及坐标线的方向标记按顺序共同注在水平坐标线一端或两端的端部或垂直坐标线一端或两端的端部，其数值与字母一律水平摆放，经转换后的坐标系，其坐标线的坐标标记与坐标线的位置关系不变。

视图中仅有一个坐标线时，根据需要除标注本坐标线标记外，应同时给出相邻一侧坐标线标记，两者间用箭头连接。

（5）图样画法及尺寸标注　向汽车前进方向观察，位于左侧的零件、总成称为左零件、左总成；反之称为右零件、右总成。两个呈对称的零件或总成，一般绘制左零件或左总成，在图样主标题栏内标出左零件或左总成的图号及名称，在主标题栏的延伸栏中标出右零件或右总成的图号及名称，并注明“与左件对称”字样。

两个基本呈对称但又有局部不同的零件或总成也可绘在一张图样上，不同部分应加以说明。

有三维数据或主模型或数据验证模型的零件，在绘图时，其表面尺寸可以不注出，但图样上必须注明“未注明的尺寸按主模型量取”或“未注明的尺寸按数据验证模型量取”或“未注明的尺寸见三维数据”。

标注零件的坐标尺寸一般由最近的坐标线注出，也可由尺寸基准线注出，尺寸基准线与坐标线用注有尺寸值的尺寸线联系。

标注曲线上各点的标距一般采用以下几种：100，50，25，20，10及5。

零件图或总成图上的尺寸应标注同一表面。必要时不标注同一表面应加以说明。

为使图面清晰、完整，需要标注具有一定特性的面、线和点，面用英文缩写SURF加注阿拉伯数字表示，线用大写英文字母（可用两位英文字母）表示，点使用小写英文表示；线上的任一点用小写英文字母来表示，所用字母与表示线的大写字母相对应。

在变换坐标平面方向剖切某一视图时所得到的断面，应标注出转换坐标平面，该平面称作“工作线”。

在图样幅面大于或等于“A0”时，图幅应加注图区，每一分区高度或长度为100mm，不足100mm时应余留在最后的区域。

图样中的向视、剖视或剖面应在所剖视图中和剖视后图形摆放位置相互注明区域代号，区域代号用括号标注，例如：表达B-B剖面，所剖视位置及断面摆放位置应分别标有代码（E9）和（D7）。

如2张以上图样，应注明第几张及区域代码。例如，C—C(2/3　SHT　E9)。“2/3”的含义是共3张，第2张，“SHT”意为SHEET页的缩写，“E9”为区位码，即表达含义为：C—C断面的剖视位置在第2张图样上，位置是E9。其他未规定的画法及尺寸标注按GB/T 4458.1—2002。

简化画法及简化注法如下：

1）当某一图形中投影线过多或过密，而这些投影线在该图形中未标注尺寸又未表示结构，且不影响图形表达，则可不绘出这些线，但必须标注“xx简图”。

2）当某一图形中标注尺寸的曲线过多或过密而无法清楚标注时，可将部分曲线移出，在图面适当位置标注其尺寸，并清楚注明曲线代号或用数据表格给出坐标点。

3）一个主要零件与其他不太复杂的零件组成总成时，可在该主要零件的零件图上用双点画线绘出其他次要零件，且标出零件图号，而无须另出总成图，只在零件图的主标题栏的延伸栏中标注总成的名称及图号。

4）在不引起误解的情况下，可在不反映实形的投影图上标注真实尺寸，只需在该尺寸下注明“实际”或“沿表面”等字样，也可对该类尺寸加注标记而在技术条件中统一加以说明。

5）当薄板零件的内弯曲半径等于板料厚度时，该半径的标注在图形中可不绘出。

6）图样中的剖面或移出的剖面，板厚在图面上小于2mm时，允许省略剖面线或涂黑法表示剖面线，但在一张图样上剖面线只允许使用一种形式。

7）手工绘制的零件图中的加强筋、凸台及凹坑等结构，如在一个图形中已表示清楚，则在其他图形中可只绘出可见轮廓线，表示料厚的虚线可省略。

8）用“计算机辅助设计与制图”绘制的零件图中，可只绘出与尺寸数值有关的曲线，即图样中可省略表示板料厚的虚线，在零件端部给出板料厚方向，对空间形状复杂的图形应绘出立体示意图。立体图形中的轮廓线可使用细实线。

9）当总成图及装配图中的某些视图图形已清楚地表示出相关零件的装配关

系时，则其他视图中的零件可只绘出可见轮廓线。

10）同一类型仅个别尺寸不同的零件或总成绘在同一张图样上，其尺寸、料厚可列表说明。

4. 车身制图示例

如图 4-63 ~ 图 4-65 所示为三幅汽车车身零件图示例。

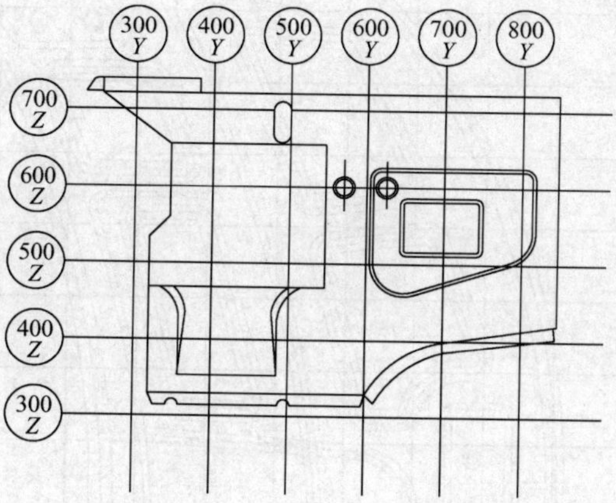

图 4-63　某中型客车前侧围左板零件图

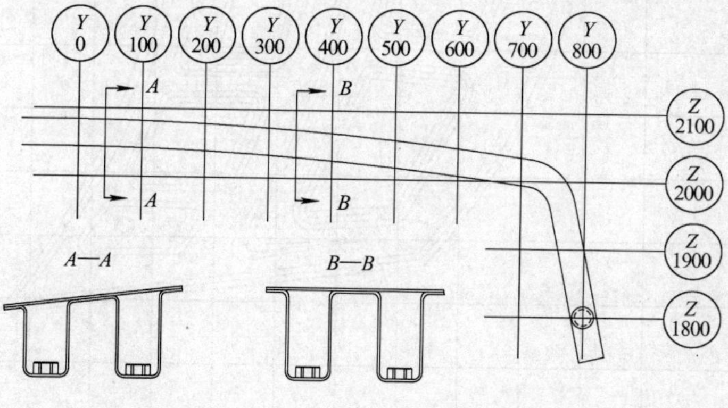

图 4-64　某中型客车车顶骨架零件图

注：此图为 Y 右向图，左向与之对称。

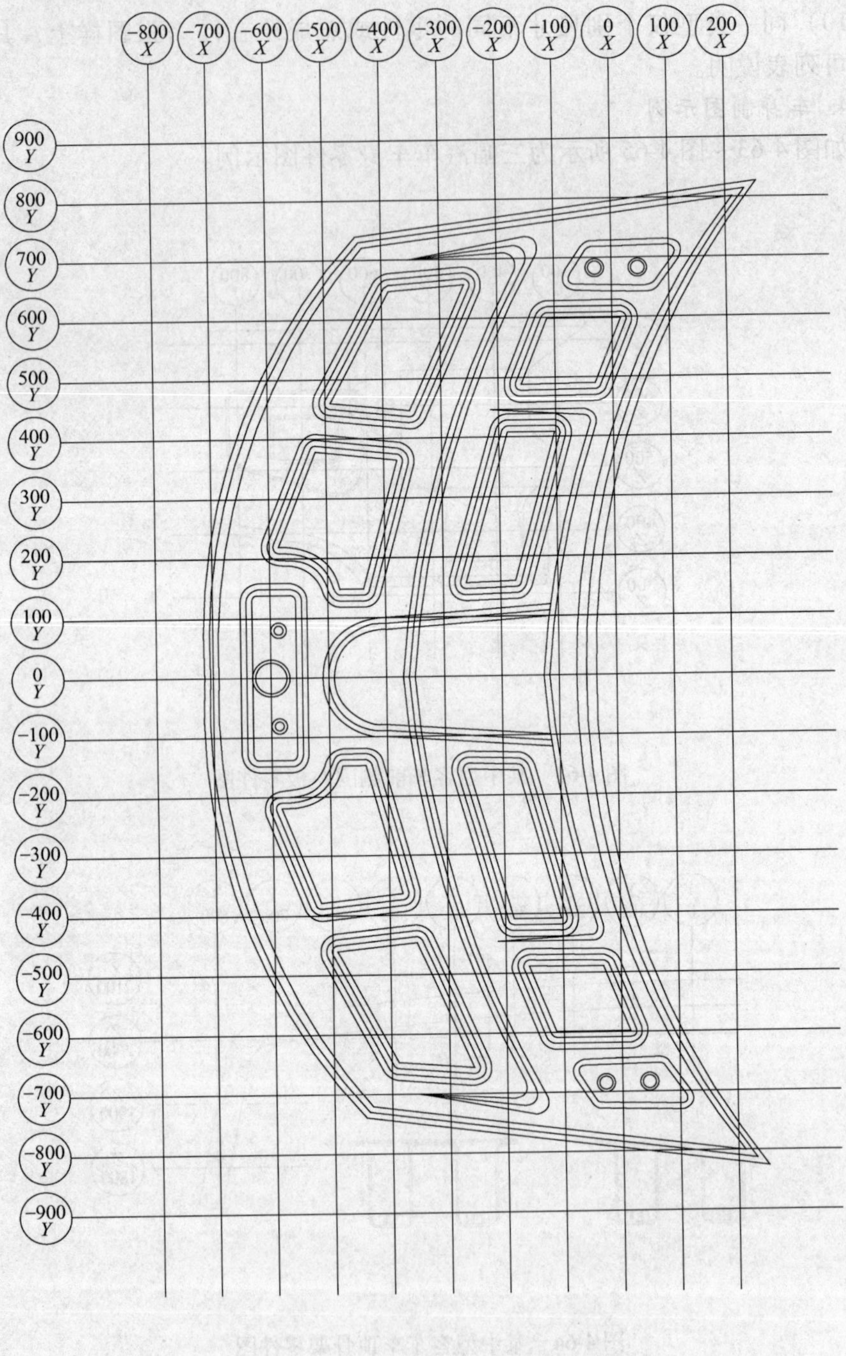

图 4-65　某车型发动机盖内板零件图

复习思考题

1. 机械制图国家标准中都有哪些硬性规定？
2. 机械制图是采用什么投影规律进行制图的？
3. 表面放样展开都有哪几种展开画法？
4. 我国现行的汽车车身制图执行什么标准？以什么标准作为基础？
5. 汽车车身制图坐标系怎样确定的？尺寸标注有哪些规定？

第五章

钢结构连接及强度计算

培训学习目标 学习并了解钢结构连接的各种形式及其适用范围，掌握各种连接形式的强度计算方法等。

所谓钢结构连接，就是将钢制零件或部件按一定的结构形式和相对位置固定成一个整体的工艺过程。

钢结构连接常用方法有：焊接、铆接、螺纹联接等。在钢结构受载荷作用时，其构件要受到力的作用，因此，构件连接处既要具备一定的强度又要具备一定的刚度。钣金工掌握各种连接方法和强度的计算就显得非常重要。

汽车车身的连接以焊接应用最为广泛，这是因为焊接可以获得与母材相近的强度，而且具有节省材料、减小质量、连接效果好、接头密封性好、可承受高压等优点。但是，它还具有不可拆卸，会产生焊接变形、裂纹等缺点。

第一节 氧乙炔焊

氧乙炔焊属于熔焊的一种，是利用可燃气体（乙炔）和助燃气体（氧气）在焊炬混合室内混合、喷出并点燃后，通过发生剧烈的氧化燃烧（温度可达3000℃左右）来熔化焊件金属和焊丝并使之熔合的一种焊接方法。

由于氧乙炔焊时焊炬的热量不易集中，并且焊接过程中加热面积较大以及金属热传导的作用，不仅会使构件发生较大的变形，而且还会改变金属材料原有的性质，使力学性能劣化而影响焊件的使用寿命。因此，车身制造过程中不采用氧乙炔焊焊接工艺，车身维修作业中一般也要尽量避免使用氧乙炔焊或利用火焰加热。

一、氧乙炔焊焊接设备及组装

氧乙炔焊焊接设备主要包括焊炬、压力调节器、回火防止器、气瓶和橡胶管等。

氧乙炔焊焊接设备在使用中应注意清洁和轻拿轻放。组装前应使气瓶可靠固定，然后将安全帽拆下并将气阀轻微松开，清洁阀口并确认无杂物及阻塞后关闭阀门。安装压力调节器后，在压力调节阀杆松开前不要急于打开气瓶阀门，并且阀门打开的速度也不宜过快，以免使膜片受到剧烈冲击。然后，装上软管并旋转压力调节阀，用有压力的气体将软管逐个吹净。放气时应注意不要过量，附近也不能有明火、机油、油脂等。最后，再装上焊炬，并确保各部位连接紧固、可靠、无泄漏。使用时，先稍微开启焊炬上的乙炔阀门，再顺时针转动调节器上的压力调节杆，达到工作压力时将阀门关闭。采用同样的方法，将氧气的输出压力调节至规定值。用无油肥皂水溶液检查各部位连接的可靠性，如有泄漏，应查明原因并排除后方可作业。点火时应先慢慢开启氧气阀然后再开启乙炔阀，点火后可根据使用要求调节氧气和乙炔的比例，以获得焊接所需的火焰形式。

二、氧乙炔焰的形式及调整

氧乙炔焰是由乙炔及起助燃作用的氧气混合燃烧形成的，选用及调整氧乙炔焰对焊接品质有直接影响。氧乙炔焰的状态取决于氧和乙炔的混合比例，通过调整可以得到中性焰、碳化焰、氧化焰 3 种火焰状态。

1. 氧乙炔焰的形式

氧乙炔焰主要由白色焰芯、灰色焰、燃烧焰和黄色外焰四部分组成，如图 5-1a 所示。

（1）中性焰　也称为标准火，此时氧乙炔比例为 1∶1（按体积计算），火焰的最高温度可达 3000～3200℃，外焰呈清澈的蓝色，内焰呈亮白色，如图 5-1b 所示。中性焰在燃烧时生成的一氧化碳及氢气，能与金属中的氧作用使熔池中的氧化铁还原。使用中性焰可得到均匀的焊波，并且不易造成气孔、气泡，不含氧化物，焊缝质量优良。

（2）碳化焰　也称为还原焰，碳化焰中氧气的含量少于乙炔的含量。碳化焰与中性焰不同的是，焰芯和外焰与中性焰大致相同，如图 5-1c 所示。但是其多了一个灰色的锥形乙炔焰包在焰芯上，长度随混合气中乙炔余量的多少而异。火焰中所含过剩乙炔可分解为氢和碳，其中氢使钢产生白点，碳则熔化到金属中使焊件的含碳量提高。由此可增加钢的强度、硬度，但塑性降低及焊接性变差。焊接铸铁及铝、镍等合金材料时多用碳化焰。

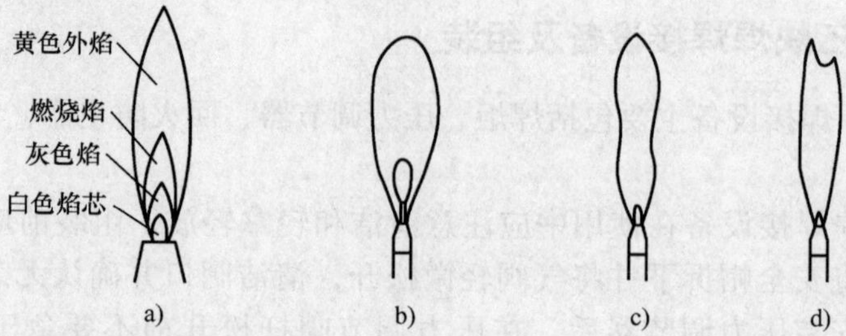

图 5-1　火焰的形式

a）火焰的构成　b）中性焰　c）碳化焰　d）氧化焰

（3）氧化焰　氧化焰中氧气的含量多于乙炔的含量，整个火焰具有氧化性。其形态与中性焰类似，但焰芯要短一些并呈现紫色，外焰也较短且末梢模糊不清，如图 5-1d 所示。过多的氧和铁发生作用生成氧化铁，使钢的性质变坏、脆化，熔池的沸腾现象也比较严重。所以对低碳钢构件进行焊接时不能用氧化焰。氧化焰适合于焊接黄铜及青铜类材料，过量的氧能与黄铜中的锌元素化合，生成氧化锌薄膜覆盖在熔池表面，可以防止锌在焊接过程中大量蒸发。

2. 焊炬规格与压力限制

氧乙炔焊炬配有一套规格不同的焊嘴，以适于焊接不同板厚的金属。通常，根据焊炬及焊嘴型号可近似地判定其每小时的气体消耗量。如：与 H01-6 型焊炬配套使用的 1 ~ 5 号焊嘴的氧气消耗量为 0.15 ~ 0.37m^3/h，而乙炔气的消耗量则为 170 ~ 430L/h。

三、氧乙炔焊焊接技术

正确掌握氧乙炔焊规范是确保焊接质量的前提和基础，主要包括焊炬倾角、火焰能率、焊丝直径等。

（1）焊炬倾角的调整　焊炬倾角是指焊嘴与焊件平面的倾斜角度，由焊件的厚度、熔点、导热性来决定。一般焊接厚度大、熔点高、导热快的焊件时，焊炬倾角大。

图 5-2 所示为焊接低碳钢材料时，板厚与倾角之间的变化关系。若为熔点高或导热快的其他金属材料，可在推荐角度值的基础上，增加 5° ~ 10°的倾斜角。

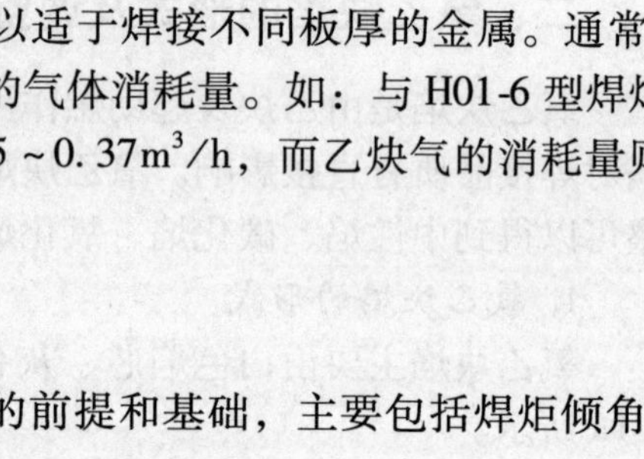

图 5-2　焊炬倾斜角与工件厚度的关系

（2）火焰能率的选取　火焰能率指单位时间内可燃气体（乙炔）的消耗量。选取火焰能率主要取决于焊炬型号、焊嘴规格、焊件厚度和材料的物理性质。一般厚度大、熔点高、导热快的焊件，以及横缝、平焊所选取的火焰能率就大些；反之，焊接薄钢板时，为了避免焊件被烧穿，则需要较小的火焰能率。其经验公式为

$$N = KH \tag{5-1}$$

式中 N——火焰能率（L/h）；

K——能率常数（左焊法 $K = 100 \sim 120$L/h，右焊法 $K = 120 \sim 150$L/h）；

H——焊件厚度（mm）。

在焊接导热快的铜、铝合金材料时，应选取火焰能率常数的上限。

调节火焰能率的方法分为粗调和细调两种。其中，粗调是通过更换焊炬和焊嘴来实现的；而细调则是通过调节焊炬上的氧气和乙炔调节阀来实现的。焊接过程中，在确保焊件不被烧穿的前提下，可以将火焰能率选择得大一些。

（3）焊丝直径的选择　焊丝直径由焊件厚度及焊接方法所决定。当焊接厚度低于15mm的焊件时，右焊法按板厚的1/2选择焊丝直径，左焊法将右焊法所选焊丝直径增加1mm。当焊接厚度大于15mm时，所选焊丝直径一般为6～8mm。

四、氧乙炔切割技术

车身维修作业经常利用氧乙炔切割螺栓、构件或损坏的钣金件，而且由于火焰具有切割速度快、用途广泛和价格便宜等优点，氧乙炔切割方法得到了广泛的应用。

采用氧乙炔切割只要更换焊炬并参照推荐的参数，选择与切割金属板厚度相对应的割嘴和调整所需的氧气和乙炔的压力等即可进行金属切割。

1. 基本原理

氧乙炔切割是利用金属在纯氧气流中能够剧烈燃烧，同时生成熔渣和大量的热量这一原理而工作的。纯氧气从切割氧气孔吹向热金属，预热火焰则从切割孔周围的预热孔喷出，并且预热火焰的大小可以通过割炬上的调节阀加以控制。切割时先打开气阀并点燃割炬（中性焰），再通过调整预热阀实现火焰强度的调节。将金属切割处加热到燃烧温度（燃点）时，应及时打开切割氧气阀向切割部位开放氧气，使金属在纯氧气中剧烈燃烧（氧化）。

2. 铆钉或螺栓的切割

切割铆钉或螺栓时，可按上述操作要求点燃割炬并选择好作业位置，如果需要躺卧作业，应做好防护并使身体尽可能远离落渣。打开切割氧气阀门之前，先将铆钉或螺母用中性焰加热至红色，预热距离一般为3～5mm，颜色以樱红色为宜。然后，打开切割阀吹出氧气流并氧化金属，并以适当速度移动割炬。若切割失败，则应重新加热被切割的部件。切割操作时应注意使割嘴尽可能靠近构件（如车架或支架），与被切割铆钉或螺栓呈90°，如此可避免切口过大和损伤周围构件。基本完成切割时，应稍稍倾斜割嘴使之尽可能切割干净，但一定要注意不

要损伤与之相连的零件。

3. 金属板的切割

使用氧乙炔切割金属板时，应适当降低切割气压并将预热火焰调节成中性焰，切割嘴与金属板之间的角度也需要改变。加热时切割嘴与金属板之间的夹角应为90°，而当加热至足够温度需要进行切割时，则应将割嘴倾斜15°~30°，并且根据预定的切割范围，用割嘴喷出的氧气吹走切割过程中产生的熔渣。同时，还要注意割嘴应指向需要切割掉的那部分金属板，这样可使切割后留下的边缘整齐、清晰。

此外，由于金属板的加热容易使切割速度加快，因此割炬的移动速度也必须随之加快。

五、钣金氧乙炔焊操作注意事项

为了获得良好的焊接质量，用氧乙炔焊焊接时一定要做到焊丝和焊缝两边的金属材料三者同时熔化，并及时移动焊炬和填充焊丝。由于汽车钣金件厚度较小，一般在1mm左右，所以焊接时焊炬停留稍久，板料就会被烧穿；若焊炬移动过快，过早填充焊丝，焊件会熔化不良，焊接不牢固。为避免出现这些不良后果，进行钣金气焊操作时应注意如下事项：

1）考虑到汽车钣金件的特殊性，气焊时应选用小号焊炬，3号以下的焊嘴，直径为2mm左右的焊丝，采用中性火焰。

2）焊缝一次完成，焊接速度要快，绝不可反复烧焊。

3）焊炬的移动要平稳，焊丝则以涂抹的动作形式熔于熔池之中。

4）对焊件边缘裂缝的焊接，应从裂缝尾部（裂缝止端）开始起焊；焊嘴应指向焊件外面，以减少焊件受热，防止前焊后裂。

5）对较长焊缝的焊接，事先应将连接处修整对齐，并按要求先间隔定位焊后再进行焊接。此时一般应从中间向两端依次交替焊接而成。

6）对挖补件的焊接，事先应将补丁板料在平台上普遍锤击一遍，可以减少焊接变形。

第二节 电弧焊

一、焊条电弧焊基本操作

1. 引弧

引弧就是使焊条与焊件间引燃并保持稳定的电弧。引弧方法有两种，即敲击法和摩擦法，如图 5-3 所示。这两种方法都是使焊条末端与工件表面接触并形成短路，然后迅速将焊条向上提起一段距离（2～4mm），即可引燃并保持稳定的电弧。应当注意的是，焊条不能提得太高，否则电弧易熄灭。焊条末端与工件接触时间不能太长，以免焊条粘连在工件上。当发生焊件粘连时，应迅速左右摆动焊条，以使焊条脱离工件。

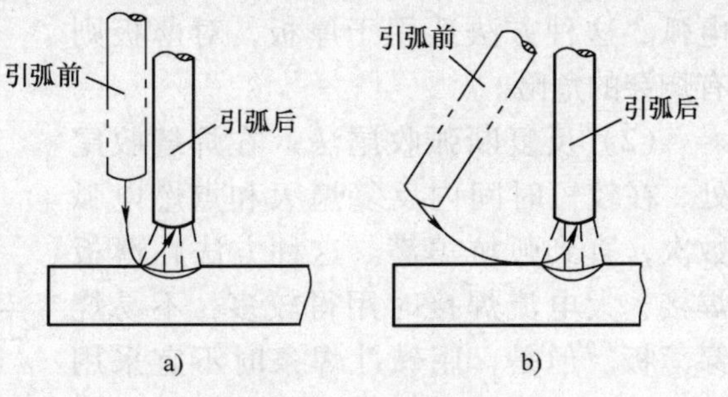

图 5-3　引弧方法
a）敲击法　b）摩擦法

2. 运条

进行焊条电弧焊操作时，焊条除了沿其轴向熔池送进和沿焊缝方向前移外，为了获得一定宽度的焊缝，焊条还应沿垂直于焊缝的方向横向摆动，如图 5-4 所示。焊条沿其轴向均匀向下送进时，其速度应与焊条的熔化速度相同，否则会引起电弧长度发生变化。若电弧长度过大，则会导致电弧飘浮不定，熔滴飞溅；若电弧长度过小，则容易发生粘连。运条时还应注意控制焊条与工件间的角度，平焊时焊条的角度如图 5-5 所示。

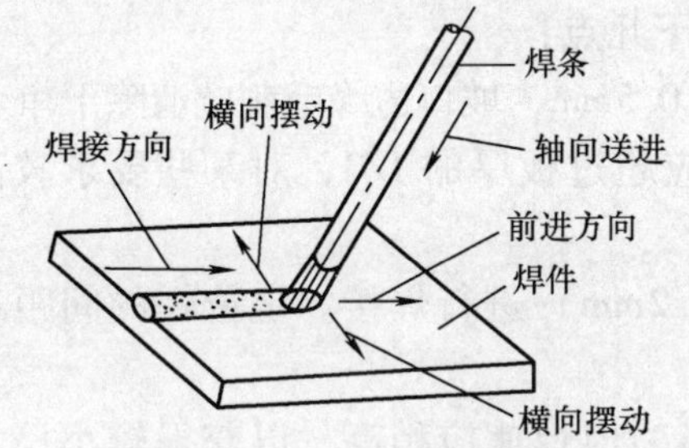

图 5-4　运条基本动作

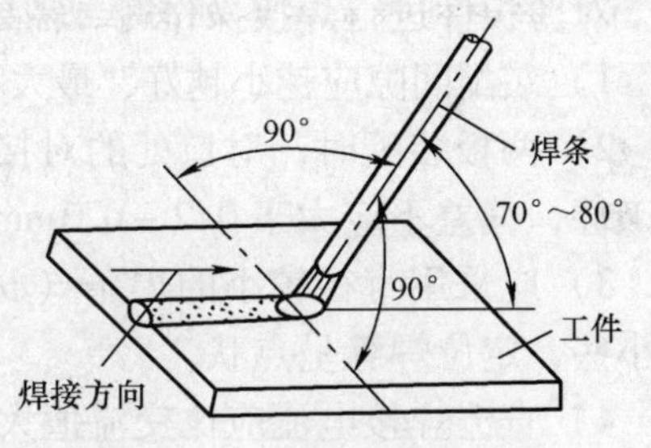

图 5-5　平焊时焊条的角度

3. 熄弧

熄弧是指焊缝结束或一根焊条用完准备连接后一根焊条时的收尾动作。焊缝结束时的熄弧，应在熄弧前让焊条在熔池处做短暂停顿或做几次环形运条，使熔池填满，然后将焊条逐渐向焊缝前方斜拉，同时抬高焊条，使电弧自动熄灭。连续焊接熄弧时，应在熄弧前减小焊条与工件间的夹角，将熔池中的金属和上面的熔渣向后赶，形成弧坑后再熄弧；连接时的引弧应在弧坑前面，然后拉回弧坑，再进行正常焊接。

正确的熄弧和连接操作，可避免裂纹、气孔、夹渣等缺陷，使焊缝连接平滑美观，从而保证焊缝质量。

一般收尾动作有以下三种：

（1）划圈收尾法　电弧在焊缝收尾处做圆周运动，直到填满弧坑时再拉断电弧。这种方法适用于厚板，对薄板则有烧穿的危险。

（2）反复断弧收尾法　在焊缝收尾处，在较短时间内反复熄灭和点燃电弧数次，直到弧坑填满。这种方法在薄板焊接、大电流焊接时用得较多，不易烧穿薄板。但是，用碱性焊条时不宜采用这种方法，否则容易产生尾部气孔。

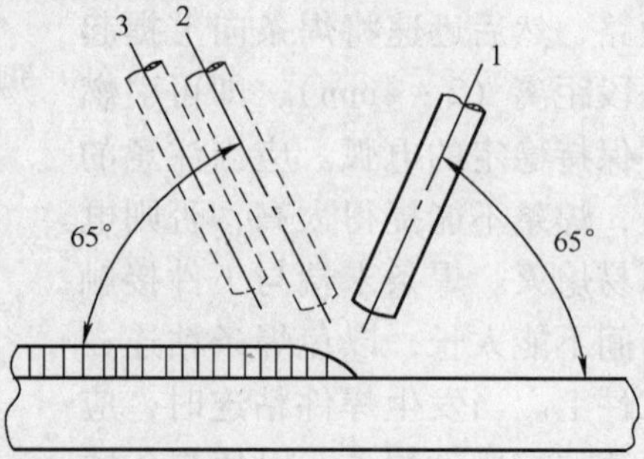

图 5-6　后移收尾法

（3）后移收尾法　如图 5-6 所示，电弧在焊缝收尾处停住，同时改变焊条的方向，由位置 1 转向位置 2，等填满弧坑后，再稍稍后移至位置 3，然后慢慢拉断电弧。这种方法对碱性焊条较为适宜。

二、典型工件的焊接工艺

1. 薄板件的焊接

厚度不大于 2mm 的板材称为薄板。薄板焊接时容易烧穿、变形较大及焊缝成形不良。

对薄板件进行焊接操作时，需要注意以下几点：

1）装配间隙应越小越好，最大不要超过 0.5mm，坡口边缘毛刺应清除干净。

2）两板装配时，对口处的对接偏差不应超过板厚的 1/3，对某些要求较高的工件，偏差不应大于 0.2～0.3mm。

3）应采用直径较小的焊条（ϕ2.0～ϕ3.2mm）进行焊接。定位焊的间距适当小些，定位焊缝呈点状。

4）直流焊接电流应比交流值大 10～20A，但焊速应稍高，以获得较小尺寸的熔池。

5）焊接时应采用短弧快速直线焊接，焊条不需摆动，以获得较小尺寸的熔池和整齐的焊缝表面。

6）对可移动的工件，可将工件一头垫起，使焊件倾斜 15°～20°进行下坡焊，这样可提高焊速和减小熔深，对防止烧穿和减小变形极为有利。

7）对不能移动的工件，可进行灭弧焊，即焊接一段后发现熔池将要漏穿时，立即灭弧，使该处温度降低，然后再进行焊接。

2. 厚薄不同工件的焊接

汽车行业常有厚度小于 2mm 的薄板件与非薄板件进行焊接。这种焊接操作，无论是对接接头或搭接接头，还是“T”形接头，关键是一个运条角度问题，即焊条倾斜角度要大一些，使电弧对着较厚的一边，背向较薄的一边，熔池主要形成在厚板一侧，熔池边缘与薄板接近。图 5-7 所示为厚度不同工件的焊接方法。

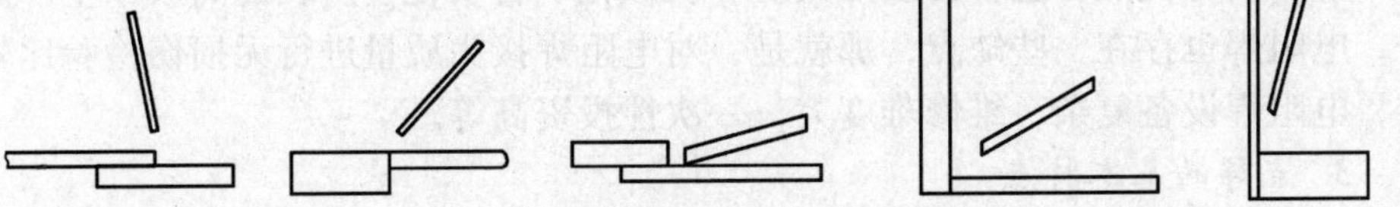

图 5-7 厚度不同工件的焊接方法

第三节 点 焊

点焊是通过低压电流流过夹紧在一起的两块金属时产生的电阻热，局部熔化并施加压力使之焊接在一起的焊接方法。

点焊具有许多优点，主要有：焊接成本低，不消耗焊丝、焊条和气体；非常清洁；焊接时不产生烟或蒸气；焊接部位灵活，且适合镀锌板的焊接；焊接质量高；速度快（在 1s 内便可焊接高强度钢、高强度低合金钢或低碳钢工件）；焊接强度高，受热范围小，工件不易变形。

因此，在整个车身制造和修理时点焊是应用最广的焊接方法，特别在整体车身生产线上应用十分普遍。

一、点焊的范畴

1. 电阻焊的概念

电阻焊是通过电极施加压力，利用电流通过接头的接触面及邻近区域时产生的电阻热进行焊接的方法。常见电阻焊的几种形式如图 5-8 所示。

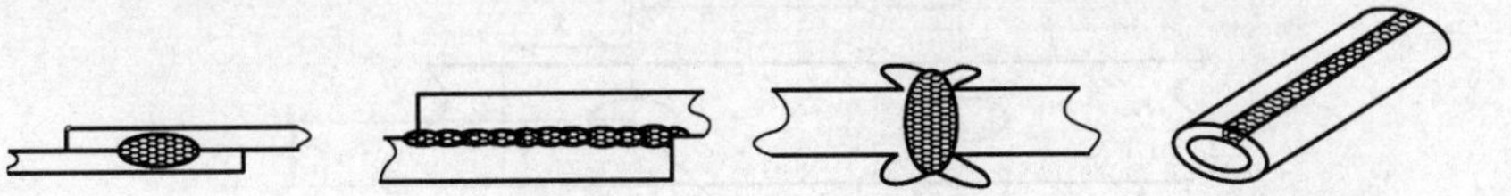

图 5-8 常见电阻焊的几种形式

点焊是焊件装配成搭接接头，并压紧在两电极之间，利用电阻热熔化母材金属，形成焊点的电阻焊方法。

2. 电阻焊的物理本质

电阻焊的物理本质是利用焊接区金属本身的电阻热和大量塑性变形能量，使两个分离表面的金属原子之间接近到晶格距离，形成金属键。在接合面上产生足够数量的共同晶粒而得到焊点、焊缝、对接接头。因此，适当的热和机械力（压力）作用是获得电阻焊优质接头的基本条件。

电阻焊与铆接或其他焊接方法相比，具有接头质量高、辅助工序少、无须添加焊接材料等优点。这种方法尤其易于机械化、自动化生产线的高效率生产。但是，电阻焊也存在一些缺点，那就是，对电阻焊接头质量进行无损伤检验比较困难，电阻焊设备复杂，维修难度大，一次性投资高等。

3. 点焊的基本特点

1）两焊件间靠尺寸不大的熔核进行连接，熔核应均匀、对称地分布在两焊件的贴合面上。

2）点焊具有大电流、短时间、一定压力状态下进行焊接的工艺特点。

3）点焊是热—机械力（压力）联合作用的焊接过程。

点焊广泛应用在电子、仪表、家用电器的组合件装配连接上，还大量应用于建筑工程、交通运输、航空、航天工业的冲压件、金属构件和钢筋网的焊接。从以微米计的微型电子、电路的点焊，到厚达 30×30mm 的巨型房屋框架的点焊，其应用范围非常广。

二、点焊接头的质量要求

点焊的质量要求，首先体现在点焊接头要具有一定的强度，而强度主要取决于熔核尺寸（熔核直径和焊透率）、熔核本身及其周围热影响区域的金属显微组织及缺陷情况。

点焊接头的质量要求应遵循《铝合金电阻点焊和缝焊质量检验》（HB 5276—1984）。

对于点焊接头的确定，根据试验结果推荐公式如下：熔核直径 $d=2\delta+3\text{mm}$，压痕深度 $c\leqslant 0.2\delta$，焊点距 $e\geqslant 8\delta$，边距 $S\geqslant 6\delta$，其中 δ 为料厚，如图 5-9 所示。

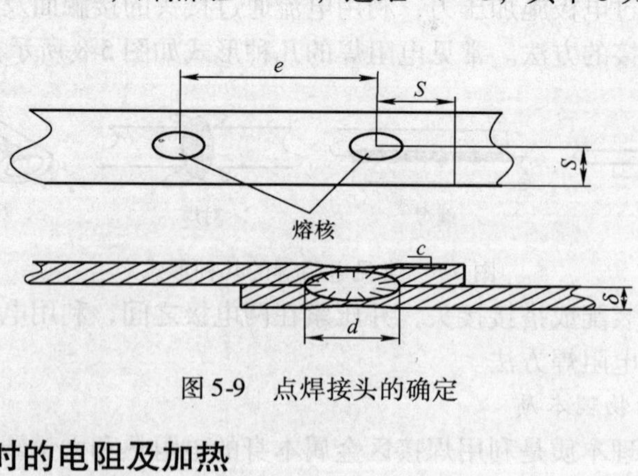

图 5-9　点焊接头的确定

三、点焊时的电阻及加热

1. 点焊时的电阻

点焊焊接区总电阻（R）包括：焊件间接触电阻（R_e）、电极与焊件间接触

电阻（$2R_{e\omega}$）及焊件本身的内部电阻（$2R_{\omega}$ 件）

即 $R=R_{e}+2R_{e\omega}+2R_{\omega}$，如图 5-10 所示点焊电阻状态。

（1）接触电阻　接触电阻是一种附加电阻，通常是指在点焊电极压力作用下所测定的接触面（焊件与焊件之间、焊件与电极之间的接触面）的电阻值。它形成的原因是由接触表面微观上的凹凸不平及不良导体（表面氧化膜、油、锈蚀以及吸附气体层等）的存在所致，如图 5-11 所示。

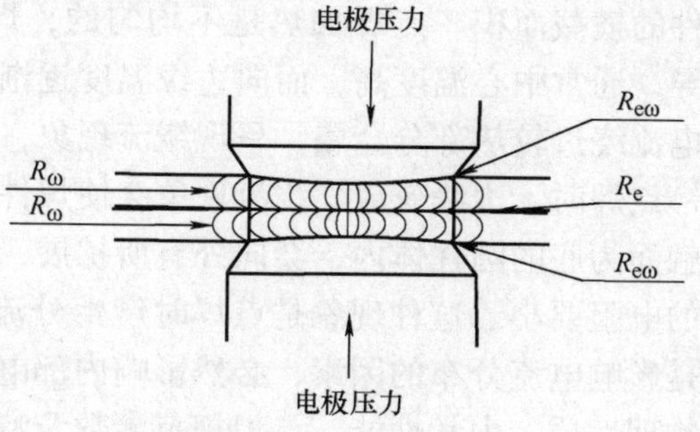

图 5-10　点焊电阻状态

当焊接电流通过接触面时，接触点附近凹凸间隙及不良导体膜部位的电流线发生弯曲变长，并向接触点密集而使实际导电截面积减小。这种电流的拥挤变长即形成了附加电阻。

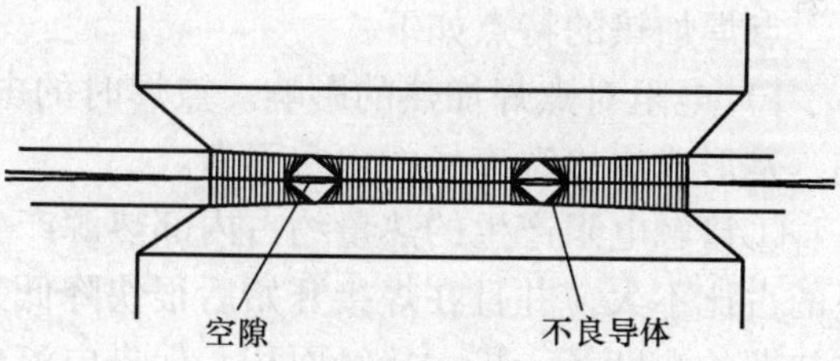

图 5-11　接触电阻的成因

影响接触电阻的主要因素如下：

1）表面状态。不同的清理方法、加工表面的粗糙度及焊前存放工件的时间长短都会影响焊件的表面状态，使接触电阻值有较大差别。

2）电极压力。电极压力增大将使金属的弹性和塑性变形增加，对压平接触表面的凹凸不平和破坏不良导体膜有利。

3）加热温度。温度升高，金属变形阻力下降，塑性变形增大，接触电阻急剧降低直至消失。钢材温度升高到 600℃、铝合金温度升高到 350℃时的接触电阻值接近为零。

（2）焊件内部电阻　焊件内部电阻是焊接区金属材料本身所具有的电阻，该区域的体积要大于以电极和焊件接触面为底的圆柱体体积。图 5-12 所示为电流的鼓形现象。产生这一现象的原因是点焊的“边缘效应”。

所谓边缘效应，是指电流通过板件时，电流在板件（单块板）中间部分向边缘扩展，使电流呈鼓形的现象。当焊接电流通过重叠的两焊件时，由于边缘效应，

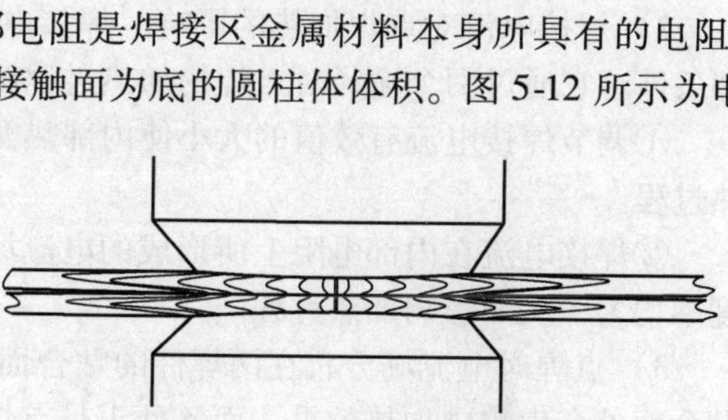

图 5-12　电流的鼓形现象

电极作用下的电流呈现双鼓形现象。通常情况下，边缘效应是仅与几何因素有关的物理现象。点焊时产生这种现象的根本原因是电极与焊件接触的面积远远小于焊件的横截面积。点焊加热是不均匀的，焊接区域内各点的温度不同（由于热传导，通常中心温度高，而向边缘温度逐渐降低），电阻率也不一样，这就使焊接电流绕过较热部分金属，呈现绕流现象，进一步促进电流向边缘扩展。

点焊时，边缘效应、绕流现象会使焊件的导电范围不能只限制在电极与焊件接触面为底的圆柱体内，会向外有所扩展，因而使焊件的内部电阻比圆柱体所具有的电阻要小。这种现象是点焊时产生分流趋向的一大主要因素，要格外注意。凡是影响电流分布的因素，必然影响内部电阻。这些因素可以归纳为：金属材料的物理性质、力学性能、点焊规范参数及特征、焊件厚度等。

2. 点焊时的加热

点焊加热的特点如下：

1）电阻对点焊加热的影响。点焊时的电阻是产生内部热源——电阻热的基础，是形成焊接温度场的内在因素。

①接触电阻产生的热量约占内部热源产生热量的5%。虽然接触电阻产生热量的占比不大，并且在焊接开始后很快降低并消失。但是，这部分热量对建立焊接初期的温度场、扩大接触面积、促进电流分布的均匀化有重要的作用。由于过大的接触电阻会造成通电不正常（因为点焊机的二次空载电压很低，一般在10V以下），使接触面上局部区域放热过多而产生喷溅（点焊、缝焊、凸焊时，由焊件贴面或电极与焊件表面间喷出微细熔化金属颗粒的现象）、粘损（点焊、缝焊、凸焊时，电极或焊件表面被对方金属所黏附、污损的现象）等缺陷，所以生产实践中要对焊件和电极的表面进行认真的清理。而试图利用增大接触电阻面达到降低电功率的做法是不可取的。

②内部电阻产生的热量占内部热源产生热量的90%~95%，这部分热量是形成熔核的热量基础。同时，内部电阻也影响着点焊时的加热特点、焊接温度场的形态和变化规律。

2）焊接电流对点焊加热的影响。焊接电流是产生内部热源——电阻热的外部条件。它通过两个途径对点焊的加热过程施加影响。

①调节焊接电流有效值的大小使内部热源产生的热量发生变化，进而影响加热过程。

②焊接电流在内部电阻上所形成的电流场分布特征将使焊接区域各处加热强度不均匀，从而影响加热过程。

3）点焊时电流场分布在两焊件的贴合面处要产生集中收缩。其结果就是使贴合面处产生集中加热效果，而该处正是点焊时所需要连接的部位。电流场分布在贴合面处的集中收缩，是一种由边缘效应引起的宏观收缩，它与因表面状态产生接触电阻时电流场分布集中收缩有本质不同，后者可认为是一种微观上的收缩。

4）点焊时两焊件贴合面的边缘电流密度出现峰值，该处的加热强度最大，因此将首先出现塑性连接区。由于电极一般都为圆柱状，所以塑性连接区形成环状塑性区，对保证熔核的正常生长，防止氧化和喷溅的产生有利。

5）点焊时由温度引起的绕流现象、趋肤效应、电磁收缩效应等因素，都会不同程度地影响着电流分布形态。

综上所述，通过了解电流分布特征，进而掌握其相应的调整方法，就能较准确地分析、控制熔核的形成和位置，改善熔核周围组织的加热状态，提高接头的质量。例如：采用尖锥状电极，可改善电极与焊件间接触面上的电流分布，提高电极与焊件接触面中部的电流密度。又如，对薄板工件均匀分布电流线，并不产生较大的扩展，加强中部区域的热量，使点焊接头质量可靠。薄板点焊一般都采用硬规范，通电时间短促，并能起到省能源的效果。

四、点焊过程分析

点焊过程是在热与机械（力）作用下形成焊点的过程。热作用使焊件贴合面母材金属熔化，机械力作用使焊接区产生必要的塑性变形。两者适当配合和共同作用是获得优质点焊接头的基本条件。

1. 预压阶段

这一阶段的作用是在电极压力的作用下，清除一部分接触表面的不平和氧化膜，形成物理接触点，为焊接电流的顺利通过和工件表面原子的键合做好准备。

2. 通电加热阶段

这一阶段的作用是在热与机械力作用下形成塑性环和熔核，并随着通电加热的持续而长大，直到获得需要的熔核尺寸。

1）通电加热开始的一段时间内，接触点不断扩大，固态金属因为受热膨胀，在焊接压力作用下，金属产生塑性变形并挤向焊缝。这一塑性变形有助于密封熔核的环带，同时也导致板缝沿环带的外围发生翘离，从而限制了导电通路的扩大，对继续保持足够的电流密度起到有利作用。

2）加热后，开始出现液态熔核并逐渐扩大到所要求的尺寸。而切断电源停止加热，熔核将进入冷却结晶阶段。

3. 冷却结晶阶段

减弱和切断焊接电流后，焊接区的热量不足以弥补散失的热，熔核便开始结晶。结晶凝固的过程时间很短。

4. 释放阶段

释放阶段是点焊结束或移动焊钳电极进入下一点点焊操作的过程。

五、点焊参数及其相互关系

合适的焊接参数是实现优质焊接的重要条件。点焊参数的选择主要取决于金属材料的性质、厚度和焊接设备的特点。

1. 主要焊接参数

点焊时的主要焊接参数有：焊接电流、焊接时间、电极压力和电极头端面尺寸等。

（1）焊接电流　焊接时流经焊接回路的电流称为焊接电流。焊接电流是最重要的点焊参数。若焊接电流较小，则焊接时热源不足就不能形成熔核或熔核过小，焊点的拉剪载荷的能力较低并且很不稳定。

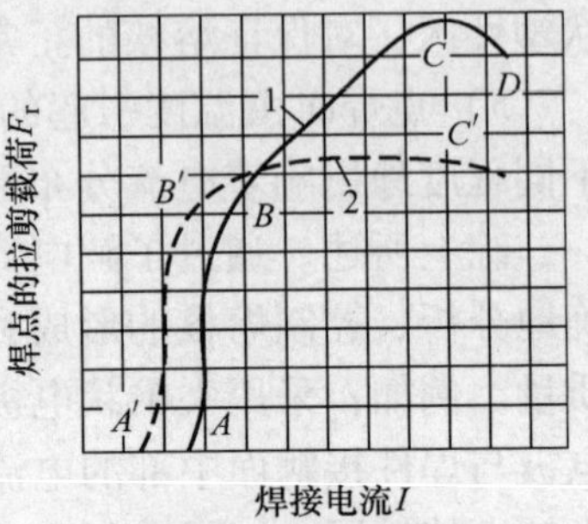

图 5-13　焊接电流与拉剪载荷的关系

1—板厚大于 1.6mm

2—板厚小于 1.6mm

如图 5-13 所示，焊接电流不断增加，内部热源的发热量急剧增大，熔核尺寸稳定增长，因而焊点的拉剪载荷的能力得以不断提高。当到达 C 点或 C' 时，由于板间翘离限制了熔核直径的进一步扩大，使温度场进入准稳状态，从而使焊点的拉剪载荷达到最佳。此后，由于电流过大，使加热过于强烈，引起金属过热，使压痕过深，产生喷溅等缺陷，接头性能反而下降，且耗能也大。

（2）焊接时间　从焊接电流接通到停止的持续时间称为焊接通电时间，简称焊接时间。焊接时间对接头的影响与焊接电流类似。但应注意的是：从图 5-14 中可以看出，曲线过 C 点以后并不立即下降，这是因为尽管熔核尺寸已达饱和，但塑性环还可以有一定的扩大，再加上热源的加热速率趋于缓和，因而一般不会产生喷溅。另外，焊接时间对代表接头塑性指标的延性比（抗拉强度/拉剪强度的比值，含碳量越高延性比越低）影响较大。因此，对于承受动载荷或有脆性倾向的材料，点焊时，要将焊接时间对拉伸载荷的影响考虑进去。

（3）电极压力　点焊时通过电极施加在焊件上的压力一般为数千牛顿。电极压力也是点焊的重要参数之一。电极压力过大或过小都会使焊点承载能力降低，尤其是对拉伸载荷影响更大。当

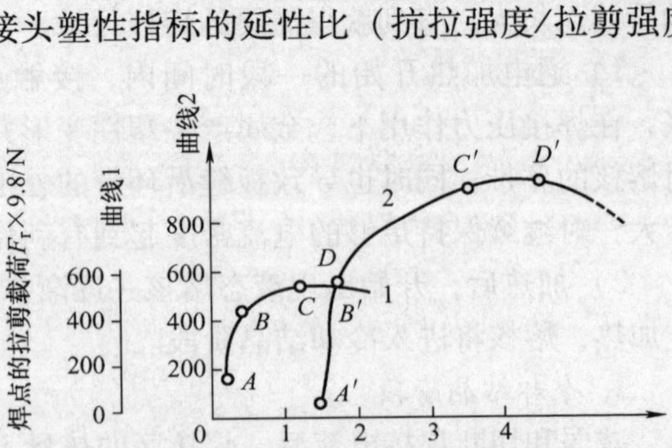

图 5-14　焊接时间与拉剪载荷的关系

1—板厚为 1mm　2—板厚为 5mm

电极压力不足时，由于焊接区金属的塑性变形范围及变形程度不足，造成因电流密度过大而引起加热速度大于塑性环扩展速度，从而产生严重的喷溅现象。这不仅使熔核形状和尺寸发生变化，而且会污染环境和不安全。这种情况是绝不允许发生的。而电极压力过大时，会使焊接区域接触面积增大，总电阻和电流密度均减小，焊接区散热增加，因此熔核尺寸下降，严重时出现未焊透缺陷。

一般来说，在增大电极压力的同时，可适当加大焊接电流或者焊接时间，以维持焊接区加热程度不变。同时，由于压力增大，可消除焊件装配间隙、刚性不均匀等因素引起的焊接区所受压力波动对焊点强度的不良影响。

此外，选择电极压力大小时还应考虑以下因素：

1）对于高温强度比较大的金属，电极压力应相应增大。

2）焊件规范越硬时，电极压力相应增大。

（4）电极头端面尺寸　电极头是指点焊时与焊件表面相接触的电极端头部分。其中锥台形电极头的端面尺寸为直径 D，球面形电极头的端面尺寸为球面半径 R，如图 5-15 所示。

在点焊过程中，由于电极工作条件恶劣，电极产生压溃变形和粘损是不可避免的。因此，按规定锥台形电极头端面尺寸的增大，不得大于原端面尺寸的15%。同时，由于不断地锉修电极头带来的水冷端距离 h 的减小也要控制，一般低碳钢点焊时（车身点焊一般都是薄板焊接），焊接规范都是硬规范。

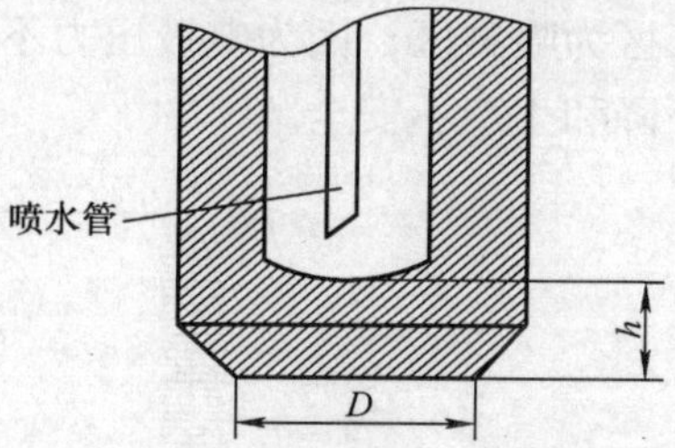

图 5-15　锥台形电极头端面尺寸
D—端面直径　h—水冷距离

焊接参数一般规定如下：

1）两层钢板点焊时，焊接电流 $I = 7000 \sim 9000$A；电极压力 $F = 2250 \sim 2500$N；焊接时间 $t = 10 \sim 14$ 周；球面直径 $d = 5 \sim 8$mm。

2）三层钢板或镀锌板点焊时，焊接电流 $I = 9000 \sim 11000$A，其余焊接参数与两层钢板点焊时相同。

2. 焊接参数间的相互关系及选择

点焊时，各焊接参数的影响是相互制约的。当电极材料、端面形状和尺寸选定后，焊件规范的选择，主要考虑焊接电流、焊接时间、电极压力三个参数。这三个参数是形成点焊接头的三大要素，相互配合可有两种方式可供选择。

（1）焊接电流和焊接时间的适当配合　这种配合是以反映焊接区加热速度快慢为主要特征的。采用大焊接电流、短焊接时间参数时称为硬规范。采用小焊接电流、适当长焊接时间参数时称为软规范。

1）软规范的特点：加热平稳且焊接质量对焊接参数波动的敏感程度低，焊点强度稳定，温度场分布平缓，塑性区域较宽，在压力作用下易变性，可减少熔核内喷溅、缩孔和裂纹倾向。所用设备装机容量小，控制精度不高，因而较便宜。但是，软规范易造成焊点压痕深，接头变形大，表面质量差，电极磨损快，生产效率低，能量损耗大。

2）硬规范的特点，与软规范基本相反。一般情况下，硬规范适用于铝合金、奥氏体不锈钢、低碳钢及不等厚度的板材的焊接，而软规范较适用于低合金钢可淬硬钢、耐热合金及钛合金等。在实际生产中，为了提高产品的表面质量和劳动生产率，在设备装机容量和控制精度允许的条件下，点焊工艺偏向于硬规范的使用。采用硬规范点焊工艺，其能耗仅为软规范的2/3。

（2）焊接电流和电极压力的适当配合　这种配合是以焊接过程中不产生喷溅为主要特征的。目前常用规范的依据都是按此特征来制定的。根据这一原则制定的焊接电流和电极压力关系在图5-16中呈现出的曲线称为喷溅临界曲线。该曲线的左半区为无飞溅区。这一区域的电极压力大而焊接电流小；但是，焊接压力过大会造成固相焊接（塑性环）范围过宽，导致焊接质量不稳定。曲线的右半区为喷溅区，因为电极压力不足，加热速度过快而引起喷溅，使焊接质量严重下降和生产不安全。

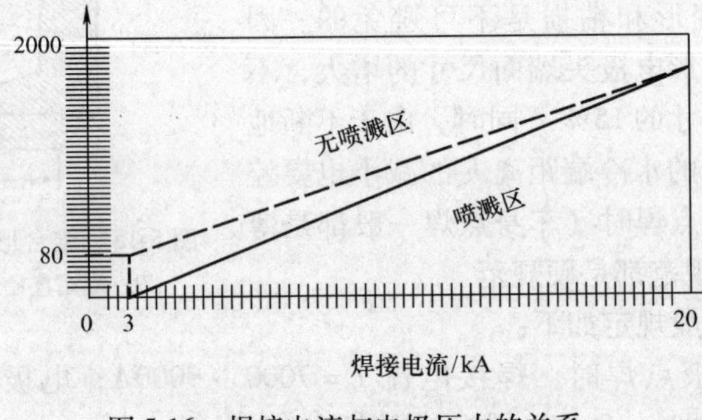

图5-16　焊接电流与电极压力的关系

以上讨论的两种情况，其结果常以金属材料点焊参数表、列线图、曲线图和规范尺等形式表现出来。在实际使用这些资料时均需要进行试验和修正。

六、点焊分流

点焊分流是指点焊时从焊接区以外的通路流过的电流。

1. 点焊分流的因素

（1）焊点距的影响　连续点焊时，焊点距越小，板材越厚，点焊分流越明显。如果所用材料是导电性良好的金属，分流现象将更严重。

（2）焊接顺序的影响　如图5-17所示，已有焊点分布在两侧时，向两侧的分流比仅在一侧的分流大。

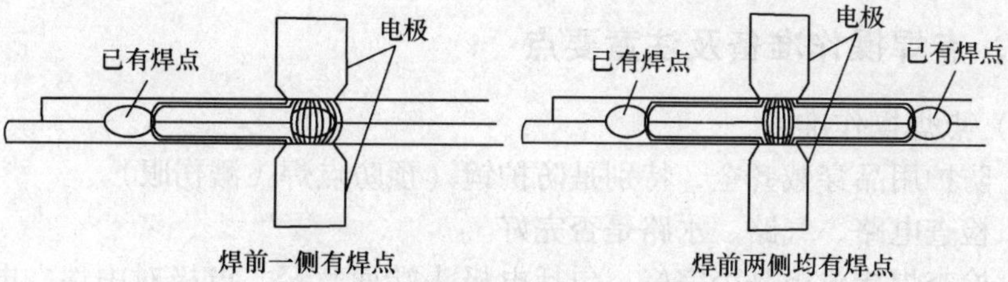

图 5-17　焊接顺序对分流的影响

（3）焊件表面状态的影响　焊件表面清理状况不良时，油污和氧化膜等使接触电阻增大导致焊接区总电阻增大，这就分散了焊接热量，致使点焊时接头质量处于十分不稳定的状态。实践表明，表面经过仔细清理的焊件比表面留有锈皮、氧化膜的焊件点焊时分流要小得多。

（4）电极或焊钳的某部位与焊件非焊接区相接触的影响　因这种接触而引起的分流不仅很大，而且由于没有压力，很容易形成接触电阻的强烈放热而烧坏焊件，其后果是很严重的。

（5）焊件装配不良或装配过紧的影响　由于非焊接部位的过分紧密接触也会引起较大的分流。

2. 分流的不良影响

（1）分流使焊点强度降低　由于形成分流的偶然因素比较多，分流数值很不稳定，因而造成焊点质量波动很大。焊点距过小引起的分流使焊接区的电流密度减小，因而加热不足，熔核直径和焊透率随之降低，焊点的承载能力下降，严重时会产生未焊透缺陷。

（2）分流产生局部接触表面过热和喷溅　单面点焊时，由于分流严重，会使电极与焊件局部接触表面（偏向分流方向的部位）过热，甚至熔化，严重时形成初期表面喷溅。同时，单面双点点焊时，分流还会引起熔核歪斜，并溢出焊件表面形成晚期喷溅。这种情况不仅会恶化工作条件，增加电极磨损，而且为了去除喷溅留下的毛刺，不得不增加打磨毛刺工序。

3. 消除和减少点焊分流的措施

1）选择合理的焊点距，在保证焊接强度的前提下，尽量加大焊点距。

2）严格清理被焊工件表面。

3）注意结构设计的合理性，尤其是分流过大的结构，必须改变设计结构。

4）对开敞性差的焊件，采用专用电极和电极臂；对易于接触而导致分流的部位，采取相应的绝缘措施。

5）连续点焊时，适当提高焊接电流；单面多部位点焊时，采用调幅焊接电流。

七、点焊操作准备及注意要点

（1）点焊操作准备

1）防护用品穿戴齐全，特别是防护镜（预防点焊飞溅伤眼）。

2）检查电路、气路、水路是否完好。

3）检查焊接电极是否完好，包括电极头端面直径、电极对中性、电极上有无粘损杂质等，如图5-18所示。

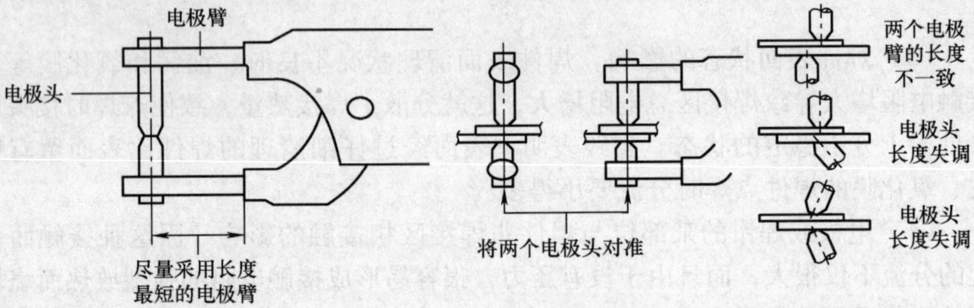

图5-18　检查焊接电极是否完好

4）检查电缆捆扎的完好性。对于悬挂式点焊机，其焊接电流传输电缆是焊接操作到工艺焊点位置方便就位的过渡设施。电缆在点焊电流通过时由于电磁场的同向相斥，形成两电缆的背向扩张，其扩张力大且速度快，当点焊结束，电流断开时，电磁场效应消失，两电缆缩回原位。另外，由于点焊的连续性，电缆不断地张缩将导致电缆不断地扭折。因此，电缆内部的通电铜芯线在不断地扭折情况下很容易折断、损坏，致使电缆的使用率下降，增加电缆的使用成本。

电缆的磁性扩张会消耗部分电流能量，导致点焊焊接电流能量损耗。电缆的磁性张缩扭折，对稳定的电极压力有较大影响。如果电极压力偏小或不足，极易形成电极与焊件间的较大接触电阻值，造成点焊喷溅大，严重时形成接触电阻的强烈放热，烧坏工件，产品质量不佳。

电缆的磁性张缩还对点焊操作工扶持把握点焊焊钳进行稳定的点焊作业有较大影响，电缆的磁性张缩造成焊钳的晃动，操作工在连续点焊时无法将焊钳保持稳定。

电缆的捆扎是最基本的点焊操作准备之一。图5-19和图5-20分别为不合格和良好的电缆捆扎示例。

5）其他应检查的项目，如：焊件的整洁、工装夹具及焊接样板的完好性、工位器具摆放到位等。

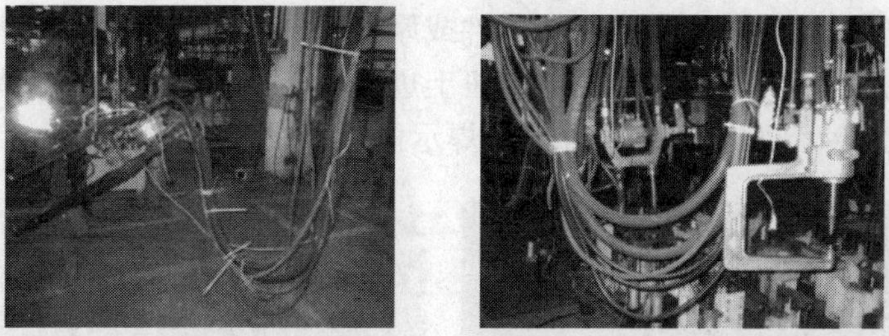

图 5-19　不合格电缆捆扎示例

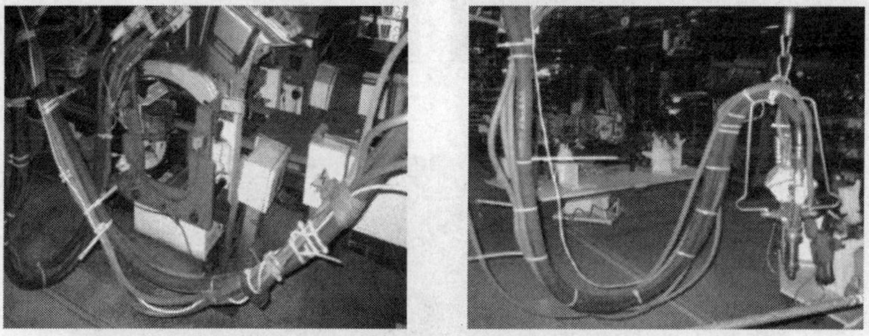

图 5-20　良好电缆捆扎示例

6）试验点焊机的焊接强度，适当调整点焊工艺强度规范。图 5-21 所示为点焊强度破坏性试验。

（2）点焊操作注意要点

1）确保工件在工装夹具中的可靠性。

2）注意焊接操作的顺序性、均匀性，以及焊点距。

3）确保焊接强度的可靠性。

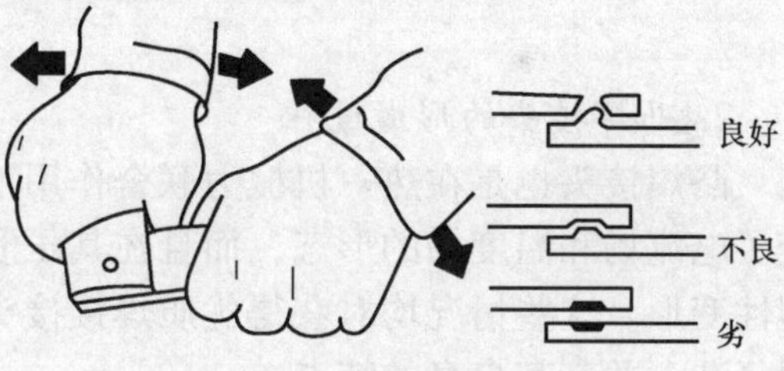

图 5-21　点焊强度破坏性试验

4）要特别注意杜绝焊钳与工件相碰的点焊分流现象。

5）严格遵守焊接工艺规定，主动遵循焊点的对称性、对中性以及预防焊接变形的各项措施。

八、点焊的变形应用——凸焊

凸焊是点焊的一种变形，通常是在一焊件的贴合面上，预先加工出一个或多个凸起点，使其与另一焊件表面相接触并通电加热，然后压塌凸起点，使这些接触点形成焊点的焊接方法。

1. 凸焊的基本类型

单点凸焊和多点凸焊是凸焊应用最广泛的一类方法。其凸起点设计成球面形、截圆锥形或方形，预先压制在薄件或厚件上。单点凸焊可在点焊机或凸焊机上进行焊接，而多点凸焊需要在凸焊机上进行焊接，最多一次可凸焊 15 ~ 20 点。图 5-22 ~ 图 5-24 分别为螺栓和螺母凸焊示例。

图 5-22　螺栓凸焊示例

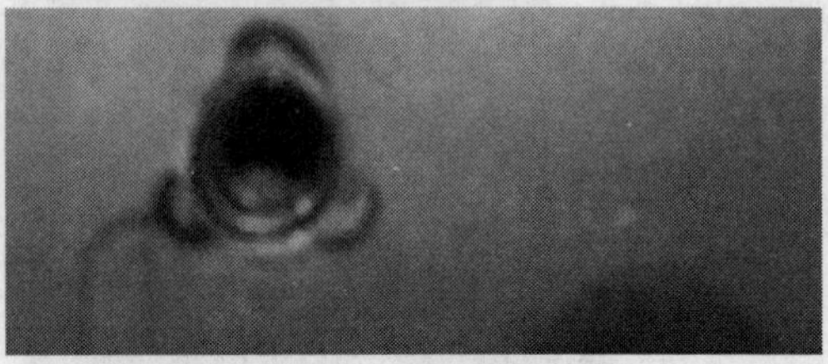

图 5-23　螺母凸焊示例（背面）

图 5-24　螺母凸焊示例（正面）

2. 凸焊接头的形成过程

凸焊接头也是在热—机械力联合作用下形成的。但是，凸起点的存在不仅改变了电流场和温度场的形态，而且在其压溃凸起点的过程中使焊接区产生很大的塑性变形。这些情况均对获得优质焊接接头有利。但同时也使凸焊过程比点焊过程复杂，并有其自身的特点。

在一良好的凸焊焊接循环条件下，焊接接头的形成过程仍是由预压、通电加热、冷却结晶三个阶段组成的。

（1）预压阶段　在电极压力作用下凸起点产生变形，压力达到预定值时，凸起点高度约下降 1/2 以上，因此，凸起点与另一焊件的贴合面积增大，不仅使焊接区的导电通路面积趋于稳定，同时也更好地破坏了贴合面上的氧化膜，造成比点焊时更为良好的物理接触。

（2）通电加热阶段　该阶段由两个过程组成。其一为凸起点压溃过程，其二为成核过程。通电后，电流将集中流过凸起点的贴合面。当采用预热电流（或调幅电流）时，凸起点的压溃过程较为缓慢，并且在此程序时间内凸起点并未完全压平，随着焊接电流的接通，凸起点才被压平。若采用等幅工频焊接电流，在通电的瞬间剩余凸起点即被完全压平，但会出现初期喷溅现象，这是由于压溃凸起点的瞬间，加压机构的随动性不良，作用在焊接区上的电击压力被瞬间急剧降低。

凸起点压溃及两板贴合后形成较大的加热区。随着加热的进行，由接触点的熔化逐步扩大形成足够尺寸的熔核和塑性区。同时，焊接区金属体积膨胀，使电极压力相应提高。

另外，喷溅对熔核形成过程是有一定影响的。初期喷溅都是在电极压力不足或电流过大产生金属过烧熔化时发生，因此控制喷溅是提高焊接质量的一项重要手段。

(3) 冷却结晶阶段　切断电源后，熔核在压力作用下开始冷却结晶。其过程与点焊熔核的结晶过程基本相同。

第四节　CO_2 气体保护焊

气体保护焊是利用气体将电极、电弧区以及焊接熔池置于其保护之下的电弧焊接方式。用于保护焊的气体主要有氩气和二氧化碳气两种。前者俗称氩弧焊，后者称为 CO_2 气体保护焊。图 5-25 为 CO_2 气体保护焊工作示意图，CO_2 气体保护熔化的金属不受空气污染。

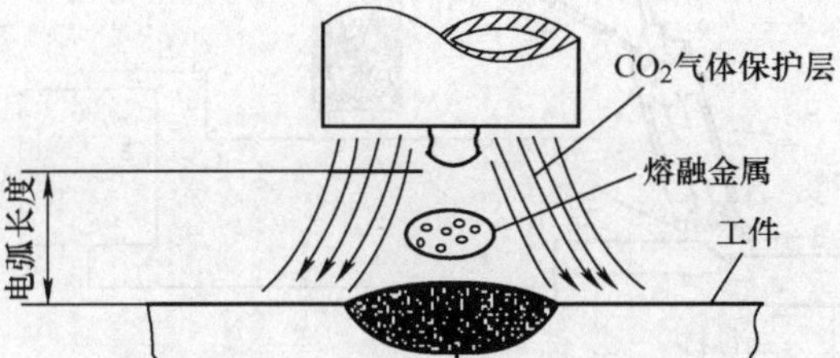

图 5-25　CO_2 气体保护焊工作示意图

一、CO_2 气体保护焊的基本原理

气体保护焊使用一根焊丝，且焊丝以一定的速度自动进给，在母材和焊丝之间出现电弧，电弧产生的热量使焊丝熔化，将母材焊接起来，实现半自动电弧焊接。在焊接过程中，气体对焊位实施保护，以免母材被空气氧化。所使用气体的种类由需要焊接的母材来确定。大多数钢材都用二氧化碳（CO_2）进行气体保护焊；对于铝材则采用氩气或氩、氮混合气进行气体保护焊。

CO_2 气体保护焊的弧焊熔滴的过渡形式有两种，即短路过渡和颗粒过渡。焊丝作为一极，其端部不断受热熔化，形成熔滴并脱离焊丝过渡到母材熔池中。这两种不同过渡形式的适用范围和工艺要求是不相同的。短路过渡形式是采用细焊丝、小电流、低电压焊接时出现的。因为电弧较短，液态熔滴还未增大即与熔池接触而形成短路，使电弧很快熄灭，熔滴脱离焊丝过渡到熔池中去，然后电弧重新引燃。这种周期性短路—燃弧交替即为短路过渡过程。由于短路过渡时母材受热量较少，变形小，熔深较浅，多用于薄板的焊接。汽车钣金焊接多采用此种形式。而颗粒过渡适用于厚板的焊接，这里就不做重点介绍了。

1. CO_2 气体保护焊的工作原理（见图 5-26）

1）焊丝在焊接部位经过短路—燃弧—短路—燃弧的反复过程，每一次短路，焊丝都从弧端部将微小的熔滴转移到母材熔池之中。

2）在焊丝周围有一层 CO_2 气体保护层，可以使焊缝免于被氧化。

3）焊丝自动进给，保证焊接过程连续不间断。

4）在整个焊接过程中，母材受热量小，变形小，不会影响到钣金件的整体几何形状。

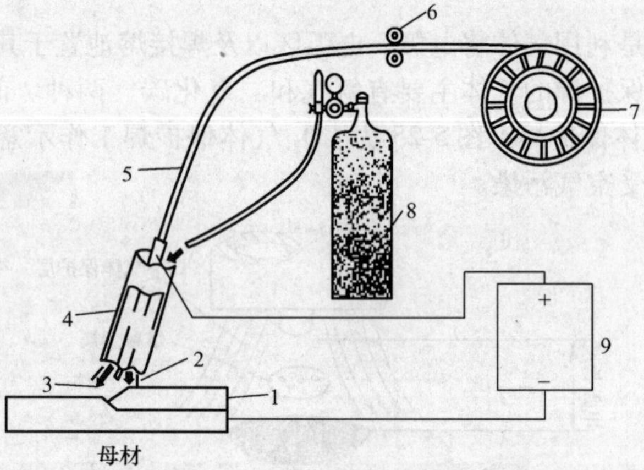

图 5-26　CO_2 气体保护焊的工作原理

1—焊缝金属　2—CO_2 气体　3—电弧　4—焊枪喷嘴　5—焊丝　6—送丝滚轴　7—焊丝卷轴　8—CO_2 钢瓶　9—电焊机电源

2. CO_2 气体保护焊的焊接设备

汽车车身修理用的 CO_2 气体保护焊焊接设备多是半自动的，在焊接过程中，设备自动运行，但焊枪需用手来控制。CO_2 气体保护焊接设备。主要由以下六部分组成。

1）送气装置，包括存储 CO_2 气体的钢瓶、减压装置以及输送管道系统，用于保护熔池免受污染。

2）送丝装置，用于调节送丝速度。

3）焊丝，应配备指定规格的成卷的焊丝。

4）电源，供焊接用的机内电源装置。

5）焊枪，完成焊接操作的部分。

6）电缆及接线装置，供操作者牵引到不同工位上焊接。

图 5-27 所示为 KR200 型气体保护焊机。使用要求如下：

1）CO_2 气体保护焊所需的气体由专门的工厂装瓶供给，有二氧化碳气体或氩气与二氧化碳的混合气体两种。后者二氧化碳的含量为 25%。两者用于不同材料的焊接。

图 5-27　KR200 型气体保护焊机

2）CO_2 气体保护焊的焊丝是一般选用 H08Mn2Si 合金钢丝，表面镀钛制成。汽车车身钣金件厚度大多为 0.5～2.5mm，所用焊丝直径为 0.5～1.0mm。

3）CO_2 气体保护焊对电源电压稳定性要求较高，一般将电源、送丝装置、焊丝都装在机箱内，调节电压和送丝速度的装置也在其中。

4）CO_2 气体保护焊所使用的电源都是直流的。焊丝接正极，工件接负极，俗称为反接法。焊丝接负极，工件接正极，称为正接法。反接时飞溅小，电弧稳定，成形较好，而且焊缝金属含氢量低，并且焊缝熔深大。因为属于熔化极焊接方式，阴极发热量较阳极大，正接时焊丝为阴极，熔化系数大，约为反接时的 1.6 倍，金属熔敷率高，可以提高生产率。此外，正接时工件为正极，热量较小，熔深浅，对保证堆焊金属的性能有利。汽车车身制造和修理多采用反接法。

二、CO_2 气体保护焊的焊接参数

CO_2 气体保护焊是汽车车身制造和修理时最常用的焊接方法，施焊前首先要根据焊件的具体情况，选择适当的焊接参数，如焊丝直径、焊接电流和电弧电压等。

1. 焊丝直径

焊丝直径应根据焊件厚度、焊接位置来选择。表 5-1 给出了不同焊丝直径的适用范围。汽车钣金修理中焊丝直径以 0.8mm 居多。近年来，国外修理设备中，直径为 0.4mm 的细丝应用也较为普遍。

表 5-1 焊丝直径适用范围

焊丝直径/mm	熔丝过渡形式	板厚/mm	焊丝位置
0.8	短路	1.5~2.5	全位置
	颗粒	2.5~4	水平
1.0	短路	2~8	全位置
	颗粒	2~12	水平
≥2（平置）	短路	3~12	全位置
	颗粒	26	水平

2. 焊接电流与电弧电压

焊接电流的大小会影响母材的焊接熔深、焊区熔化速度、电弧的稳定性、焊接溅出物的数量。随着焊接电流不断增大，焊接熔深、剩余金属的高度和焊缝宽度也会增大，如图 5-28 所示。

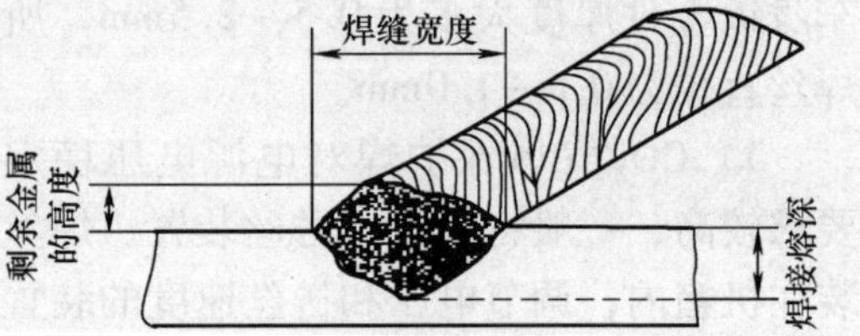

图 5-28 焊接熔深、剩余金属的高度和焊缝宽度

电弧电压决定了电弧的长度。电弧电压调整到适当数值时，在焊接部位将连续发出轻微的“咝咝”声。若电弧电压过高，则电弧长度增加，焊接熔深小，焊缝呈扁平状；若电弧电压过低，则电弧长度减小，焊接熔深增加，焊缝呈狭窄凸起状。图 5-29 所示为电弧电压与焊缝形状的关系。

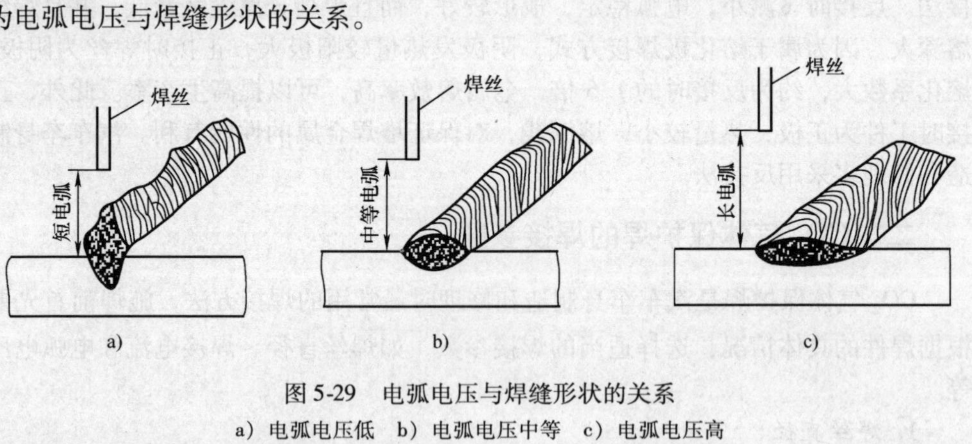

图 5-29 电弧电压与焊缝形状的关系

a）电弧电压低 b）电弧电压中等 c）电弧电压高

3. 导电嘴到母材的距离

导电嘴到母材的距离对焊接质量影响很大，标准距离应为 6~16mm，如图 5-30 所示。

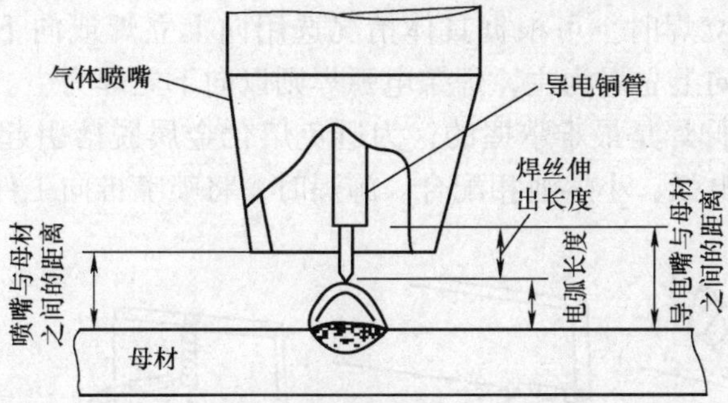

图 5-30 导电嘴到母材的距离

若导电嘴到母材的距离过大，则保护气体所起的保护作用就削弱；同时，焊丝外伸过长反而加快了焊丝熔化的速度，影响焊接质量。但若此距离过小，则焊接过程将难以进行。

4. 焊接速度

若焊接速度过快，则焊接熔深和焊缝宽度都会减小，还有可能出现咬边现象。若焊接速度过慢，则焊缝会变成圆拱形，速度再慢，还会产生许多母材烧穿的孔。

5. 送丝速度

焊接过程中产生均匀的“喳喳”声即表示焊丝与热量比率正常。送丝进度是否合适可凭观察确定。若随着电弧的缩短，稳定的反光亮度开始减弱，此时送丝速度合适。如果送丝太慢，随着焊丝在熔池内熔化并熔敷在焊接部位，可以听到“啪哒”声，此时反光亮度增强。若送丝速度太快，将堵塞电弧，此时熔敷速度大于熔池吸收速度，会产生飞溅现象，并伴有频闪弧光。

对于 1~1.5mm 厚的低碳钢钢板，在采用对接的情况下，一般将电压调至 24V，电流控制在 45~50A，每秒发生 200~230 次短路熔敷，即会形成“喳喳”的连续声，形成最佳焊接规范。

三、CO_2 气体保护焊的焊接方法

1. 焊接位置的确定

CO_2 气体保护焊的焊接位置也有平焊、横焊、立焊和仰焊 4 种，如图 5-31 所示。

（1）平焊　这种焊接位置一般容易进行操作，而且焊接速度较快，焊接质量易于保证，如果不是在车身上进行施焊操作，应尽量采用平焊。

（2）横焊　水平焊缝进行横焊时，应使焊枪向上倾斜，以尽可能避免重力对熔池的影响。

（3）立焊　立焊时，可根据具体情况选用向上立焊或向下立焊。对于 CO_2 气体保护焊应以向上立焊为主，焊条电弧焊则以向下立焊为主。

（4）仰焊　仰焊是最难掌握的，为避免熔化金属脱落引起事故，一定要用较低的电压、短电弧、小熔池相配合。施焊时，将喷嘴推向工件，防止焊丝向熔池之外移动。

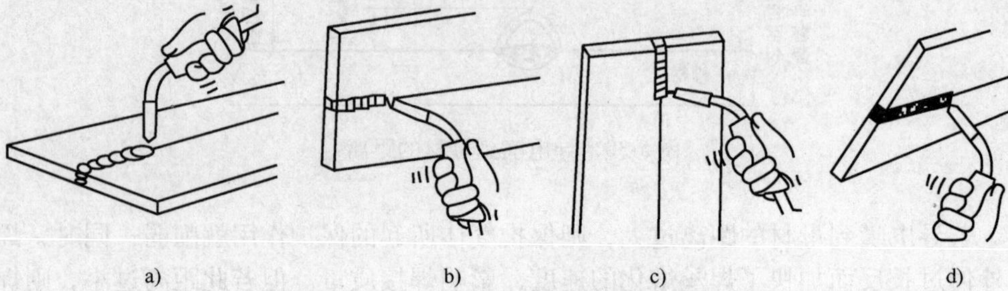

图 5-31　典型的焊接位置

a）平焊　b）横焊　c）立焊　d）仰焊

2. 焊接形式的选择

CO_2 气体保护焊的焊接形式有 6 种，如图 5-32 所示。

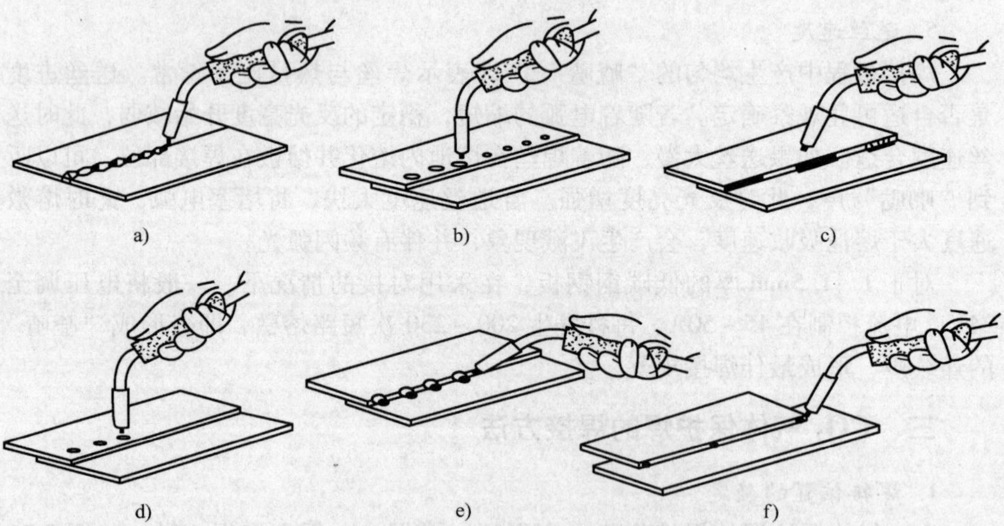

图 5-32　6 种基本焊接形式

a）连续焊　b）塞焊　c）连续点焊　d）点焊　e）搭接点焊　f）定位焊

（1）定位焊　定位焊是用于保持两焊件相对位置固定不变的一种替代措施。定位焊各焊点之间的距离与母材厚度有关，大致是厚度的 15 ~ 30 倍，如图 5-33 所示。

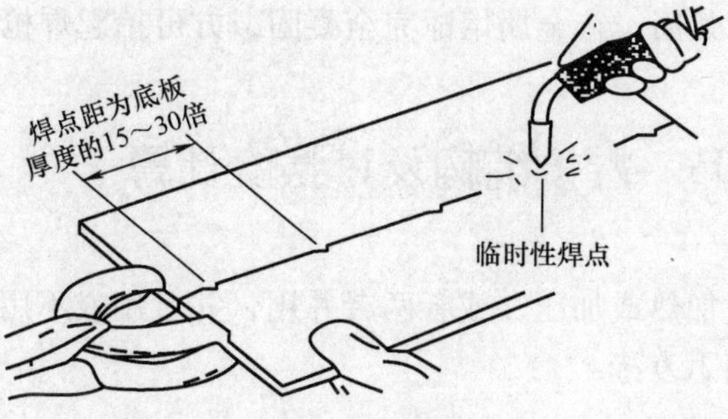

图 5-33 定位焊

（2）连续焊 焊枪连续、稳定地沿焊缝移动形成连续焊缝，如图 5-34 所示。

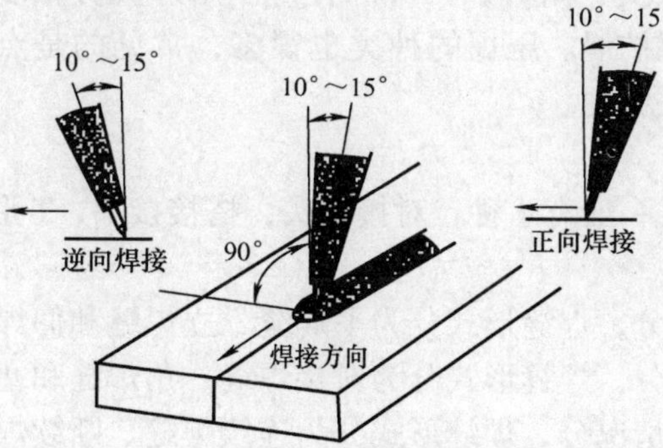

图 5-34 连续焊

（3）塞焊 两块金属板叠在一起，在其中一块板上钻有通孔，将电弧穿过此孔并被熔化金属所填满而形成的焊点称为塞焊。用塞焊替代铆接、螺钉联接是使用非常广泛的工艺方法。

四、CO_2 气体保护焊的注意事项

1）施焊前清理焊件表面和焊丝表面的油污和锈迹，以防焊接时产生气孔。

2）液态 CO_2 充满后应将钢瓶倒置 1～2h，然后每隔 30min 打开瓶口气阀放水 2～3 次，以保证输出的 CO_2 气体的纯度。使用前，打开瓶口气阀排出瓶顶部低纯度的 CO_2 气体，然后接入焊枪使用。焊接过程中，瓶内气压低于 900kPa 时，应停止使用，更换新气源。

3）引弧之前，要调整好焊丝的伸出长度，一般应为焊丝直径的 10 倍左右。若焊丝头部有粗大的球形头，应当剪去。

4）引弧点应在距焊缝端部 2～4mm 处，引弧后再移向端头开始施焊。焊丝端头与焊件的距离保持在 2～3mm。焊接时，应掌握好速度，防止熔化不良或焊

波过高等缺陷。熄弧后，待金属熔池完全凝固，方可抬起焊枪。

第五节　焊接结构及其强度计算

焊接是指通过加热或加压，或者两者并用，并且用或不用填充材料，使工件达到结合的一种加工方法。

一、焊接的基本方法

1. 焊接分类

焊接主要分三大类：熔焊，压焊和钎焊。熔焊又分很多种，最常见的是气焊、电弧焊、气体保护焊。压焊的种类也很多，常见的是点焊。钎焊也有很多种，常见的是电烙铁钎焊。

2. 接头形式

焊接的接头形式一般有 4 种：对接接头，搭接接头，T 形接头和角接头。

3. 焊缝形式

1）按焊接位置分，焊缝形式分为平焊缝、立焊缝和仰焊缝。

2）按结合方式分，焊缝形式分为对接焊缝、角焊缝和塞焊缝。

3）按焊缝断续情况分，焊缝形式分为连续焊缝、断续焊缝。

4）按承载方式分，焊缝形式分为工作焊缝和联系焊缝。

①工作焊缝：焊缝与焊件串联成整体，承担传递全部载荷的作用，一旦断裂，结构立即失效，其应力称为工作应力。

②联系焊缝：焊缝与两个或两个以上焊件并联成整体，主要起元件之间相互联系的作用，传递载荷很少，焊缝一旦断裂，结构不会立即失效，其应力称为联系应力。

注意：设计时，一般计算焊缝的工作应力，而焊缝的联系应力不必计算。

二、焊接强度的计算

计算焊接强度就是计算焊接接头的强度和焊缝承载能力的强弱。焊接接头的强度计算是根据等强度原理来考虑的，也就是焊缝的截面面积要等于焊件的截面面积。

1. 焊接接头所承受作用力的计算

（1）受纵向拉力时　焊件受纵向拉力作用时，焊接接头承受的拉力计算公式为

$$F = [\sigma_p]A \tag{5-2}$$

式中 $[\sigma_p]$——焊件基本金属在拉伸时的许用应力；

A——焊件的横截面面积。

（2）受纵向压力时 焊件受纵向压缩力作用时，焊接接头承受的压力计算公式为

$$F=[\sigma_c]A \quad (5\text{-}3)$$

式中 $[\sigma_c]$——焊件基本金属在压缩时的许用应力；

A——焊件的横截面面积。

（3）受弯曲力矩时 焊件以梁的形式受弯曲力矩作用时，焊接接头承受的弯矩计算公式为

$$M=[\sigma_p]W \quad (5\text{-}4)$$

式中 M——弯矩（力偶面与横截面垂直的内力）；

$[\sigma_p]$——焊件基本金属拉伸时的许用应力；

W——焊件的“截面矩量”或称为截面系数。

注意：截面系数的数值等于截面对中性轴的惯性矩除以离中性轴最远的距离。各种型钢的截面系数可以在型钢表中查出。

2. *焊接接头与焊缝强度的关系*

（1）搭接接头的焊缝情况 搭接接头中，最常见的是角焊缝组成的接头形式。如果角焊缝的方向与作用力的方向垂直，就叫作正面焊缝；如果焊缝的方向与作用力的方向平行，就叫作侧面焊缝；如果两者所成角度既不是0°，也不是90°，而是任意的角度β，就叫作斜面焊缝；如果包含两种以上的焊缝，就叫作组合焊缝。图5-35所示为焊缝的形式示例。

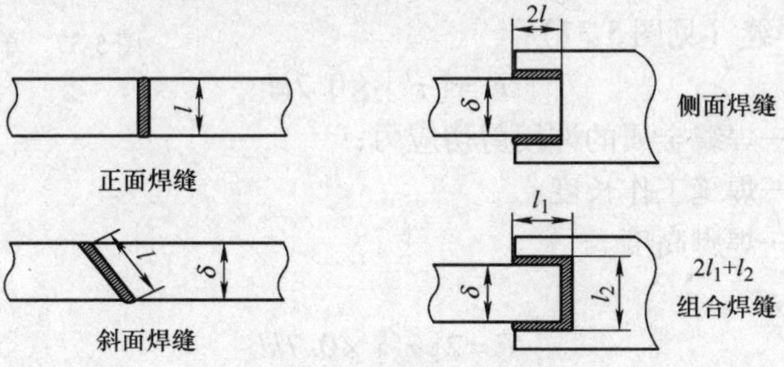

图5-35 焊缝形式示例

（2）搭接角焊缝的两种类型 即等腰直角三角形和普通直角三角形。其中k为焊脚高度，t为板厚，e为搭叠宽度，如图5-36所示。

（3）角焊缝截面形状与承载能力的关系

1）动载荷时，凹角焊缝比平角焊缝承载能力强，能保证焊缝金属和基本金属平缓连接，搭叠宽度c不得小于5δ。

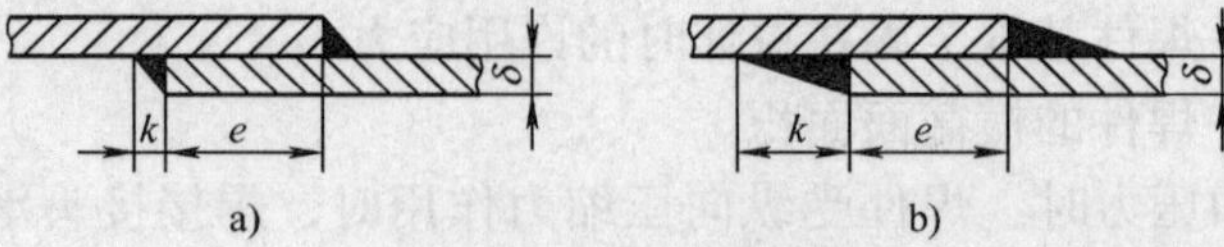

图 5-36　搭接焊缝尺寸

a) $k=\delta$　b) $k>\delta$

2）拉伸力作用线通过角焊缝时，将产生弯折应力，且应力集中现象较为严重，在焊脚的根部往往形成强烈应力，反应在正常的等腰三角形焊缝中最为严重，因此在承受动载荷的场合，应采用凹形焊缝。为了不使侧面焊缝中产生过分的不均匀应力，一般规定，侧面焊缝的长度 l 不应超过 60mm，但是正面焊缝与斜面焊缝的长度均不应小于 40mm。

3）角焊缝的强度也取决于焊脚的高度，随着焊接直角边的增大，焊缝强度极限则减小，所以焊脚高度有如下规定“如果受静载荷作用，则不应大于 1.5δ；如果受动载荷作用，则不应大于 1.2δ（δ 是所连接板材的最小厚度）而焊缝最小焊脚高度不应小于 4mm。

3. 各种形式焊接接头的强度计算

根据受力分析，考虑到偏心力矩的存在和局部应力集中现象，它们将使焊缝的工作条件变坏，所以焊缝的许用应力取得较低。在普通工程中，正面焊缝的强度是按切应力进行计算的，这种方法是假定性的，而且是近似的。

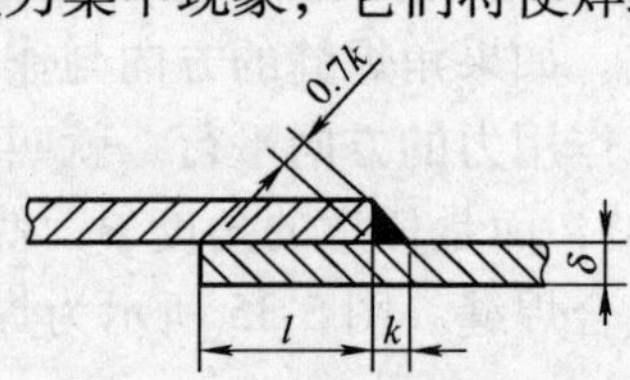

图 5-37　单边搭接接头

（1）搭接接头许用承受力的计算

1）单边焊缝（见图 5-37）：

$$F=[\tau']\times 0.7kl \tag{5-5}$$

式中　$[\tau']$——焊缝金属的许用剪切应力；

l——焊缝工作长度；

k——焊脚高度。

对边焊缝：

$$F=2[\tau']\times 0.7kl \tag{5-6}$$

（2）对接接头许用承受力的计算（见图 5-35）

1）焊件受拉伸作用，许用拉力公式为

$$F=2[\sigma_p']\delta l \tag{5-7}$$

式中　$[\sigma_p']$——焊缝中的许用拉应力；

δ——板厚；

l——焊缝长度。

2）焊件受压缩作用，许用压力公式为

$$F = 2[\sigma_c'] \delta l \tag{5-8}$$

式中　$[\sigma_c']$——焊缝中的许用压应力；

δ——板厚；

l——焊缝长度。

（3）T形接头许用承受力的计算　T形接头主要用于受弯曲作用的焊件中，如图5-38所示，在焊接钢板没有焊透，留有缝隙的情况下，焊缝计算采用最小面积的截面，计算强度采用角焊缝的抗剪强度。

1）当T形接头受拉力作用时，许用拉力计算公式为

$$F = 2[\tau'] \times 0.7kl \tag{5-9}$$

式中　$[\tau']$——焊缝中许用剪应力；

l——焊缝长度；

k——焊脚高度。

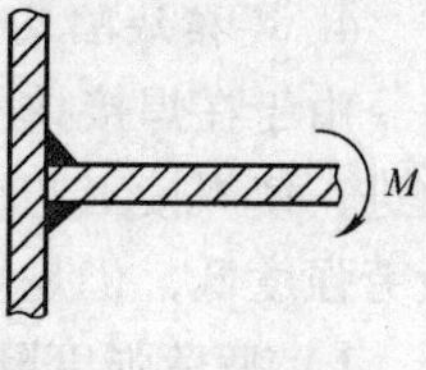

图5-38　T形接头

2）当T形接头受弯曲力矩 M 作用时，应满足如下关系：

$$\sigma = M/W \leqslant [\sigma_p'] \tag{5-10}$$

式中　$[\sigma_p']$——焊缝许用拉伸应力；

M——弯曲力矩；

W——焊缝截面矩量。

对于焊缝截面矩量前面已讲过，它又称为截面系数，型材的截面矩量可在型钢表中查出，而非型材焊件的截面矩量则可用公式算出（见图5-39），即

$$W = \frac{lh^2}{6} \tag{5-11}$$

式中　W——截面矩量；

l——焊缝长度；

h——板材宽度。

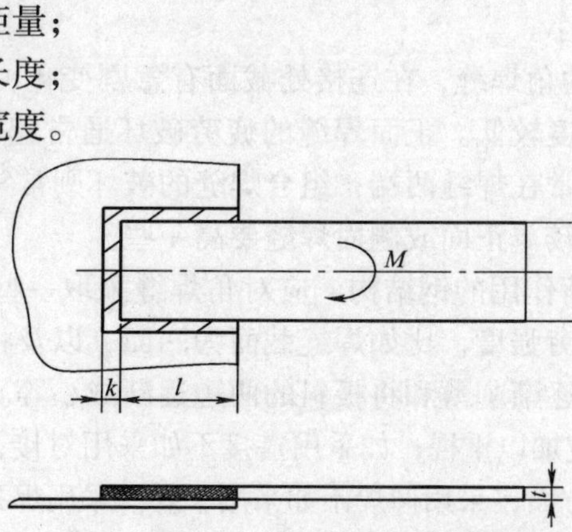

图5-39　弯矩作用下的组合焊缝

3）当同一T形接头上同时作用弯曲力矩 M 和纵向拉力 F 时，应满足如下关系：

$$\sigma = \frac{M}{W} + \frac{F}{A} \leqslant [\sigma_p'] \tag{5-12}$$

式中 M——弯曲力矩；

W——截面矩量；

F——纵向拉力；

A——横截面积。

4. 焊接缺陷及其弥补方法

由于在焊接技术上对焊缝检验及连接的构造形式等方面在近年来有了很大的改进，使焊接工艺在承受动载荷的构件中也得到了广泛采用。但是，由于焊缝的疲劳强度低，仍是焊件存在的严重缺陷。

1）疲劳强度降低的原因：焊缝表面及接头两边凸凹不平，或者焊缝中存在裂纹、夹渣和气泡等隐患，导致严重的应力集中。焊缝区的材料硬化和变脆，通常疲劳破坏发生在焊缝的热影响区或焊缝末端。针对疲劳强度降低的缺陷及原因，在实际生产中，可以采取一定措施，虽然这些措施不能根除焊件存在的缺陷，但也可以大大改善焊接质量。

2）虽然对接接头易受焊接缺陷的影响，但是由于对接接头具有传力均匀、疲劳强度高的优点，因此在承受动载荷的焊件中应用较多。在经过铲除未焊透的焊缝、补焊焊根，并将焊缝表面凸起部分刨平等处理后，可使强度等于原焊件金属强度。

3）对板料厚度不同的对接焊缝，应按 1∶5 的坡度从焊缝处，将板料较厚的一端进行逐渐削薄，使传递内力均匀。另外，斜焊缝的疲劳强度较直焊缝高，所以缺陷对斜焊缝影响较小。

4）对于搭接接头的角焊缝，在连接处截面有急剧变化，应力集中现象比较严重，因此，其疲劳强度较低。正面焊缝的疲劳破坏通常起源于焊缝的角根处；侧面焊缝破坏的起点通常在焊缝两端；组合焊缝的破坏则常常起源于两种焊缝的交接处，它的疲劳强度较单正面或侧面焊缝要高一些。

5）对于承受动载荷作用的钢结构，应对角焊缝采取一些措施，减少应力集中的影响，提高它的疲劳强度，比如焊缝截面为凹面，以及将焊缝表面和棱角用砂轮磨平，将焊接板料逐渐削薄和将板料的两边逐渐减小等。

6）一些具体情况应加以重视，如采用搭接不如采用对接，采用角接不如采用T形接法；在焊缝形式方面，采用仰焊不如采用平焊，采用焊条电弧焊不如采用埋弧焊，因为埋弧焊穿透力大，焊波可以减薄，强度还能提高。焊件的实际强度只能按最小计算，因为破坏是从最薄弱处开始的。另外，还有安全系数，在某些情况下，有时会出现脱离实际现象，比如，将焊波加大加厚以提高焊缝强度，实际上却适得其反，不但没有起到加强作用，反而增加应力集中而削弱了强度。

如果用上述几种方法，仍达不到强度要求，可以再考虑一些焊件的接头形式，也可以大大提高焊缝强度，比如，采用角钢对接斜焊缝，角钢对接直焊缝加斜补强板或加强筋等方法。

第六节　铆接结构及其强度计算

目前，铆焊结构件大部分采用焊接形式，但是由于铆接的塑性和韧性比焊接好，传力均匀可靠，加工变形小，容易检查和维修，所以对于受冲击和振动载荷的构件的连接，以及焊接性能差的金属的连接，仍大量采用铆接工艺。例如，在汽车行业中，非承载式车辆的车架的连接，绝大部分采用铆接和螺纹联接；而飞机制造行业铆接应用更为广泛。

一、铆接的种类

铆接是用铆钉把两个或两个以上的零件、构件连接为一个整体（不可拆）的连接方法。它分为强固铆接、紧密铆接和密固铆接。

（1）强固铆接　要求铆钉能承受较大的作用力，保证构件有足够的铆接强度，而对接合缝的严密度无特别要求。

（2）紧密铆接　铆钉不承受较大的作用力，但对接合缝要求绝对紧密，以防漏水和漏气。

（3）密固铆接　既要求铆钉能承受较大的作用力，又要求接合缝绝对紧密。

二、铆接的构造

1. 铆接的形式

钢板铆接分为搭接和对接两类。搭接是把一块钢板搭在另一块钢板上进行铆接；对接是把两块钢板置于同一平面，利用盖板来复接，而盖板又有单盖板和双盖板之分。每一类铆接形式，根据主板上铆钉的排数不同又可分为单排、双排和多排，而排列的形式又有并列和交错两种。

2. 铆接缝结构尺寸的确定

铆接缝的结构尺寸主要是指钉距、排距和边距，如图 5-40 所示。

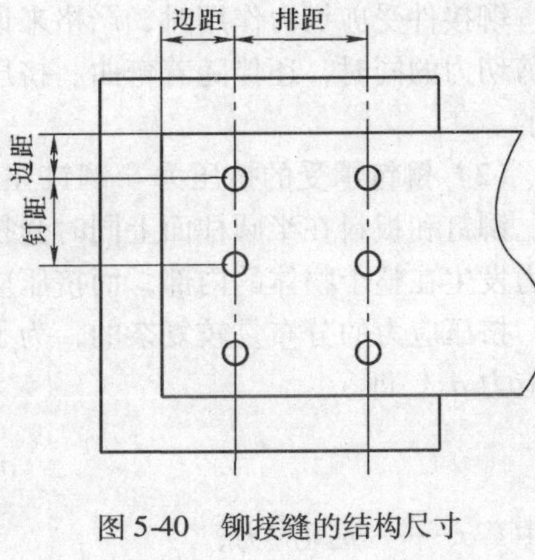

图 5-40　铆接缝的结构尺寸

1）铆接缝的结构尺寸主要参数，见表5-2。

表5-2 铆接缝的结构尺寸主要参数

连接参数	单排铆接		对排交错铆接	
	搭接	双盖板对接	搭接	双盖板对接
铆钉直径 d/mm	$2t$	$1.7t$	$2t$	$1.5t$
钉距 a/mm	$3d$	$3d$	$2d$	$2d$
排距 a/mm	$3d$	$3d$	$4d$	$6d$
沿作用力方向，从钉中心到板边距 L	$2d$	$2d$	$1.5d$	$1.5d$
强度系数 ψ	0.67	0.67	0.75	0.84

注：单盖板对接与搭接相同，t 为板材的厚度。

2）型钢上钉距的确定。对于各种型钢（角钢、槽钢、工字钢），凡边宽≤120mm 时，可用一排铆钉；150mm≥边宽≥120mm 时，可用两排铆钉；宽边>150mm 时，可并列布置两排或两排以上的铆钉，但排距不得小于 $3d$。

3. 铆接件的受力分析

（1）铆钉承受的剪切力　铆钉受剪切力作用，在内外力平衡条件下，铆钉存在着抵抗变形的内力 Q，即

$$Q = F \text{（平衡条件）} \tag{5-13}$$

假设剪切力 Q 在剖面上是均匀分布的，则单位面积上的剪切力即切应力 τ 可表示为

$$\tau = Q/A \tag{5-14}$$

式中　A——受剪切的剖面积；

Q——剪切力；

τ——切应力。

铆接件受剪切力作用时，严格来说，切应力 τ 不是均匀分布的，因为铆钉承受剪切力的同时，还伴随着弯曲、挤压等变形。为了简化计算，设定 τ 是均匀分布的。

（2）铆钉承受的挤压力　铆钉在受剪切力的同时，往往伴随局部受挤压现象，铆钉和板料在半圆柱面上同时受挤压作用，挤压应力与压缩应力不同，压缩应力发生在整个物体的内部，而挤压应力只发生在接触的表面上。

挤压应力的分布是较复杂的，为了简化计算，一般采用下面的公式计算，挤压应力 σ_c，即

$$\sigma_c = \frac{F_c}{A_c} \tag{5-15}$$

式中　σ_c——挤压应力；

F_c——挤压力；

A_c——挤压面的面积。

注意：挤压面的面积应按照半圆柱面的投影面面积来计算，如图 5-41 所示。

由以上分析可知，在铆接结构中，由于受到外力作用，铆接件对铆钉产生拉力或压力，这时铆钉就会受到剪切作用，若铆接件本身强度大于铆钉强度，铆钉被拉长，铆接力大大减弱，从而出现铆钉松动现象，严重时铆钉被剪断；若铆钉强度大于铆接件强度，则铆接件的钉孔被拉裂。因此，在设计铆接结构时要根据等强度的原则进行计算，但考虑到维修时方便，更换铆钉比更换板料要容易和方便得多，同时成本也低。一般地板料的强度应略比铆钉的强度大一些。

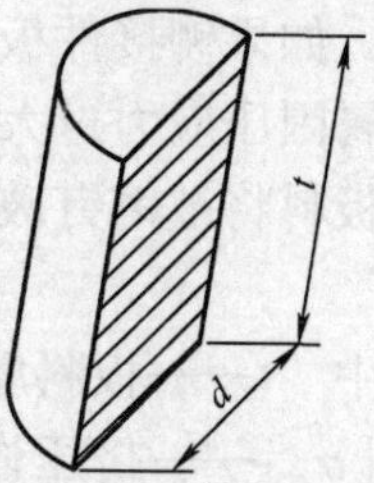

图 5-41　挤压面积的面积计算

注：$A_c = dt$。

4. 铆接的强度因素

铆接的强度与下列因素有关：

（1）铆接强度与铆钉直径和数量有关　铆钉直径越大，数量越多，铆接强度也就越大，反之也就越小。

（2）铆接强度与铆钉长度、铆接件总厚度有关　铆接件总厚度、铆钉长度与铆接强度成反比，同样直径的铆钉，钉杆越长，铆接件越厚，其铆接强度就相应越低。

（3）铆钉孔的大小或多少也直接影响铆接件强度　对于一块板料，其开孔越多，孔径越大，其强度就越低。

此外，对接时双盖板要比单盖板的强度提高一倍。

三、铆接件的强度计算

从铆接件受力情况分析可知，当铆接件承受载荷时，其作用力主要靠板料直径的摩擦阻力来传递，当外力逐渐增加到大于铆接件之间的静摩擦力时，便开始产生滑移，这种滑移将使铆钉杆压紧孔壁而承受剪切和挤压作用。一般地，铆接件强度计算有以下几种情况：

1. 铆接件板料厚度较大

如果铆接件板料的厚度较大，而铆钉的直径较小，则可能发生铆钉杆被切断的现象。假定铆接件的所有铆钉都受到平均载荷作用，那么一只铆钉应满足如下关系：

$$F/n \leqslant \pi d^2[\tau']/4 \tag{5-16}$$

式中　F——拉伸载荷；

n——铆钉数量；

d——铆钉直径；

$[\tau']$——剪切许用应力。

2. 铆接件板料厚度较小

如果铆接件板料的厚度较小，而铆钉的直径较大，则铆钉孔壁（受力面）金属因压应力过大而出现塑性变形，使钉孔逐渐形成椭圆形，在这种情况下，铆接板料将被铆钉破坏。这时一只铆钉应满足如下关系：

$$F/n \leqslant dt[\sigma_c] \tag{5-17}$$

式中　t——板料厚度；

$[\sigma_c]$——挤压许用应力。

3. 铆钉距过小

当铆钉距过小时，板料会通过铆钉中心的平面处发生断裂。这种情况下应满足的条件是：

$$F/n \leqslant (a-d)t[\sigma_p] \tag{5-18}$$

式中　a——钉距；

d——铆钉直径；

t——板料厚度；

$[\sigma_p]$——许用拉伸应力。

4. 板料边缘尺寸不足

如果铆钉中心线至板料边缘尺寸不足，则铆钉会沿平面把板料边缘剪裂。在这种情况下，其强度条件为

$$F/n \leqslant 2Lt[\tau'] \tag{5-19}$$

式中　L——铆钉中心至板料边缘的尺寸；

$[\tau']$——许用切应力。

四、铆接工艺与强度的关系

一般地，铆接方法分为冷铆和热铆两种。无论采用何种铆接方法，在铆接过程中，都要注意铆接质量，如有缺陷，则会直径影响铆接件的强度。

（1）冷铆　铆接时，铆钉不加热，在常温下进行铆接，所用的铆钉是由低碳钢制成的，而且要进行退火处理。冷铆时，铆钉杆不易镦粗。为保证连接强度，钉孔直径与钉杆直径应尽量接近以使钉与孔严密，防止板料有滑动现象，产生冲击应力。

（2）热铆　铆接时，将铆钉加热到一定温度后再进行铆接。如果用普通碳素钢铆钉，使用铆钉枪进行铆接，应把铆钉加热到 700～800℃（保温一定时间），这样能在铆接时利用铆杆镦粗，充满钉孔，但在冷却后，会出现一定间隙，同时由于铆钉在长度方向冷缩受到板料厚度限制，钉杆产生内应力，作用在

板料上，使板料压紧。当铆接件受力时，铆接件与板料之间产生很大的摩擦阻力，因而提高了铆接件的连接强度。

第七节　螺纹联接及其强度

螺纹联接是用带螺纹的零件组成可拆卸的固定连接。它具有结构简单、紧固可靠、装拆迅速方便（并可经多次装拆而不损坏）等优点，所以应用极为广泛。

一、螺纹联接的基本形式

（1）单头螺栓联接　这种方式主要分为：带螺母、垫片的弹垫紧固形式和沉孔螺纹紧固形式两种，用于紧固不太厚的工件。

（2）双头螺栓联接　双头螺栓是两头有螺纹的杆状连接件，一头拧入被连接件的螺孔中，另一头穿过其余被连接件的孔，拧上螺母就能将被连接件连成一体。其主要用于经常拆装，结构比较紧凑或工件较厚，不宜用单头螺栓联接的场合。

（3）螺钉联接　它不用螺母，而是直接将螺钉拧入被连接件的孔中，并自行在孔上拧出螺纹，达到连接的目的。这种方式适用于受力不大或一些较小零件的连接。

（4）紧固螺钉联接　全长都有螺纹，它用来拧入一零件的螺孔内而用螺杆末端顶住另一零件的表面以固定两零件的相对位置。

此外，还有地脚螺栓、吊环螺栓和螺母垫圈联接等。

二、螺栓直径的选择

在螺纹联接中，常用的是螺栓联接，而且在螺栓的强度计算中，一般是根据螺栓在联接中的受力特点和传力大小来选择螺栓直径的，以此来判断该联接是否符合强度要求。

在螺栓联接中，绝大多数的螺栓是承受拉力作用的，这种情况又分为松联接和紧联接。所谓松联接是指螺栓没有预紧力，只是在承受工作载荷时，联接才起作用。松联接一般应用较少，紧联接在承受工作载荷之前，联接中就有很大的预紧力，在钢结构中的螺栓联接绝大多数为紧联接。

螺栓联接中，最常发生的破坏形式是螺杆部分被拉断，因为螺栓都已标准化了，其各部分结构尺寸及螺母尺寸已根据等强度原则和经验确定，因此，选用螺栓时，首先确定螺栓直径，然后按标准选择螺母和垫圈。如果螺栓的强度足够，则螺母的强度也就足够了。

在紧联接中，拧紧螺母，一方面使螺栓受拉力作用，另一方面，由于螺纹间的摩擦，还将使螺栓受扭转作用。所以紧联接在承受工作载荷之前就受到拉伸和扭转的综合作用。扭转对螺栓强度有较大影响，根据理论和经验确定，一般约等于螺栓所受纯拉伸对强度影响的30%。

表5-3给出了材料为35钢经正火处理的螺栓，在各种直径时所能承受的轴向许用载荷。

表5-3　35钢各种螺栓的轴向许用载荷　　（单位：N）

螺栓公称直径 d/mm		6	8	10	12	16	20	24	30	36	42
静载荷	松联接	4000	7400	11800	17200	33000	52000	75000	119000	175000	240000
	控制扳手力矩紧联接	3100	5800	9200	13200	25000	40000	58000	92000	135000	184000
	控制扳手力矩紧联接	1200	2400	4000	6100	12900	22200	36000	69000	109000	159000
不控制扳手力矩的变载荷式起重		500	1000	1700	2600	6000	9300	13400	21300	31000	42000

注：对Q235钢及45钢，应将表中的许用值分别乘以0.75及1.1。

在确定紧联接螺栓直径时，由于联接的工作条件不同，选用螺栓的轴向许用载荷也有不同的方法，下面介绍两种常用的方法。

1. 受横向载荷作用时

这种连接必须把螺栓拧紧，使被连接零件之间产生足够大的摩擦力，阻止它们相对滑动。也就是说，这种连接是靠螺栓预紧后产生的静摩擦力来传递横向载荷的。此时螺栓只受轴向预紧力作用，不受横向载荷作用。

预紧力 F_0 的大小，可根据受横向载荷作用时不发生相对滑动的条件来确定，如果被连接件受到的横向载荷为 F，它们之间的摩擦系数为 f，摩擦面的个数为 m，因为要想使连接件之间在 F 的作用下不产生滑移，则 F_0 应满足以下关系：

$$mF_0f > F \tag{5-20}$$

即 $F_0 > F/mf = 2\psi$

为使连接件较为可靠，通常取预紧力 $F_0 = 1.2\psi$。

2. 受轴向载荷作用时

这种连接的特点是螺栓承受的工作载荷与轴线重合，显然螺栓的预紧力将因此发生变化。为了使螺栓在承受工作载荷时，被连接件之间仍然有一定的压紧力，使被连接面之间不产生间隙，必须将螺栓预紧到一定程度，当螺栓承受的工作载荷为 F 时，螺栓实际承受的拉力 F_0 应比 F 大，这样才能把被连接件压紧，通常应使 $F_0 = 2F$。

复习思考题

1. 工作焊缝和联系焊缝在实际操作过程中应该怎样掌握？

2. 点焊的质量要求是什么？

3. 焊接变形主要有哪些？怎样可以减少焊接变形？

4. 焊接接头的强度应该怎样估算？

5. 焊接内应力会对焊接结构产生怎样的影响？采用何种手段可以使焊接内应力得到大部分消除？

第六章

应力基础知识

培训学习目标　掌握应力的基本概念，理解应力在各种受力形式中的特点，掌握材料在各种应力状态下的能力分析。

掌握应力的基本概念以及各种受力状态下的应力形式，对钣金工进行汽车制造和维修时，在车身结构受力方面的内在辨识能力会得到较大的提高；对改进产品结构受力形式，提高产品受力能力等方面也起着非常重要的作用。

第一节　应力的基本概念

当物体受到外载荷作用时，必然产生抗力以抵抗作载荷的作用，直至物体发生损坏，但只要物体不损坏，其抗力就一直存在，并且随着外载荷的增加而增加，外载荷的消失而消失，物体抵抗外载荷的抗力是物体内各部分之间产生相互作用的内力，我们把物体单位面积上的内力称为应力。

如图 6-1 所示，物体 *a*、*b*、*c* 堆积在固定体 *d* 的上面。当物体 *a* 受到外载荷 *F* 的作用时，物体 *a* 将外载荷 *F* 传递给物体 *b*、*c*、*d*，此时物体 *b* 产生内力（即应力）。在物体 *b* 受力的过程中，只要不产生变形和损坏，内部组织将产生均匀的应力。*F* 大则应力大，*F* 小则应力小，*F* 消失则应力也消失。

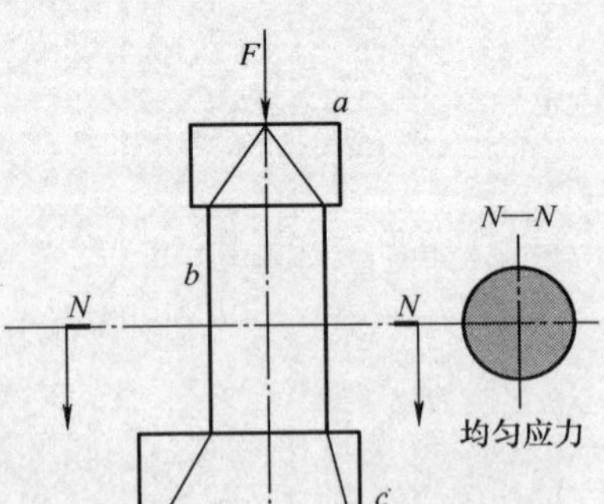

图 6-1　物体 *b* 产生均匀应力

材料内部应力分布的状态是随着外载荷的施力情况不同而变化的。

图 6-2 中物体 a、b 堆积在固定体 c 的上面。当外载荷 F 向物体 a 施力，物体 a 受到 F 的作用力集中于一点时，物体 a 向物体 b 传力的范围就聚集在虚线范围内。物体 a 的两个断面 m 和 n 受力的面积就不相等。假设 $F=200\text{N}$，那么断面 m 和 n 同样都受到 200N 的力而产生 200N 内力。此时 m 断面的 200N 内力集度比 n 断面的 200N 内力集度大。

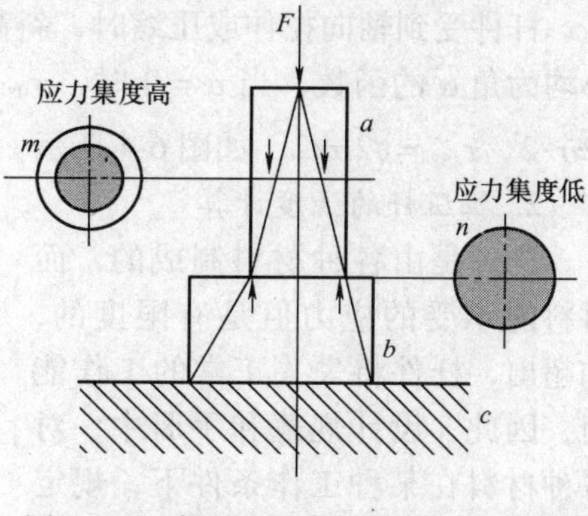

图 6-2　m 断面和 n 断面应力集度不同

应力的表现形式有：压应力、拉应力、剪切应力、弯曲应力、扭转应力、交变应力和残余应力等多种形式。

一、拉伸和压缩

当作用在直杆上的外力（或外力的合力）的作用线与直杆的轴线重合时，杆件将发生沿轴线方向的伸长或缩短变形。杆件受载荷作用时，在杆件未发生变形或破坏极限的前期，必然产生抗力，这是杆件在外力作用下产生的内力，这种直杆上产生抵抗沿轴线方向的伸长或缩短变形的内力即应力，称为轴向应力。应力与外力平衡，杆件受拉时应力为正。杆件受压时应力为负。

当直杆件受到拉伸和压缩作用力的方向垂直于横截面时，横截面上各点的应力大小相等，如图 6-3 所示。其计算公式为

$$\sigma=\frac{F}{A} \tag{6-1}$$

式中　σ——横截面上各点的应力；

F——横截面上的轴力；

A——横截面的面积。

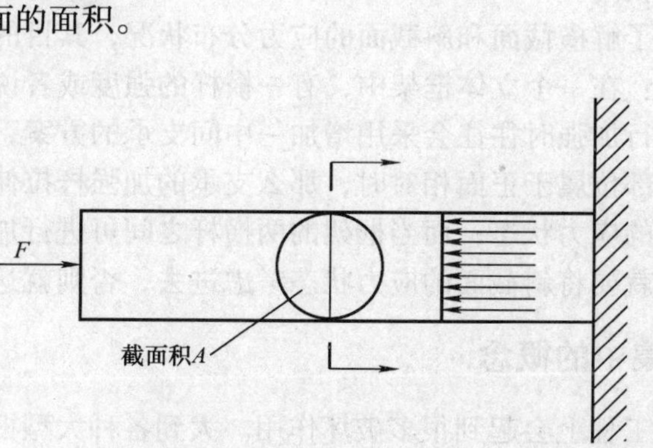

图 6-3　受拉伸和压缩力时材料的轴向应力

1. 斜截面上的应力

杆件受到轴向拉伸或压缩时，斜截面上既有正应力，又有剪应力，它们的大小均为角 α 的函数，当 $\alpha=0$ 时，$\sigma_{0°}=\sigma_{max}=\sigma$，$\tau_{0°}=0$；当 $\alpha=45°$时，$\sigma_{45°}=\sqrt{2}\sigma/2$，$\tau_{45°}=\sqrt{2}\sigma/2$，如图 6-4 所示。

2. 拉压杆的强度计算

杆件是由各种材料制成的，而材料能承受的应力值是有限度的，如超出，杆件将失去正常的工作能力，因此，设计规范和手册中，对各种材料在某种工作条件下，规定了保证安全工作的最大应力值，称为“许用应力”，用［σ］来表示。杆件应满足以下关系：

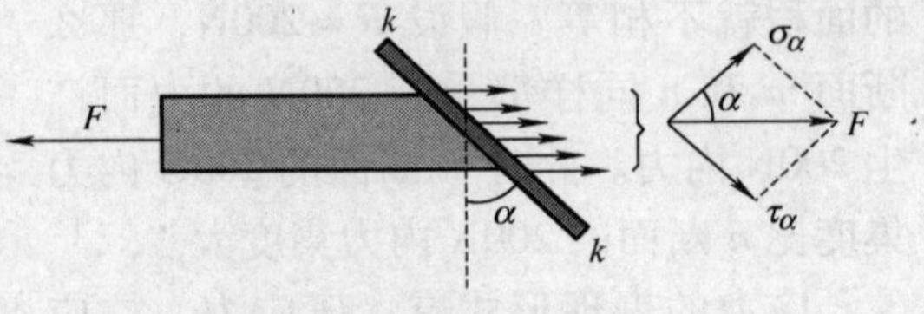

图 6-4　斜截面上的应力

$$\sigma_{max}=N/A\leqslant[\sigma] \tag{6-2}$$

式中　σ_{max}——实际最大应力；

N——外力；

A——杆件截面积；

$[\sigma]$——许用应力，从设计规范和手册中查得。

用以上公式可以解决三个方面的问题：①强度校核：$\sigma=N/A\leqslant[\sigma]$；②设计截面：$A\geqslant N/[\sigma]$；③确定许用载荷：$N\leqslant[\sigma]A$。

钢材受到拉伸或压缩作用时，截面上应力的分布状态虽然随着载荷施力的情况有所不同。但是，从总体概念来看，钢材受拉伸和压缩时的应力分布状态和弯曲应力、扭转应力、交变应力等相比较要均匀得多。在结构设计中，用强度计算校核式：$\sigma_{max}=N/A\leqslant[\sigma]$得出结果选择的材料，一般都比较可靠。钢材的应力能力利用率也比较高。

说明：我们了解横截面和斜截面的应力分布状况，其目的是用于指导今后的操作实践。比如：在一个立体框架中，有一横杆的强度或者说是刚度达不到使用要求，当我们进行加强时往往会采用增加一中间支承的方案，当框架的两横杆之间可进行加强的部位属于正面相对时，那么支承的加强杆拉伸或压缩的应力状态就等同于横截面的应力状态；而当框架的两横杆之间可进行加强的部位有夹角斜面相对时，我们就要将斜截面的应力状态考虑进去，否则就达不到加强的目的。

二、应力集中的概念

应力集中在工程上会起到很多破坏作用。大到各种大型框架结构的垮塌，小至各种日常用品的开裂损坏。工程设计中比较难的就是应力集中处的应力处理。所谓应力集中，就是由于机械某零部件设计的形状突变或结构不合理等诸多原因，造成框架结构或机械零件正常工作时出现破坏。特别是交变应力场合的损害，尤为明显。

我们知道，在等截面直杆受轴向拉伸或压缩作用时，横截面上的应力是均匀分布的，但是由于实际需要有些零件有切口、切槽、油孔、螺纹和带有过渡圆角的轴肩等，致使这些部位上截面尺寸发生突然的改变，截面尺寸发生突然改变的部位截面上的应力并不是均匀分布的，如开有圆孔和带有切口槽附近的局部区域内，应力数值剧烈增加，而在离开这一区域稍远的地方，应力迅速降低而趋于平均，这种因杆件外形突然变化而引起局部应力急剧增大的现象，称为应力集中，如图 6-5 所示。

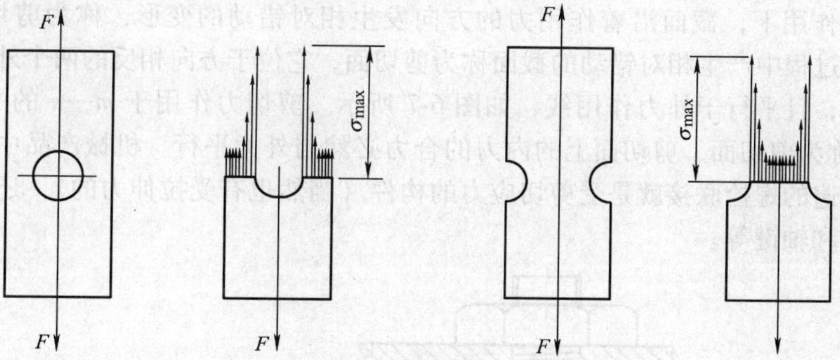

图 6-5 应力集中

减少应力集中的方法和措施如下：

1）进行结构设计时，在零件上应尽可能避免带夹角的孔和槽，阶梯轴和凸肩处要用圆弧过渡，并且在结构允许的范围内尽可能地使过渡圆弧的半径稍大一点。

2）尽量选用对应力集中敏感程度不高的材料，即使是塑性材料，由于塑性材料有一个屈服阶段，当局部的最大应力 σ_{max} 到达局部极限［σ］（材料许用应力）时，该处材料的变形可以继续增长而应力数值不再增加，如外力继续增大时，增加的力就由其他尚未屈服的材料来承担，使其他点的应力相继增大到屈服极限，如图 6-6 所示。这样就使界面上的应力趋于平均，降低了应力不均匀的程度。因此，用塑性材料制成的零件处于静载荷作用下时可以不考虑应力集中的影响。

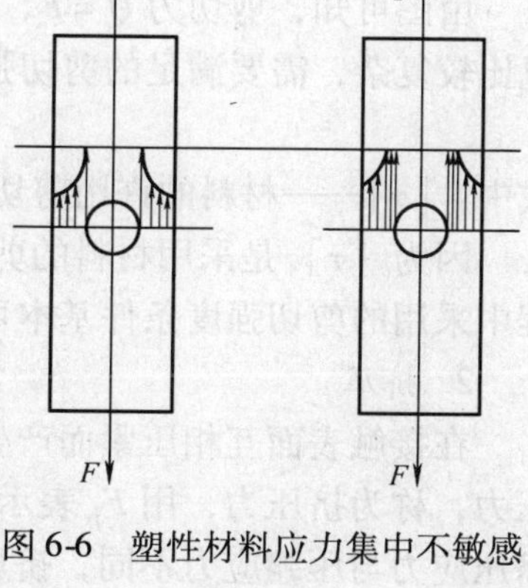

图 6-6 塑性材料应力集中不敏感

在静载荷作用下，应力集中对构件强度的

影响随材料的性能不同而异。用塑性材料制成的构件，在载荷作用下的强度计算可以不考虑应力集中的影响。而对于脆性材料，由于其没有屈服阶段，当应力集中处的 σ_{max} 达到材料的强度极限时，将引起局部断裂，大大降低构件的承载能力。所以在进行强度计算时，必须考虑应力集中的影响。在交变应力作用下，应力集中对各种材料的强度都有较大的影响。

三、剪切和挤压

1. 剪切

构件在受到一对大小相等、方向相反、作用线相隔很近的外力（或外力的合力）作用下，截面沿着作用力的方向发生相对错动的变形，称为剪切变形。在变形过程中产生相对错动的截面称为剪切面，它位于方向相反的两个外力作用线之间，且平行于外力作用线，如图 6-7 所示。剪切力作用于 $m—n$ 的平面内，$m—n$ 称为剪切面，剪切面上的内力的合力必然与外力平行。机械产品中，常用的最普遍的螺栓联接就是受剪切应力的构件（当然也有受拉伸力的），还有如联结齿轮和轴键等。

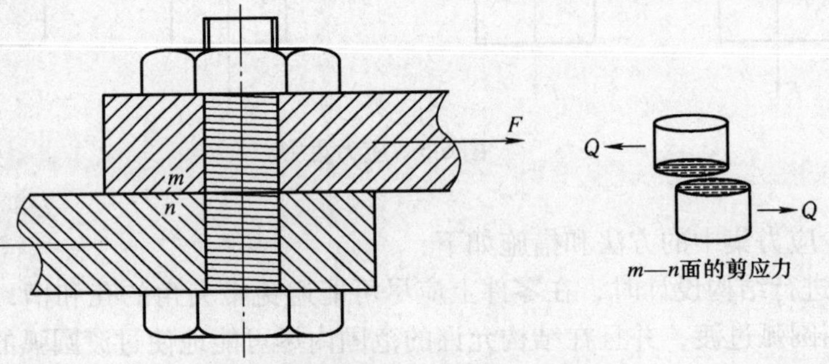

图 6-7　剪切力作用于 $m—n$ 平面内

由图可知，剪切力 $Q=F$，剪应力 $\tau=Q/A$。由于剪应力在剪切面上的分布情况比较复杂，需要满足的剪切强度条件是：

$$\tau = Q/A \leqslant [\tau] \tag{6-3}$$

式中　$[\tau]$——材料的许用剪切应力。

因为 $[\tau]$ 是采用材料的剪切破坏实验法，再除以安全系数得到的，所以工程中采用的剪切强度条件基本可靠，符合实际情况。

2. 挤压

在接触表面互相压紧而产生局部变形的现象，称为挤压。作用在接触面上的压力，称为挤压力，用 F_{jy} 表示。挤压面上的压强，称为挤压应力，用 σ_{jy} 表示。挤压应力与压缩应力不同，挤压应力只分布在两构件接触的局部区域，而压缩应力是分布在整个构件内部。

在工程实践中，往往由于挤压破坏，使连接松动，而不能正常工作，因此，除了进行剪切强度计算外，还要进行挤压强度计算。

挤压应力在挤压面上的分布很复杂，和剪切一样，也采用“实用计算法”来建立挤压强度条件是：

$$\sigma_{jy} = F_{jy}/A_{jy} \leqslant [\sigma_{jy}] \quad (6\text{-}4)$$

挤压面积 A_{jy} 的计算方法是根据接触面的具体情况而定。如前面剪切实例中讲到的齿轮与轴的联接如图 6-8 所示，那么 A_{jy} 的计算公式为

$$A_{jy} = hL/2 \quad (6\text{-}5)$$

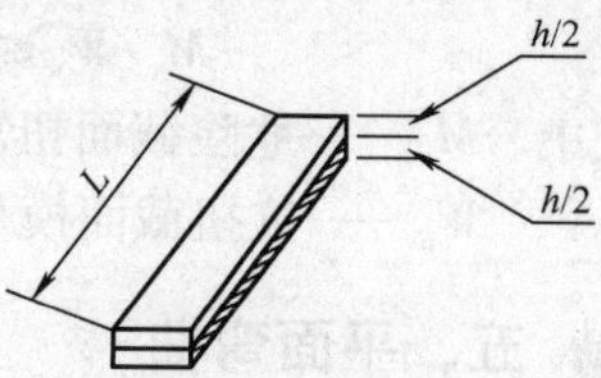

图 6-8　挤压面积

对于螺栓、销钉等圆柱形的联接件，其接触面近似半圆柱面。根据理论分析，在半圆柱面上的挤压应力分布大致如图 6-9 所示，中点的挤压应力最大。对螺栓、销钉等圆柱形联接件的挤压面积计算公式为 $A_{jy} = dt$。其中 d 为螺栓直径，t 为钢板厚度。

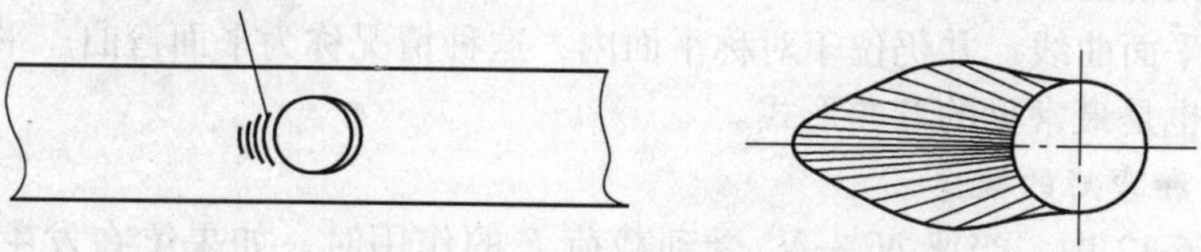

图 6-9　圆柱面上挤压应力分布

因为在计算试验中，以螺栓的正投影面作为挤压面积计算而得到的挤压应力与圆柱接触面上的实际最大工作应力最大值大致相等。

四、扭转

在一对大小相等，方向相反，作用面垂直于轴线的两力偶作用下，它们的横截面将绕轴线产生相对转动，这种变形称为扭转变形，如图 6-10 所示。通常用任意两横截面发生旋转时相对转过的角位移 ϕ 来度量扭转变形，ϕ 称为扭转角。

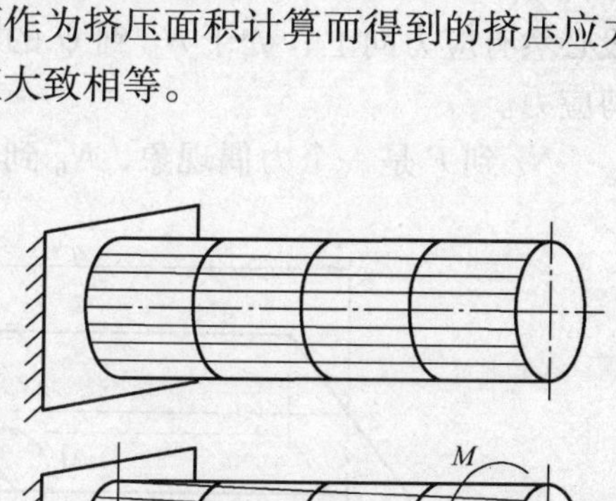

图 6-10　扭转变形

根据平面假设推理，可得出如下结论：

1）由于扭转变形时相邻横截面发生旋转的相对滑动，从而出现剪切变形，所以

横截面上必然有与剪切变形相对应的剪应力存在，又因为半径长度不变，故剪应力的方向必然与半径垂直。

2）变形时相邻两横截面间的距离不变，线应变等于零，所以横截面上没有正应力。横截面上剪应力的大小，与该点到圆心的距离成正比。圆心处的剪应力为零，圆轴表面处的剪应力最大，其方向与半径相垂直，如图 6-11 所示。

圆轴强度计算公式为

$$M_n/W_n \leqslant [\tau] \quad (6\text{-}6)$$

式中 M_n——危险截面扭矩；

W_n——抗扭截面模量。

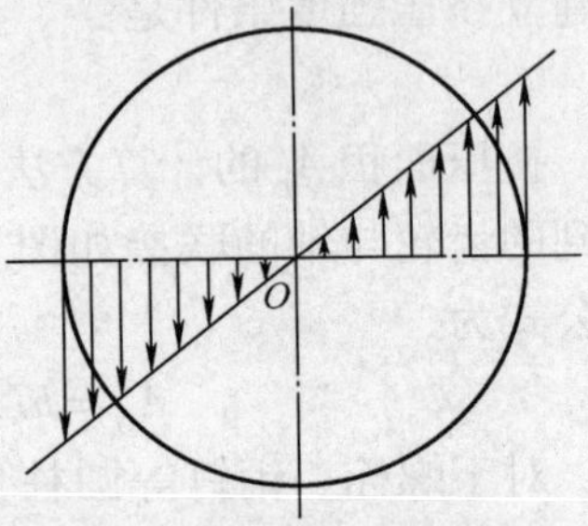

图 6-11　圆轴横截面剪应力分布

五、平面弯曲

当直杆受到垂直于轴线的外力作用时，其轴线由直线变为曲线，这种变形称为弯曲变形。发生弯曲或弯曲变形为主的杆件称为梁。梁的横截面具有对称轴线和对称平面。

如果梁上的外力或力偶都位于对称平面内，且外力垂直于轴线，则变形后的轴线将是平面曲线，并仍位于对称平面内，这种情况称为平面弯曲。平面弯曲是最普通，也是最常见的弯曲形式。

1. 力和弯矩的概念

在图 6-12 中，当梁 N_A—N_B 受到载荷 F 的作用时，如果梁在发生微量变形后进入平衡状态，这时，梁上的受力状况是一个平衡力系的状态。根据受力状态分析可知梁主要受到剪力和弯矩作用。从 Q 到 Q' 平面来看，处于 N_A 到 Q 的一段必然有应力向上；处于 N_B 到 Q 的一段有向下应力，因此 Q 到 Q' 平面上产生剪应力。

N_A 到 F 是一个力偶现象，N_B 到 F 也是一力偶现象。

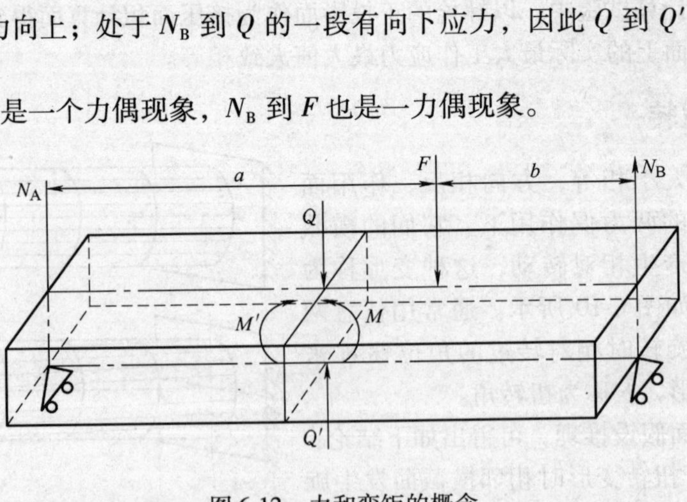

图 6-12　力和弯矩的概念

N_A 到 F 受到弯曲力其力臂为 a，弯矩力 Fa。

N_B 到 F 受到弯曲力其力臂为 b，弯矩力 Fb。

由以上分析可以得到以下结论：切于 QQ' 横截面的力称为剪力，剪力的作用线通过截面形心，与外力平行。力偶矩 M 和 M' 称为弯矩，弯矩是力偶面与横截面垂直的内力。

2. 纯弯曲梁横截面上的应力

在一般情况下，梁的弯曲横截面上既有剪应力，又有弯矩力，剪应力的存在说明梁不仅有弯曲变形，且有剪切变形，这种平面弯曲称为剪切弯曲。

如果各横截面上，只有弯矩，而无剪力，则称为纯弯曲。如图 6-13 所示，F—A 和 B—F，属于剪切弯曲。A—B 属于纯弯曲。纯弯曲的梁横截面上没有剪应力，只有弯矩力。

3. 中性层的概念

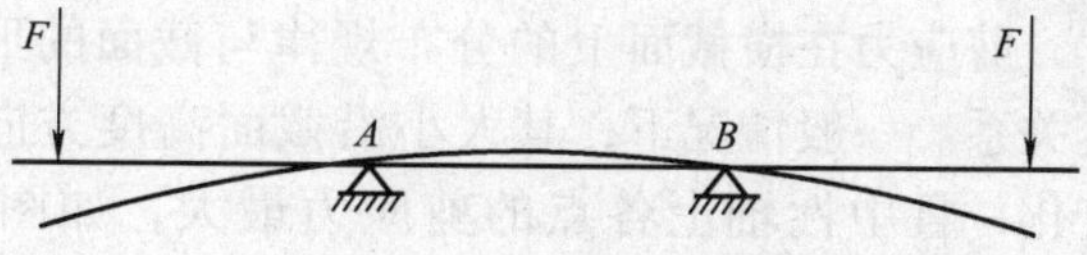

图 6-13　A—B 属于纯弯曲

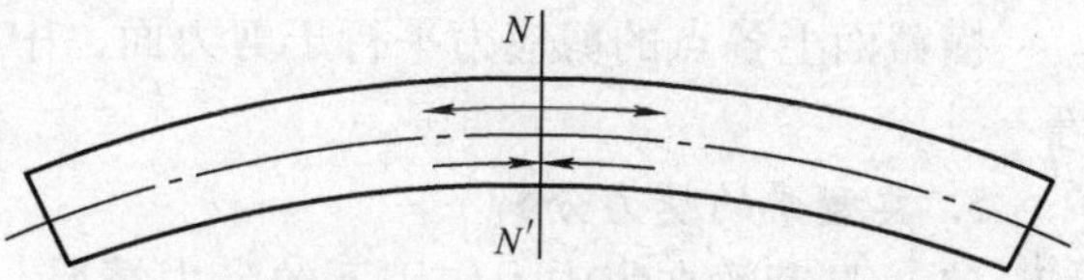

图 6-14　中性层的概念

如果我们将梁看成是由无数纵向纤维组成的，假设所有纤维只受纵向的拉伸和压缩时，互相无挤压，那么梁在弯曲时，必然以形心形成中性层，在弯曲突起的中性层以上，纵向纤维受拉伸作用；中性层以下，纵向纤维受压缩作用，如图 6-14 所示。

其应力状态是中性层的纵向平面内应力为零，中性层以上是拉伸应力，中性层以下是压缩应力，应力的大小与其离中性轴的距离成正比。Y 值相同的点应力值相同，如图 6-15 所示。

当截面形状对称于中性轴时，如矩形、圆形、工字形等，最大拉应力等于最大压应力。

当截面形状不对称中性轴时，如 T 字形（见图 6-16）、槽型等截面，拉应力和压应力的最大值就不相等。

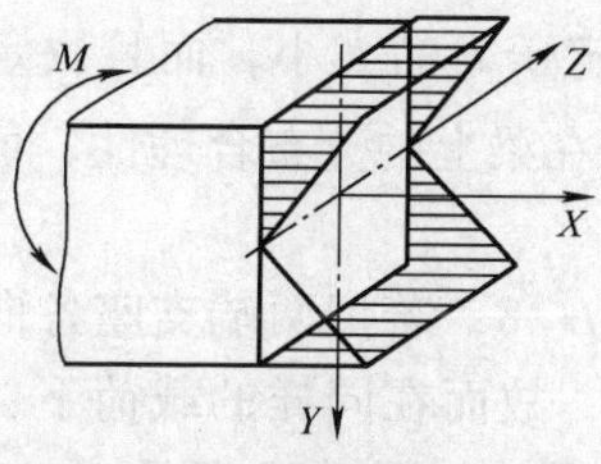

图 6-15　对称截面应力分布

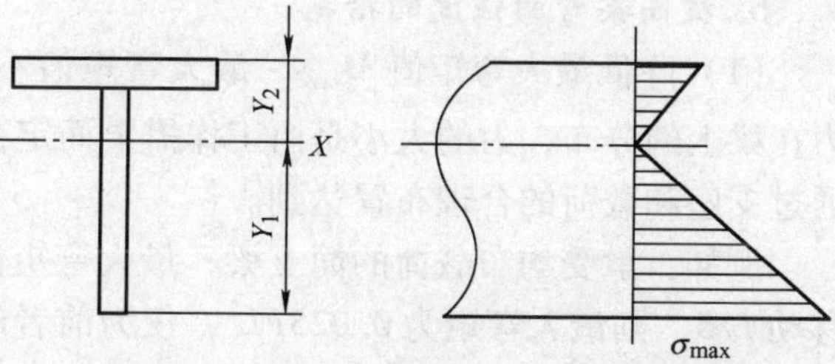

图 6-16　T 字形截面应力分布

因此，在设计框架结构上应用到截面形状不对称中性轴的材料时，就应该将应力大的一面放在受压应力的方向上比放在受拉的应力方向上更为经济和可靠一些，因为，材料在受压时比受拉时更不易损坏。

4. 梁的剪应力概念

剪切弯曲时，梁的横截面上有剪应力，相应地在纵截面也上有剪应力，根据剪应力互生定律（受力物体内，某一点处所做的两个互相垂直的截面上的剪应力，必定是成对存在，且数值相等，同时都垂直于两个截面的交线方向，则共同指向或背离这一交线）梁的纵向截面也相应地有剪应力。比如：竹竿在弯曲时常出现沿纵向开裂，说明梁在弯曲时纵向剪应力的存在，而竹竿沿纵向的剪力强度较弱，因而沿纵向被剪坏。

剪应力在横截面上的分布规律与截面的形状有一定关系。一般情况下，其大小沿截面高度方向呈曲线变化，且中性轴上各点的剪应力最大，如图 6-17 所示。横截面上各点的剪应力平行于剪力面，中心轴距离相同的各点剪应力大小相等。

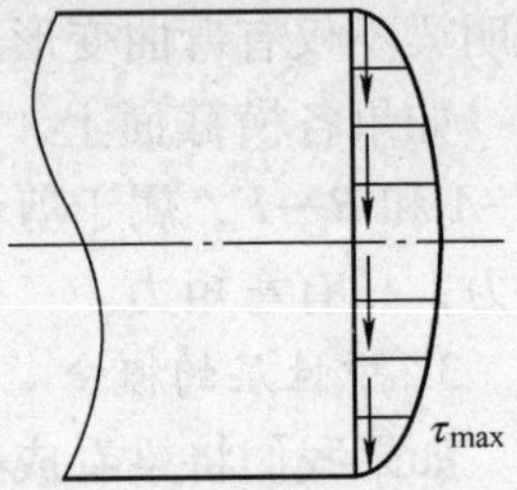

图 6-17　中性轴上各点的剪应力最大

横截面上各点的剪应力平行于剪力面，中心轴距离相同的各点剪应力大小相等

5. 典型梁的受力分析

（1）悬臂梁在集中力作用下的受力情况　如图 6-18 所示为台钻的手柄，其在集中载荷作用下的受力分析如下：

因为 $F=Q$，其中 $Q=$ 剪力，根据剪应力互生定律，所以各横截面上剪切力均等于 F。

因为 $M=FL$，当 F 在 0 位时，弯矩 $M=FL=0$；当 F 在 L 段时，则 $FL=M$。因此，悬臂梁的固定端横截面上的弯矩力最大。

（2）简支梁在均布载荷作用下的受力情况　如图 6-19 所示为简支梁在均布载荷作用下的剪力和弯矩变化规律。

6. 提高梁弯曲强度的措施

（1）降低最大弯矩值 M_{max}　最大弯矩值不仅决定于力的大小，而且决定于力在梁上的分布，力的大小是由工作需要而定，而力在梁上的分布合理性，可以通过支座和载荷的合理布置达到。

例如：承受均布载荷的简支梁，最大弯矩值为 $FL^2/8$，若把两端支座各向里移动 $L/5$。则最大弯矩为 $0.025FL^2$，仅为前者的 1/5，故而在同样的载荷下，梁的截面可以减小，这样就大大节省了材料，并减轻自重，如图 6-20 所示。

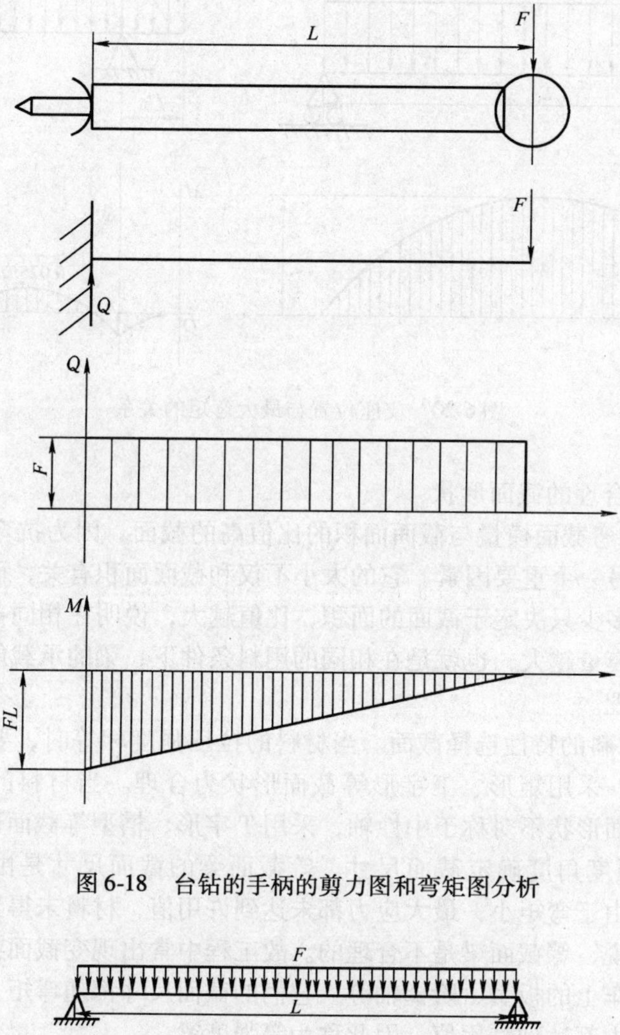

图 6-18 台钻的手柄的剪力图和弯矩图分析

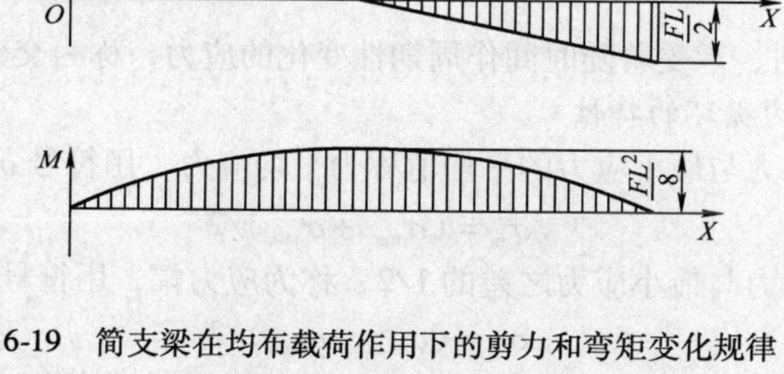

图 6-19 简支梁在均布载荷作用下的剪力和弯矩变化规律

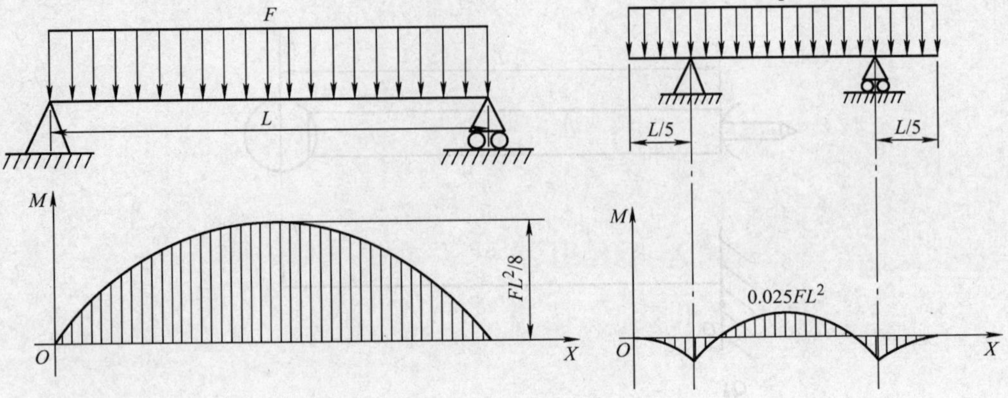

图 6-20 支座位置与最大弯矩的关系

（2）选择合理的截面形状

1）选择抗弯截面模量与截面面积的比值高的截面。因为抗弯截面模量是控制弯曲强度的另一个重要因素。它的大小不仅和截面面积有关，而且与截面形状有关，用料的多少只决定于截面的面积，比值越大，说明在相同截面面积的条件下，抗弯截面模量越大，也就是在相同的用料条件下，梁的承载能力高，所以比值大的截面合理。

2）根据材料的特性选择截面。当材料的拉压强度相等时，要求截面形状应对称于中心轴，采用矩形、工字形等截面形状为合理。当材料的拉压强度不等时，则要求截面形状不对称于中性轴，采用 T 字形、槽型等截面形状较为合理。

3）从等强度角度确定截面尺寸。等截面梁的截面尺寸是由最大弯矩确定的，其他截面由于弯矩小，最大应力都未达到许用值，材料未得到充分利用。因此，从整体来说，等截面梁是不合理的。故工程中常出现变截面梁。如：摇臂钻床的横臂、汽车上的板簧、阶梯轴等。它们的截面尺寸都随弯矩大小而变，若各截面的最大应力都达到许用值，因此称为等强度梁。

六、交变应力

构件工作时，承受着随时间作周期性变化的应力，称为交变应力。

1. 交变应力循环的特性

1）最大应力与最小应力的平均值称为平均应力，用符号 σ_m 表示为

$$\sigma_m = (\sigma_{max} + \sigma_{min})/2 \tag{6-7}$$

2）最大应力与最小应力之差的 1/2，称为应力幅，用符号 σ_a 表示为

$$\sigma_a = (\sigma_{max} - \sigma_{min})/2 \tag{6-8}$$

3）最小应力与最大应力之比值，可以表明应力变化情况，称为应力循环特

性，用符号 r 表示为

$$r=\sigma_{\min}/\sigma_{\max} \tag{6-9}$$

2. 金属材料在交变应力下的破坏特点及其解释

金属在交变应力作用下的破坏，一般并不是由于金属疲劳引起的，但习惯上仍称为疲劳破坏，疲劳破坏和静载荷破坏有很大不同，其特点是：

1）疲劳破坏的最大应力值远小于静载荷时的强度极限或屈服极限。即使是塑性很好的材料，经过多次的应力循环后，也可能发生突然的脆性破坏。由于疲劳破坏的突然性，所以是事故的重大隐患。

2）金属疲劳破坏时，其断口处明显地分成为两个区域光亮区和粗糙区。

金属疲劳破坏的原因是：当构件交变应力的值超过一定限度后，在应力最大的部位，即材料薄弱处逐渐产生细微的裂纹，随着应力循环次数的增加，一方面裂纹逐渐扩展，另一方面裂纹经过多次的张开和压缩，就产生类似研磨作用，形成断口处的光滑区，由于裂纹的不断扩展，构件的有效截面积也逐渐减少，截面积上的应力也随之加大，并形成冷作硬化效应，塑性变形越来越困难，当有效面积（截面积）被削弱到一定程度时，在偶尔的冲击或振动下，构件便产生突然的脆性断裂，就是断口处的粗糙区。

3. 交变应力的类型

交变应力的类型如图 6-21 所示。

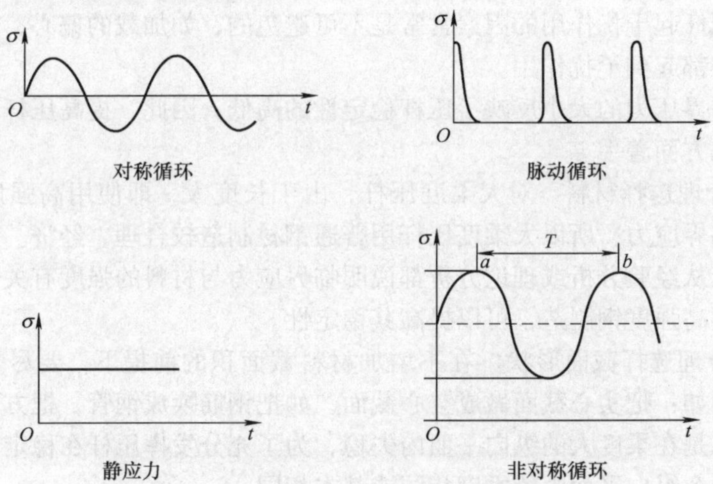

图 6-21　交变应力的类型

4. 提高构件持久极限能力的措施

提高构件在交变应力下持久极限能力的措施有：降低构件应力集中的影响；提高构件表面的加工质量；提高构件表面的强度。

七、压杆稳定

对承受轴向压力的细长杆，仅仅满足强度要求还不能保证安全可靠的工作。取两根横截面面积 $A=150\text{mm}^2$ 松木直杆，它们的长度分别为 20mm 和 1000mm，松木的强度极限 $\sigma_b=40\text{MPa}$，沿它们的轴线施加压力。按强度计算的概念，只有当压力达到材料的强度极限时，才发生破坏，此时压力最大值应为 $F_{max}=\sigma_b\times A=150\text{mm}^2\times 40\times 10^6\text{Pa}=6000\text{N}$。

实验结果表明，长度为 20mm 的杆符合上述情况，而且破坏前始终保持直线形状的平衡，但长度为 1000mm 的杆，当压力达到 30N 时就开始变弯，如继续加大压力，则杆的弯曲变形急剧加大而折断，此时的轴力远小于 6000N。

这种不能维持原有直线形状下的平衡而发生的突然变弯的现象，称为压杆失去稳定性，简称压杆失稳。

细长压杆的直线平衡状态是否稳定，取决于压力的大小，当压力达到一定的界限时，压杆就由稳定的平衡状态变为压杆失稳，这时的压力值称为临界压力或临界力。

压杆的临界状态是压杆不稳定平衡的开始，但可能处于微弯的平衡状态，因此，临界力也是压杆在微弯状态下，保持平衡的最大轴向压力。

应该注意的是，当轴向压力小于临界压力时，压杆也可能出现失稳现象。这时由于对压杆起干扰作用的因素常常是不可避免的，如加载的偏心，周围环境的微小振动，都起到干扰作用。

压杆临界压力的大小反映了压杆稳定性的高低，因此，提高压杆稳定性，可以从以下几方面着手。

（1）合理选择材料　对大柔度压杆，由于长度大，即使用高强度钢制造也不能提高临界应力，所以大柔度压杆用普通钢材制造较合理、经济。对中小柔度压杆，无论从经验分析或理论分析都说明临界应力与材料的强度有关，对于这一类压杆采用高强度钢制造，可以提高其稳定性。

（2）合理选择截面形状　在不增加材料截面积的前提下，要尽量增加截面惯性矩，例如：把实心截面做成空心截面，如把钢筋换成钢管，把方钢换成方管等。压杆总是在柔度大的纵向平面内失稳，为了充分发挥压杆在稳定性方面的潜力，应使各个纵向平面内的柔度相同或基本相同。

（3）尽量减小压杆长度　在可能的情况下，应尽量减少压杆的长度，以提高其稳定性，如工作条件中不允许减小压杆长度时，则考虑采用增加中间支承的办法。压杆与其他构件连接时，应尽可能做成刚性连接或采用较紧密的配合。

第二节　车身拼装维修应力分析

一、拼装连接支撑应力的控制

拼装连接支撑应力是钢结构工件与工件进行连接时，由连接方式、连接手段、连接方法等不同产生的工件与工件之间相互挤压或相互牵拉的应力。如果这种应力影响因素控制得不好，就会给钢结构的整体要求带来较大的形状误差和尺寸偏差，从而无法满足钢结构产品的质量要求。

1. 拼装连接支撑应力的产生原因

拼装连接支撑应力的产生原因比较复杂，但总体来看，可分为以下几个方面：

（1）从成形的零件产品看　由于不能克服的薄板冲压回弹量，形状复杂的相互配合的连接部分，若配合状态较差，则连接后容易产生拼装连接支撑应力。也就是说，这是由拼装连接工件的形状产生的不稳定因素。

（2）从拼装连接的工装夹具看　相互配合的零件在工装夹具中拼装定位的精确程度，零件在工装夹具中进行工艺过程时正确形状的保持程度（特别是配合良好的吻合状态和定位夹紧状态），在接续过程的各道工序和工步中进行重复定位拼装工艺时能否得到可靠的保证，以及工装夹具带来的拼装连接缺陷都将直接导致工件的形状误差和尺寸不稳定。也就是说，这是工装夹具带来的工件形状和尺寸不稳定因素。

（3）从焊接应力产生的影响看　在车身制造的过程中，焊接连接工艺被大量采用。焊接过程对金属构件来说，是一种不均匀的加热和冷却的过程，是制造构件产生内应力而引起变形的主要原因。焊接时的加热过程是通过移动高温热源来进行的，因此，焊接时焊缝和焊缝周围附近的金属温度很高，其余大部分金属不受热，受热金属膨胀，周围不受热金属不膨胀，相当于刚性固定，于是，受热金属的膨胀受到阻碍和抑制，产生了压缩塑性变形，而焊完冷却后，焊缝和焊缝周围附近的金属，因高温冷却收缩而变短，又受到周围未受热金属的牵制，就使焊件产生了内应力，以致产生了变形（在应力系统中焊接应力是一种没有外力作用，只是在构件内部产生的内应力）。车身制造工艺中，大量的焊接应力导致工件与工件之间产生相互挤压或相互牵拉效应，从而导致工件的形状误差和尺寸不稳定。因此，对焊接工艺连接的钢结构，必须要对焊接应力变形制定严格规范的防范措施。

2. 拼装连接支撑应力分析实例

实例 1：车门扭曲变形应力分析

对于拼装连接支撑应力在车身制造中形成的缺陷，通过工装夹具的调整和焊接变形防范措施，可以有效地得以控制。下面就以某公司生产的一款系列前车门的拼装连接支撑应力问题解决措施为例加以介绍。

该公司某车型前门总成如图 6-22 所示，要求在前门生产时，工艺操作要保证外观型面曲率的准确性。左右前车门在生产时有一个型面控制问题；同时，车门上边与中腰线和下腰线及车门下边要保持平行。

图 6-22　某车型前门总成

如图 6-23 所示，车门上边与中腰线和下腰线及车门下边不平行。此时，将扭曲的车门装配在整车上，其与门框侧壁面不能良好吻合。这种缺陷是无法用装配工艺加以调整的。只能采用大力量的反变形应力校正法，对门框侧壁与车门面吻合程度进行校正，如图 6-24 所示。

图 6-23　门框侧壁面不吻合

图 6-24　采用大力量的反变形应力校正法

可以看出，左右前门产生的扭曲现象，一般认为是在门内板总成和门外板进行总成包边时形成的。

下面我们就来分析一下，车门包边机在进行门内板总成和门外板总成包边过程中是否会形成车门的扭曲。

首先，车门包边机的模膛是依据车门外形面的形状，采用机加工工艺制造的，精确度很高。

其次包边的压块也是依据车门外形面的形状，采用机加工工艺制造的，并且经过夹具工精调后与模膛再进行门总成包边时，相啮合的精度高。

第三，压块与模膛在进行车门包边时，压块的动作轨迹距离模膛的范围不大，形成车门在包边后产生扭曲变形的受力空间不足。因为要想使车门上框扭曲，要经历弹性变形和塑性变形两个阶段，而包边压块与模膛在进行包边的运作空间，不足以超出弹性变形量范围。所以形成车门扭曲现象可以断定并不是在车门包边时所形成。

我们再对车门内板和外板各自的特性和工艺过程进行分析。冲压成形的车门外板相当于在平整的铁皮上拉了几道横筋，这样就使整个平面显现出软曲的状态，如图 6-25 所示。

图 6-25　处于软曲状态的车门外板

车门内板相对于外板显现出的挺度和刚性要好得多，但自身刚度也是比较差的，如图 6-26 所示。

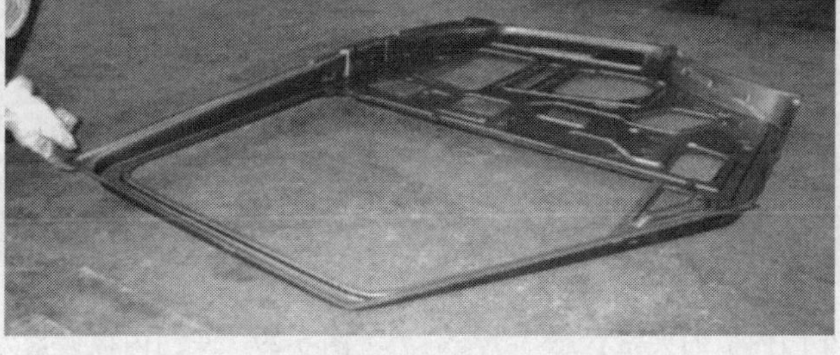

图 6-26　刚度较差的车门内板

通过以上分析可以做出如下判断：车门外板较软，车门内板稍硬，因此在门总成合成时，车门外板只会依附在内板的形状上。而内板的形状决定了车门总成的形状。按此分析可推理得出结论，车门总成的扭曲现象主要是由车门内板的扭曲造成的。因此，分析与检查车门内板的工艺过程中会形成扭曲的因素，是解决车门总成扭曲的主攻方向。

车门内板生产过程中。第一道夹具是点焊门铰链加强板和各种加强件，如图 6-27 所示。

图 6-27　点焊门铰链加强板和各种加强件

当把所有零件按顺序依次放进夹具本体，且关上夹紧器后，车门内板的上框就出现了扭曲变形现象。在没有点焊前，车门内板上框的扭曲属于弹性变形，如果这时打开夹紧器，扭曲现象会立即消失。当把夹紧器夹紧进行点焊焊接后，拼装连接支撑应力导致车门内板上框的扭曲变形就被固定住了。此时车门内板上的扭曲变形就不属于塑性变形。因为，如果将门内板上点焊上去的门铰链加强板和各种加强件拆除，门内板将会恢复原状。因此，车门内板在第一道夹具上进行点焊工序产生的扭曲，不是塑性变形，是由点焊焊接件支撑力导致的应力扭曲变形，是内板的扭曲力与点焊焊件支撑力的合力形成了新的应力平衡状态的扭曲变形，图 6-28、图 6-29 分别为车门内板的夹紧状态和夹紧力去除后的状态。

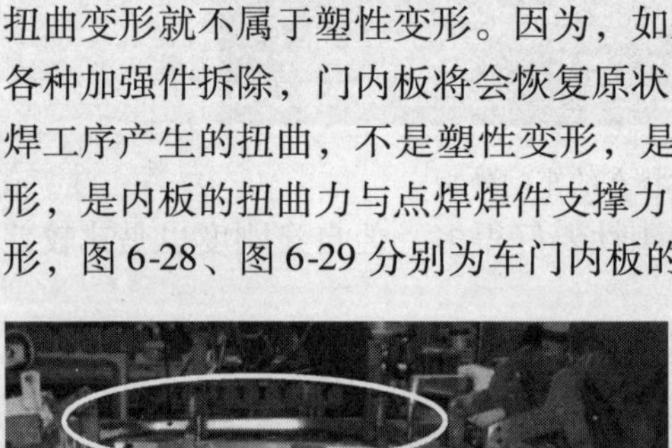

图 6-28　车门内板的夹紧状态

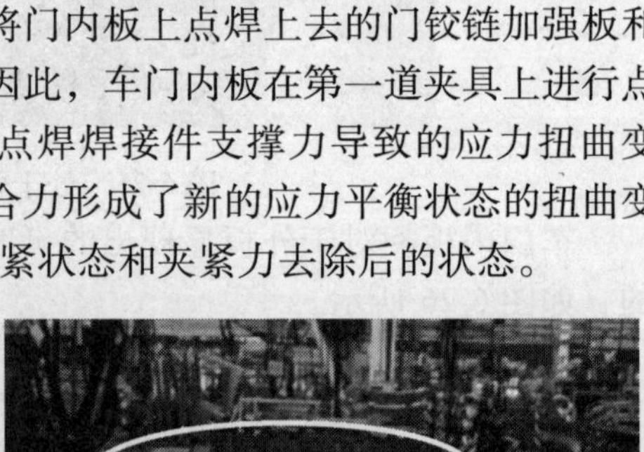

图 6-29　车门内板夹紧力去除后的状态

当车门内板产生扭曲变形后，要恢复到原有的正确形状，就要进行校正。校正就是要施加与扭曲方向相反的外力，使内板产生的塑性变形来抵消由点焊焊接件支撑力导致的应力扭曲变形。根据弹性变形和塑性变形的原理，要稳定地得到正确形状的塑性变形量，就必须克服弹性变形量。

车门内板产生扭曲变形后，在后续的各道工序中，在夹具压紧力压紧状态下，能够达到正确形状位置，但取消压紧力后，内板扭曲变形仍然存在。

如图 6-30 所示为车门在包边机上包边的过程。由于受到模膛正确形状位置的限制，车门内板没有反变形校正的空间，车门包边只是在包边压紧力的作用下，使扭曲的车门内板在弹性变形的范围内达到了正确的形状和位置。当包边压紧力取消后，弹性变形力消失，扭曲变形还是依然存在。

图 6-30　车门的包边

因此，车门总成的扭曲主要是由车门内板在工艺过程中产生的扭曲造成的。解决车门总成扭曲问题，就是如何解决车门内板在工艺过程中不致产生扭曲的问题。

通过观察可以看出，车门内板进入夹具后，除了要使平面定位平衡进行调整到位，对侧面的定位配合和压紧器与零件形状的吻合也都需要进行调整到位。这样做的目的是，确保车门内板在进行门铰链加强板和各种车门加强件点焊操作时，门内板不产生点焊连接支撑应力和扭曲变形。如图 6-31 所示，

图 6-31　对各定位点和夹紧点进行的调整

为了防止车门内板因底平面和侧面受力不匀而产生扭曲变形，而对各定位点和夹紧点进行的调整。

从以上分析中可以看出，工件在夹具中的平衡程度和点焊支撑力对工件的扭曲影响非常大，特别是大型的、刚性不足的薄板工件，很容易形成工件在加工工艺过程中的扭曲状况。

对于那些大批量、反复批次生产的状况，由于零件品种多，拼装复杂，大到整车拼装连接，小到某个装配点的定位等，都是靠工装夹具定位夹紧来稳定形状定位尺寸的。因此，为保证车身总成装配连接的正确率，要求操作时应对工件易变形状态和工装夹具的定位控制状态有充分的了解，并且正确使用工装夹具的定位夹紧功能，进行精细操作。一旦发现工装夹具出现松动和磨损，要立即进行调整，保证在工装夹具功能完整和性能可靠的状态下进行操作。

对于整个车身来说，其焊接应力和连接支撑应力非常大，因此要尽量避免或减小焊接应力和工艺过程中的连接支撑应力。为了做到这一点，需要在操作每一道生产工序时，充分了解工装夹具的各种功能，掌握相关工艺的基本操作技能。

实例 2：衬顶与间隙应力分析

在车身拼装连接过程中，衬顶与间隙也是非常普遍的现象。

所谓衬顶，是指在工件与工件对拼结合的部分，工件尺寸比工艺尺寸大出一点点，有时只有零点几毫米。然而，就是这个大出一点点的尺寸使工件之间的对拼结合产生挤压内应力。而间隙是指工件与工件对拼结合的部分，出现缝隙，使工件间的对拼结合产生拉伸内应力。

从理论上讲以及从现场实际的工艺操作来看，工件之间的对接结合部分，要做到绝对理想状态下的尺寸，很难，几乎是不可能实现的。工件对拼结合的部位，要么是间隙现象，要么就是衬顶现象。这种情况在车身制造的钣金件连接进行焊接、铆接实际生产的过程中，普遍存在。正因为是普遍存在的现象，衬顶挤压内应力和间隙拉伸内应力，对车身制造的影响往往很容易被忽视。

因为衬顶或间隙的现象很普遍，较隐蔽。不容易引起注意。这种现象带来工艺过程中的产品缺陷时，在排查问题的过程中，往往会让人走许多的弯路。

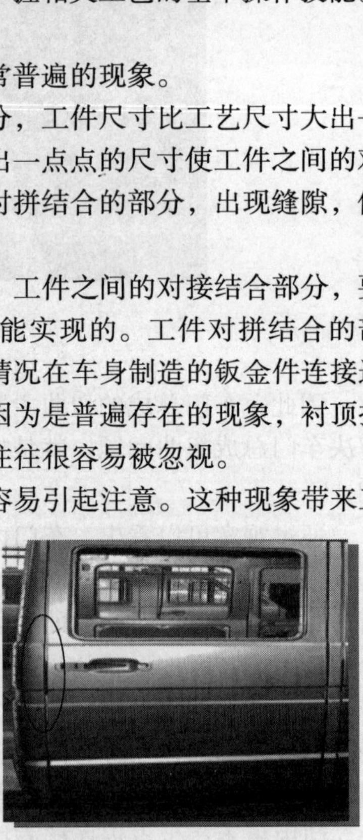

图 6-32　门缝偏大部位

在某一款双排车身上，曾有一段时间右中门尺寸不稳定。右中门后缝中部偏大，而右中门后缝的上部和下部却基本符合工艺尺寸的要求。该车的状态是门缝偏大（见图 6-32）、侧面为曲面（见图 6-33）。从图中可以看出，车身侧面是拱曲面，后缝中部产生工艺缺陷的部位，正是拱曲面最突出的部位。从表象看，车门也没有外形改变后的缺陷迹象。

另外，从形成后门框的后门柱外形来看，它是由薄板成型件在工装夹具中进行定位拼装连接成的柱状体，外侧面为曲面，中间部位是曲面的最高部分。而正是这个最高部分是缺陷发生的部位所在，如图 6-34 所示。

图 6-33　侧面为曲面

图 6-34　工装夹具中缺陷发生的部位

由于后门柱的刚度不高，拼接零件零散，形状成形完全靠工装夹具的定位夹紧机构来控制，如图 6-35 所示。从缺陷的表象分析，后门柱中间有旋转部分，如图 6-36 所示。

图 6-35　后门柱的刚度不高

由此可以看出，后门柱是曲面，后门柱在工艺操作的过程中，以后门柱外板上形成后门框部分的最高点和最低点为轴线，在中间部分产生了旋转，形成了双排车身后门缝中间部分偏大。

经过观察可以发现，当侧壁分总成靠上车身进行装夹后后门框发生后门柱中间部分的扭转，在未进行焊接连接的状态下，装夹力消失后，后门柱中间部分的扭转也消失，如图 6-37 所示。如果装夹焊接连接后再松开装夹夹具，后门柱中部的扭转现象被焊接应力固化，形成了后门框中部偏大的缺陷（见图 6-38），无法满足工艺尺寸对后门缝的要求。

图 6-36　后门柱中间部分有旋转

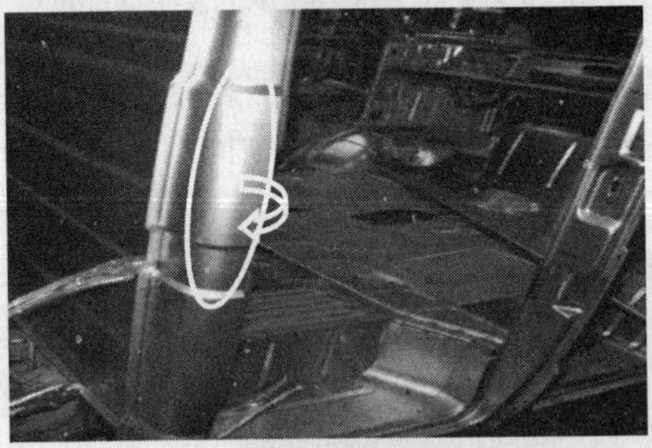

图 6-37　装夹力导致扭转现象

图 6-38　后门框中部偏大

侧壁分总成在双排车身总成装夹时后门柱发生扭转，必然有产生扭转因素的应力存在。经过仔细观察，发现产生后门柱扭转因素的应力是双排车身后背板的骨架出现衬顶，后背板内骨架在与后背板拼装合成焊接时，与侧壁结合的面出现不平齐的状况（见图 6-39），使刚度不是很强的后门柱在衬顶应力的影响下发生扭转变形，形成了后门洞工艺尺寸偏大。

由此可以看出，后背板内骨架在与后背板拼装合成焊接时与侧壁结合面出现的不平齐，正是导致后门柱中间部位发生偏转的因素，给重点控制的后门洞尺寸带来了很大的负面影响。解决了后背板内骨架在与后背板拼装合成焊接时与侧壁结合面出现的不平齐的问题，也就有效和稳定地控制住了后门洞尺寸偏差。

这一案例说明，工件在工艺拼装合成的过程中出现很小的尺寸偏差，会给后道工序带来不可预知的尺寸变化和负面影响。特别是在一些重要的装配尺寸控制非常严谨的部位，工件刚性不是很强的配合连接部分，即使出现微不足道的衬顶现象，也会引起我们的特别关注。

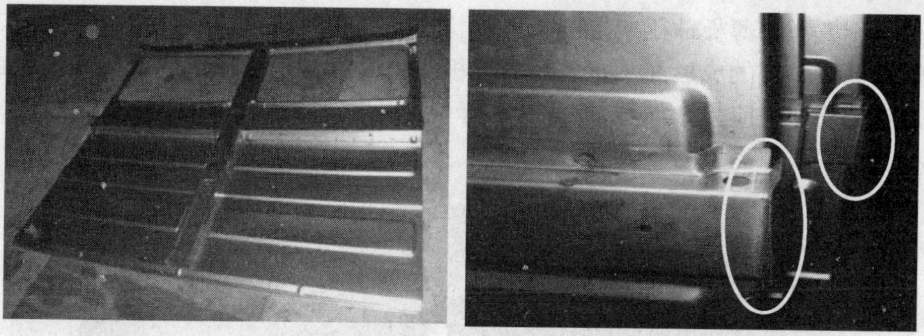

图 6-39　车身后背板的骨架出现衬顶

二、薄板应力的控制

1. 薄板应力的产生原因

绝大部分车身制造，工艺操作都是和薄板钢材打交道。整个车身制造工艺过程，就是围绕着薄板钢材成形和保持成形工件的内应力平衡，稳定成形工件的成形面和尺寸并进行拼装连接。因此，需要我们对薄板钢材的性能和塑性变形过程中的一些特点，以及成形薄板工件在拼装连接的工艺过程中，怎样保持成形工件的内应力平衡，稳定住成形工件的成形面和尺寸，应该有一些基本的了解。这样便于我们在进行工艺操作时做到心中有数，有的放矢地达到工艺操作的目的。

塑性成形的薄板工件在形状定形后，一般认为，定形的薄板工件是处于内部结构组织在原有的平面薄板内部结构组织的基础上，重新进行了一次塑性变形的均衡内应力排列整合。例如，大型的薄板冲压拉延成形的工件就属于这种情况，如图 6-40 所示。

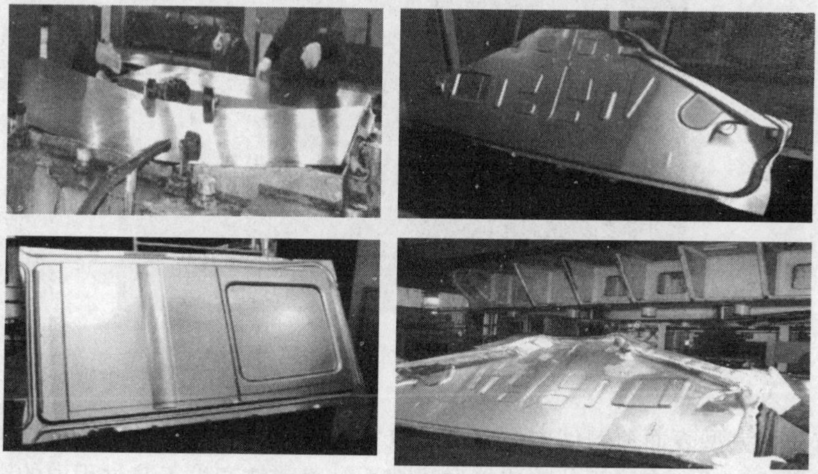

图 6-40　大型的薄板冲压拉延成形的工件

对于大型的薄板冲压成形的工件，特别是那些大面积的低拱曲成形面，之所以能够挺住拱曲的成形面，正是因为薄板的内部结构组织在拱曲成形部位存在拱曲形状的均衡内应力。如图 6-41 所示薄板冲压成形的大面积低拱曲成形面，习惯称这样的工件为应力平衡工件。

图 6-41　大面积低拱曲成形的应力平衡工件

汽车车身的制造正是由成百上千个这种应力平衡工件拼装连接而成。在拼装连接的工艺过程中，各种工装夹具定位拼装产生的力和焊接、铆接等产生的应力，都会对应力平衡工件产生一定的影响。在影响比较大的情况下，就会打破工件的应力平衡，出现应力失稳。一旦出现应力失稳，就会在整车的外观表面出现较大面积的软凹陷。这种现象给人以整车外观感觉非常差，并且修复起来也非常困难。特别是大型的薄板冲压拉延成形的低拱曲外观表面，在应力集中区更容易出现失稳，如图 6-42 所示。

图 6-42　应力集中区出现的应力失稳

首先将大型表面覆盖件内面向上平放，再将内部的各种骨架件一件一件地顺序进行拼装，所有连接部分的连接形式都不对覆盖件产生工艺过程力的影响。那么，应力平衡工件原有的应力平衡状态就能得到很好地保持，如图 6-43 所示。

图 6-43　顺序拼装骨架件

应力平衡工件产生工艺过程力形成失稳的影响有多方面的因素。归纳起来主要有以下几个方面：

（1）产品结构缺陷的影响　由于金属材料在塑性变形过程中都要经历弹性变形和塑性变形两个阶段，而且变形过程中的弹性变形力很难掌握，所以导致塑性变形的产品因弹性变形力的影响在成形后形状和尺寸无法达到十分精确。特别是那些大型的薄板低拱曲成形面，塑性变形后弹性变形力的影响尤为明显。

（2）连接方式的影响　钢结构的主要连接方式有：焊接、铆接、螺栓联接和咬口连接等。从这几种连接方式来看，铆接和螺栓联接产生的应力小，工件连接后产生的内应力小，很少有残余内应力；但是，其工艺操作相对于焊接要复杂得多。焊接连接操作十分方便，特别是点焊工艺，既省时省力，又操作简便，非常适合于大批量流水线作业。因此，车身制造时绝大部分的连接都是采用焊接方式。焊接时会产生焊接应力，工件连接后产生的内应力大，而且有残余内应力存在。特别是大型钢骨架的焊接，（汽车车身的制造过程就属于大型钢骨架拼装连接）焊接应力的影响是比较大的，也是不可避免的。那些大型的薄板低拱曲成形面，焊接应力和焊后残余内应力对工件原有的应力平衡将起着严重的负面影响和破坏作用。

（3）工艺操作缺陷的影响　如图 6-44 所示，大型的薄板低拱曲成形面工件在进行内骨架拼装时，出现了衬顶现象，而衬顶效应势必会破坏低拱曲成形面应

图 6-44　衬顶现象导致应力集中区出现应力失稳

力平衡的状态，更何况衬顶效应破坏低拱曲成形面应力平衡的部位正处于薄板低拱曲成形面应力集中区部位。这种状态极易使应力平衡状态的低拱曲成形面薄板打破平衡状态产生应力失稳现象。

在所有的工艺操作缺陷中，有一种不易被发现的现象，即由内应力产生的应力失稳趋势现象。我们知道，在薄板拉延成形过程中，成形工件的内部组织处于预应力绷紧状态。当这些工件进行拼装工艺操作时，焊接应力与焊后残余应力的影响，以及存在的衬顶效应等，这些都是使薄板低拱曲成形面应力平衡状态出现应力失稳的影响因素，当这些影响因素在没有超出成形工件材料内部组织应力能力的范围时，只会在薄板低拱曲成形面应力平衡状态工件内部组织中，产生抗应力失稳影响的内应力，从而形成拼装合成工件之间的应力平衡状态。从完成拼装连接的白车身表象看，由于这种形成拼装合成工件之间的应力平衡，表面看不出明显的缺陷。然而，当这种残留有大量内应力的白车身在进行涂装工艺生产时，在磷化、电泳底漆和面漆的烘干工艺中，由于烘房温度为（电泳底漆的烘干170℃以上；面漆的烘干140℃以上）150～200℃，而这种温度正好处于金属材料热处理工艺中进行低温退火的范围，金属材料热处理工艺进行低温退火工艺的主要目的正是为了消除残余内应力。拼装连接的白车身内部组织结构中残留有大量内应力，在这种环境的过程中内应力大部分得到释放消除，而拼装工艺操作时，焊接应力、焊后残余应力以及衬顶等效应的影响则充分地发挥其能量，导致薄板低拱曲成形面应力平衡状态出现失稳得以充分表现。我们在生产车身的工艺操作过程中，往往白车身在整校工艺操作过程中未出现的薄板失稳现象，经过涂装工艺过程后，却显得特别明显，就是这种原因。

（4）工艺接续过程的影响　工艺接续过程就是工序与工步之间，上道和下道之间的重复定位衔接和转运过程等。如图6-45所示，低拱曲成形的大型薄板覆盖件是沿着纵向（X向）非常平直的相互平行的具有相当刚度和强度的工装夹具中进行定位拼装的，保持薄板低拱曲形状的稳定性就是要求工装夹具在对工件进行拼装时，工装的形面与工件的形面保持良好的吻合，特别是这种配合良好的吻合状态在接续过程后面各道工序中进行重复定位拼装时都应该得到稳定的、可靠的保证。

除此以外，在各道工序及工步的传递与运输过程中，保持和稳定薄板形面的状态也是至关重要的。如图6-46所示，薄板低拱曲形面在吊具传输的过程中，因为跨度大，工件的自重导致应力集中部位出现应力失稳，产生微量塑性变形。

也就是说，工步之间转运过程对工件成形面和形状的稳定性是至关重要的。对于因薄板应力失稳而产生的微量塑性变形，在后道工步中也许会由工装夹具的重新定位夹紧和内部骨架拼装，致使应力失稳部位的外表面得到恢复，看不出有缺陷的迹象。但是，薄板从应力平衡到应力失稳，再从应力失稳恢复到原有的形状，这个过程中，钢材的内部组织结构已经发生了从应力平衡到应力失稳的塑性变形，再由工装夹具的重新定位夹紧力和拼装骨架的工件与工件之间的连接支撑力，致使塑性变形部位的外表面得到恢复，这种恢复的外表面已经不是原有的应力平衡状态了，而是由工件之间的连接支撑力和塑性变形部位的外表面得到恢复的抗力重新组成的新的应力平衡状态。这种应力平衡状态的工件内部有很强的内应力。一旦内应力消失，得到恢复的外表面立即就会出现应力失稳现象。

图 6-45　上道和下道之间的重复定位衔接

图 6-46　吊具传输产生的微量塑性变形

一个成形工件的传输过程应该从冲压工艺的最后一道工序形成完整的零件开始算起。进入中间库房时，必须用零件码放的工位器具架将批量零件码放整齐。针对大型的薄板低拱曲成形面且自重较大易产生变形导致应力失稳的工件，还应采用专用工位器具架（见图 6-47）进行工件与工件之间的隔离码放。然而，当薄板工件不是按照保持和稳定薄板成形工件应力平衡状态的规律进行码放时，势必会破坏工件的应力平衡状态。

如图 6-48 所示为没有经过合理摆放的薄板工件，薄板工件还没有进入拼装工艺程序就已经发生了应力失稳和塑性变形。一般按照程序处理，像这样发生了应力失稳和塑性变形的工件，要经过钣金修理恢复外表面形状和光滑程度后，再进行拼装焊接工艺程序，但是经过钣金修理恢复外表面形状和光滑程度后的大型薄板低拱曲成形的外观表面工件，已经损失了原有的应力平衡状态，钣金修理恢复外表面形状的过程使得工件内部残留有较大的内应力。这种状态的工件对车身整体拼装，保持外观表面的曲率和状态是有百害而无一利的。

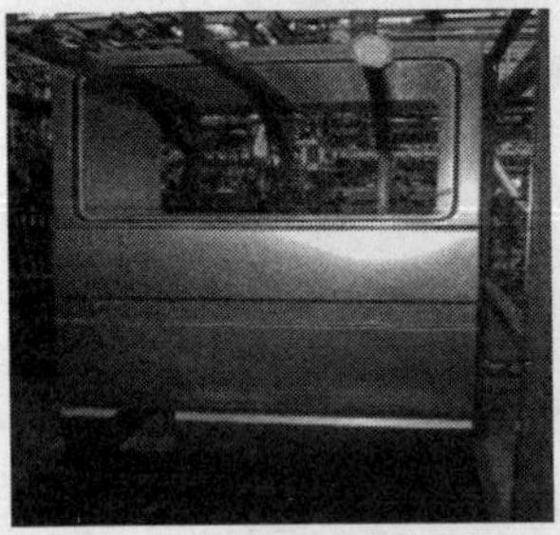

图 6-47　专用工位器具架

图 6-48　没有合理摆放的薄板件

（5）工艺操作失误的影响　对于现场进行拼装连接的操作工，现场操作时出现主观意识的失误是绝对不允许的，需要采取各种措施进行严格控制。然而，对于某些非主观意识出现的失误，应该引起必要的关注。比如，拼装点焊连接时点焊焊点的先后顺序，也会对被焊工件应力失稳产生一定的影响。图 6-49 所示为对内骨架分总成进入薄板低拱曲成形面工件进行侧壁分总成整体拼装。

图 6-49　薄板低拱曲成形面工件的侧壁分总成整体拼装

再如，图 6-50 中反映了图 6-51 中的椭圆线框部位，可以看出点焊部位的缝隙较大。

图 6-50　点焊缝隙较大

由图 6-50、图 6-51 可以看出，工件之间吻合状态不是很好，出现了较大的间隙。这种情况下就有一个点焊连接的先后次序问题。如果按照图 6-52 中所标①～⑧顺序进行点焊连接，吻合不良的状况会在点焊产生的连接力影响下，顺序出现自然吻合状态。

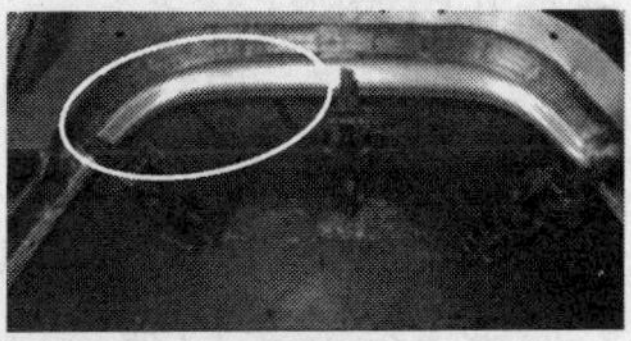

图 6-51　较大的间隙

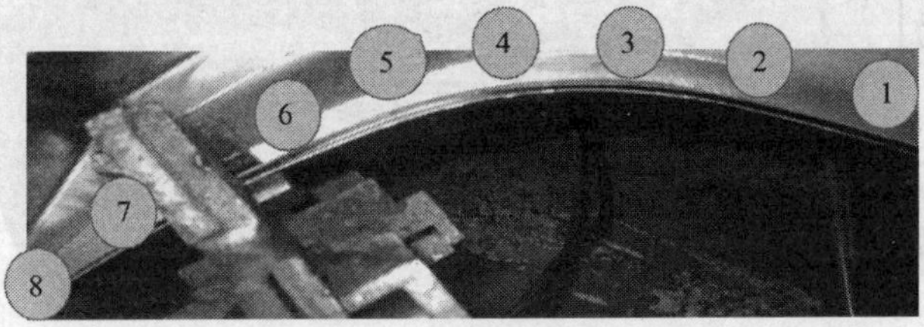

图 6-52　点焊连接顺序

如果按照图 6-52 中所标①～⑧顺序倒过来进行点焊连接，则⑧～⑤焊点处吻合不良的状况会得到改善，而④～①焊点处的吻合不良状况受到⑧～⑤焊点连接固定力的影响，出现间隙点焊连接。间隙点焊连接导致被连接工件产生较强的内应力，特别容易引起薄板应力失稳状态发生，如图 6-53 所示。

图 6-53　间隙点焊连接内应力引起的薄板应力失稳

由此可知，这种点焊焊点的先后顺序在车身制造拼装连接的整个工艺过程中是普遍存在的。这种状况是否会造成应力平衡工件产生工艺过程连接力，形成薄板应力失稳的影响，需要我们对每一道拼装连接的工序、工步进行认真分析，并逐一排除。

成形的薄板工件在拼装连接的工艺过程中，保持成形工件的内应力平衡，稳定住成形工件的成形面和形状尺寸，需要我们对各种工装夹具定位拼装产生的力和焊接、铆接等产生的应力，做出全面的分析，即对产品结构缺陷的影响、连接方式的影响、工艺操作缺陷的影响、工艺接续过程的影响等方面要认真细致地逐个排查并以消除。

2. 应力分析及修理实例

某款越野车长期应用于恶劣道路状况，较多车辆均出现前支撑部位与地板及左/右前侧围外板焊接处的焊点撕裂，三层钢板焊接部位开缝张口等缺陷。特别是左前承上装有挚后阀，挚后阀上的油管从阀体的根部断裂，造成制动隐患问题，如图 6-54 所示。

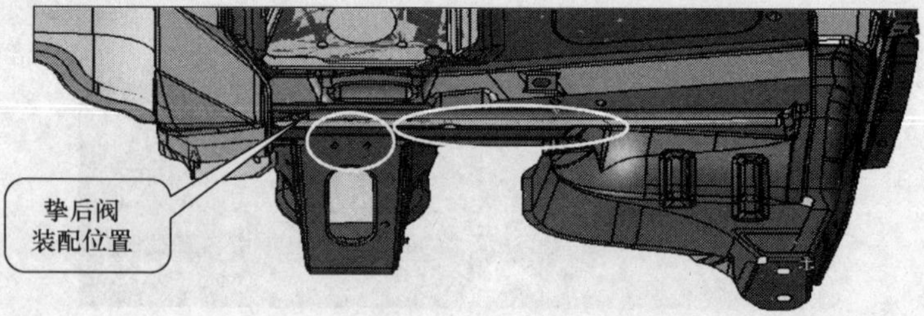

图 6-54　前支撑与地板的发生缺陷部位

在提出修复方案前，先来做一个受力分析。首先，我们判断车辆损坏的部位是受到弯矩和交变应力形成的损伤。根据应力理论分析，钢材受到弯矩作用时，应力值在钢材中不能够均匀分布，钢材的受力能力不能得到充分利用；再加上车辆工作环境比较恶劣，要想保证车辆修复后使用性能得到保障，就必须拿出一个较为有力可靠的修理方案。

（1）车辆应力承受状况分析

1）驾驶室及前悬架的受力情况，驾驶室部分有左右前门和前风窗玻璃，前悬架部分有发动机盖和前照灯灯框等。

①前风窗玻璃：前风窗玻璃是弯曲弧面并向前门 A 柱倾斜。当前风窗玻璃受力时，就会由弯曲面将力传递到 A 柱上。风窗玻璃的重力落在风窗下沿板上，前风窗下沿板主要连接件是仪表板横梁，而仪表板横梁是靠两端连接在前门 A 柱上的，而且中间没有任何支承。因此，风窗玻璃的重量落在风窗下沿板上，风窗下沿板把力传递给仪表板横梁，仪表板横梁又将力传递给前门 A 柱。可以看

出，整个风窗玻璃的重量就由前门柱来承担。

②左右前门：左右前门是用铰链固定在前门 A 柱上的，也就是说，这部分重量主要由前门柱承担。

③发动机盖和前照灯灯框：这部分重量是形成弯矩并传递到前门 A 柱的。因此，左右前门 A 柱所承受的重量非常大。如图 6-55 所示。

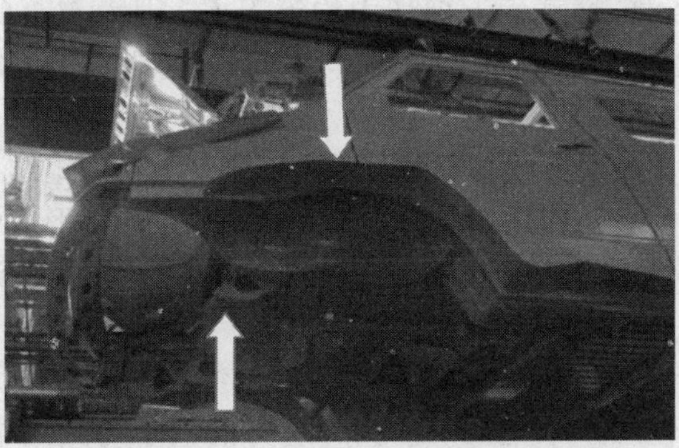

图 6-55　左右前门 A 柱的承重情况

2）车辆在崎岖不平道路行驶过程中从驾驶室部位向前直到前照灯灯框的整个区域内所有的重量都要由前门左右 A 立柱来传递。前门柱又将此作用力通过被损坏的部分传递到前支承，再由前支承传递到车架上。通常情况下，被损坏部分的传力结构为弯矩结构。如图 6-56 所示，向下的箭头指示为 A 柱传力位置及方向；圆弧表示弯矩传力结构部分；向上的箭头指示为所有的力由前支承向车架大梁传递。

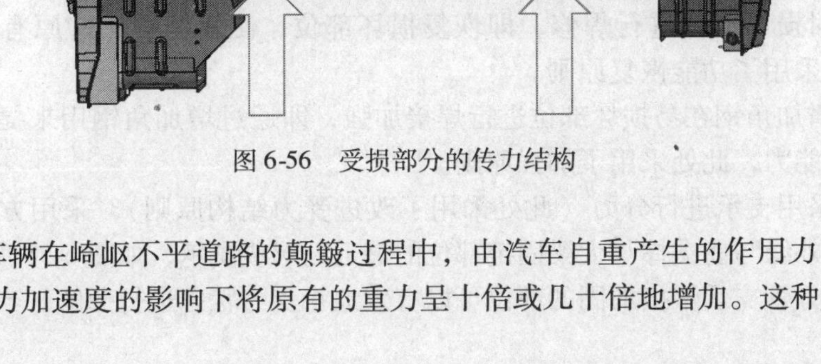

图 6-56　受损部分的传力结构

3）车辆在崎岖不平道路的颠簸过程中，由汽车自重产生的作用力，在自由落体和重力加速度的影响下将原有的重力呈十倍或几十倍地增加。这种受力状况是非循环的，也是杂乱无章的。

我们分析钢材在受到弯矩作用时，抵抗不住而产生变形、断裂等损坏，钢材的自身抗力不够，受力结构的形式也不好。

下面从钢材受弯矩作用时理论状态的角度来对受到损坏的部位进行分析。

由图 6-18 可知，在受弯矩作用的结构中，因为作用力 F 与剪力 Q 相等，根据剪应力互生定律，各横截面上剪切力均等于 F。因为 $M = FL$ 当 F 在 0 位时，弯矩 $M = FL = 0$，当 F 在 L 段时，则 $FL = M$，所以悬臂梁的固定端横截面上的弯矩力最大。

由理论分析得出，受到损坏部位的受力形式是剪切弯矩结构，该部位在受力时既有剪切力，又受弯矩作用。受弯矩作用的钢材以形心形成中性层，在弯曲突起的中性层以上，纵向纤维受拉伸，中性层以下，纵向纤维受压缩，如图 6-14 所示。

图 6-14 中，N 至 N' 的应力状态是中性层的纵向平面内应力为零，中性层以上是拉伸应力，中性层以下是压缩应力，应力的大小与其离中性轴的距离成正比，Y 相同的点应力值相同。

将 N—N' 放大来得到图 6-57，可以看出，中性层应力为零，中性层以上是拉伸应力，中性层以下是压缩应力，应力的最大部位是离中性层最远部位。

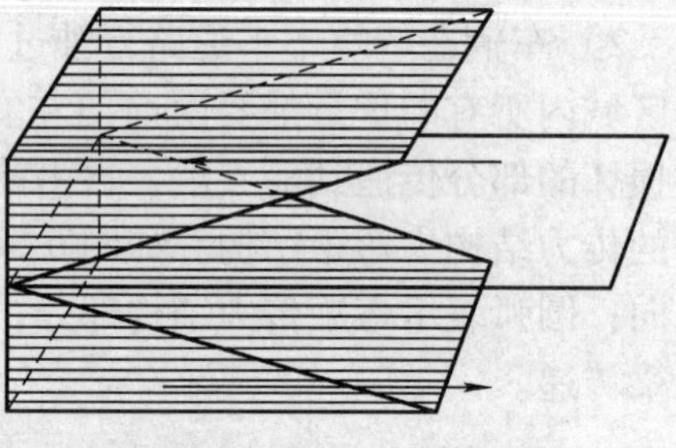

图 6-57　钢材应力分布情况

由此分析，我们看出承受弯矩作用的钢材，应力能力不能得到充分发挥，并且应力分布不均匀，应力最大部位易导致钢材在薄弱处形成塑性变形或破坏。另外，被破坏的最大应力值远小于静载荷时的强度极限或屈服极限。即使是塑性很好的材料，经过多次的应力循环后，也会发生突然的脆性破坏。通过对应力理论的分析，应用于越野军车损坏部位，首先应该增强抗弯矩能力，采用适当的方式来加强和改变损坏部位的受力结构是解决该问题的关键。

（2）修理方案　根据受力原理分析后，制定如下修理方案：

1）对损坏部位进行焊修，即恢复损坏部位，使其能够保持原有的使用功能，此处采用了功能恢复原则。

2）增加角钢在易损坏部位进行焊接加强，即通过增加角钢用来提高原有部位的受力能力，此处采用了加强原则。

3）采用支承进行分力（此处采用了改进受力结构原则），采用方管在驾驶室地板的外缘与前支撑与大梁固定部位的最近处形成支承，如图 6-58 所示。

采用方管支承焊接加固的部位可以有效地将受力状态进行分解。当车辆在行驶过程中产生重力时，增加的支承可将大部分重力传递到车架上去。由于增加了支承，在原受弯矩力的部位形成了一个三角形的受力区，将原受弯矩力的结构改变成受拉力结构。这样就可以充分应用钢材的受力能力，从而大大提高该部位钢材受力的可靠性。

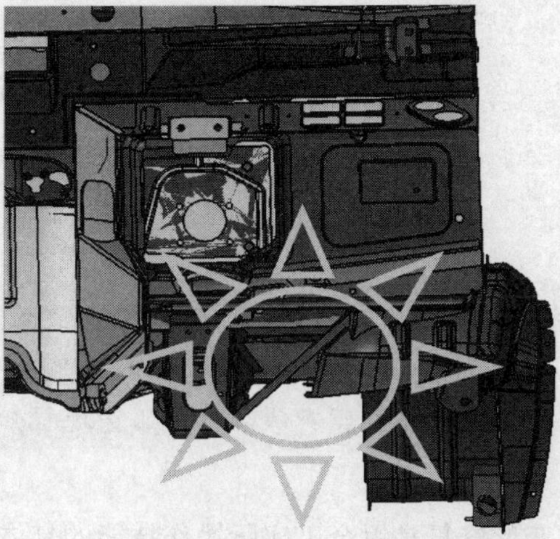

图 6-58　增加方管支承

复习思考题

1. 应力是物体单位面积上的内力，集度概念怎样理解和解释？
2. 应力在实体运用中的表现形式主要有哪些？
3. 薄板应力失稳控制主要应从哪些方面采取措施？
4. 衬顶与间隙怎么解释？在什么样的场合必须要引起重视？
5. 金属疲劳破坏产生的原因？怎样解释？
6. 受损车辆制定修理方案，主要有哪些原则？

第七章

汽车车身整体变形的修复

培训学习目标 学习测量基础及基准选取知识；掌握汽车车身整体变形的测量与检验方法；掌握车身结构件的变形和矫正知识；掌握钢结构薄板构件的矫正方法及受撞车身钣金修理工艺规程知识等。

汽车车身的整体变形修复是钣金工实际操作技能的具体体现。钣金工在进行各种汽车车身整体变形修复时，除了必须具备较高的基础钣金技能外，还必须具备：测量变形程度及修复变形与准确矫正修复钢结构中变形构件的能力，以及变形汽车车身的修复工艺流程的安排等。

第一节 测量基础

测量就是将一个被测量和一个作为测量单位的标准量进行比较的过程。

一、长度基准

进行长度计量时，必须要有一个统一的、准确可靠的测量单位基准。

现在我国的基本计量制度是米制，基本长度单位是米（m）。机械制造中常用的长度单位是毫米（mm）。技术测量中常用的最小计量是微米（μm）。米（m）、毫米（mm）、微米（μm）的换算关系是：1m = 1000mm，1mm = 100μm。

二、尺寸链

在零件加工或机器装配过程中一些决定零部件各个要素间相互位置的尺寸，按一定顺序排列，并构成封闭形式，其中一个尺寸的大小和精度由其余所有尺寸的大小和精度所决定。这样的尺寸系统称为尺寸链。

注意：尺寸链中各尺寸彼此连接成封闭的形式，链中任一尺寸均受到其他相连尺寸的影响。

三、测量因素

测量包含四方面的因素，即测量对象、测量单位、测量方法和测量精度。

1. 测量对象

确定测量对象就是确定被测量的部位，并确定测量的起始点、线、面。

针对损伤车辆的车身进行测量时，首先要确定损伤程度和损伤范围，还要确定从什么地方开始进行测量，即零位点、线、面的选定。

2. 测量单位

钣金工在对车辆车身薄板零件进行制作和整车变形修理过程中，主要的测量长度单位为米、分米、厘米和毫米，角度单位为度。

在测量大型工件时，我们一般采用米、分米、厘米；在一些比较精确的场合，一般采用毫米；在测量更为精确的场合，一般会用到游标卡尺，其测量单位精确到“丝”。

3. 测量方法

（1）直接测量法和间接测量法

1）直接测量法：从刻度尺上直接获得的尺寸。

2）间接测量法：指测量与被测量的量具间有一定的函数关系，如：圆的周长，我们一般采用量取圆的直径或半径后进行换算的测量方法。

（2）绝对测量法和相对测量法　我们在加工一批零件时，比如光轴，用尺子测量得到的结果为绝对测量法；如果用测量卡板只测量光轴的合格程度，而并不追求每个轴径是否绝对一致，这种测量方法则称为相对测量法。

（3）接触测量法和不接触测量法　接触测量法是指量具的测量头与工件直接接触的测量。不接触测量法一般指坐标仪的测量头与工件不直接接触，以及利用激光检测仪的激光束对工件的光束反射进行测定的测量方法。

（4）综合测量法和分项测量法

1）综合测量法：指对工件的几个有关互换性参数的一次同时测量。

2）分项测量法：指对工件的每一参数分别进行测量。

（5）静态测量法和动态测量法

1）静态测量法指被测对象静止不动，已不可再做修改的测量。

2）动态测量法是指工件在加工过程中的检查测量，这种测量方法可直接控制被加工产品的精确程度。

4. 测量精度

进行任何一项测量，无论采用多么精密的测量器具，多么完善的测量方法，由于各种原因，测量结果都有误差存在。也就是说，任何测量值都不可能绝对精确，只是在某种程度上近似于它的真值，两者之间的差值就是测量误差。

（1）测量误差的概念　测量误差是指测量值 X_i 与真值 Q 之差 Δ，即 $\Delta = X_i - Q$。测量时，测量值 X_i 可能大于或小于 Q，因此就有了正值和负值。而我们在实际运用测量误差时，只要求误差值而不计正负之分，因此测量误差用绝对值表示，即 $|\Delta| = |X_i| - |Q|$。

在测量尺寸相同的情况下，$|\Delta|$越小，精度越高，$|\Delta|$越大，精度越差。

但在不同尺寸相比时，比如测量 1m 和 10cm 两个长度尺寸，测出的误差如果都是 1mm，那么相对于 1m 长度来说，精度就较高，而 10cm 长度精度就相对较差。

由此可见，测量精度就应根据被测量对象的被测尺寸精度要求相适应的测量精确度来定义。也就是说，用一定的测量器具和测量方法，进行测量时应知道所产生的测量误差范围，这样的测量才有意义。

（2）测量误差产生的原因　测量误差不可避免，但却可以控制，要提高测量的精确度，必须尽力减小测量误差。测量误差产生的原因主要有：测量器具误差、测量方法误差、环境误差和人员误差。

1）测量器具误差：是指器具本身的误差。如长尺在制造、装配以及长期使用过程中会产生误差。器具与器具相比较存在的误差也是测量器具误差，如：直尺间的长短之差。

2）测量方法误差：是指选择的测量方法和定位方式不完善所引起的误差。同一参数可以用不同方法进行测量，而不同的测量方法往往测量结果就不一样。特别是采用间接测量法后，用近似值计算某一值，则测量误差更大。

3）环境误差：主要是指温度、湿度、振动、灰尘等因素造成的误差，其中温度和湿度的影响较大。

4）人员误差：如人的眼镜最小分辨能力和调节能力，以及测量技术的熟练程度，测量习惯和人员疏忽大意等造成的误差。

（3）测量误差的分类　测量误差可分为随机误差（偶然性误差）、系统误差和粗大误差。

1）随机误差：在同一条件下，对同一被测值进行重复测量时，测量结果以不可预定的方式变化而存在的误差称为随机误差。随机误差毫无规律可循，表现为纯粹的偶然性，故也称为偶然性误差。

2）系统误差：在一定条件下，对同一被测值进行多次重复测量时，误差的数字和符号均保持不变；或者在条件变化时，按某一特定的规律变化的误差称为系统误差。系统误差比随机误差测得的结果精确度差。

3）粗大误差：是指在一定的测量条件下，超出规定条件下预期的误差。

第二节　车身整体变形的测量与检验

导致汽车车身变形的因素很多，主要包括以下几个方面：设计与制造过程中存在的薄弱环节；部分车身材料存在的缺陷；制造或维修工艺不当形成的隐患或损伤；经长期使用所引起的变形或材质劣化；碰撞事故导致的机械损伤等。

汽车车身维修的主要任务，在一定程度上是针对变形和与之关联的不良因素而进行的。如果说对汽车车身局部损伤的修复，主要依靠操作技能的话，则对于车身整体变形的诊断与修复，不仅需要丰富的经验，而且需要借助专门的仪器和设备。

一、车身测量的意义

汽车车身测量是车身维修中不可缺少的重要环节之一。它是维持或恢复车身的正常工作能力，延长使用寿命并使其经常处于完好技术状态的依据和基础。

由汽车车身的基本构造与机能可知，车身整体定位参数如果发生变化，对行驶性、稳定性、平顺性、安全性、使用性等都有至关重要的影响。所谓车身整体定位参数，是指那些对汽车发动机、底盘、车身主要构件的装配位置有着直接影响的基础数据，如汽车的前轮定位、轴距误差和各总成的装配位置精度等。而这些可以定量测得的、用于表征车身外观、装配尺寸和使用性能的参数值，恰恰又是原厂技术文件中做了重要规定的技术数据。由此可见，车身测量在车身维修中占据着极其重要的地位，并且也是影响车身维修质量的关键。车身测量一方面用于对车身技术状况进行诊断，另一方面用于指导车身维修业务。

车身维修的测量，一般分为作业前的检测、作业中的检测和竣工后的检测三个步骤。

1）作业前的检测：旨在确认车身损伤状态和把握变形程度的大小。

2）维修作业过程中的检测：有助于对修复过程的质量进行有效的控制。

3）竣工后的检测：为验收和质量评估提供可靠的数据。

对于车身整体变形的认定，主要依赖于对关键要素的测量结果。它不仅有助于对变形做出正确的技术诊断，同时也为合理地制定维修方案提供了依据。其中，属于单一构件变形时，可以通过更换或修复相应的构件来解决；属于关联部件变形时，可从变形较大的构件入手，逐一进行矫正和修复；而对于车身的整体变形，则应以基础构件为基准，综合地、全面地对整体定位参数值进行校对和修理。简单地说，就是以测量结果为依据制定维修方案，这种维修方案不仅可行而且可靠，是实现正确诊断和高质量维修的基础。

对车身的矫正或更换主要构件，需要通过测量来保证其相关的形状尺寸精度和位置精度；维修过程中不断测量车身定位参数值所处的状态，可以保证修复作业是否在质量控制之下。因为，为维持或恢复车身完好技术状况、工作能力和使用寿命而开展的各项作业，有其应遵循的技术标准。其中，除了用于进行定性评价的技术要求外，更多的则是依照测量结果进行定量评价的技术指标。更确切地说，测量对修复效果起着量化的验证作用，尤其是在矫正变形的过程中，离开了对外观参数的测定，修理作业就不可能成功，甚至是无法进行的。

二、车身测量的基准

车身维修中对变形的测量，主要表现为尺寸数值与形状对比两方面，实际上就是对车身及其构件相互配合的尺寸与形状位置误差进行检测。而选择测量基准又是对车身及其构件相互配合的尺寸与形状位置误差的检测基础条件。

1. 车身测量基准的基本要素

车身检测与测量基准的基本要素，就是建立车身在 *X*、*Y*、*Z* 三个坐标方向的测量起始点、线、面。这是高质量完成车身测量任务的关键。我们知道，在损坏车身的修理过程中，因为各台损坏的车身损坏部位不可能是一样的，因此进行损坏测量就不一定是同样的模式，比如：前部受撞的车身和尾部受伤的车身，测量的模式就不可能统一起来。

2. 车身测量基准的选择方法

在选定零位点、线、面时，根据测量数据值的大小要求，以及修复车身时的具体情况，可以采用各种方式进行选取：

（1）根据控制点原则进行选取　控制点原则是选择车身的某一位置的孔、筋、边等，作为零位点、线、面进行测量的方法。车身在制造的过程中，设定有各方位的拼装连接工艺定位的孔、面、筋线等。利用车身制造过程中的控制点技术要求进行测量检验车身损伤与变形的程度。测量车身上各个控制点之间的相对尺寸。如果误差超过规定的极限范围时，就应设法修复使之达到技术标准规定的范围。

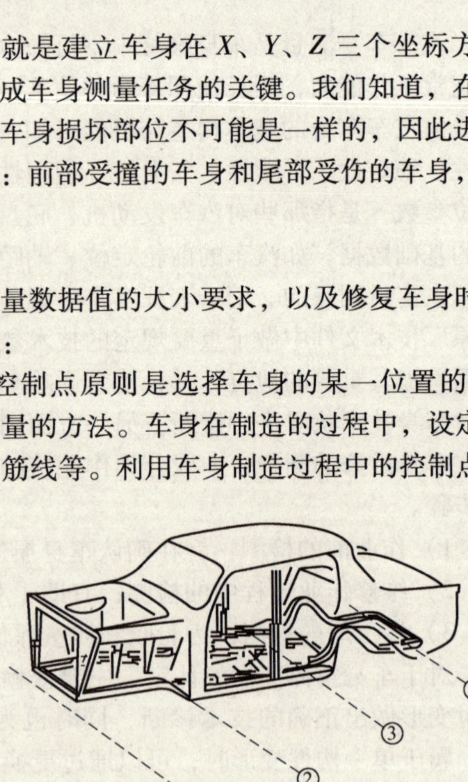

图 7-1　车身控制点的基本位置

车身上的控制点一般都是有规律可循的。例如：承载式车身的控制点如图 7-1 所示，第一个控制点通常在前保险杠或前车身水箱支撑部位①。第二个控制点在发动机室的中部，相当于前横梁或前悬架支撑点②。第三个控制点为中间车身相当于后门框部位③。第四个控制点在后车身后横梁或后悬架支撑点④。

由于车身在设计和制造时，都是以若干个控制点作为组焊与加工的定位基准的。这些由生产工艺上留下来的基准，同样可以作为车身整体修复时测量检验的定位基准。除此之外，车身制造时，汽车各主要总成在车身上的装配位置，也是必须作为控制点来对待的。这类装配支架和装配孔之间的相对位置，都有非常严格规定和尺寸要求，因为各主要总成在车身上的装配位置精度，对汽车的技术性能有着十分重要的影响。如：汽车前悬架支撑点与车身其他控制点的相对位置正确与否，会直接影响前轮定位角和汽车的轴距误差；发动机支撑点与车身控制点的相对位置偏差，则会影响到传动系统的正确装配，造成异响甚至损坏发动机或传动系统中的零件。因此，利用车身制造时各主要总成在车身上的装配控制点，作为车身整体修复的测量基准起始点，车身整体变形的修复就具有比较可靠的检验和修复标准。

实际上，对控制点的测量就是对关键参数的检查与控制，并且这些参数又是有据可查的，一些车身测量设备就是根据控制点原则研制而成的，这也是目前车身维修中比较实用和流行的测量原则。

（2）根据基准面原则进行选取　车身设计时，首先确定一根基准线，将该基准线沿水平或垂直方向平移取一平面。在车身上各个形体部位的点、线或面相对于这个平面基准就形成了一定的空间几何关系。

基准面原则就是采用沿水平或垂直方向上的平面基准，作为测量的起始基准，用以检验车身损伤部分与基准平面间的距离。既然车身设计与制造是以这些平面为基准的，车身损伤测量与维修同样可以用这些平面基准来控制其误差的大小。

在实际测量中，基准面的建立往往显得非常困难和不方便，我们可以根据上述基准面原则调整车身沿水平或垂直方向的基准建立方位，来确定损伤车身的检测基准。如果遇到实际测量部位不便于直接使用量具时，可以根据数据传递方法将基准面上移或下移，这样不仅有利于测量仪器使用，而且也可以获得比较精确的测量结果。

车身的大多数构件都是沿着 Y 轴向零平面左右对称设计的。但也要注意非对称部位的存在及其检测要求。检测时应注意先消除因非对称零件而造成的数据差别，不便于消除非对称部位的数据差时，必须采取相应措施避免因此带来的测量麻烦。

（3）根据参数法原则进行选取　所谓参数，就是在设计车身的坐标系中，确定的各个部位的制造标准尺寸。在进行车身全方位框架校正时，采用车身坐标系中各部位制造标准尺寸来确定损伤车身的测量起始点基准，采用标准数据来检验损伤车身修复的程度，就是参数法原则。

参数法以车身设计图样或技术文件中规定的标准数值来体现测量基准和检测标准的。汽车车身设计图样或技术文件中，一般都注明了车身上特定的测量点以及各个部位之间的标准数值。以此为基准对车身的定位尺寸进行测量，可以准确地评估变形及其损伤的程度，这也是一种比较可靠和较为流行的方法。

无论是承载式车身还是非承载式车身，其定位基准和测量参数存在着密切的关联性。这种数据链关系一方面说明，车身定位参数的变化“牵一发而动全身”，在一定程度上增加了矫正与测量的复杂性；另一方面，还说明即使较为严重的机械损伤，也可以利用标准参数来实现对车身、车架的矫正与修复。按照车身定位尺寸图体现的基准目标，既可以满足设计要求，又可以保证测量结果的可靠性、复现性。

（4）采用对比法进行选取　对比法是以相同汽车车身的位置参数作为基准目标。当然，所选择的车身应完全符合技术文件规定要求的状况，必要时还可以通过增选台数来提高目标基准的精确性。运用对比法确定测量基准时，应注意以下两个问题：

1）数据的选取。由于对比法需要操作者根据实际情况量取有关数据，选择哪些测量点和数据链作为车身定位参数的基准目标，也是一个值得研究的问题。对此，应遵循以下原则：

①利用车身壳体或车架上已有的基准孔，找出所需的定位参数值。

②以基础零件和主要总成在车身上的正确装配位置为依据。

③比照其他同类型车身图中的标示方法，来确定基准参数的量取方案。

2）误差的控制。与参数法相比，对比法测量的可靠性较差。这就要求应尽可能将测量误差限制在最小，以防止因累计误差的增加而影响质量，其应对措施如下：

①选择便于使用的测量器具（如测距尺）。

②不能以损伤的基准孔作为测量依据。

③同一参数值应尽量避免接续，最好是经过一次性测量即可获得。

如果没有可供选择的车身作为对比条件，也可利用车身构件对称性原则，进行对角线比较法和长度比较法测量，但这种方法仅适于程度不大的变形，并要求将两者结合起来进行综合评价才能判明损伤。在车身修理过程中，往往会碰到局部受损。比如：车门受损而门框未受伤。在修理车门时，我们就可以以门洞的大小来作为车门边框的修理测量依据，用门洞边框的曲线来确定为车门外蒙皮大面的曲率和弧度的测量依据等。

第三节　车身结构件的变形和矫正

大家都知道，汽车的车身可分为有骨架车身结构和无骨架车身结构。有骨架车身结构其骨架是由抗扭且刚性很强的异型钢管组焊而成的框架，其外蒙皮装配（铆接、焊接）与车身骨架上，不参与受力。无骨架薄壳结构的车身，在内外覆盖件之间，除衬有少量的加强支承件和在门框及车身受力区采用加强件外，其余部分均为空壳结构。但应力壳体式车身在设计时，由于结构和使用状况的需要，并非只能使用外蒙皮来作为传力构件，在承受一定重力和交变力的构件上就采用了加强筋，以及高强度板材等措施，来进行力的传递，因此从严格的意义上来说，应力壳体式车身的传力结构，仍可以认同为框架式有骨架的车身受力结构。

钣金工进行受损车身修复时，应该首先从车身结构的内部即框架式骨架矫正开始，框架式骨架是体现车辆空间位置实体形状的，是汽车承受载荷并确保安全的主要包容载体，也是支承车身内外覆盖件的载体。框架式骨架矫正质量的好坏，直接关系到汽车的整体形象、承载能力和使用寿命。

一、钢结构件变形的原因

1. 受外力作用引起的变形

钢结构件受外力作用后引起的变形，大致有两种情况：

1）钢结构件长期承受载荷后而残存的累积变形。如车辆在运行一段时期后，底部的纵梁产生的轴距中间部分下挠曲变形，梁在经过一定时期的工作后产生的弯曲变形，以及由于受力不匀而产生的局部变形等。

2）钢结构承受不正常的外力作用后造成的塑性变形。如钢结构在制成后、在吊装与运输或安装过程中的意外碰撞产生的变形，以及车辆在交通事故中受到冲击的损坏变形等。

这些变形都是外力作用后产生的永久变形，属于塑性变形，导致产生这些变形的外力有弯矩、扭矩、冲击力、压力等多种。

2. 由内应力作用引起的变形

在没有外力作用时，物体内部所存在的应力叫作内应力。外力可以引起物体内部出现内力，但外力去除后，会保留部分内力而形成内应力。如钢锭在轧制成钢材的过程中，轧机的轧辊对钢锭施加了作用力，轧制结束后，钢材内部仍保留了部分应力，这就是常说的残余应力。内应力并不是都由外力而引起的。物体在加热膨胀和冷却收缩过程中受到阻碍，就会在内部出现相互制约的应力，即内应力。

焊接过程对金属构件来说，是一种不均匀的加热和冷却过程，是容易造成构件内应力而引起变形的主要原因。焊接时，加热是通过移动高温热源进行的。因此焊缝和焊缝周围的金属温度很高。其余大部分金属不受热，受热金属温度很高，其余大部分金属不受热，受热金属膨胀，周围不受热金属不膨胀，相当于刚性固定，于是，受热金属的膨胀受到阻碍和抑制而产生了压缩塑性变形，而焊完冷却后，焊缝和焊缝附近的金属因收缩而变短，又受到周围未受热金属的制约也会使焊件产生内应力，以致产生变形。

（1）焊缝和焊缝周围的金属收缩的主要表现

1）沿焊缝长度方向的收缩称为纵向收缩，在薄板件焊接时表现较为明显，主要表现为薄钢板沿焊缝起伏不平。

2）垂直于焊缝长度方向的收缩称为横向收缩，这种收缩是钢结构件内应力引起变形的主要原因。

正是由于金属构件焊接后在纵横方向上产生的收缩，使焊后钢结构产生各种变形。

（2）焊接变形的分类

1）局部变形：指整体横梁结构符合尺寸要求，只在某些局部有凹凸不平的变形。

2）整体变形：指整个结构的形状或尺寸发生变化，如方框的平行度、垂直度、对角线的对称性均发生不符合要求的变形。

焊接变形的形式包括：纵向和横向的收缩变形、弯曲变形、扭曲变形、角度变形和波浪变形等。不论何种形式的焊接变形，都应遵循同一规律，即焊件产生内应力而焊接件本身的刚度不能克服焊缝的收缩作用时便形成焊接变形。

对一些较大的钢骨架结构，焊后由于结构刚性好，无明显的焊接变形，但焊接应力是相当大的。当钢结构使用一段时间后，往往出现由于种种原因造成焊接内应力的释放而引起变形，这是我们不希望出现的。因此，对钢结构产品，焊后必须采用各种手段进行消除应力处理。

二、钢结构的内在联系

钢结构件都是将多种独立构件通过焊接、铆接或用螺栓联接等方式连成一体的，是一个相互联系又相互制约的一个有机整体。因此，对产生变形的钢结构件进行矫正前，必须首先了解变形产生的机理，分析钢结构件的内在联系，找出矛盾的主次关系。只有确定了正确的矫正部位和相应的矫正手段，才能着手进行矫正工作，切不可孤立地看待问题而贸然下手。比如，由钢骨架和钢板构成的箱式包容性构件（典型的例子，就是各类车身）发生了整体变形，框架变形不符合要求，且钢板也由此而产生歪扭，并伴有局部的凹凸不平。在对其进行矫正时，既不能孤立地看型钢框架的变形而忽略钢板的牵制作用，也不能只看成钢板变形而忽略型钢框架的支撑作用，着眼点必须建起一个整体，在矫正型钢框架达到平直端正的同时，也要对钢板采取一定的措施（如锤击消除皱折、局部加热消除内应力等）减小钢板的牵制作用，防止钢板变形的进一步加剧。当整个框架矫正后，钢板的变形就成局部变形了，再对其进行矫正。

对于由多根梁柱组成的构件，更是这样，在矫正其中一根弯曲的梁柱时，必须同时考虑其他梁柱与此梁柱的连带关系。特别是对此梁柱起牵制和约束作用的一些横梁。只有在进行了全面周全的考虑后，才能保证矫正工作顺利地进行。

三、钢结构变形的矫正

矫正就是对焊铆结构在制作过程中发生变形而不符合技术要求或超出制造标准的部位进行一定的加工，使其发生一定程度的反变形，从而达到技术要求所规定的正确几何形状的工艺过程。

1. 金属矫正的原理

矫正原理就是利用金属的塑性，通过外力或局部加热的作用，迫使焊铆结构上钢材变形的紧缩区域内较短的纤维伸长，或使疏松区域内较长的纤维缩短。最后使用钢材各层“纤维”的长度趋近相等而平直，其实就是通过对钢材变形的反变形来达到矫正焊铆结构件的目的。

2. 矫正方法的确定

矫正的方法是多种多样的。根据矫正时钢材的温度不同分为冷矫正和热矫正两种。冷矫正是在常温下进行的矫正，冷矫正时会产生冷作硬化现象，这种方法适用于矫正塑性较好的钢材。对变形十分严重或脆性很大的钢材，如合金钢及长时间露天存放生锈的钢材等，因塑性较差不能用冷矫正方法时可采用热矫正方法。所谓热矫正，是将钢材加热至700～1000℃的高温进行的矫正操作。只有在钢材的变形大、塑性差或在缺少足够动力设备的情况下，才应用热矫正。

另外，根据矫正时作用力的来源与性质不同，矫正方法可以分为手工矫正、机械矫正、火焰矫正等几种。

1）手工矫正：钣金工利用撑压、拉拔等手段并辅以锤击进行矫正的方法。

2）机械矫正：是借助各种矫直机、压力机等机械进行矫正的方法。

3）火焰矫正：利用火焰加热变形部位，根据热胀冷缩的原理使结构中产生反变形的矫正方法。

由于铆焊结构的变形非常复杂，单纯采用一种矫正方法是很难奏效的，需要多种方法同时采用才能解决问题。

在加热矫正时，要掌握好加热时间和温度，防止钢材内部组织结构的改变或烧坏工件表面，以及在温度低于700℃时，特别注意钢材可能产生热脆性等缺陷。

3. 钢结构矫正的要领

1）要分析构件变形的原因，弄清构件变形究竟是受外力引起还是由内应力引起的。

2）分析构件的内在联系，搞清各个零部件相互间的制约关系。

3）选择正确的矫正部位，先解决主要矛盾，然后再解决次要矛盾。

4）要掌握物件所用钢材的性质，以防止矫正时造成工件拆断、产生裂纹或回弹。

5）按照实际情况来确定矫正的方法及多种方法并用时的先后顺序。

4. 矫正位置的确定

对于钢结构的变形，通过测量可以比较容易找出构件变形的位置，但是并不是所有变形位置都是正确的矫正位置。

在属于内应力引起变形的物件中，其变形有时不在应力集中区，而在与其有联系，刚度较弱的地方表现出来，矫正时，就不能对变形部位采用矫正措施。而只能对应力集中区域采取措施，消除其内应力或使内应力达到平衡，才能使构件获得矫正。这是正确矫正的关键。否则，不仅会影响矫正速度和质量，甚至会出现适得其反的效果。

四、薄板构件的矫正

钢结构件中薄板应用极为广泛，在汽车行业中，薄钢板在车身表面上的应用有80%以上的比例。薄钢板在钢结构的应用中，往往都是和各种类型的框架拼装连接在一起的。在矫正钢结构中薄板变形时，首先必须保证框架符合要求，然后才能考虑对薄钢板的变形进行矫正，在矫正过程中要随时注意防止框架出现新的变形。

矫正薄钢板的变形，一般有冷矫正和热矫正两种主要方式方法。冷矫正是用锤子对变形部位进行锤击校正，在薄钢板的变形中，一般都是以钢板在受到外力的作用下，使原薄板工件的纤维伸长的变形，很少有纤维缩短的情况出现。因此，薄板校正在结构件的操作工艺中主要是以收料为主。

而热矫正是将钢材加热到一定温度下进行的矫正。对薄钢板进行点状加热时，应注意以下几点：

1）加热的温度要适当。既要能够足以引起钢材的塑性变形，温度又不能太高，一般不高于800℃（相当于将钢板加热到殷红色）。如果加热温度太高（1000℃以上），那么会引起钢材产生粗晶粒结构，而使加热点产生很小的细裂纹，进而影响钢结构的质量，尤其对要求不漏水、不漏油的场合，更应加以注意。

2）加热圆点的范围与板材的厚度有关。钢板厚，加热范围就大；钢板薄，加热范围就小，其加热范围的直径以其板厚的6倍加10mm为宜。加热点与加热点之间的距离要均匀一致，或按实际变形的程度做连续均匀的变化，一般采用梅花状布局。

3）用浇冷水激冷或用木槌弹击，这两种方法都是为了使钢板的“纤维”组织收缩速度加快。注意：锤击的动作要轻，防止影响构件表面质量。

4）加热时，烤枪嘴不要来回晃动，束状火焰要垂直于钢板，动作要敏捷迅速。注意：加热点不要太多，以免增加不应有的内应力。

五、梁柱类构件的矫正

各种梁柱是钢结构的基础部件，在梁柱焊接装配后，会出现不同程度的变形。梁柱变形多数情况是由焊接产生的内应力而引起的。

梁柱类构件的变形种类，一般分为弯曲变形（拱曲）、扭曲变形和组合变形。

对于这些变形，在设备允许的情况下，可以用压力机或矫正机等进行矫正，否则只能用局部加热的方法，配以简单机械来对其进行矫正。

对于变形矫正的原理，我们在前面已经讲到过就是利用反变形来抵消原有的变形。

对于发生组合变形的梁柱类构件，一般首先应矫正扭曲变形，当扭曲变形被矫正后，剩下的就是单一变形了。

框架类结构件是由多个独立的构件组合而成的。它们在钢结构里是相互制约的，因此它们的变化是相互影响的，所以对框架类独立构件进行矫正时，处处要从全面分析的角度来考虑。

六、焊接应力的消除

目前，铆焊结构常采用的消除焊接残余应力的方法是焊后热处理和振动法。

1. 焊后热处理

把铆焊结构的整体或局部均匀加热到材料相变点以下某一温度范围（一般为550～600℃）再进行一定时间的保温（一般钢材按每1mm厚度保温25min计算；超过50mm时，每增加25mm延长15min）。在这样的温度下，材料的屈服极限降低，在金属内部由于残余应力的作用而产生一定的塑性变形，从而使得应力得到消除。通过焊后热处理，可以消除80%～90%以上的残余应力，并可改善焊缝热影响区的组织性能。进行局部热处理时，可以采用氧乙炔火焰加热。使用这种方法时，应保证有足够的加热宽度，一般不小于厚度的4倍；冷却时应采用相应的保温措施使其缓慢冷却。

2. 振动法

利用振动可以使工件产生共振，得以将焊接应力消除。实验结果表明，采用振动法消除结构中的应力可取得较好的效果。

钣金工在进行现场实际操作时，对那些重要的承载受力的节点，焊后必须消除内应力，在焊接的间隙和焊后的最短时间内，应迅速采用锤击振动法，用以消除焊接内应力。对于那些材料厚度大，焊接量大，又是结构受力关键区域的部位，必须采用局部加热的方法进行焊接内应力的消除。

七、受撞车身钣金修理工艺规程

就车身钣金修理工艺来说，针对受撞车辆安排的修理工艺流程如下：

1. 对受撞车辆进行观察与分析

1）了解受撞车辆被撞部位和撞击力的大小，了解受撞车辆跑合状况、车速、碰撞物，分析受撞车辆的受力方向，是擦碰、顶碰、正碰还是偏碰，以及撞击力在车身框架上的波及范围。

2）分析车身整体框架的变形程度，对于修复部位的价值判断，以及拆卸更换部位的可能性分析。

3）了解更换部位的配件情况，是否有配件还是需要自制配件，以及配件自制方案的确定等。

2. 内部装饰件与需要更换部件的拆卸

拆卸内部装饰件和需要更换的部件，以及在修理车身过程中有妨碍的所有装配件。

1）确定测量基准和测量工具，并粗略测量车身框架变形程度。

2）确定校正车身框架的方案，撑压校正部位，拉拔校正的切入点。

3）确定测量校正框架正确率的测量方法。

3. 框架的校正与修复

1）将车身固定在车身校正样架上，确定车身上测量基准以及测量基准相对于校正样架的位置，并将校正测量点、线、面确定好。

2）实施撑压，拉拔校正，并不时地检查撑压拉拔校正过程中出现的框架变形情况，随时调整撑压面和拉拔切入点，保证校正方向和着力点的准确性。同时还要注意的是，在进行撑和拉拔校正受产生的塑性变形时，不能将框架的其他部位，在受到校正力影响下产生不必要的塑性变形。

3）测量校正后框架的整体修复情况，调整校正力，使框架在校正力绷紧的情况，为考虑校正力拆除后的回弹量，测量数据应取回弹量的正值。

4）消除框架矫正的残余应力，采用锤击振动法，对各受力节点，以及承受扭矩和弯矩作用的部位进行振动锤击；对内应力较大的部位，在不影响整体结构和外表面的情况下，采用氧乙炔加热消除残余应力。

5）在测量得到校正后的正确框架值后，拆除撑压和拉拔作用力，再进行复核测量，如回弹量过大，要进行反回弹量矫正，直至完全合格。

6）检查与分析车身框架在经过撞击变形和矫正复位的两次较大的塑性变形过程后，框架的钢材在强度和刚度受到的影响，以及车身在使用过程中可能出现的受力现象，针对薄弱环节进行补强。补强的原则是：同材质，同厚度，同强度；不能与装配件互相干涉；不能减少内部空间；不能影响整车外观。

对车身进行整体矫正时，应该根据控制点的分布将车身分为前、中、后三部分，如图 7-2 所示。这种划分方法主要基于车身壳体的刚度等级来区别损伤修复的强度。

车身壳体刚度分级的概念是，同一车身划分成不等的壳体刚度。其中乘客室尽可能具有最大的刚度；而相对于乘客室的前、后悬部位（发动机室、行李箱），则应具有较大的韧性和能量吸收能力。如图 7-2 所示，分别在前、后两处设置可以吸收冲击能量的安全结构。当汽车发生正面碰撞或追尾等事故时，所产生的冲击能量可以在车身前部 *A* 段或后部 *C* 段得以迅速吸收，以前车身或后车身局部首先变形成 *A′*或 *C′*，来保证中部乘客室 *B* 段具有足够的活动范围与安全空间。

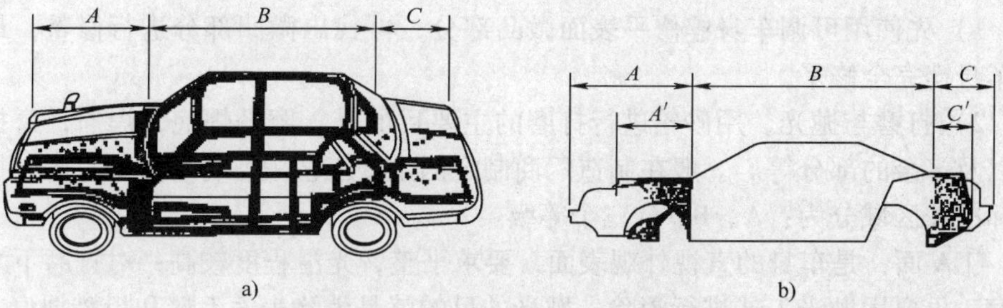

图 7-2　车身壳体刚度等级区别

a）车身壳体的强度等级　b）车身受冲击时的变形状况

由图 7-2 中不难看出，这种有意预留在车身前、后部的“薄弱环节”，起着良好的吸收冲击能量的作用。而车身中部的乘客室及其周围，一般要比前、后车身坚固且有良好的整体性。这样，当冲撞事故发生时，预计的局部变形反倒能为乘员留有一定的生存空间。

基于上述理由，维修作业中应当绝对避免对类似于图 7-2 中 *A*、*C* 段看似强度不足之处擅自施行加固作业，否则会由于原有技术方案被破坏而留下潜在危害。

4. 各部位更换件与修复件的修配

1）对各部位的更换件与修复件进行焊配，保证整体功能不缺损。

2）对各装配件与修复件的点、线、面进行测量，进行修复性调整，要确保各装配件与修复件的装配位置精确度和使用功能的可靠性。

5. 车身外表面损伤的修复

1）对车身外蒙皮的皱折部分进行展开修整。

2）对长出的失稳部分进行板料修整。

3）对筋线部分进行对齐修整。

修复后的表面，要平滑圆顺，筋线分明，位置准确，薄板材料的内应力基本平衡，无应力集中现象，对低拱曲的部分要有绷紧力。

6. 车门的修复与调整

1）修复损伤车门（包括发动机盖、后行李箱门等），保证原有各项功能不缺损，外蒙皮与车身外表面、筋线、曲率保持一致。

2）装配调整车门，保证机构完好，密封良好。

7. 修复后车身外表面的精平修整、打磨与抛光

精平修整是对修复后的车身外表面进行涂装处理前的平整，光滑程度的修整。

1）先使用可调车身锉修平表面微凸部分，再找出微凹部分进行修整，最后用车身锉完全修平。

2）打磨与抛光。用砂轮进行打磨的主要目的是，磨平焊疤，焊瘤，磨掉毛刺以及多余的部分等。一般在制造厂商制定的生产工艺中，将车身的打磨与抛光的标准按区域分为：A、B、C 三个等级。

①A 面：是车身的直视外观表面，要求平整，光滑程度较高；对打磨下来的划痕，也要用抛光工艺进行消除。抛光的目的就是消除表面毛糙和粗糙划痕。

②B 面：一般指非外表面的暴露面，如门框、车门内板的暴露面，以及车身内部装饰遮盖不了的内表面，由于它们也是可见外观面，因此要求平整，无凸凹缺陷，光滑圆顺，打磨后也要进行抛光处理。

③C 面：是由内部装饰遮盖的部分，对这一区域的要求是打磨焊接缺陷和去毛刺。

8. 车身外表面修复后的检验

对整车车身的外形尺寸进行测量与检验；对整车车身的支承平衡度进行测量与检验；对整车车身曲面曲率的一致性、光滑圆顺性、对称性，进行测量与检验。

对装配件位置的准确率、功能实用性、安全装置的可靠性，进行测量与检验。

对各车门开关灵活性、各功能的实用性、密封性、门缝的协调一致性、外观的平整性和筋线对齐率，进行测量与检验。

对车身修复后的各部位及需要进行防腐处理的部位进行防腐处理。

受撞车身钣金修理工艺规程应用实例如下：

图 7-3 所示为一台严重碰撞受损的中型客车，结合受撞车身钣金修理工艺规程，对这台严重碰撞损坏的车身进行修复处理。

图 7-3　严重碰撞受损的中型客车

9. 对受撞车辆进行观察与分析

该车左侧前部中端以上的部位是碰撞中心部位。由于碰撞过程很剧烈，导致该车身出现严重变形损坏。具体分析如下：

1）左侧前侧外板、前侧内板、左侧前门 A 柱 B 柱、左侧前门、左侧门框及门框上外板、内板前风窗上框、下框、左框、驾驶室右前下护板、左前门踏脚板、前顶盖、车身第一横梁等，均损坏严重，无修复价值，需要更换。

2）左侧猛烈的碰撞导致右侧受到牵拉，向左侧偏弯变形，以及猛烈的碰撞导致整体车身应力失散变形等，需要进行全面测量与检验，并进行修复整理。

3）测量校验的标准是调取一台型号相同的整车，获取标准数据，对受损进行修复检验。

10. 内部装饰件与需要更换部件的拆卸

1）拆除妨碍修复操作的所有部件，对可以重复利用的部件要进行可利用拆除，并做好重复利用拼装的尺寸标记。

2）拆除左侧前侧外板、前侧内板、左侧前门 A 柱 B 柱、左侧前门、左侧门框及门框上外板、内板前风窗上框、下框、左框、驾驶室右前下护板、左前门踏脚板、前顶盖、车身第一横梁等所有无法修复的需要更换的部位，如图 7-4 ~ 图 7-7 所示。

图 7-4　拆除需要更换的部位（1）

图 7-5　拆除需要更换的部位（2）

图 7-6　拆除需要更换的部位（3）

图 7-7　拆除需要更换的部位（4）

11. 框架的校正与修复

1）针对损坏车身底部的纵梁进行矫正。

2）装配前桥及汽车发动机装配支架，并检验纵梁矫正的尺寸准确与否，如图 7-8 所示。

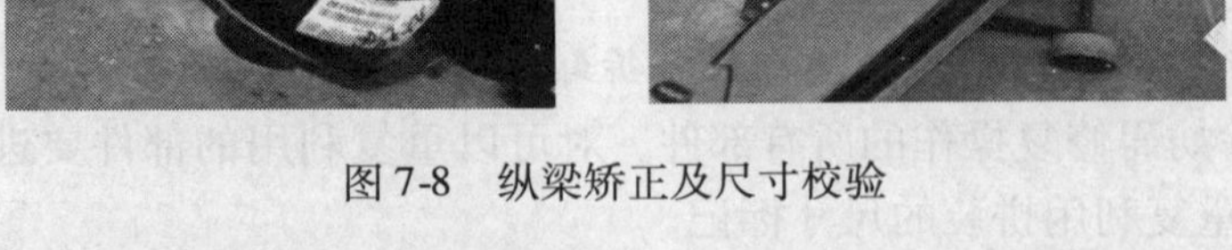

图 7-8　纵梁矫正及尺寸校验

12. 各部位更换件与修复件的修配

1）修配更换件驾驶室底板及前围总成。按照调取相同型号整车量取的标准数据进行测量定位，并和右侧原有的门框进行匹配，用以检验驾驶室底板定位拼装尺寸的准确程度，如图 7-9 所示。

图 7-9　修配更换件及定位拼装尺寸校验

2）拼装左侧外板、左前门框、左踏脚板等。按照调取相同型号整车量取的标准数据进行测量定位。特别注意外观表面的平整、各条筋线对齐以及前门框与踏脚板、驾驶室底板等定位拼装的尺寸精确程度，还有整体车身框架结构的精确调整与整修等，如图 7-10 所示。

图 7-10　拼装左侧外板、左前门框及左踏脚板

3）进行驾驶室顶盖拼装。进行驾驶室顶盖拼装时要特别注意前风窗框的尺寸精度要求，与左右侧进行拼缝的对称度，以及整体拼装焊接连接的密封可靠性等，如图 7-11 所示。

4）拼装焊接连接所有内骨架、内护板。确保整体车身框架结构应力体系完整。确保所有车身原有功能完整。在进行内骨架、内护板焊接拼装连接的过程中还要进行整体框架结构的受力分析，针对受损后应力能力缺失的部位进行加强处理，如图 7-12 所示。

图 7-11　驾驶室顶盖拼装

图 7-12　内骨架拼装及加强处理

13. 车身外表面损伤的修复

针对整个车身的外表面进行损伤修复，如图 7-13 所示。

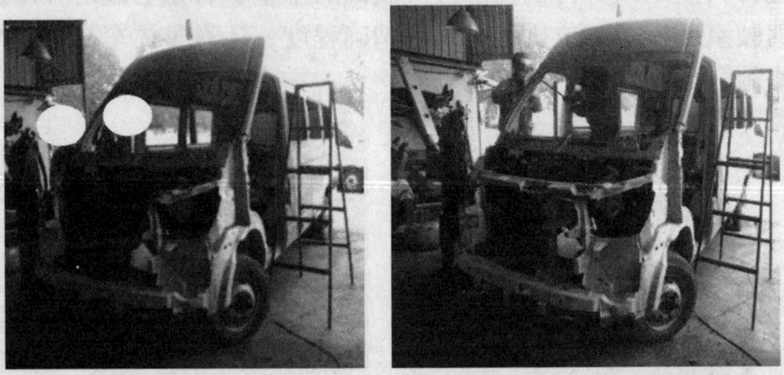

图 7-13　车身外表面损伤的修复

14. 车门的修复与调整

车门的修复与调整包括发动机盖、后行李箱门等，如图 7-14 所示。

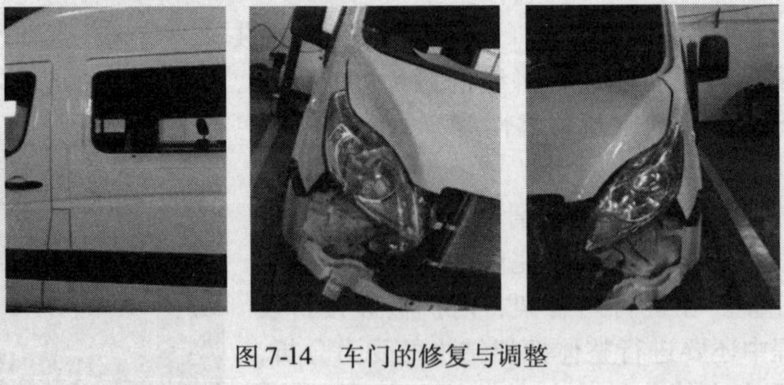

图 7-14　车门的修复与调整

15. 修复后车身外表面的精平修整、打磨与抛光

精平修整、打磨与抛光过程如图 7-15 所示。

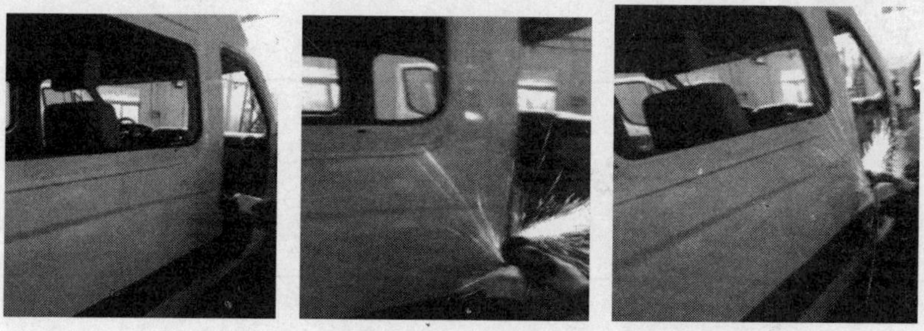

图 7-15　车身外表面的精平修整、打磨与抛光

16. 车身外表面修复后的检验

对整车车身的外形尺寸进行测量与检验；对整车车身的支承平衡度进行测量与检验；对整车车身曲面曲率的一致性、光滑圆顺性、对称性，进行测量与检验。

对装配件位置的准确率、功能实用性、安全装置的可靠性，以及对各车门开关灵活性、各功能的实用性、密封性、外观的平整性和筋线对齐率进行测量与检验，如图 7-16 所示。

图 7-16　车身外表面修复后的检验

复习思考题

1. 钣金工进行各种汽车车身整体变形修复时，必须具备哪些技能？

2. 汽车车身测量的基准选取，有哪些方法？

3. 汽车车身框架结构严重变形后，在进行变形矫正时，怎样判断矫正部位？先后次序怎样选取？

4. 车身维修的测量步骤是怎样的？

5. 汽车车身壳体的刚度等级怎样分配？制造和维修作业中怎样掌握？

试　题　库

知识要求试题

一、单项选择题

1. 碳钢是指含碳量小于（　　）的铁碳合金。

A. 2.06%　　B. 4.0%　　C. 0.25%　　D. 6.67%

2. 钢的表面淬火是一种只改变表面层（　　）的局部热处理方法。

A. 组织结构　　B. 化学成分　　C. 化学结构　　D. 加工硬化

3. 炼铁的过程就是从铁矿石（铁的氧化物）中还原铁的（　　）过程。

A. 提炼成分　　B. 化学变化　　C. 去除杂质　　D. 去氧化物

4. 炼钢与炼铁不同，炼铁是一个还原的过程，而炼钢则是一个（　　）的过程。

A. 提炼　　B. 氧化　　C. 去除杂质　　D. 去氧化物

5. 机械制图投影分为两类，一类称为中心投影，另一类称为（　　）投影。

A. 正　　B. 水平　　C. 侧　　D. 平行

6. 金属材料的锻造性包括（　　）和变形抗力等。

A. 韧性　　B. 强度　　C. 塑性　　D. 硬度

7. 一般要求韧性稍高的碳素工具钢含碳量为（　　）%，如样冲、錾子等。

A. 0.7~0.8　　B. 0.9~1.1　　C. 1.2~1.3　　D. 1.3~1.4

8. 钢中加入铬、锰、硅、钨、钒等元素，主要是为了提高低合金刃具钢的强度和（　　）。

A. 红硬性　　B. 淬透性　　C. 韧性　　D. 耐磨性

9. 如果加热温度超过了固相线，钢材开始（　　）。

A. 组织变化　　B. 熔化　　C. 变为液体　　D. 变为单一奥氏体

10. 中温回火后的材料具有较高的弹性极限和（　　）。

A. 强度极限　　B. 屈服强度　　C. 耐磨性　　D. 红硬性

11. 放样可以作为制造样板，加工和（　　）工作的依据。

A. 拼接　　B. 组对　　C. 装配　　D. 连接

12. 画在平面上的（　　）图形称为展开图。

A. 几何　　B. 表面　　C. 零件　　D. 展开

13. 平行线法适用于（　　）侧表面展开。

A. 棱柱体　　B. 棱柱体及其截体

C. 锥体　　D. 锥体及其截体

14. 放射线法适用（　　）表面展开。

A. 天圆地方　　B. 棱柱体　　C. 棱锥体　　D. 圆柱体

15. 对一些不可展曲面进行近似展开，大多采用的是（　　）线法。

A. 平行　　B. 放射　　C. 三角　　D. 旋转

16. 乙炔发生器与明火、火花点、高压线等水平距离不得小于（　　）。

A. 8m　　B. 9m　　C. 10m　　D. 12m

17. 零件加工后表面（　　）的不平度即是表面粗糙度。

A. 形状　　B. 光洁　　C. 微观　　D. 宏观

18. 焊缝符号“⚑”表示（　　）。

A. 现场或工地上焊接　　B. 焊接方向

C. 焊接顺序　　D. 三面焊接

19. 冷作钣金图样中有些零件尺寸不予标注，而是通过（　　）求出的。

A. 展开或放样　　B. 计算与作图　　C. 测量与计算　　D. 计算或放样

20. 采用锤击展开矫正时，沿凸起四周向外锤击展伸，锤击密度为（　　），所以可矫正薄钢板中间凸起变形。

A. 中间、外部均密　　B. 中间疏、外部密

C. 中间密、外部疏　　D. 中间、外部均疏

21. 在型钢矫正机上矫正型钢时，（　　）是消除回弹现象的常用方法。

A. 加热矫正　　B. 适当放松　　C. 弯曲过量　　D. 适当过量

22. 多辊式斜辊矫正机的工作部分是由一系列轴线呈一定角度分布的（　　）压辊组成的。

A. 单曲线　　B. 双曲线　　C. 曲线　　D. 直面

23. 在矫正机上矫正钢管变形时，钢管在压辊作用下一方面受力弯曲，一方面做（　　）运动获得矫正。

A. 曲线　　B. 相对　　C. 直线　　D. 螺旋

24. 火焰矫正的原理是利用了钢材（　　）的特性。

A. 热胀冷缩　　B. 冷热温差　　C. 收缩变形　　D. 热胀变形

25. 线状加热的加热区域应根据工件的厚度和（　　）而定。
A. 截面形状、工件尺寸　　B. 结构尺寸、工件宽度
C. 工件形状、材料质量　　D. 变形程度、工件厚度

26. 对有若干个不加工表面的工件立体划线时，应以（　　）作为为基准。
A. 较宽而长　　B. 宽而光洁　　C. 对称中心线　　D. 较大而平整

27. 工件有较多加工平面时，划线基准应选择加工精度较高或（　　）的平面作为基准。
A. 加工余量较小　　B. 便于加工　　C. 加工余量较大　　D. 已加工

28. 分析研究图样，了解产品的（　　）、结构特点等是放样时必须做的工作。
A. 加工尺寸　　B. 零件尺寸　　C. 零件形状　　D. 技术要求

29. 合理用料是在保证产品质量，符合技术要求和（　　）工艺的前提下进行。
A. 切割　　B. 加工　　C. 组装　　D. 施工

30. 展开就是将构件的（　　）依次摊开在一个平面上的过程。
A. 各个曲面　　B. 各个平面　　C. 各个立面　　D. 各个表面

31. 用（　　）法展开方圆接管更简便。
A. 梯形　　B. 放射线　　C. 三角形　　D. 求实长

32. 冷作钣金工对板厚处理的最小厚度是（　　）mm。
A. 2　　B. 2.5　　C. 0.5　　D. 1.5

33. 板厚处理以（　　）尺寸为展开依据的是矩形管。
A. 内侧加两个皮厚　　B. 内侧　　C. 外侧减一个皮厚　　D. 外形

34. 圆锥管的展开高度通常取板厚的（　　）高。
A. 1/4　　B. 外皮　　C. 里皮　　D. 中心线

35. 相贯构件板厚处理时，以连接处（　　）部位尺寸为展开依据。
A. 接触　　B. 外皮　　C. 里皮加皮厚　　D. 中心

36. 圆钢弯成三角形展开料计算是（　　）倍的一边直线部分和曲线部分之和。
A. 1　　B. 3　　C. 5　　D. 6

37. 龙门剪床分为（　　）两种，是根据传动机构布置的位置划分的。
A. 凸轮和压脚　　B. 上传动和下传动
C. 立式和卧式　　D. 平口和斜口

38. 圆盘剪床既能剪曲线，也能剪（　　），又可完成切圆孔等加工操作。
A. 正方形　　B. 三角形　　C. 直线　　D. 折线

39. 为了减少剪切过程中刀刃与材料的摩擦，应把剪刀刃的（　　）倾斜，

从而形成后角。

A. 下面　　B. 后面　　C. 侧面　　D. 前面

40. 卷弯中，胚料沿辊轴（　　）造成局部压薄会产生扭斜。

A. 受力不均　　B. 压力过小　　C. 压力过大　　D. 操作不当

41. 当弯曲的方向与钢材纤维方向垂直时，钢材具有较大的（　　）强度。

A. 抗弯　　B. 抗挤压　　C. 抗剪　　D. 抗拉

42. 单角校正压弯的计算公式是压弯力等于单位校正压力乘以校正部分（　　）。

A. 抗弯极限　　B. 投影面积　　C. 1/2 板厚　　D. 截面积

43. 计算压延件胚料尺寸的方法有（　　）、等体积法和经验公式法。

A. 周长法、等面积法　　B. 等重量法

C. 等质量法　　D. 等尺寸法

44. 按等面积计算无凸缘筒形压延件的方法是将它分成（　　）个简单几何体并分别求面积。

A. 五　　B. 四　　C. 三　　D. 二

45. π 乘以圆锥外径再乘以圆锥斜高之和被（　　）除是圆锥的表面积计算公式。

A. 5　　B. 2d　　C. 2π　　D. 2

46. （　　）倍的 π 乘以半圆球的外半径的平方是半圆球的表面积。

A. 1/2　　B. 3d　　C. 2　　D. 3

47. （　　）倍的 π 乘以球面带的圆弧内半径再乘以球面带高度为球面带的表面积。

A. 5　　B. 1/2　　C. 2　　D. 3

48. 已知一椭圆封头，$d=800$mm，$t=12$mm，$h=25$mm，$K=1.19$，坯料直径 $D=$（　　）mm。

A. 1014　　B. 1016　　C. 1012　　D. 1019

49. （　　）适用于不锈钢的压延。

A. 二次压延　　B. 旋压　　C. 热压　　D. 冷压

50. 与碳钢相比，不锈钢（　　）现象严重，每次压延后要进行退火处理。

A. 冷作硬化　　B. 疲劳　　C. 塑性变形　　D. 局部变形

51. 把模具预热到（　　）℃后再对不锈钢胚料进行压延。

A. 250～300　　B. 300～250　　C. 250～400　　D. 400～450

52. 铝及铝合金热压延时，模具最好预热到（　　）℃。

A. 250～320　　B. 280～300　　C. 200～280　　D. 280～320

53. 起伏就是改变胚料或工件的（　　），使它形成局部下凹或上凸起的工

序。

A. 结构　　B. 形状　　C. 用途　　D. 刚度

54. 起伏可以使制件表面光滑美观并提高薄板的（　　）。

A. 强度、弹性　　B. 强度、刚度　　C. 强度、韧性　　D. 硬度、刚度

55. 胚料主要承受（　　）作用而起伏。

A. 挤压　　B. 压力　　C. 压应力　　D. 拉应力

56. 弯管时虽然采用的弯曲方法不同，但它们的目的都是设法减小弯管的截面积和管壁的（　　）。

A. 变形量　　B. 弯曲量　　C. 椭圆度　　D. 回弹量

57. 管子的椭圆度等于同一（　　）的最大直径减最小直径之差再除以管子的标称外径。

A. 立面　　B. 截面　　C. 纵截面　　D. 横截面

58. 线性尺寸是指零件上被测量的点、线、（　　）与测量基准间的直线距离。

A. 曲面　　B. 平面　　C. 几何面　　D. 面

59.（　　）是冷作钣金工装配中应用最广泛的。

A. 线性尺寸测量　　B. 样板检查　　C. 钢卷尺测量　　D. 测量基准

60. 平行度、倾斜度、垂直度、（　　）的测量等都属于形状与位置的测量。

A. 弧度、水平度　　B. 同轴度、角度

C. 椭圆度、水平度　　D. 弧度、角度

61. 零件的定位一般有挡铁、定位销、样板和（　　）等。

A. 计算定位　　B. 划线定位　　C. 尺寸定位　　D. 胎具定位

62. 焊条焊芯的作用是熔化后作为（　　）金属。

A. 打底　　B. 焊接　　C. 盖面　　D. 填充

63. 焊条药皮可以起到冶金处理和（　　）。

A. 保温作用　　B. 机械保护作用　　C. 阻挡弧光作用　　D. 保护焊道作用

64. 对含氢量有特殊要求的碱性焊条烘焙温度要提高到（　　）℃。

A. 400～450　　B. 250～450　　C. 300～400　　D. 300

65. 立焊时应采用（　　）焊条和小电流。

A. 小直径　　B. 大直径　　C. 酸性　　D. 碱性

66. 通过（　　）、机械压缩、磁收缩可以形成等离子弧。

A. 电弧压缩　　B. 电弧收缩　　C. 热收缩　　D. 冷收缩

67. 铆钉枪的工作原理是利用（　　）使配气活门上下形成压差，从而活塞上下运动进行锤击。

A. 空气　　B. 氧气　　C. 氢气　　D. 压缩空气

68. 锤击焊缝法在材料较薄、有色金属和（　　）补焊时经常采用。

A. 型材　　B. 管材　　C. 板材　　D. 铸铁

69. 采用（　　）检验方法是对构件进行内部检验时常用的方法。

A. 非破坏性　　B. μ射线探伤　　C. 显示剂　　D. 柴油

70. 焊缝的直观检验项目有焊缝外形尺寸和（　　）检验。

A. 表面质量　　B. 咬边　　C. 焊瘤　　D. 裂纹

71. 棱柱面和圆柱面常用（　　）展开。

A. 三角线法　　B. 放射线法　　C. 平行线法　　D. 以上均可

72. 圆锥面和棱锥面常用（　　）展开。

A. 三角线法　　B. 平行线法　　C. 放射线法　　D. 以上均可

73. 球面的近似展开方法是（　　）。

A. 平行线法　　B. 纬线法　　C. 三角线法　　D. 以上均可

74. "天圆地方"构件常用的展开方法是（　　）。

A. 平行线法　　B. 三角线法　　C. 纬线法　　D. 放射线法

75. 断面形状为曲线时的板厚处理方法是以（　　）尺寸为准绘制放样图和展开图。

A. 中心层　　B. 里皮尺寸　　C. 外皮尺寸　　D. 以上均可

76. 施工图的比例是（　　）。

A. 1∶1　　B. 2∶1

C. 按构件形状和大小进行放大或缩小　　D. 以上均不是

77. 放样图的比例是（　　）。

A. 1∶1　　B. 2∶1

C. 按构件形状和大小进行放大或缩小　　D. 以上均不是

78. 乙炔与氧气混合燃烧所产生的温度可达（　　）℃。

A. 300～330　　B. 3000～3300　　C. 30000～33000　　D. 以上均不是

79. 气焊焊丝直径的选择依据是（　　）。

A. 焊件厚度　　B. 氧乙炔焰的温度

C. 焊炬移动速度　　D. 以上均不是

80. 气焊时，若熔池突然变大，且无流动金属，则表明（　　）。

A. 焊炬移动速度过快　　B. 焊丝未被熔化

C. 焊件烧穿　　D. 以上均不是

81. 气割速度是否恰当，由（　　）来判断。

A. 后拖量　　B. 火焰颜色和形状

C. 熔渣流量　　D. 以上均不是

82. 乙炔发生器上安装的回火防止器应为（　　）位置。

A. 倾斜45° B. 水平 C. 垂直 D. 以上均不是

83. 氧气瓶应距热源不少于（ ）m。

A. 5 B. 10 C. 20 D. 30

84. 电弧阴极区和阳极区之间的区域称为（ ）。

A. 弧柱 B. 辉点 C. 极区 D. 以上均不是

85. 碱性电焊条的烘焙温度一般为（ ）℃。

A. 350~450 B. 550~650 C. 750~850 D. 以上均不是

86. 酸性电焊条的烘焙温度一般为（ ）℃。

A. 50~100 B. 150~200 C. 250~300 D. 以上均不是

87. 焊接时力求使用（ ）为好。

A. 长弧 B. 中弧 C. 短弧 D. 以上均不是

88. 为了维持正常的电弧长度，电焊条应作（ ）运动。

A. 送进 B. 前移 C. 摆动 D. 以上均不是

89. 焊条末端沿焊缝纵向作来回直线摆动的运条法称为（ ）。

A. 直线形运条法 B. 直线往复形运条法

C. 环形运条法 D. 以上均不是

90. 最常用的立焊方法是（ ）施焊。

A. 由下而上 B. 由上而下

C. 上半段由上而下，下半段由下而上 D. 以上均不是

91. 焊件冷却后，仍然存在的应力称为（ ）。

A. 凝缩应力 B. 温度应力 C. 残余应力 D. 以上均不是

92. 产生咬边的原因之一为（ ）。

A. 焊接速度过快 B. 施焊时中心偏移

C. 焊接电流过大，电弧过长 D. 以上均不是

93. 产生气孔的原因之一为（ ）。

A. 焊件表面及坡口有水、油、锈、漆等脏污物

B. 焊接电流过小，熔渣来不及浮出即凝固

C. 焊缝金属中的低熔点共晶物在快速冷却时造成晶间偏析

D. 以上均不是

94. 新装的气瓶使用前应侧置1~2h进行放气，其主要目的是放掉瓶中的（ ）。

A. 氧气 B. 水分 C. 杂质 D. 以上均不是

95. 利用等离子弧切割的最大厚度可达（ ）mm。

A. 15~20 B. 150~200 C. 1500~2000 D. 以上均不是

96. （ ）钎料属于软钎料一类。

A. 铅基　　B. 银基　　C. 锡铅基　　D. 以上均不是

97. （　　）钎料属于硬钎料一类。

A. 铜基　　B. 镉银基　　C. 锡铅基　　D. 以上均不是

98. 若镶补件的边缘尺寸（　　）挖除尺寸，则该工序属挖补工艺。

A. 略小于　　B. 等于　　C. 略大于　　D. 以上均不是

99. 客车骨架顶棚纵向中心线应在车架纵向对称平面内，位置度误差不大于（　　）mm。

A. 10　　B. 5　　C. 8　　D. 15

100. 翼板装车后，其左右高度差应不大于（　　）mm。

A. 5　　B. 10　　C. 20　　D. 40

101. 车身按用途可分为载货汽车车身、客车车身、轿车车身和（　　）车身。

A. 承载式　　B. 骨架式　　C. 特殊用途车　　D. 以上均不是

102. 安装或拆卸玻璃升降器平衡弹簧，均应把玻璃安装槽板置于（　　）位置。

A. 最低　　B. 中间　　C. 最高　　D. 以上均不是

103. 若（　　）损坏，卸下车门玻璃后，升降臂便会自动上行至最高位置。

A. 制动弹簧　　B. 平衡弹簧　　C. 玻璃导槽　　D. 以上均不是

104. 散热器采用（　　）工艺进行焊修。

A. 电弧焊　　B. 电阻焊　　C. 钎焊　　D. 以上均不是

105. 用点焊连接的部位，分解时其熔核应采用（　　）方法去除。

A. 锯割　　B. 气割　　C. 钻孔　　D. 以上均不是

106. 若车辆遭受的撞击方向与车身纵向轴线平行，则车身左右两侧的板件易造成（　　）。

A. 皱褶　　B. 凹陷　　C. 断折　　D. 以上均不是

107. 车身板件有（　　）等3种类型。

A. 单曲拱形、复合拱形和双曲拱形　　B. 单曲拱形、多向拱形和双曲拱形

C. 低拱形、中拱形和高拱形　　D. 以上均不是

108. 单曲拱形板件受到下压力作用产生变形，在纵向和横向上所受到的是（　　）。

A. 拉伸力和压缩力　　B. 压缩力和拉伸力

C. 拉伸力和拉伸力　　D. 以上均不是

109. 冲击锤只能用于（　　）。

A. 修复小的凹陷处　　B. 修理金属板大的凹陷

C. 敲打损坏的金属板使其大致回到原形　　D. 以上均不是

110.（　　）会使钢板产生拉伸变形。

A. 铁锤不在垫铁上轻敲　　B. 铁锤不在垫铁上重敲

C. 铁锤在垫铁上重敲　　D. 以上均不是

111. 铁锤在垫铁上的敲击法和铁锤不在垫铁上的敲击法的区别是（　　）。

A. 前者拉伸金属，后者整平金属　　B. 前者整平金属，后者拉伸金属

C. 两者都是拉伸金属　　D. 两者都是整平金属

112. 关于板件的热收缩操作，（　　）的说法是错误的。

A. 可以用铁锤不在垫铁上敲击　　B. 可以用铁锤在垫铁上轻敲

C. 可以用铁锤在垫铁上实敲　　D. 以上均不是

113. 钢板热收缩过量后，（　　）。

A. 用铁锤在垫铁上轻敲，拉伸收缩过量的金属

B. 不用铁锤在垫铁上轻敲，即可拉伸收缩过量的金属

C. 用铁锤在垫铁上重敲，拉伸收缩过量的金属

D. 以上均不是

114. 当切割门槛板时，为了避免切割到中立柱下面的加强件，应避开中立柱基础（　　）mm。

A. 30　　B. 40　　C. 50　　D. 60

115. 门槛板对接时，为了要焊透下面的板件，要留出（　　）mm 缝隙（坡口）。

A. 1.0~2.0　　B. 1.5~3.0　　C. 2.0~3.0　　D. 以上均不是

116. 门槛板内的插入件要用（　　）的方法固定。

A. 点焊　　B. 定位焊　　C. 塞焊　　D. 以上均不是

117. 门槛板的（　　），在更换时可以采用搭接方式连接。

A. 外板　　B. 加强板　　C. 内板　　D. 以上均不是

118. 高质量的惰性气体保护焊焊接有赖于适当的电弧长度，而电弧长度是由（　　）决定的。

A. 焊机电源电压　　B. 焊接电流　　C. 电弧电压　　D. 以上均不是

119.（　　）属于不可拆卸连接。

A. 折边连接　　B. 卡口连接　　C. 螺纹联接　　D. 以上均不是

120. 使用气体保护焊焊接后，不能用水降温的原因是（　　）。

A. 会使焊缝变脆　　B. 会使焊缝生锈

C. 会使焊缝变软　　D. 以上均不是

121. 在车身修理中，可采用（　　）来代替汽车制造厂的电阻点焊。

A. 点焊　　B. 搭接焊　　C. 塞焊　　D. 以上均不是

122. 电阻点焊是利用（　　）的电流流过夹紧在一起的两块金属时产生的

电阻热，用焊枪电极的挤压力来完成的。

A. 低电压、高强度　　B. 高电压、低强度

C. 高电压、高强度　　D. 以上均不是

123. 电阻点焊两个焊点间隙过小，使强度降低的原因是（　　）。

A. 焊接电流被分流　　B. 焊接时间缩短

C. 两个焊点的热影响　　D. 以上均不是

124. 有经验的车身维修人员会把大量精力和时间用在损伤评估上，而总的修理时间反而会（　　）。

A. 缩短　　B. 增加　　C. 不变　　D. 无法确定

125. 车身前部发生碰撞后进行矫正时，最先矫正的是（　　）。

A. 车身前部　　B. 车身后部　　C. 车身中部　　D. 以上均不是

126. 车身制图上的 *X* 坐标表示的是（　　）尺寸。

A. 高度　　B. 宽度　　C. 长度　　D. 以上均不是

127. 车身制图上的 *Y* 坐标表示的是（　　）尺寸。

A. 高度　　B. 宽度　　C. 长度　　D. 以上均不是

128. 车身制图上的 *Z* 坐标表示的是（　　）尺寸。

A. 高度　　B. 宽度　　C. 长度　　D. 以上均不是

129. 车身制图中是以（　　）作为纵向零线的。

A. 前轮理论中心的中心线　　B. 前围中心线

C. 后轮理论中心的中心线　　D. 以上均不是

130. 实际生产中，由于受条件限制，大型钢结构件的矫正一般多采用（　　）。

A. 手工矫正　　B. 机械矫正　　C. 锤击矫正　　D. 火焰矫正

131. 应力是单位面积上的内力，它表示内力在某点的（　　）。

A. 集合　　B. 集度　　C. 集中　　D. 集聚

132. 模具的定位装置和定位零件，一定要（　　），并保证要有足够的定位精度。

A. 稳定可靠　　B. 制造精密度

C. 尺寸精确　　D. 强度高，刚性好

133. 应用部件装配法可以（　　）。

A. 减少工序　　B. 增加工序　　C. 降低损耗　　D. 提高生产率

134. 球面的近似展开方法是（　　）。

A. 平行线法　　B. 纬线法　　C. 三角线法　　D. 以上均不是

135. 手工锤击修复薄板的缺点是，被锤击的金属表面易发生（　　）；需要操作者具有丰富的经验。

A. 表面损坏　B. 内部组织损伤　C. 局部损伤　D. 以上均不是

136. 对汽车车身进行（　）是车身维修中不可缺少的重要环节之一。它是维持或恢复车身的正常工作能力，延长使用寿命并使其经常处于完好技术状态依据的基础。

A. 全面观察　B. 定位测量　C. 损坏检修　D. 工艺编程

137. 以氩气为保护气体，用焊丝作为焊接电极的电弧焊方法称为（　）。

A. 氩气保护焊　B. 钨极氩弧焊　C. 熔化极氩弧焊　D. 脉冲氩弧焊

138. 采用部件组装，因部件小而且容易翻动，对焊接工序应尽量采用（　）位置进行焊接。

A. 平焊　B. 横焊　C. 立焊　D. 船形焊

139. 点焊的质量要求，首先体现在点焊接头要具有一定的强度，而强度主要取决于（　）。

A. 加大电流　B. 调整压力　C. 熔核尺寸　D. 电极直径

140. 应力腐蚀开裂是在拉应力和（　）共同作用下产生的裂纹现象。

A. 应力腐蚀　B. 化学腐蚀　C. 电化学腐蚀　D. 晶间腐蚀

141. 对原材料进行喷丸处理，一方面可以除锈，对材料进行预处理；另一方面，可以提高零件的（　）。

A. 耐磨性　B. 韧性　C. 屈服强度　D. 疲劳强度

142. 最有利于发挥材料塑性的是有两个（　）的立体应变状态。

A. 拉伸应力　B. 压缩应力　C. 拉伸应变　D. 压缩应变

143. 工件在装配时保持固定不变的确定位置，实现准确定位，就应当限制工件的（　）。

A. 自由度　B. 六个自由度　C. 移动自由度　D. 旋转自由度

144. 相互配合的孔与轴，允许其间隙或过盈的变动量叫作（　）。

A. 间隙配合公差　B. 过度配合公差　C. 过盈配合公差　D. 配合公差

145. 宽板弯曲时，它的应力和应变为（　）状态。

A. 平面应力、平面应变　B. 立体应力、平面应变

C. 立体应力、立体应变　D. 平面应力、立体应变

146. 单排铆钉道的铆钉中心距应等于铆钉直径的（　）左右。

A. 2 倍　B. 4 倍　C. 3 倍　D. 5 倍

147. 修理严重撞伤的驾驶室，在矫正平整时，要注意各部件之间的（　）。

A. 收缩变形　B. 焊点与焊缝　C. 相互配合　D. 里层与骨架

148. 冲裁件的断面特征之一光亮带，它是产生于（　）阶段。

A. 塑性变形　B. 弹性变形

C. 断裂分离　D. 弹性—塑性变形

149. 低碳钢含碳量应小于（　　）。

A. 4.0%　　B. 0.60%　　C. 0.25%　　D. 0.08%

150. 合理选择焊接顺序，收缩量大的焊缝要（　　）。

A. 先焊　　B. 边焊边停　　C. 连续焊　　D. 后焊

二、多项选择题

1. 铆接接头与焊接接头相比，铆接接头具有（　　）。

A. 刚度小　　B. 退让性　　C. 吸收能量

D. 缓冲作用　　E. 几乎没有内应力

2. 汽车车身框架结构件的装配，不论采用什么方法，都应具有（　　）方面的要素。

A. 支承　　B. 定位　　C. 夹紧　　D. 连接

3. 要使工件在装配时保持固定不变的确定位置，实现准确定位，就应当限制工件的（　　）。

A. X 方向移动　　B. Y 方向移动　　C. Z 方向移动

D. X 方向旋转　　E. Y 方向旋转　　F. Z 方向旋转

4. CO_2 气体保焊接电流的大小会影响母材的（　　）。

A. 焊接熔深　　B. 焊区熔化速度

C. 电弧的稳定性　　D. 焊接溅出物的数量

5. 电阻点焊焊接的主要焊接规范参数有：（　　）等。

A. 焊接电流　　B. 焊接时间

C. 电极压力　　D. 电极头端面尺寸

6. 在一般情况下，梁的弯曲横截面上既有剪应力，又有弯矩力，这就说明梁有（　　）。

A. 弯曲变形　　B. 剪切变形　　C. 剪切应力　　D. 弯矩应力

7. 汽车油箱布置时必须考虑（　　）。

A. 防火安全　　B. 汽车总质量　　C. 油箱密封性

D. 加油方便性　　E. 油箱材料选用　　F. 轴荷分配

8. 车身测量基准可采用（　　）。

A. 参数法　　B. 对比法　　C. 测距法　　D. 定中规法

9. 待装配的零件、组合件以（　　）来确定装配位置的方法称为基准件定位。

A. 组合件　　B. 零件　　C. 装配孔

D. 基准零件　　E. 装配型架　　F. 先装的零件、组合件

10. 实际上，在车架上出现事故性的故障并不多，车架故障大部分是

（　　）。

A. 疲劳裂纹　　B. 车架变形　　C. 铆钉松动

D. 车架折断　　E. 车架产生其他故障　　F. 安装孔与结合面的磨损

11. 中国汽车行业标准 QC/T 490—2000 中规定了：车身制图是在国家标准机械制图的基础上，增加规定了（　　）和图样画法及尺寸注法等内容。

A. 图面布置　　B. 坐标线的应用

C. 坐标线的基准位置确定　　D. 坐标线的标记

12. 一份完整的零件图，一般应具有的内容有（　　）。

A. 一组视图　　B. 足够的尺寸标注

C. 技术要求　　D. 标题栏

13. 采用几何作图展开法对零件表面形体进行展开放样时，根据零件表面形体形状和复杂程度分别采用各种展开画线的方法。展开画线的方法有（　　）等。

A. 平行线画法　　B. 放射线画法　　C. 三角形画法

D. 换面法　　E. 经纬线画法　　F. 特殊点法

14. 应力平衡工件产生工艺过程力并形成失稳的影响有多方面的因素。归纳起来主要有以下几个方面：（　　）等。

A. 结构缺陷影响　　B. 连接方式的影响

C. 工艺操作缺陷的影响　　D. 工艺接续过程的影响

E. 工件连接支撑应力的影响　　F. 工装的不稳定因素

G. 工艺操作的失误

15. 汽车车身的连接以焊接应用最为广泛，这是因为焊接具有（　　）等优点。

A. 与母材相近的强度　　B. 节省材料　　C. 减小质量

D. 连接效果好　　E. 接头密封性好　　F. 可承受高压

16. 金属材料的工艺加工性能是指金属材料在加工制造过程中，它的（　　）以及热处理等特性，决定着金属材料在结构件加工制造时的适应能力。

A. 可塑性　　B. 可焊性　　C. 可铸性

D. 可锻性　　E. 可切削性

17. 应用过程性能包含两个主要概念：机械性能主要指（　　）等；化学性能主要指金属材料在各种介质中的抗腐蚀能力。

A. 强度　　B. 刚度　　C. 硬度

D. 韧性　　E. 抗疲劳能力

18. 修理板件上受到拉伸的部位时，可以用（　　）等。

A. 垫铁　　B. 收料锤　　C. 整形锉

D. 橡胶锤　　　　　　　　E. 木槌

19. 圆盘磨光机用砂轮的功能有（　　）。

A. 抛光（用来清除油漆或整平填充物）　　　B. 横切割（用来清除金属）

C. 消除锉平时留下的痕迹或对金属进行抛光　D. 用来平整车身表面

20. 车身板件需要更换的情况有（　　）。

A. 钢板锈蚀严重　　　　　　　　　　　　B. 吸能区压缩变形

C. 车门板存在大约 200mm 范围的凹陷　　　D. 板件破损

21. 客车车身骨架各构件有局部损坏、断裂、裂纹时，可以采取（　　）法加以修复。

A. 镶套加固　　　B. 补焊构件　　　C. 圆弧加固　　　D. 角板加固

22. 防撞吸能区的外观有（　　）等形式。

A. 回旋状表面　　B. 波状表面　　　C. 凹面或陷窝　　D. 孔或缝

23. 车身构件分割时（　　）。

A. 要避开构件中的一些“孔”　B. 不要切穿任何内部加强件

C. 应避开支承点　　　　　　D. 要避开座椅安全带在地板中的固定点

24. 车身前立柱切割后，可用（　　）的方式连接。

A. 插入件对接　　　　　　　B. 没有插入件直、偏置对接

C. 无插入件对接　　　　　　D. 偏置搭接

25. 在进行车身板件更换时，下列（　　）不要割断。

A. 可能降低乘客安全性的吸能区域　　B. 降低汽车性能的区域

C. 影响关键尺寸的部位　　　　　　　D. 所有结构性板件

26. 拆卸电阻点焊板件的方法由（　　）来决定。

A. 点焊的数目　　B. 配合排列

C. 焊接操作方法　D. 结构件材料的类型

27. 使用外形修复机焊接垫圈时产生的焊接不牢固缺陷，可能是由（　　）等因素造成的。

A. 板件太厚　　　B. 电流太小　　　C. 板件不干净　　D. 垫圈不干净

28. 用铁锤和垫铁进行收缩时，应该（　　）。

A. 使铁锤不在垫铁上敲击

B. 敲击时铁锤要弹性轻敲

C. 敲击时要沿着拱形表面的最低点开始敲击，逐步朝着拱形的最高点进行

29. 汽车前部碰撞的冲击力取决于（　　）。

A. 汽车的重量　　B. 汽车的速度

C. 碰撞范围　　　D. 碰撞物

30. 对电阻点焊质量进行外观检查时，要检查（　　）。

A. 焊点间距　　　　　B. 电极压头压痕深度
C. 焊接表面光滑程度　D. 焊接位置

31. 电阻焊的优点有（　　）。
A. 没有焊丝、焊条或气体等消耗　B. 焊接时不需要去除板件上的镀锌层
C. 焊接速度快　　　　　　　　　D. 金属焊接变形很小

32. 关于车身测量操作，下面说法正确的是（　　）。
A. 对角线测量正确，就没有变形　B. 测量要先从车身中部开始
C. 客车尺寸的精度要求要大于轿车　D. 用轨道式量规可以测量车身侧面尺寸

33. 修理好的车辆在行驶一段时间后，在车身上的应力会让某些部位出现一些变形，一般的变形方式有（　）。
A. 焊点拉开　　　　　　　　　　B. 油漆层剥落
C. 裂纹　　　　　　　　　　　　D. 焊缝的保护层裂开

34. 车身上由高强度钢或超高强度钢制造的部件是（　　）。
A. 后侧围板　　　　　　　　　　B. 挡泥板
C. 保险杠加强梁　　　　　　　　D. 后纵梁

35. 高质量气体保护焊塞焊的要求有（　　）。
A. 各工件紧密地固定在一起　　　B. 底层金属应首先熔化
C. 适当调大电流　　　　　　　　D. 焊丝与被焊接的金属相容

36. 导致等离子切割枪上电极和喷嘴过快损坏的原因有（　　）。
A. 压缩空气中有水　　　　　　　B. 切割速度太快
C. 切割板件太厚　　　　　　　　D. 操作者水平太低

37. 实行牵拉、保持牵拉、再牵拉、再保持的方法的目的是（　　）。
A. 确定拉伸的方向　　　　　　　B. 让损坏板件充分放松应力
C. 拉伸时有危险，修理人员要休息　D. 消除板件的弹性变形

38. 一个合格的车身校正设备要具备的条件是（　　）。
A. 配备高精度、全功能的校正工具　B. 配备多功能的固定器和夹具
C. 配备多功能、全方位的拉伸装置　D. 配备精确的三维测量系统

39. 气体保护焊焊接中熔深不足的原因可能有（　　）。
A. 电流太小　　　　　　　　　　B. 焊接速度太慢
C. 板件生锈　　　　　　　　　　D. 电弧过长

40. 冲裁间隙是一个很重要的工艺参数，它对冲裁件的（　　）等均有较大影响。
A. 压力均匀　　　　B. 压力中心　　　　C. 断面质量
D. 尺寸精度　　　　E. 冲裁力　　　　　F. 模具寿命

41. 板料在弯曲过程中，影响其最小弯曲半径的主要因素有（　　）几种。

A. 材料塑料　　　　　B. 材料表面　　　　　C. 材料纤维方向
D. 在制件断面质量　E. 在制件弯曲角的大小

42. 板材在冷作过程中，发生塑性变形会引起（　　）。如不采取措施，继续加工操作，随着塑性变形程度的增加，变形阻力增大，材料塑性急剧下降，甚至产生裂纹。

A. 晶格扭曲　　　　B. 碎晶
C. 残余应力　　　　D. 继续塑性变形困难

43. 压延中的工艺补充面由（　　）组成。

A. 底面　　　　　　B. 凸、凹模圆角面　　C. 侧壁面
D. 压料面　　　　　E. 棱台面

44.（　　）是翻边常见的质量问题。

A. 竖边端部破裂　　B. 竖边尺寸超差
C. 竖边翘曲　　　　D. 竖边转角破裂

45. 钢结构薄板变形时，可采用点状加热法，若钢板较薄，则（　　）。

A. 加热圆点应小些　B. 加热圆点应大些　C. 加热速度应快些
D. 加热速度应慢些　E. 加热温度应高些　F. 加热温度应低些

三、判断题

1. 形位公差包括形状公差和尺寸公差。（　　）
2. 冷作钣金图样中有些非主要简单的零件则不予反映。（　　）
3. 两个形体表面相交的线称为相贯线。（　　）
4. 折弯构件以折弯的内侧尺寸作为展开的依据。（　　）
5. 圆弧形构件以板厚的中心线尺寸作为展开的依据。（　　）
6. 展开计算的依据是中性层。（　　）
7. 矩形角铁框的展开料长为 8 个角铁厚度加上 4 个直边长。（　　）
8. 工件、刀具和运动是实行切削加工的基本要素。（　　）
9. 通常气割中等厚板时，预热火焰的能率随割件厚度增加而减小。（　　）
10. 材料的屈服强度极限越低，弹性模量越大，弯曲件的回弹也越小。（　　）
11. 被铆工件的总厚度不应超过铆钉直径的 4 倍。（　　）
12. 用手工冷铆时铆钉直径应小于 7mm。（　　）
13. 用铆接机冷铆时，铆钉直径最大不超过 20mm。（　　）
14. 拉铆的主要材料是铆钉。（　　）
15. 构件的外部检验一般要通过线性尺寸、角度、内外形状及结构等检测。（　　）

16. 碳钢是指含碳量小于 2.06% 的铁碳合金。 ( )

17. 钢的表面淬火是一种不改变钢件表面层化学成分，只改变表面层组织的局部热处理方法。 ( )

18. 炼铁的过程就是从铁矿石（铁的氧化物）中还原铁的化学变化过程。 ( )

19. 炼钢与炼铁不同，炼铁是还原过程，而炼钢则是氧化过程。 ( )

20. 钢材冷轧具有冷加工硬化的特性，冷轧具有较好的机械性能。 ( )

21. 强度是指金属在载荷作用下抵抗塑性变形和破坏的能力。 ( )

22. 硬度是指金属表面上局部体积内抵抗塑性变形和破坏的能力。 ( )

23. 韧性主要是指受到冲击载荷时金属抵抗冲击载荷作用而不被破坏的能力。 ( )

24. 铆接接头在结构中形成的内应力比焊接结构的内应力低。 ( )

25. 应力的单位为 Pa。 ( )

26. 强度是指金属材料在外力作用下产生永久变形而不被破坏的能力。 ( )

27. 金属材料的塑性越好，越有利于加工成形。 ( )

28. 镀层钢板为有色金属。 ( )

29. 薄钢板是指厚度不超过 3mm 的钢板。 ( )

30. 对于表层氧化生锈的钢材，在使用前应进行除锈处理。 ( )

31. 只有当柱状形体的所有彼此平行的素线都平行某个投影面时，才可用平行线法展开。 ( )

32. 平行线展开法也可展开锥面。 ( )

33. 三角线展开法，可用来展开一切可展曲面。 ( )

34. 断面形状为曲线时，下料的展开长度应以里皮的展开长度为准。( )

35. 断面形状为折线时，下料的展开长度应以中心层的展开长度为准。 ( )

36. 不开坡口的构件，展开图上各处的高度应以接触部位的高度为准。 ( )

37. 放样图的比例是 1∶1。 ( )

38. 放样划线时垂直线可以用量角器或直角尺画出。 ( )

39. 在平行投影法中，投影线与投影面垂直的投影称为正投影法。 ( )

40. 复杂形状零件的压力中心与重心不相重合。 ( )

41. 焊接裂纹是最危险的焊接缺陷，它严重影响焊接结构的使用性能和安全可靠性。 ( )

42. 钢材热轧具有良好的塑性，容易成形，成形后钢材没有内应力。（　　）

43. 移动式校正台是一种实用性很强的校正设备。（　　）

44. 热处理一般不改变工件的形状和整体的化学成分，而是通过改变工件内部的显微组织，或改变工件表面的化学成分。（　　）

45. 切割修理地板一般采用搭接方法。（　　）

46. 汽车车身的主要功能在于保证驾驶员便于操纵以及为驾驶者和乘客提供安全舒适的乘坐环境，隔绝振动和噪声，使其不受恶劣气候的影响。（　　）

47. 车架横梁、托架与纵梁一般采用焊接方法。（　　）

48. 为减少振动和噪声，在车身与车架的连接处将特制的橡胶垫置于其间。（　　）

49. CO_2气体保护焊工艺的零部件约占汽车焊接构件总量的70%。（　　）

50. 屈服极限是金属材料受外力到一定程度后将要发生破坏的标志。（　　）

51. 方管与圆锥管相贯，其相贯线为封闭的空间折线。（　　）

52. 金属力学性能是指金属材料在外力作用时所表现出来的性能。（　　）

53. 当薄板变形较大时，开始的平整可以用木槌，木槌可使板料避免局部过度伸展。（　　）

54. 在上辊倾斜的矫正机上进行矫正时，上辊的压下量越大效果越好。（　　）

55. 火焰矫正的加热位置应该是材料弯曲部分的内侧。（　　）

56. 火焰矫正时，若火焰能率越强，则矫正效果越好，相反效果越差。（　　）

57. 拔缘是收边和放边的一种特殊形式。（　　）

58. 常用的咬接为卧式单扣，它的加工余量为板厚的3倍。（　　）

59. 无论弯曲半径的大小如何变化，中性层的位置不变。（　　）

60. 弯曲方向不应与板料轧制形成的纤维方向平行，否则将增大弯曲半径值。（　　）

61. 定位工艺孔的作用是使工件能在模具内准确定位和在弯曲时不致偏移。（　　）

62. 在弯曲工件的几道工序之间予以退火，其目的是为了增强工件的强度。（　　）

63. 压延系数越小，每次压延的变形程度就越小，所需的压延次数也越少。（　　）

64. 落压成形由于工件的大部分处于悬空状态，无压边、毛料余量大等原因，使落压时的皱纹和变薄要比其他工艺方法严重得多，变形程度大而不均匀。（　　）

65. 落压模上防皱埂的作用是消除皱纹和回弹。 ( )

66. 由于落锤冲压是高能量、大速度的成形，所以无论收缩和压延的量大小，都能一次成形。 ( )

67. 旋压和强力旋压都适用于筒形体的成形，所以两者在成形时的变形是一样的。 ( )

68. 氧乙炔中性焰的内焰距焰心前2~4mm处的温度最低。 ( )

69. 氧乙炔碳化焰不能用来焊接低碳钢及合金钢，只适用于焊接高碳钢、铸铁及硬质合金等材料。 ( )

70. 氧乙炔氧化焰会引起焊缝金属氧化，使焊缝出现脆性，导致焊缝金属的强度和塑性下降。 ( )

71. 焊嘴倾斜角越大，则火焰向四周散发的热量就越大，使焊件升温变慢。 ( )

72. 氧气切割时，若氧气压力过高，则造成氧气浪费，而且会加快割件冷却，影响切割速度，使割缝表面粗糙，割缝加大，浪费金属材料。 ( )

73. 乙炔发生器必须安装回火防止装置。 ( )

74. 乙炔发生器或回火防止器内结冰，可用小火慢慢烘烤解冻。 ( )

75. 电弧的引燃是电离和电子放射的结果。 ( )

76. 辉点是阴（阳）极区温度最高处。 ( )

77. 焊件接阴极、焊条接阳极的接法称为正接法。 ( )

78. 采用交流电焊机一般不会产生明显的磁偏吹现象。 ( )

79. 焊件厚度较薄时，宜选用较粗的电焊条。 ( )

80. 当选用大直径电焊条时，焊接电流也应相应增大，以满足焊条熔化时所需的热量。 ( )

81. 若焊条送进速度慢于焊条熔化速度，则电弧将逐渐变长，最终造成断弧。 ( )

82. 焊条的前移是为了维持正常的弧长。 ( )

83. 焊条末端连续作圆圈而前移的运条称为月牙形运条法。 ( )

84. 为了不使焊缝收尾过迟而产生应力集中，收尾一定要快。 ( )

85. 焊缝续焊时，更换焊条要求越快越好，在熔池尚未冷却前续焊，效果更好。 ( )

86. 平焊时若发现熔化金属和熔渣分离不清，则可稍许拉长电弧，同时将焊条向前倾斜，往熔池后面推送熔渣。 ( )

87. 立焊采用小直径焊条和小电流焊接，以减小熔池面积，加快溶池凝固。 ( )

88. 采用跳弧法和灭弧法的目的在于避免扩大热影响区，出现应力集中而降

低焊缝强度。 ( )

89. 产生焊接应力和变形的根本原因是焊件的不均匀加热和冷却。 ( )

90. 焊接时焊缝底部未完全熔透的缺陷称为未熔合。 ( )

91. 焊接成品检验通常采用破坏性和非破坏性两种检验类型。 ( )

92. 大直径的点焊电极，不易发生金属飞溅，压坑也比较浅，而且可以提高焊点加热状况，增强焊件强度。 ( )

93. 气体保护焊通常采用直流反接法。 ( )

94. 等离子弧的穿透力极强，不开坡口，一次可焊透 12mm 以下的不锈钢板，并达到单面焊双面成形的目的。 ( )

95. 汽车钣金维修作业就是对车身覆盖件进行维修。 ( )

96. 车身骨架各连接处应牢固，各加强板和覆盖板应无裂纹和脱焊现象。 ( )

97. 维修后的客车车门对角线长度差应不大于 5mm。 ( )

98. 维修后的客车侧窗对角线长度差应不大于 5mm。 ( )

99. 散热器百叶窗开启时应能达到 80°开度。 ( )

100. 修补翼板应视情采用挖补或贴补的方法。 ( )

101. 车身修理以采用整形为主、制作为辅互相结合的原则。 ( )

102. 车身初步矫正主要是针对骨架部分。 ( )

103. 焊修门玻璃导向铁槽，应先焊下端，后焊上端。 ( )

104. 托模是一种手持的衬垫铁砧，与钣金锤配合进行钣金操作作业。 ( )

105. 玻璃升降器制动弹簧的外径应小于制动器壳体的内径。 ( )

106. 行车时车门玻璃自行下滑的原因是制动弹簧损坏。 ( )

107. 散热器可输入 49 ~ 79. 4kPa 的水压作渗漏检查。 ( )

108. 焊修汽油箱渗漏处，应将汽油倒净即可采用气焊焊修。 ( )

109. 修复事故车辆前，首先应将损坏部分分解卸下。 ( )

110. 事故车辆损坏件的解体，应先以分总成或组合件为主体拆卸。 ( )

111. 钻除点焊熔核的钻头直径与点焊的位置有关。 ( )

112. 垫撬法对车身骨架的矫正最为有效。 ( )

113. “活褶”可直接捶击最凸脊处。 ( )

114. 钣金件安装时，若螺栓螺母乱扣无法旋紧，可用焊接代替。 ( )

115. 测量包含四方面的因素：测量对象、测量单位、测量方法和测量精度。 ( )

116. 对比法测量是以相同汽车车身的位置参数作为基准目标的。 ( )

117. 车身维修的测量，一般分为作业前、作业中和竣工后三个步骤。（ ）

118. 要把铁炼成钢必须减少生铁中的碳、硅、锰、硫、磷等杂质元素的含量。（ ）

119. 钢比铁的杂质少，机械性能高。（ ）

120. 炼钢厂出来的钢坯只是半成品，必须到轧钢厂进行轧制后，才能成为合格的产品。（ ）

121. 把钢材加热后控制在再结晶温度以上进行轧制加工的工艺称为热轧。（ ）

122. 在再结晶温度以下（包括常温）进行轧制加工的工艺称为冷轧。（ ）

123. 钢材在常温下进行轧制加工的工艺称为冷轧。（ ）

124. 镀锌板的生产工艺有两种，一种是热镀锌，一种是电镀锌。（ ）

125. 金属材料的性能一般情况下分为两种，工艺加工性能和应用过程性能。（ ）

126. 由液体金属转变为固态金属的过程称为金属的结晶。（ ）

127. 金属结晶时，冷却的速度越大，结晶的速度也就越快，结晶后得到的晶粒越细小。（ ）

128. 钢材结晶后的晶粒越细小，金属的机械性能越好。（ ）

129. 钢材结晶的晶粒越细小，强度和硬度越高，同时，塑性和韧性越好。（ ）

130. 钢材结晶的晶粒大小对钢材强度和硬度没有影响。（ ）

131. 用“A”表示，分为7个基本钢号，从A1、A2～A7属于普通碳素结构钢的甲类钢。（ ）

132. 用“B”表示，钢号顺序“1～7”，从B1、B2～B7属于普通碳素结构钢的乙类钢。（ ）

133. 08、35、40、45、60、65属于普通含锰量优质碳素结构钢。（ ）

134. 08Mn、10FMn、30Mn、45Mn、65Mn属于较高含锰量优质碳素结构钢。（ ）

135. 碳素工具钢按钢的质量分为优质碳素工具钢和高级优质碳素工具钢两种。（ ）

136. 碳素工具钢属于合金钢。（ ）

137. T7、T10、T12属于优质碳素工具钢。（ ）

138. T8A、T10A属于高级优质碳素工具钢。（ ）

139. 热处理的特点是改善工件的内在质量。（ ）

140. 运用适当的热处理工艺方法，能够显著提高钢的机械性能。（ ）

141. 热处理工艺方法就是提高钢的硬度和韧性。（ ）

142. 使钢材发挥潜在能力的重要工艺措施是热处理强化钢材。（ ）

143. 利用氧乙炔焰，对工件进行快速表面加热和淬火，只适用于中碳钢和中碳合金钢。（ ）

144. 车身的主要功能是车辆在运行过程中，承载人员或货物等并保证安全。（ ）

145. 车架工艺拼装必须严格控制各种应力变形。（ ）

146. 焊接拼装的焊接应力和焊后残余应力是工艺拼装结构中比较难以控制的。（ ）

147. 车架的拼装时，在铆接工艺很难实施的部位可以采用焊接工艺。（ ）

148. 铆接接头比焊接接头刚度小，有较大的退让性（柔性），可以减少因接头刚度大而引起的局部应力和变形。（ ）

149. 铆接接头在结构中形成的内应力比焊接结构的内应力低。（ ）

150. 在进行汽车框架设计时，载荷、结构强度和安全是结构设计的三个基本要素。（ ）

151. 对于一个钢结构设计，不但在造型和技术上是可行的，而且要是最为经济的，才可以称为最优设计。（ ）

152. 汽车车身框架结构件的装配，应具有三个方面的要素：支承、定位、夹紧。（ ）

153. 定位是在装配工件时用来约束零件的自由度，把零件确定在某个定点的位置上。（ ）

154. 夹紧就是通过外力促使定位零件获得正确固定位置，并在一定范围内的外力侵蚀下不产生丝毫位移的一种方式。（ ）

155. 工件在装配时保持固定不变的确定位置，就应当限制工件的六个自由度。（ ）

156. 采用六点定位元件限制工件的六个自由度的方法，一般称为六点定位规则。（ ）

157. 采用较大台阶平面的销孔定位方式，比采用点定位方式要简单得多，并且准确率好，可靠性强。（ ）

158. 不完全定位和欠定位都是因为工件在拼装连接的工艺过程中，六个方向的自由度有一个或一个以上的自由度没有受到限制。（ ）

159. 不完全定位和欠定位的功能相同。（ ）

160. 过定位的点、线、面不得与主定位对工件进行定位尺寸有干涉。（ ）

161. 过定位是辅助定位支撑，其功能和作用有时候可以超越和替代主定位。（ ）

162. 将工件的六个自由度采用一定的定位方式进行定位并夹紧控制的一整套机构，称为一个定位组。（ ）

163. 若干个定位组共存于一副工装上的现象称为组合定位组工装。（ ）

164. 各组合定位组工装之间由滑动机构进行相对位置配合定位拼装连接的工装，称为组合定位组配合工装。（ ）

165. 当金属材料受外力作用时，产生变形，当外力取消后变形消失金属材料能够恢复原状的性能，称为弹性。（ ）

166. 在弹性变形范围内，外力和变形成正比，即外力越大弹性变形量也越大。（ ）

167. 金属材料在外力的作用下产生变形而不被破坏，当外力去除后仍能使其变形保留下来的性能，叫作塑性。（ ）

168. 金属在塑变成形过程中，主要是以滑移的形式存在。（ ）

169. 金属在塑变成形过程中孪生变形和晶间变形也是可取的形式。（ ）

170. 钣金用锤的使用要点：稳、准、平、拖、活、弹。（ ）

171. 采用胎具衬垫成形，就是要克服敲打过程中无法恰到好处地施力。（ ）

172. 定位、夹紧是保证薄板在胎模成形过程中不至于与胎模实体发生脱离和偏移。（ ）

173. 对零件加工尺寸给出一定的允许变动范围，这就是公差。（ ）

174. 公差的目的是协调机械零件使用要求与制造经济性之间的矛盾。（ ）

175. 配合是反映零件装配时相互之间的关系。（ ）

176. 相互配合的孔与轴，允许其间隙或过盈的变动量叫作配合公差。（ ）

177. 图形不论放大或缩小，在标注尺寸时，应按机件的实际尺寸标注。（ ）

178. 机件的真实大小应以图样上所标注尺寸数值为依据。（ ）

179. 图形的大小及绘图的准确程度与机件的真实大小无关。（ ）

180. 《机械制图》国家标准规定：我国采用第一角画法。（ ）

181. 在换面法中，新投影面必须使几何要素或空间形体处于解题所需要的特殊位置。（ ）

182. 在换面法中，新投影面必须垂直于原两个投影面体系中的一个投影面。 ( )

183. 将零件的各个表面依次摊放展开，平铺在一个平面上的作图方式叫作展开图。 ( )

184. 一般作展开图的零件多为板料成形的零件。 ( )

185. 任何机件的表面都可以作放样展开。 ( )

186. 任何机件都可以作放样。 ( )

187. 放样是各种零件都可以制作，就是给批量制造的零件放了一个标准。 ( )

188. 三角形展开画法主要就是解决在视图中具有缩短性、集聚性线段的实长线求解。 ( )

189. 绘制车身图样及编制技术文件时，一般按汽车自右向左行驶方向布置图面。 ( )

190. 车身图样及编制技术文件时，按汽车自左向右行驶方向布置图面。 ( )

191. 应力是单位面积上的内力，它表示内力在某点的集度。 ( )

192. 应力是物体的内力，它表示内力的集度。 ( )

193. 焊接会产生焊接应力，工件连接后产生的内应力大，有残余内应力存在。 ( )

194. 焊接时加热时间过长和超过一定的极限温度，其内部组织和性能会发生很大变化。 ( )

195. 点焊是通过低压电流流过夹紧在一起的两块金属产生电阻热，局部熔化并施加压力使之焊接在一起的焊接方法。 ( )

196. 点焊时焊件内部电阻是焊接区金属材料本身所具有的电阻。 ( )

197. 点焊时内部电阻的析热量占内部热源的90% ~95%，是形成熔核的热量基础。 ( )

198. 点焊时采用大焊接电流、短焊接时间参数时称为硬规范。 ( )

199. 点焊采用小焊接电流、适当延长焊接时间参数时称为软规范。 ( )

200. 点焊工艺偏向硬规范使用。采用硬规范点焊工艺，其耗能仅为软规范的2/3。 ( )

201. 焊接电流和电极压力的适当配合，是以焊接过程中不产生喷溅为主要特征的。 ( )

202. 点焊分流是指点焊时的焊接电流从焊接区以外的通路流过的电流。 ( )

203. 气体保护焊是利用气体将电极、电弧区，以及焊接熔池置于其保护之

下的电弧焊连接方式。 （ ）

204. CO_2 气体保护焊电源都是直流的。焊丝接正极，工件接负极，俗称反接法。 （ ）

205. 在设计时，工作焊缝应力和联系焊缝应力都必须计算。 （ ）

206. 测量是将一个被测量和一个作为测量单位的标准量进行比较而求出比值的过程。 （ ）

207. 测量和检验是意义相近的两个概念。 （ ）

208. 车身制造时是以若干个控制点作为组焊与加工的定位基准的。 （ ）

209. 所谓参数，就是在设计车身的坐标系中确定的各个部位的制造标准尺寸。 （ ）

210. 采用标准数据来检验损伤车身修复的程度，就是参数法原则。 （ ）

211. 对比法是以相同汽车车身的位置参数作为基准目标的。 （ ）

212. 根据矫正时钢材的温度不同分为冷矫正和热矫正两种。 （ ）

213. 冷矫正是在常温下的矫正，冷矫正时会产生冷作硬化现象，这种方法适用于矫正塑性较好的钢材。 （ ）

214. 对变形十分严重或脆性很大的钢材，如合金钢及长时间露天存放生锈的钢材等，钢材塑性较差不能用冷矫正。 （ ）

215. 定位元件不足，致使应该限制的自由度未被限制，叫作欠定位。 （ ）

216. 六点定位原则是在所有装配钢结构产品时都要遵守的。 （ ）

217. 工程上只有当碳钢的性能不能满足要求时，才采用合金钢。 （ ）

218. 金属材料的剪切强度低，塑性好，组织均匀，缺口敏感性低，则冲裁件成形精度高。 （ ）

219. 在截面积相等的情况下，圆环形截面的抗扭能力最强。 （ ）

220. 拉伸变形时，在凸模圆角附近材料变薄最严重的地方称为危险断面。 （ ）

221. 薄钢板在火焰矫正时浇水是为了使它迅速冷却，缩短矫正时间，而对矫正效果不起作用。 （ ）

222. 收边的基本原理是：先使坯料起皱，再把起皱处拉平。 （ ）

223. 矫直是使挠曲的板料、型材和管料变为平直状态的塑性加工方法。 （ ）

224. 车架经检验后，如果损坏严重，弯扭变形很大，呈现较多的裂纹，铆钉连接松动及孔磨损等形式，应采用全部拆卸分解车架修复法。 （ ）

225. 以相同速度行驶而质量相近的汽车，碰撞损伤的状况与碰撞面积有关。 （ ）

226. 内应力都是由外力的作用而引起的。 (　　)
227. 轿车车身强度要求中部结构比前后部结构坚固。 (　　)
228. 汽车车身变形是由碰撞引起的。 (　　)
229. 裂纹是 CO_2 气体保护焊的主要缺点。 (　　)
230. 实际尺寸与基本尺寸的符合程度越高，互换性越大。 (　　)

四、简答题

1. 轧钢的目的是什么？
2. 焊接内应力及焊接变形产生的原因是什么？
3. 汽车车身设计中坐标系如何确定？
4. 简述车身维修测量。
5. 施工图（包括展开图）与放样图的区别是什么？
6. 金属弹性变形的实质是什么？
7. 拼装连接支撑应力的概念是什么？
8. 简述汽车车身术语。
9. 应力集中的定义是什么？
10. 简述钣金构件的结构工艺性。
11. 简述汽车车身框架结构的装配。
12. 塑性变形的实质是什么？
13. 塑性变形的三种形式是什么？
14. 简述金属材料的屈服强度和屈服极限。
15. 什么是非承载式车身？
16. 汽车车架是什么？
17. 冷作硬化的实质是什么？
18. 什么是冷作硬化？
19. 简述工作焊缝和联系焊缝。
20. 怎样确定钢结构件正确的矫正部位？
21. 简述钢结构件矫正的方法。
22. 车身壳体刚度分级的概念是什么？
23. 试述 CO_2 气体保护焊工艺参数，应从哪几方面考虑？
24. 简述测量和检验的概念。
25. 金属疲劳破坏的原因是什么？
26. 简述薄板件焊接操作技术要点。
27. 什么是参数法？
28. 点焊的原理是什么？

29. 电阻焊的优点是什么？
30. 不锈钢的概念是什么？

技能要求试题

一、六棱柱斜切面实形展开

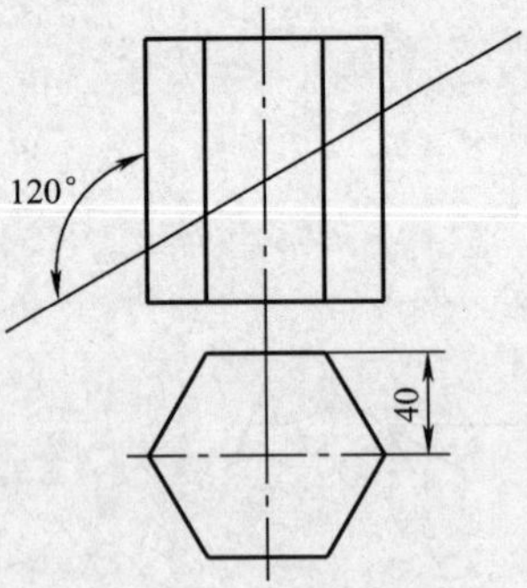

二、倾角偏心插接异径管表面展开

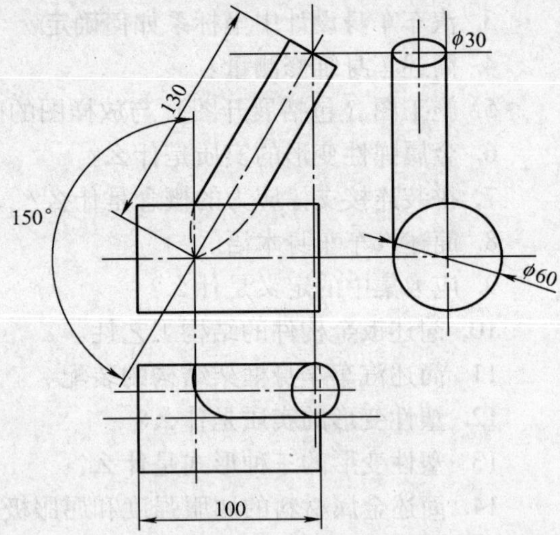

三、棱柱框表面实形展开

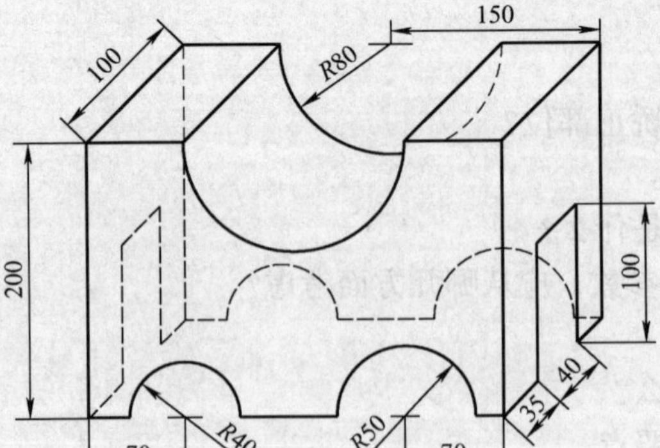

四、等径圆管三节90°弯头表面展开

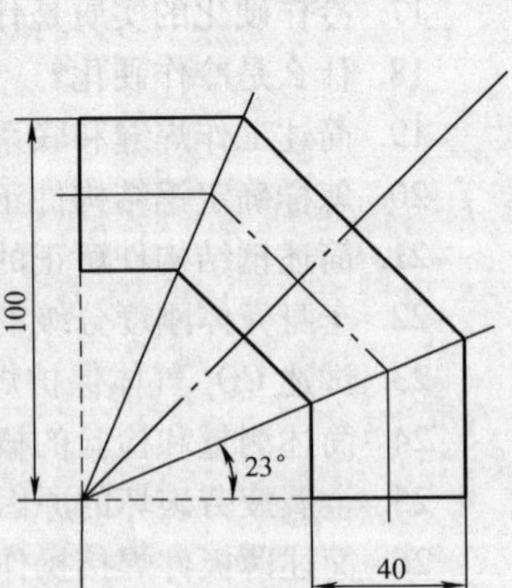

五、正圆锥管表面展开

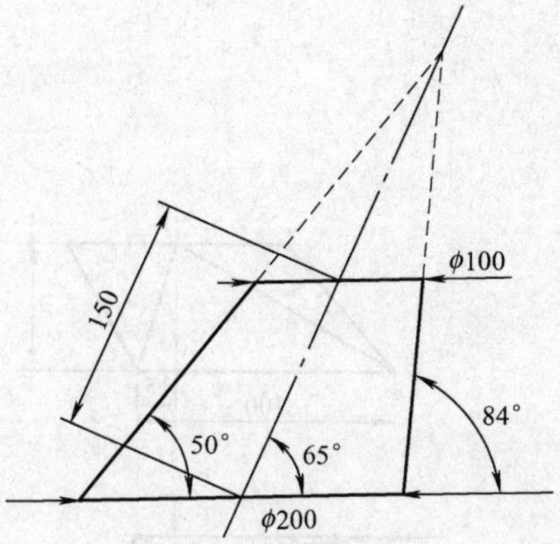

六、斜圆锥管表面展开

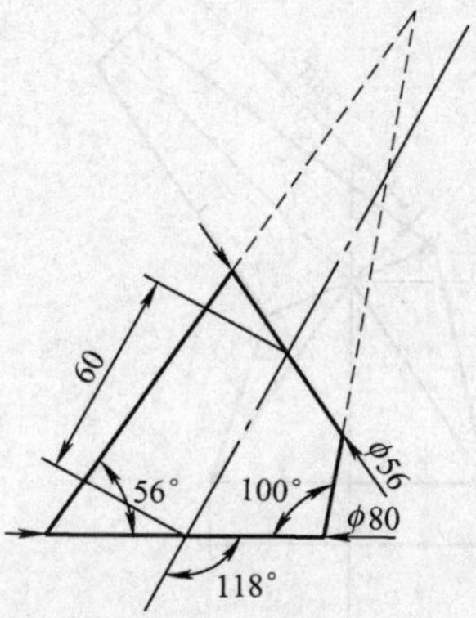

七、正天圆地方表面展开

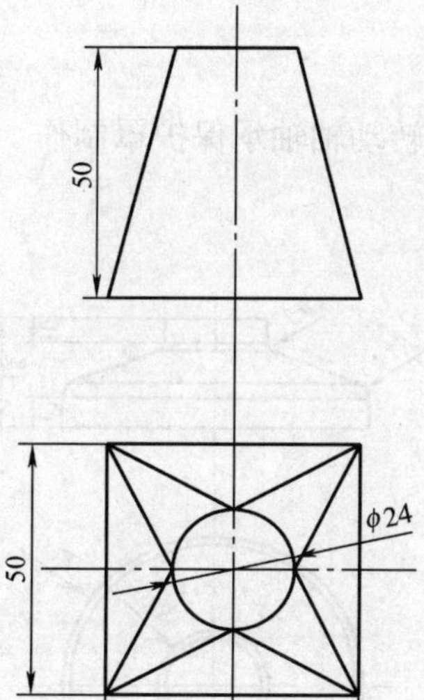

八、双偏心上口倾角天圆地方表面展开

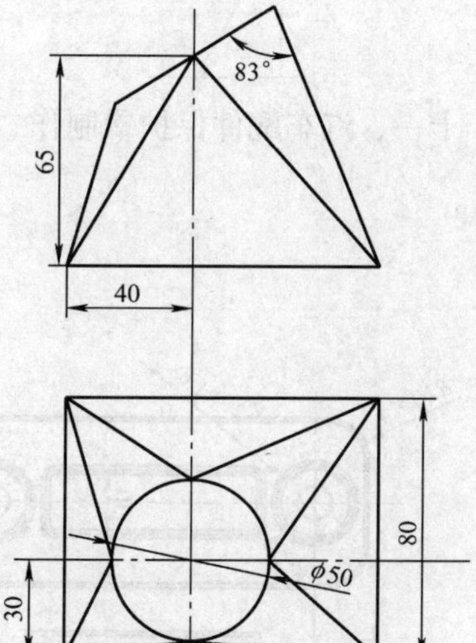

九、组合体表面展开

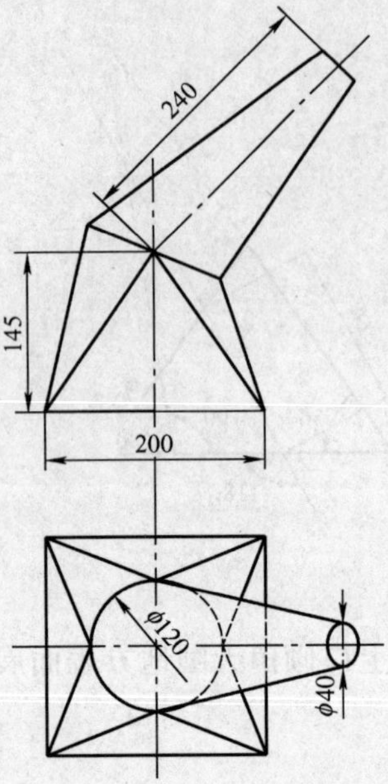

十、异口径方管90°旋转体表面展开

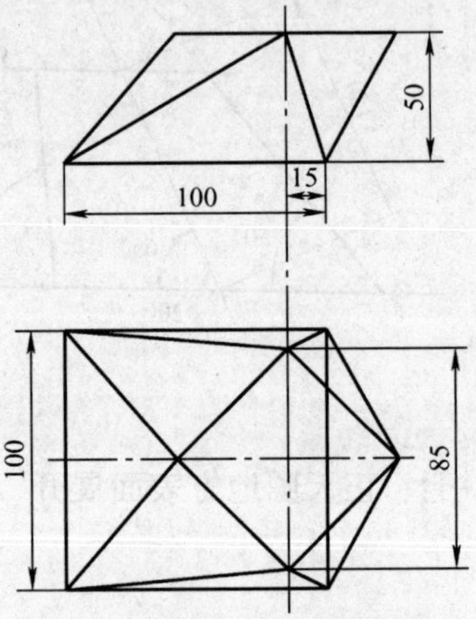

十一、汽车配件保护罩制作

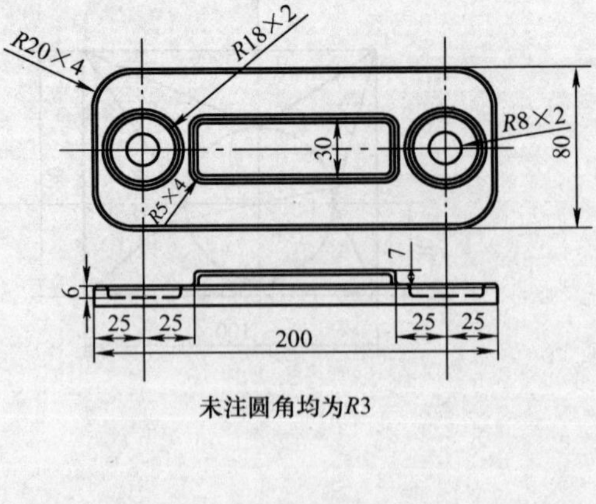

未注圆角均为R3

十二、汽车转动轴轴承保护罩制作

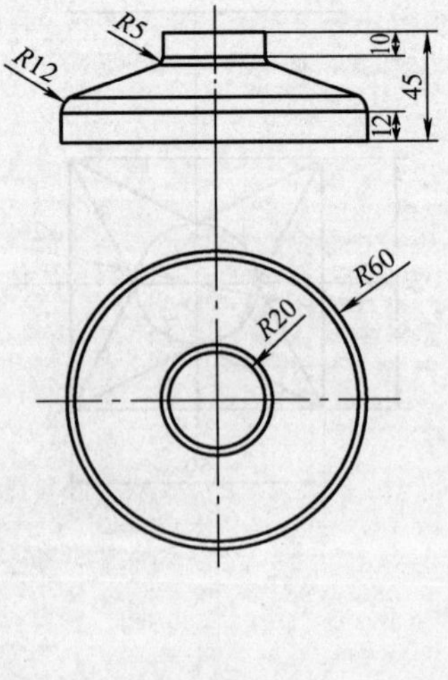

十三、焊接烟尘吸风罩放样展开并制作

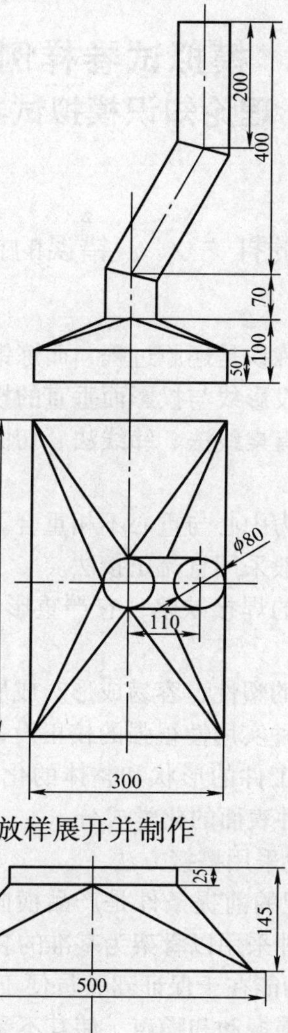

十四、汽车发动机护风罩放样展开并制作

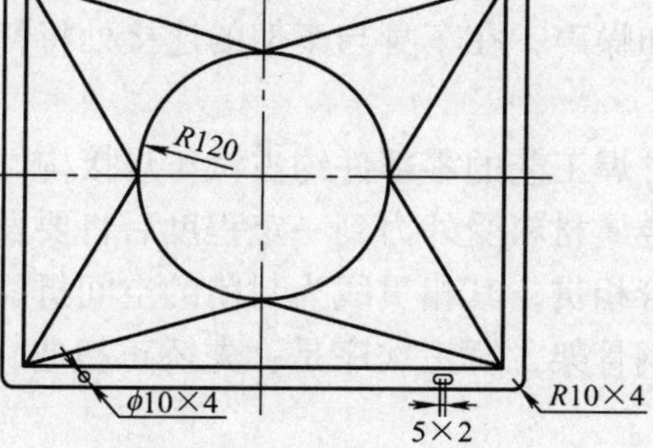

模拟试卷样例

理论知识模拟试卷

一、判断题（正确的打“√”，错误的打“×”；每题1分，共计20分）

1. 炼钢与炼铁不同，炼铁是还原过程，而炼钢则是氧化过程。 （ ）
2. 在平行投影法中，投影线与投影面垂直的投影称为正投影法。 （ ）
3. 求作结合线的方法有素线法、纬线法、切面辅助法和球面辅助法四种。 （ ）
4. 复杂形状零件的压力中心与重心不相重合。 （ ）
5. CO_2 气体保护焊一般采用直流正接法。 （ ）
6. 焊接裂纹是最危险的焊接缺陷，它严重影响焊接结构的使用性能和安全可靠性能。 （ ）
7. 钢材热轧具有良好的塑性，容易成形，成形后钢材没有内应力。 （ ）
8. 移动式校正台是一种实用性很强的校正设备。 （ ）
9. 热处理一般不改变工件的形状和整体的化学成分，而是通过改变工件内部的显微组织，或改变工件表面的化学成分。 （ ）
10. 切割修理地板一般采用搭接方法。 （ ）
11. 以蒙皮为基准装配的前提条件是产品横向构件上必须有补偿件。因此，外形准确度要求较高的部件采用以骨架为基准的装配方法。 （ ）
12. 汽车车身的主要功能在于保证驾驶员便于操纵以及为驾驶者和乘客提供安全舒适的乘坐环境，隔绝振动和噪声，使其不受恶劣气候的影响。 （ ）
13. 车架横梁、托架与纵梁一般采用焊接方法。 （ ）
14. 为减少振动和噪声，在车身与车架的连接处将特制的橡胶垫置于其间。 （ ）
15. CO_2 气体保护焊工艺的零部件约占汽车焊接构件总量的70%。 （ ）
16. 屈服极限是金属材料受外力到一定程度后将要发生破坏的标志。（ ）
17. 方管与圆锥管相贯，其相贯线为封闭的空间折线。 （ ）
18. 综合变形的钢骨架，矫正次序是：先矫正扭曲，然后矫正旁弯，最后矫正直弯。 （ ）
19. 应力是物体的内力。 （ ）

20. 点焊是高电压、低电流的电阻焊。 ( )

二、单项选择题（每题 1 分，共计 20 分）

1. 对现有的构件组合图，通过观察了解、拆卸测量，画出其装配示意图、零件草图到最后画出装配图和零件工作图的过程称为（ ）。

A. 零件图的测绘 B. 构件图的测绘

C. 装配图的测绘 D. 构件组合图的测绘

2. 汽车的设计基准，高度方向的零线一般取（ ）。

A. 车架纵梁上平面 B. 车顶中心线

C. 地面线 D. 地板上平面

3. 薄板焊接宜采用（ ）运条方法。

A. 直线 B. 锯齿形 C. 月牙形 D. 三角形

4. 宽板弯曲时，它的应力应变为（ ）状态。

A. 平面应力、平面应变 B. 立体应力、平面应变

C. 立体应力、立体应变 D. 平面应力、立体应变

5. 汽车遭受侧面来的碰撞会引起车架（ ）。

A. 上下弯曲 B. 断裂损伤 C. 左右弯曲 D. 扭转变形

6. 实际尺寸与基本尺寸的符合程度越高，（ ）越大。

A. 协调性 B. 工艺间的协调

C. 互换性 D. 结构件间的协调

7. 汽车的设计基准，长度方向的零线一般取（ ）。

A. 汽车前端的垂直线 B. 汽车前轮中心的垂直线

C. 汽车后轮中心的垂直线 D. 汽车中部的垂直线

8. （ ）是 CO_2 气体保护焊的主要缺点。

A. 气孔 B. 裂纹 C. 飞溅 D. 未焊透

9. 合理选择焊接顺序，收缩量大的焊缝要（ ）。

A. 先焊 B. 边焊边停 C. 连续焊 D. 后焊

10. 以相同速度行驶而质量相近的汽车，碰撞损伤的状况与（ ）有关。

A. 碰撞部位 B. 碰撞方向 C. 碰撞力的大小 D. 碰撞面积

11. 在轿车上电阻焊的焊点占到（ ）点。

A. 3500 ~ 4500 B. 5000 ~ 7500 C. 8000 ~ 12000 D. 8000 ~ 10000

12. 车架经检验后，如果损坏严重，弯扭变形很大，呈现较多的裂纹，铆钉连接松动及孔磨损等形式，应采用（ ）修复法。

A. 局部拆卸分解车架 B. 不必拆卸分解车架

C. 全部拆卸分解车架 D. 更换车架

13. 切割修理车身梁、车门槛板、A 立柱、B 立柱，均采用（　　）。

A. 交错平接法　　B. 插入件对接法　　C. 搭接法　　D. 其他焊接法

14. 采用较大台阶平面的销孔定位方式，比采用点定位方式要（　　），准确率好，可靠性强。

A. 复杂得多　　B. 简单得多　　C. 可靠得多　　D. 方便得多

15. 若干个定位组共存于一副工装上的现象，我们称其为（　　）工装。

A. 合并定位　　B. 多个定位　　C. 组合定位组　　D. 全面定位

16. 单排铆钉道的铆钉中心距应等于铆钉直径的（　　）左右。

A. 2 倍　　B. 4 倍　　C. 3 倍　　D. 5 倍

17. 弯曲件的号料长度应按（　　）展开长计算。

A. 外层　　B. 内层　　C. 中性层　　D. 以上均可

18. 要使工件在装配时保持固定不变的确定位置，实现准确定位，就应当限制工件的（　　）。

A. 自由度　　B. 六个自由度　　C. 移动自由度　　D. 旋转自由度

19. 延伸率和收缩率的数值越小，则金属材料的（　　）越差。

A. 弹性　　B. 硬度　　C. 强度　　D. 塑性

20. 相互配合的孔与轴，允许其间隙或过盈的变动量叫作（　　）。

A. 间隙配合公差　　B. 过度配合公差

C. 过盈配合公差　　D. 配合公差

三、多项选择题（每题中至少有 2 个是正确的，请将代号填在空白处，每题 2 分，共 20 分）

1. 两个或两个以上构件相交，就会出现构件形体之间的（　　）关系。

A. 相贯线　　B. 公共线　　C. 结合线　　D. 分界线

2. 一份完整的零件图，一般应具有（　　）内容。

A. 零件的内外结构和形状

B. 正确、清晰、完整地标注出尺寸

C. 说明零件在加工、检验、装配、调试过程中所需的要求

D. 表面粗糙度、尺寸公差、形状和位置公差、热处理工艺要求

3. 车身总成、车厢、车桥、车架、（　　）等，都可用 CO_2 气体保护焊设备焊接。

A. 传动轴　　B. 后桥　　C. 扭矩管　　D. 摇臂

E. 钢圈　　F. 避振器　　G. 油缸

4. 车身制图是在国家标准机械制图的基础上，增加规定了（　　）等内容。

A. 图面布置　　B. 坐标线的应用　　C. 坐标线基准确定

D. 坐标线标记　　E. 图样画法及尺寸注法

5. 车身主图板上网络的零线可根据（　　）原则来选取。

A. 高度方向的零线　　B. 汽车后轮中心的零线

C. 宽度方向的零线　　D. 长度方向的零线

E. 汽车前端的零线　　F. 设计规定的零线

6. 车身测量基本要素中必须遵守（　　）原则。

A. 零平面　　B. 控制点　　C. 中心线

D. 中心面　　E. 基准面

7. 车架上下弯曲变形后会引起（　　）。

A. 车身外壳表面比正常位置低，结构上有后倾现象

B. 汽车侧面损伤

C. 挡板与门之间的缝隙顶部边窄、下部边宽的情况

D. 车架与车身间出现开缝

8. 传统车架的修理实施方法有（　　）修复法。

A. 车架不进行拆卸分解　　B. 更换全新车架

C. 车架局部拆卸分解　　D. 车架全部拆卸分解

E. 按损坏情况确定　　F. 其他方法

9. 车身的主要作用是为驾驶员和乘员提供安全、舒适的环境，隔绝振动和噪声，不受恶劣气候的影响。车身主要包括：（　　）。

A. 车身本体　　B. 装饰件

C. 车门开启结构件　　D. 附件及其他可拆卸的结构件

10. 把汽车的（　　）平面作为宽度方向坐标的零平面。

A. 前轮中心垂线　　B. 纵向对称中心

C. 纵梁上平面　　D. 从汽车后面向前的整车对称中心

四、填空题（请将正确的答案填在括号内；每空 1.5 分，共计 15 分）

1. 金属在外力作用下，晶体的某一部分沿着一定的晶面和一定的方向与另一部分作相对移动，这种现象称为（　　）。

2. 钣金工常用的连接方法主要有咬口连接、螺栓联接和（　　）。

3. 汽车车身图样一般按汽车（　　）方向布置图面。

4. 金属在塑性变形中晶体与晶体之间在外力作用下，还会出现相对移动产生变形。这种变形称为晶间变形。晶间变形主要是由于变形的外力（　　）。

5. 工程技术用于建立零件外形或者决定在结构中相对位置的基准称为（　　）。

6. 晶体与晶体之间的相对移动，破坏了晶粒界面，降低了晶粒之间的机械嵌合强度，易导致金属的（　　　　）。

7. 为了缓冲和吸收来自前端或后端的碰撞冲击，在车身前后悬部位作了（　　　　）的设计。

8. 金属在塑变成形的过程中，主要是以（　　　　）的形式存在。（　　）变形和（　　　　）变形是塑变成形过程中不可取的形式。

9. 简易式车身车架牵拉器作牵拉作业时，先用车身（　　　　）将车身固定在工作台上，利用立柱与工作台之间的拉链系统，对车身牵引。

10. 变形体受力后，会发生形状和尺寸的变化的位移称之为（　　　　）。

五、简答题（每题 5 分，共 15 分）

1. 金属疲劳破坏的原因是什么？
2. 简述薄板件焊接操作的技术要点。
3. 冷作硬化产生的原因及消除方法是什么？

六、作展开图（10 分）

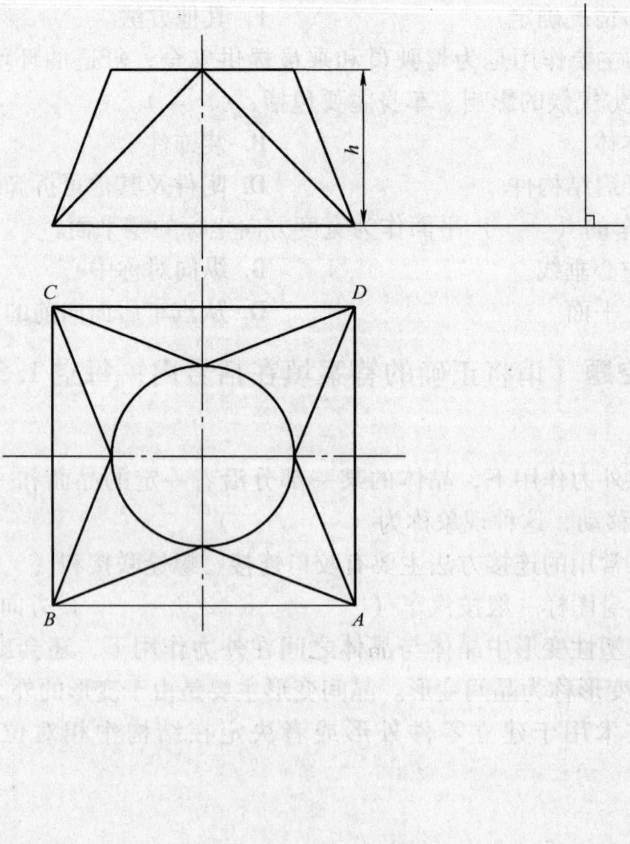

操作技能模拟试卷

试题：汽车配件装配座（薄板工件制作）

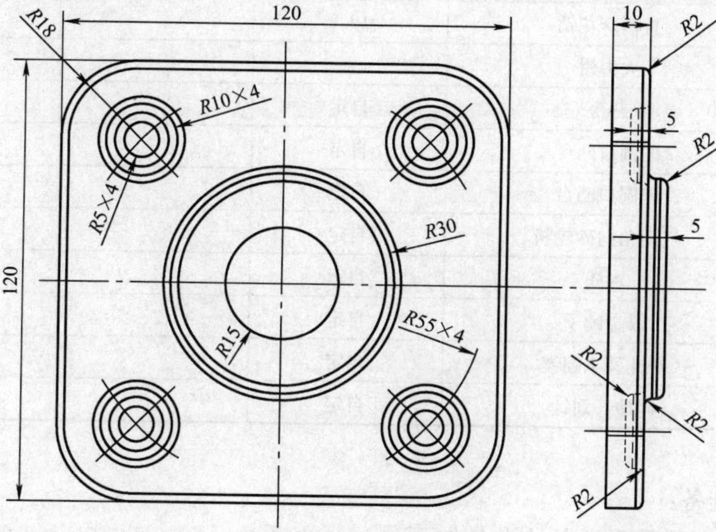

本题分值：100 分　　　　　考核时间：480min　　　　　考核形式：实际操作

具体考核要求：

1）考核前应仔细阅读工件图样，有疑问可向监考人员提出，不允许互相商量。

2）根据图样制作工件成形胎膜一套（成形胎膜主体、工件成形压板及夹紧装置），胎膜成形占分值 50%。

3）下料、成形前应先制作下料样板（0.5mm 白铁板）；成形前允许使用角磨机、砂轮机等对坯料进行手工修磨，但应保留切割线半个样冲眼。

4）参考人员需要帮助时（如需协助打锤）应向监考人员提出，经同意后，辅助人员可进入场内协助打锤，协作后应主动退出考场。

5）成形后的工件不允许使用角磨机等进行修磨或抛光，允许使用锉刀进行修磨。

6）考核结束后，参考人员应将工件、样板、试题一并交给监考人员，打上标记，清理好工作场地后方可离开考场。

否定项说明：

1）本题中胎膜制作错误的（尺寸偏差上下大小超出 2mm），不允许进行落料，成绩为不及格。

2）凡在落料、成形过程中出现料废的，即可取消继续考试的资格，成绩为不及格。

考核准备：

参考人员所需工具、量具、刃具准备如下：

序号	名称	规格	精度	数量
1	直柄麻花钻	$\phi 9.8$		1
2	大力钳			4～8
3	凸台	自定		1
4	内圆口凸台	自定		1
5	外圆口凸台	自定		1
6	气动角向砂轮机	自定		1
7	木槌	自定		自定
8	钣金锤子	自定		自定
9	平锉及半圆锉	自定		自定
10	样冲、划针	自定		自定

考场准备：

1）鉴定所需要准备的设备如下：

序号	设备名称	规　格	数量	备　注
1	CO_2 焊机			
2	钳台	2000mm×3000mm		工位、中间设安全距离
3	砂轮机	S3SL—250		白刚玉砂轮
4	台钻	Z512		

2）划线平台、钳台、砂轮机、配套齐全、布局合理。

3）需满足学员人数的要求，一人一钳台及操作区域。

4）提供气泵、气管及接头等气源设施。

5）照明良好，光线充足。

6）水、电及安全设施齐全。

答案部分

一、单项选择题

1. A	2. A	3. B	4. B	5. D	6. C	7. A	8. D
9. B	10. B	11. C	12. D	13. B	14. A	15. C	16. C
17. C	18. A	19. D	20. B	21. D	22. B	23. D	24. A
25. D	26. D	27. A	28. D	29. B	30. D	31. C	32. D
33. B	34. D	35. A	36. B	37. B	38. C	39. B	40. A
41. D	42. B	43. A	44. C	45. D	46. C	47. C	48. B
49. D	50. A	51. B	52. A	53. B	54. B	55. D	56. A
57. D	58. D	59. A	60. B	61. B	62. D	63. B	64. A
65. A	66. C	67. D	68. D	69. A	70. A	71. C	72. C
73. B	74. B	75. A	76. C	77. A	78. B	79. A	80. C
81. A	82. C	83. B	84. A	85. A	86. B	87. C	88. A
89. B	90. A	91. C	92. C	93. A	94. B	95. B	96. C
97. A	98. A	99. B	100. A	101. C	102. B	103. A	104. C
105. C	106. A	107. C	108. C	109. C	110. C	111. A	112. C
113. C	114. C	115. C	116. C	117. C	118. A	119. A	120. A
121. C	122. A	123. A	124. A	125. C	126. C	127. B	128. A
129. A	130. B	131. B	132. A	133. D	134. B	135. C	136. B
137. C	138. A	139. C	140. B	141. D	142. D	143. B	144. D
145. B	146. D	147. C	148. A	149. C	150. A		

二、多项选择题

1. ABCDE	2. ABC	3. ABCDEF	4. ABCD	5. ABCD
6. ABCD	7. ADF	8. AB	9. CDEF	10. ACF
11. ABCD	12. ABCD	13. ABCDEF	14. ABCDE	15. ABCDEFG
16. ABCDE	17. ABCDE	18. ABCDE	19. ABCD	20. ABCD
21. ABCD	22. ABC	23. ABCD	24. AD	25. ABCD
26. ABCD	27. BCD	28. ABC	29. ABCD	30. ABCD

31. ABCD	32. BCD	33. ABCD	34. BCD	35. ABD
36. ACD	37. BD	38. ABCD	39. ACD	40. CDEF
41. ABCDE	42. ABCD	43. ABCDE	44. ABCD	45. ACF

三、判断题

1. ×	2. ✓	3. ✓	4. ✓	5. ✓	6. ✓	7. ×
8. ✓	9. ×	10. ✓	11. ×	12. ✓	13. ×	14. ×
15. ×	16. ✓	17. ✓	18. ✓	19. ✓	20. ✓	21. ✓
22. ✓	23. ✓	24. ✓	25. ✓	26. ×	27. ✓	28. ×
29. ✓	30. ✓	31. ✓	32. ×	33. ✓	34. ×	35. ×
36. ✓	37. ✓	38. ×	39. ✓	40. ✓	41. ✓	42. ✓
43. ✓	44. ✓	45. ✓	46. ✓	47. ×	48. ✓	49. ✓
50. ×	51. ×	52. ✓	53. ✓	54. ✓	55. ×	56. ✓
57. ✓	58. ×	59. ×	60. ✓	61. ✓	62. ×	63. ×
64. ✓	65. ✓	66. ×	67. ×	68. ×	69. ✓	70. ✓
71. ×	72. ✓	73. ✓	74. ×	75. ✓	76. ✓	77. ×
78. ✓	79. ×	80. ✓	81. ✓	82. ×	83. ×	84. ×
85. ✓	86. ✓	87. ✓	88. ×	89. ✓	90. ×	91. ✓
92. ×	93. ✓	94. ✓	95. ×	96. ✓	97. ✓	98. ×
99. ×	100. ×	101. ✓	102. ✓	103. ×	104. ✓	105. ×
106. ✓	107. ✓	108. ×	109. ×	110. ✓	111. ×	112. ×
113. ✓	114. ×	115. ✓	116. ✓	117. ✓	118. ✓	119. ✓
120. ✓	121. ✓	122. ✓	123. ×	124. ✓	125. ✓	126. ✓
127. ✓	128. ✓	129. ✓	130. ×	131. ✓	132. ✓	133. ✓
134. ✓	135. ✓	136. ×	137. ✓	138. ✓	139. ✓	140. ✓
141. ×	142. ✓	143. ✓	144. ✓	145. ✓	146. ✓	147. ×
148. ✓	149. ✓	150. ✓	151. ✓	152. ✓	153. ✓	154. ✓
155. ✓	156. ✓	157. ✓	158. ✓	159. ×	160. ✓	161. ×
162. ✓	163. ✓	164. ✓	165. ✓	166. ✓	167. ✓	168. ✓
169. ×	170. ✓	171. ✓	172. ✓	173. ✓	174. ✓	175. ✓
176. ✓	177. ✓	178. ✓	179. ✓	180. ✓	181. ✓	182. ✓
183. ✓	184. ✓	185. ×	186. ✓	187. ✓	188. ✓	189. ✓
190. ×	191. ✓	192. ×	193. ✓	194. ✓	195. ✓	196. ✓
197. ✓	198. ✓	199. ✓	200. ✓	201. ✓	202. ✓	203. ✓
204. ✓	205. ×	206. ✓	207. ✓	208. ✓	209. ✓	210. ✓

211. √	212. √	213. √	214. √	215. √	216. √	217. ×
218. √	219. √	220. √	221. ×	222. ×	223. √	224. √
225. √	226. ×	227. √	228. ×	229. √	230. √	

四、简答题

1. 答：轧钢一方面可以改善钢胚的内部质量，消除钢胚中成分不匀、细化晶粒、密实组织结构；另一方面可以得到需要的形状，如钢板、带钢、线材、型材等。

2. 答：焊接过程对金属构件来说，是一种不均匀的加热和冷却过程，是制造构件产生内应力而引起变形的主要原因。焊接时，加热是通过移动高温热源来进行的，因此，焊接时焊缝和焊缝周围附近的金属温度很高，其余大部分金属不受热，受热金属膨胀，周围不受热金属不膨胀，相当于刚性固定，于是，受热金属的膨胀受到阻碍和抑制，产生了压缩塑性变形，而焊完冷却后，焊缝和焊缝周围附近的金属，因高温冷却收缩而变短，又受到周围未受热金属的牵制，就使焊件产生了内应力，以致产生了变形。

3. 答：QC/T 490—2000 汽车行业标准规定，坐标系的确定在汽车车身设计中采用右手定则，X 为汽车的长度方向，Y 为宽度方向，Z 为高度方向。

4. 答：车身维修测量一般分为作业前、作业中和竣工后三个步骤。作业前的检测，旨在确认车身损伤状态和把握变形程度的大小；维修作业过程中的检测，有助于对修复过程的质量进行有效的控制；竣工后的检测，为验收和质量评估提供可靠的数据。

5. 答：

①施工图的比例是不固定的，按构件的形状和大小进行缩放，而放样图的比例必须是 1∶1。

②施工图是按国家制图标准绘制的，需要反映构件的形状、尺寸、表面粗糙度、标题栏和技术要求等内容。而放样图只要画出构件的形状、大小和与画展开图有关的视图即可；放样图在保证准确的前提下，线条粗细无关紧要。

③施工图不能随便添加或去掉线条，而放样图根据需要可以添加各种辅助线，也可以去掉与下料无关的某些线条和视图。

④施工图的目的在于示意，放样图的目的在于精确地反映实际形状和大小。

6. 答：金属在不受外力作用时，金属晶格原子处于平衡状态，在受到外力作用后引起原子间距离的改变，形成晶格的畸变，使晶格中的原子处于不稳定状态，造成整个晶格的变形。晶格的变形受到晶格与晶格间机械嵌合牵制而产生抗力（即应力），与外力形成新一轮应力平衡状态。当外力去除后，晶格中的原子因内力作用和晶间机械嵌合力的作用，材料立即恢复到原来的平衡位置，晶格畸变和整个晶体的变形也立即消失。

7. 答：拼装连接支撑应力是钢结构工件与工件进行连接时，由连接方式、连接手段、连接方法等产生的工件与工件之间相互挤压或相互牵拉的应力。这种应力因素控制得不好，往往给钢结构的整体要求带来较大的形状误差和尺寸偏差，从而无法满足钢结构产品的质量要求。

8. 答：在国家标准 GB/T 4780—2000 汽车车身术语中，规范了各种汽车车身的定义，以及车身各个部位、零部件名称及定义。比如：车身——供驾驶人操作，以及容纳乘员和货物的场所，主要作用是为乘员提供安全、舒适的乘坐环境，隔绝振动和噪声，不受恶劣气候的影响。车身包括：车身本体、装饰件、开启件、机构件、附件及其他可拆卸的结构件等。

9. 答：由于实际需要有些零件有切口、切槽、油孔、螺纹和带有过度圆角的轴肩等，致使这些部位上截面尺寸发生突然的改变，截面尺寸发生突然改变的部位截面上的应力并不是均匀分布的，如开有圆孔和带有切口槽附近的局部区域内，应力数值剧烈增加，而在离开这一区域稍远的地方，应力迅速降低而趋于平均，这种因构件外形突然变化而引起局部应力急剧增大的现象，称为应力集中。

10. 答：在设计和制造钣金工件时，应该注意到钣金工件的结构工艺性。钣金构件的结构工艺性就是钣金构件在满足使用要求的前提下，制造的可行性和经济性。在设计钣金构件时，既要保证能采用最简便的方法制造出符合要求的产品，又要考虑其制造成本的经济性。

11. 答：在汽车车身框架结构的拼装制造过程中，根据图样、工艺文件和技术要求，将车身各种零件，采用各种定位方式进行相互组装连接在一起的过程，称为汽车车身框架结构的装配。

12. 答：金属材料受外力产生塑性变形时，金属晶格发生较大畸变。当畸变达到一定程度时（一定程度是指外力使金属晶格的弹性变形能力达到极限并超出极限值），晶格中原子的一部分相对于另一部分产生较大错动，错动的原子在新的位置与相邻的原子组成新的晶格平衡，当外力去除后，原子间的距离可以恢复原状（即弹性变形量可以恢复），但错动的原子晶格却不能恢复到原来位置。这就产生了一种不可恢复的永久变形，即塑性变形。

13. 答：

（1）滑移　金属在外力作用下，晶体的某一部分沿着一定的晶面和一定的方向与另一部分作相对移动，这种现象称为滑移，错动的界面称为滑移面，这个一定的方向称为滑移方向。

（2）孪动　孪动是晶体中原子的一部分相对另一部分沿着一定的晶面方向发生的蠕动。金属孪动现象是突然发生的。主要是由于塑性变形的外力过大过猛，以及滑移面空间不够时，滑移能力尚未形成时，原子位置不能产生较大的错动，只产生原子被挤碎扭曲产生变形。孪生后晶体内部出现空隙，易导致金属的破裂。

（3）晶间变形　金属在塑性变形中晶体与晶体之间在外力作用下，还会出现相对移动产生变形。这种变形称为晶间变形。晶间变形主要是由于变形的外力过大过猛，当原子间的滑移尚未能形成能力的一瞬间，在晶体与晶体相嵌合的薄弱部位形成缺口并迅速扩展。晶体与晶体之间的相对移动，破坏了晶粒界面，降低了晶粒之间的机械嵌合强度，易导致金属的破坏。

14. 答：金属材料在外力作用下，当开始发生明显的塑性变形，或达到规定塑性变形值时的应力，称为屈服强度，一般情况下，在拉伸试件标距长的0.2%规定值时，金属材料开始屈服。

塑性高的材料在拉伸的过程中当加载到 F_S 时，力不再增加，而材料变形仍继续伸长，这种现象称为屈服极限用 σ_s 表示。

15. 答：非承载式车身是装配在车架上的车身结构。非承载式车身不参与汽车的主承载。一旦遇到碰车事故，车架的刚性和强度将吸收大部分冲击能量，对装配在车架上车身可起到一定的保护作用。

16. 答：汽车车架是跨接在前后桥上的桥梁式结构，是整个汽车的基础，是装配发动机、变速箱、传动轴、前后桥、车身等总成和部件，并使它们保持正确的相对位置的可靠载体。

17. 答：金属塑性变形后，在滑移面和滑移面附近会出现许多被挤乱的晶体碎块，同时晶格被挤压变形。这就增加了再次塑性变形滑移的阻力。变形越严重，滑移面上的晶格紊乱碎块也越多，继续滑移的阻力也越大。这种现象称为冷作硬化现象。

18. 答：板材在冷作过程中，发生塑性变形引起晶格扭曲、碎晶及残余应力，如不采取措施，继续加工操作，随着塑性变形程度增加，变形阻力增大，材料塑性急剧下降，甚至产生裂纹。冷作硬化可用热处理方法进行消除，冷作硬化的金属在温度升高时，金属原子获得热能，热运动增大，扭曲的晶格，挤乱的晶体碎块可以进行新的排列组合，重新获得金属原有的塑性、韧性。这种过程称为金属的性能恢复。

19. 答：

工作焊缝：承担传递全部载荷作用，一旦断裂，结构立即失效，其应力称为工作应力。

联系焊缝：主要起元件之间相互联系的作用，传递载荷很少，焊缝一旦断裂，结构不会立即失效，其应力称为联系应力。

在设计时，一般计算焊缝工作应力，而焊缝联系应力不必计算。

20. 答：钢结构件都是将多种独立构件通过焊接、铆接或用螺栓联接等方式连成一体的，是一个相互联系又相互制约的一个有机整体。因此，对产生变形的钢结构件进行矫正前，必须首先了解变形产生的原理，分析钢结构件的内在联系，找出矛盾的主次关系。只有确定了正确的矫正部位和相应的矫正手段，才能着手进行矫正工作，切不可孤立地看待问题而贸然下手。

21. 答：矫正就是对焊铆结构在制作或使用过程中发生变形而不符合技术要求或超出制造标准的部位进行一定的加工，使其发生一定程度的反变形，从而达到技术要求规定的正确几何形状的工艺过程。

22. 答：车身壳体刚度分级的概念是，同一车身划分成不等的壳体刚度，乘客室尽可能具有最大的刚度，而相对于乘客室的前、后悬部位（如发动机室、行李箱），则应具有较大的韧性和能量吸收能力。

23. 答：CO_2 气体保护焊工艺参数应考虑：焊丝直径、焊接电流与电弧电压、导电嘴到母材的距离、焊接速度和送丝速度。

24. 答：测量和检验是意义相近的两个概念。

测量：就是将一个被测量和一个作为测量单位的标准量进行比较而求出比值的过程。

检验：它的含义比测量更广泛一些。例如：表面锈蚀的检验、金属内部缺陷的检验等。在这种情况下就不能用测量的概念。对于零件几何量的检验，通常是为了确定被测的几何量是否在规定的验收范围内，从而判断其是否合格，而不要求量值。

25. 答：构件内变应力的值超过一定限度后，在应力最大部位，材料薄弱处逐渐产生微细裂纹，随应力循环次数增加，裂纹逐渐扩展，裂纹经多次张开、压缩产生冷作硬化，塑性降低，再则，裂纹产生后，构件的有效面积逐渐减小，应力随之增大，材料的破坏程度也越来越快，直至突然断裂。

26. 答：装配间隙越小越好，最大不超过 0.5mm；两板装配时，对接偏差不应超过板厚的 1/3；应采用直径较小的焊丝，电流不宜过大；定位焊间距适当小些，定位焊缝呈点状；采用直流快速焊接；对可移动的焊件，进行下坡焊；反之用灭弧焊接法。

27. 答：参数法以车身设计图样或技术文件中规定的标准数值来体现测量基准和检测标准的。汽车车身设计图样或技术文件中，一般都注明了车身上特定的测量点以及各个部位之间的标准数值。以此为基准对车身的定位尺寸进行测量，可以准确地评估变形及其损伤的程度，是比较可靠也较为流行的方法。

28. 答：将焊件压紧在 2 个圆柱形电极间，通以很大的电流，利用焊件接触面间的大电阻，产生大量热量，使焊件迅速加热熔化，形成液态熔池。断电后由于电极的压力作用，很快使熔池凝结住焊件形成焊点。

29. 答：

1）焊接加热时间很短，焊接速度快，生产率高。热影响区域小。

2）除消耗电能外，不需要消耗焊条、氧气、乙炔、焊剂等焊接材料，节省材料而成本低。

3）操作简单方便，易于实现机械化、自动化。

4）焊接时产生的有害气体很少，改善焊工的劳动强度和劳动安全保护。

30. 答：当钢中含铬量升高到 11.7% 时，可显著提高基体组织的电极电位，再加上高铬钢在氧化性介质（如大气）中，能形成一层具有保护性作用的 Cr_2O_3 薄膜，所以高铬钢具有一定的抗腐蚀能力，钢中加入强碳化物形成元素，可以形成 TiC（碳化钛）。它弥散分布在晶界上，可以进一步提高抗腐蚀能力。

不锈钢按其组织状态分为三大类：铁素体不锈钢、奥氏体不锈钢和马氏体不锈钢。

理论知识模拟试卷答案

一、判断题

1. ✓　2. ✓　3. ✓　4. ✓　5. ×　6. ✓　7. ✓　8. ✓
9. ✓　10. ✓　11. ×　12. ✓　13. ×　14. ✓　15. ✓　16. ×
17. ×　18. ✓　19. ✓　20. ×

二、单项选择题

1. C　2. A　3. A　4. B　5. C　6. C　7. B　8. C
9. A　10. D　11. C　12. C　13. B　14. B　15. C　16. B
17. C　18. B　19. D　20. B

三、多项选择题

1. ABCD　2. ABCD　3. ABCDE　4. ABCDE　5. ACD
6. ABCDE　7. AC　8. ACD　9. ABCD　10. BD

四、填空题

1. 滑移　2. 铆接　焊接　3. 满载，自右向左行驶　4. 过大过猛
5. 设计基准　6. 破坏　7. 缓冲吸能式　8. 滑移　孪动　晶间
9. 固定器　10. 应变

五、简答题

1. 答：构件内变应力的值超过一定限度后，在应力最大部位，材料薄弱处逐渐产生微细裂纹，随应力循环次数增加，裂纹逐渐扩展，裂纹经多次张开、压缩产生冷作硬化，塑性降低，再则，裂纹产生后，构件的有效面积逐渐减小，应力随之增大，材料的破坏程度也越来越快，直至突然断裂。

2. 答：装配间隙越小越好，最大不超过 0. 5mm；两板装配时，对接偏差不应超过板厚的 1/3；应采用直径较小的焊丝，电流不宜过大；定位焊间距适当小些定位焊缝呈点状；采用直流快速焊接；对可移动的焊件，进行下坡焊；反之用灭弧焊接法。

3. 答：板材在冷作过程中，发生塑性变形，引起金属的晶格歪扭、碎晶及残余应力，如不采取措施继续操作加工，随着塑性变形程度增加，变形阻力增大，材料塑性急剧下降，甚至产生裂纹，这个现象称为冷作硬化。冷作硬化可以用热处理的方法加以消除，当温度升高时，金属原子获得热能，热运动增大，原子可恢复正常排列，基本消除晶格歪扭，这一过程称为金属冷作硬化恢复。

六、作展开图

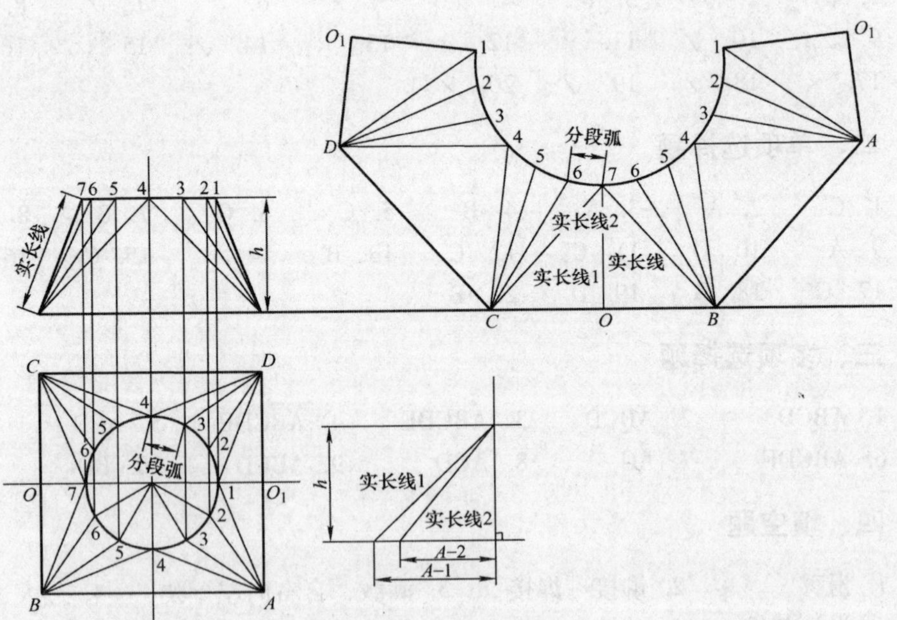

工件图如下：

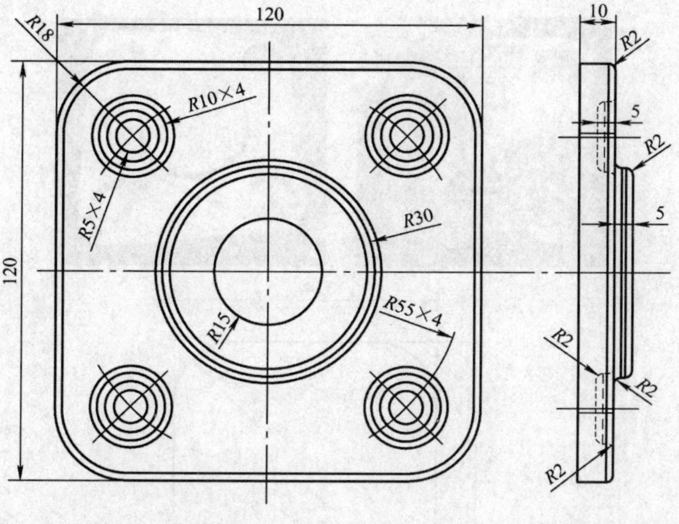

1）根据工件图样制做工件成形胎膜一套（建议材料 A3 钢板）。

胎膜主体模板及配件配合尺寸如下：

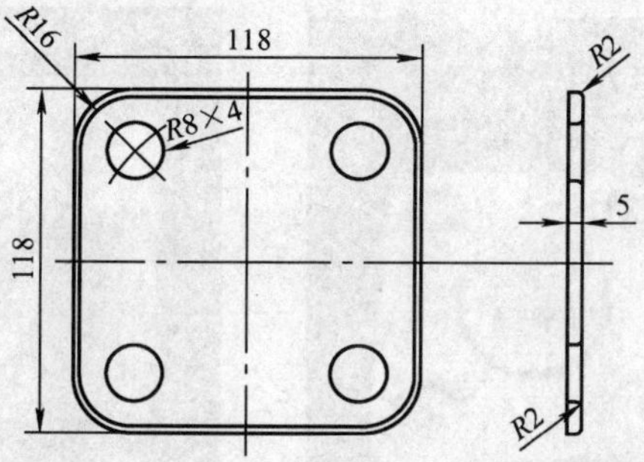

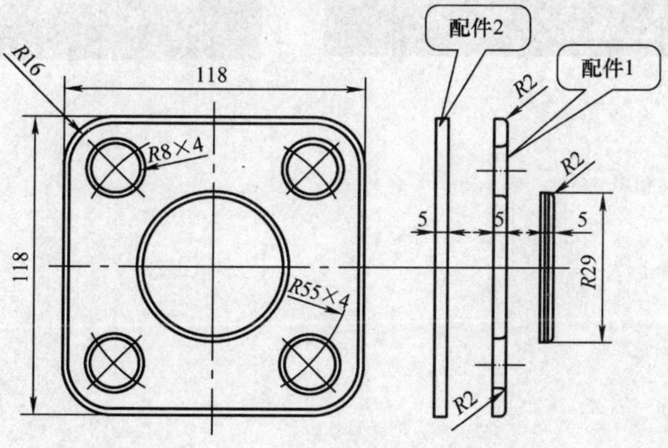

2）胎膜主体模板及配件进行合成（工件材料下料建议：材料08F 料厚1mm）如下：

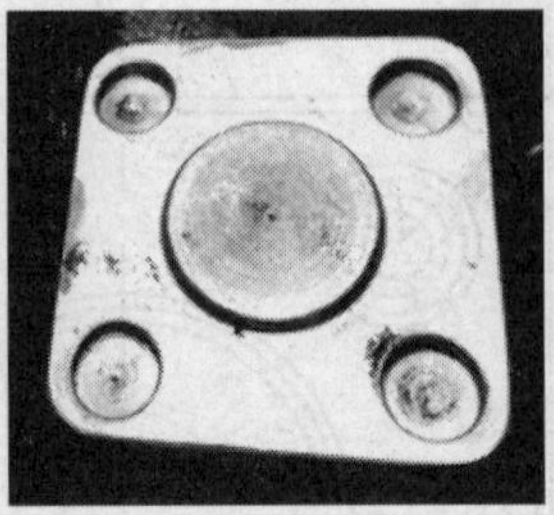

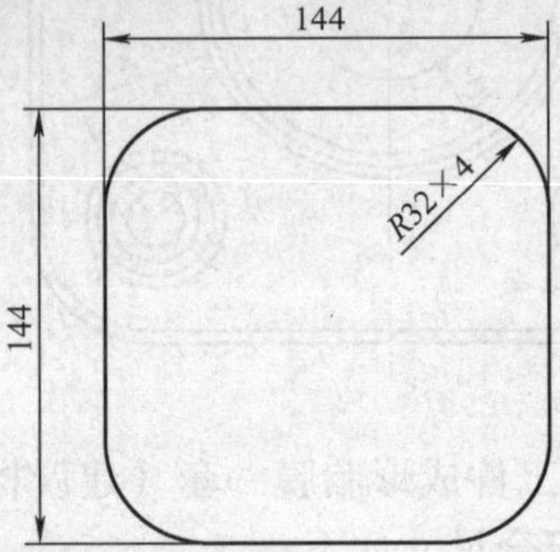

3）成形工件如下：

参考文献

[1] 许德珠，司乃钧．金属工艺学[M]．北京：高等教育出版社，1988.

[2] 陈嘉佩．材料力学[M]．北京：高等教育出版社，1988.

[3] 陈泽民，忻良昌．公差配合与技术测量[M]．北京：机械工业出版社，1988.

[4] 中国公路学会客车分会，江苏省交通科学研究院．客车制造工艺技术[M]．北京：人民交通出版社，2008.

[5] 机械工业技师考评培训教材编审委员会．冷作工技师培训教材[M]．北京：机械工业出版社，2001.

读者信息反馈表

感谢您购买《汽车维修钣金工》一书。为了更好地为您服务，有针对性地为您提供图书信息，方便您选购合适图书，我们希望了解您的需求和对我们教材的意见和建议，愿这小小的表格为我们架起一座沟通的桥梁。

姓　名		所在单位名称	
性　别		所从事工作（或专业）	
通信地址		邮　编	
办公电话		移动电话	
E-mail			

1. 您选择图书时主要考虑的因素（在相应项前面画✓）

（　　）出版社（　　）内容（　　）价格（　　）封面设计（　　）其他

2. 您选择我们图书的途径（在相应项前面画✓）

（　　）书目　（　　）书店（　　）网站（　　）朋友推介（　　）其他

希望我们与您经常保持联系的方式：

☐ 电子邮件信息　　☐ 定期邮寄书目

☐ 通过编辑联络　　☐ 定期电话咨询

您关注（或需要）哪些类图书和教材：

您对我社图书出版有哪些意见和建议（可从内容、质量、设计、需求等方面谈）：

您今后是否准备出版相应的教材、图书或专著（请写出出版的专业方向、准备出版的时间、出版社的选择等）：

非常感谢您能抽出宝贵的时间完成这张调查表的填写并回寄给我们，我们愿以真诚的服务回报您对我社的关心和支持。

请联系我们——

地　　址　北京市西城区百万庄大街 22 号　机械工业出版社技能教育分社

邮　　编　100037

社长电话　(010)88379711；68329397(带传真)

E-mail　jnfs@ mail. machineinfo. gov. cn

机械工业出版社网址：http：//www. cmpbook. com

教材网网址：http：//www. cmpedu. com

国家职业资格培训教材

丛书介绍：深受读者喜爱的经典培训教材，依据最新国家职业标准，按初级、中级、高级、技师（含高级技师）分册编写，以技能培训为主线，理论与技能有机结合，书末有配套的试题库和答案。所有教材均免费提供 PPT 电子教案，部分教材配有 VCD 实景操作光盘（注：标注★的图书配有 VCD 实景操作光盘）。

读者对象：本套教材是各级职业技能鉴定培训机构、企业培训部门、再就业和农民工培训机构的理想教材，也可作为技工学校、职业高中、各种短训班的专业课教材。

◆ 机械识图
◆ 机械制图
◆ 金属材料及热处理知识
◆ 公差配合与测量
◆ 机械基础（初级、中级、高级）
◆ 液气压传动
◆ 数控技术与 AutoCAD 应用
◆ 机床夹具设计与制造
◆ 测量与机械零件测绘
◆ 管理与论文写作
◆ 钳工常识
◆ 电工常识
◆ 电工识图
◆ 电工基础
◆ 电子技术基础
◆ 建筑识图
◆ 建筑装饰材料
◆ 车工（初级★、中级、高级、技师和高级技师）
◆ 铣工（初级★、中级、高级、技师和高级技师）
◆ 磨工（初级、中级、高级、技师和高级技师）
◆ 钳工（初级★、中级、高级、技师和高级技师）
◆ 机修钳工（初级、中级、高级、技师和高级技师）
◆ 锻造工（初级、中级、高级、技师和高级技师）
◆ 模具工（中级、高级、技师和高级技师）
◆ 数控车工（中级★、高级★、技师和高级技师）
◆ 数控铣工/加工中心操作工（中级★、高级★、技师和高级技师）
◆ 铸造工（初级、中级、高级、技师和高级技师）
◆ 冷作钣金工（初级、中级、高级、技师和高级技师）
◆ 焊工（初级★、中级★、高级★、技师和高级技师★）
◆ 热处理工（初级、中级、高级、技师和高级技师）
◆ 涂装工（初级、中级、高级、技师和高级技师）
◆ 电镀工（初级、中级、高级、技师

和高级技师）
◆ 锅炉操作工（初级、中级、高级、技师和高级技师）
◆ 数控机床维修工（中级、高级和技师）
◆ 汽车驾驶员（初级、中级、高级、技师）
◆ 汽车修理工（初级★、中级、高级、技师和高级技师）
◆ 摩托车维修工（初级、中级、高级）
◆ 制冷设备维修工（初级、中级、高级、技师和高级技师）
◆ 电气设备安装工（初级、中级、高级、技师和高级技师）
◆ 值班电工（初级、中级、高级、技师和高级技师）
◆ 维修电工（初级★、中级★、高级、技师和高级技师）
◆ 家用电器产品维修工（初级、中级、高级）
◆ 家用电子产品维修工（初级、中级、高级、技师和高级技师）
◆ 可编程序控制系统设计师（一级、二级、三级、四级）
◆ 无损检测员（基础知识、超声波探伤、射线探伤、磁粉探伤）
◆ 化学检验工（初级、中级、高级、技师和高级技师）
◆ 食品检验工（初级、中级、高级、技师和高级技师）
◆ 制图员（土建）
◆ 起重工（初级、中级、高级、技师）
◆ 测量放线工（初级、中级、高级、技师和高级技师）
◆ 架子工（初级、中级、高级）
◆ 混凝土工（初级、中级、高级）
◆ 钢筋工（初级、中级、高级、技师）
◆ 管工（初级、中级、高级、技师和高级技师）
◆ 木工（初级、中级、高级、技师）
◆ 砌筑工（初级、中级、高级、技师）
◆ 中央空调系统操作员（初级、中级、高级、技师）
◆ 物业管理员（物业管理基础、物业管理员、助理物业管理师、物业管理师）
◆ 物流师（助理物流师、物流师、高级物流师）
◆ 室内装饰设计员（室内装饰设计员、室内装饰设计师、高级室内装饰设计师）
◆ 电切削工（初级、中级、高级、技师和高级技师）
◆ 汽车维修钣金工
◆ 电梯安装工
◆ 电梯维修工

变压器行业特有工种国家职业资格培训教程

丛书介绍： 由相关国家职业标准的制定者——机械工业职业技能鉴定指导中心组织编写，是配套用于国家职业技能鉴定的指定教材，覆盖变压器行业5个特有工种，共10种。

读者对象：可作为相关企业培训部门、各级职业技能鉴定培训机构的鉴定培训教材，也可作为变压器行业从业人员学习、考证用书，还可作为技工学校、职业高中、各种短训班的教材。

- 变压器基础知识
- 绕组制造工（基础知识）
- 绕组制造工（初级 中级 高级技能）
- 绕组制造工（技师 高级技师技能）
- 干式变压器装配工（初级、中级、高级技能）
- 变压器装配工（初级、中级、高级、技师、高级技师技能）
- 变压器试验工（初级、中级、高级、技师、高级技师技能）
- 互感器装配工（初级、中级、高级、技师、高级技师技能）
- 绝缘制品件装配工（初级、中级、高级、技师、高级技师技能）
- 铁心叠装工（初级、中级、高级、技师、高级技师技能）

国家职业资格培训教材——理论鉴定培训系列

丛书介绍：以国家职业技能标准为依据，按机电行业主要职业（工种）的中级、高级理论鉴定考核要求编写，着眼于理论知识的培训。

读者对象：可作为各级职业技能鉴定培训机构、企业培训部门的培训教材，也可作为职业技术院校、技工院校、各种短训班的专业课教材，还可作为个人的学习用书。

- 车工（中级）鉴定培训教材
- 车工（高级）鉴定培训教材
- 铣工（中级）鉴定培训教材
- 铣工（高级）鉴定培训教材
- 磨工（中级）鉴定培训教材
- 磨工（高级）鉴定培训教材
- 钳工（中级）鉴定培训教材
- 钳工（高级）鉴定培训教材
- 机修钳工（中级）鉴定培训教材
- 机修钳工（高级）鉴定培训教材
- 焊工（中级）鉴定培训教材
- 焊工（高级）鉴定培训教材
- 热处理工（中级）鉴定培训教材
- 热处理工（高级）鉴定培训教材
- 铸造工（中级）鉴定培训教材
- 铸造工（高级）鉴定培训教材
- 电镀工（中级）鉴定培训教材
- 电镀工（高级）鉴定培训教材
- 维修电工（中级）鉴定培训教材
- 维修电工（高级）鉴定培训教材
- 汽车修理工（中级）鉴定培训教材
- 汽车修理工（高级）鉴定培训教材
- 涂装工（中级）鉴定培训教材
- 涂装工（高级）鉴定培训教材

◆ 汽车修理工（中级）操作技能鉴定实战详解

◆ 汽车修理工（高级）操作技能鉴定实战详解

技能鉴定考核试题库

丛书介绍：根据各职业（工种）鉴定考核要求分级编写，试题针对性、通用性、实用性强。

读者对象：可作为企业培训部门、各级职业技能鉴定机构、再就业培训机构培训考核用书，也可供技工学校、职业高中、各种短训班培训考核使用，还可作为个人读者学习自测用书。

◆ 机械识图与制图鉴定考核试题库

◆ 机械基础技能鉴定考核试题库

◆ 电工基础技能鉴定考核试题库

◆ 车工职业技能鉴定考核试题库

◆ 铣工职业技能鉴定考核试题库

◆ 磨工职业技能鉴定考核试题库

◆ 数控车工职业技能鉴定考核试题库

◆ 数控铣工/加工中心操作工职业技能鉴定考核试题库

◆ 模具工职业技能鉴定考核试题库

◆ 钳工职业技能鉴定考核试题库

◆ 机修钳工职业技能鉴定考核试题库

◆ 汽车修理工职业技能鉴定考核试题库

◆ 制冷设备维修工职业技能鉴定考核试题库

◆ 维修电工职业技能鉴定考核试题库

◆ 铸造工职业技能鉴定考核试题库

◆ 焊工职业技能鉴定考核试题库

◆ 冷作钣金工职业技能鉴定考核试题库

◆ 热处理工职业技能鉴定考核试题库

◆ 涂装工职业技能鉴定考核试题库

机电类技师培训教材

丛书介绍：以国家职业标准中对各工种技师的要求为依据，以便于培训为前提，紧扣职业技能鉴定培训要求编写。加强了高难度生产加工，复杂设备的安装、调试和维修，技术质量难题的分析和解决，复杂工艺的编制，故障诊断与排除以及论文写作和答辩的内容。书中均配有培训目标、复习思考题、培训内容、试题库、答案、技能鉴定模拟试卷样例。

读者对象：可作为职业技能鉴定培训机构、企业培训部门、技师学院培训鉴定教材，也可供读者自学及考前复习和自测使用。

◆ 公共基础知识

◆ 电工与电子技术

◆ 机械制图与零件测绘
◆ 金属材料与加工工艺
◆ 机械基础与现代制造技术
◆ 技师论文写作、点评、答辩指导
◆ 车工技师鉴定培训教材
◆ 铣工技师鉴定培训教材
◆ 钳工技师鉴定培训教材
◆ 焊工技师鉴定培训教材
◆ 电工技师鉴定培训教材
◆ 铸造工技师鉴定培训教材
◆ 涂装工技师鉴定培训教材
◆ 模具工技师鉴定培训教材
◆ 机修钳工技师鉴定培训教材
◆ 热处理工技师鉴定培训教材
◆ 维修电工技师鉴定培训教材
◆ 数控车工技师鉴定培训教材
◆ 数控铣工技师鉴定培训教材
◆ 冷作钣金工技师鉴定培训教材
◆ 汽车修理工技师鉴定培训教材
◆ 制冷设备维修工技师鉴定培训教材

特种作业人员安全技术培训考核教材

丛书介绍：依据《特种作业人员安全技术培训大纲及考核标准》编写，内容包含法律法规、安全培训、案例分析、考核复习题及答案。

读者对象：可用作各级各类安全生产培训部门、企业培训部门、培训机构安全生产培训和考核的教材，也可作为各类企事业单位安全管理和相关技术人员的参考书。

◆ 起重机司索指挥作业
◆ 企业内机动车辆驾驶员
◆ 起重机司机
◆ 金属焊接与切割作业
◆ 电工作业
◆ 压力容器操作
◆ 锅炉司炉作业
◆ 电梯作业
◆ 制冷与空调作业
◆ 登高作业